明史研究论丛

Essays in Ming History

第十四辑
Issue Fourteen

中国社会科学院历史研究所明史研究室　编

中国社会科学出版社

图书在版编目（CIP）数据

明史研究论丛. 第 14 辑／中国社会科学院历史研究所明史研究室
编. —北京：中国社会科学出版社，2015. 11
ISBN 978 – 7 – 5161 – 7212 – 4

Ⅰ. ①明…　Ⅱ. ①中…　Ⅲ. ①中国历史—明代—文集
Ⅳ. ①K248. 07 – 53

中国版本图书馆 CIP 数据核字 (2015) 第 291225 号

出 版 人　赵剑英
责任编辑　宋燕鹏
特约编辑　石　田
责任校对　郝阳洋
责任印制　李寡寡

出　　　版　中国社会科学出版社
社　　　址　北京鼓楼西大街甲 158 号
邮　　　编　100720
网　　　址　http://www.csspw.cn
发 行 部　010 – 84083685
门 市 部　010 – 84029450
经　　　销　新华书店及其他书店

印刷装订　三河市君旺印务有限公司
版　　　次　2015 年 11 月第 1 版
印　　　次　2015 年 11 月第 1 次印刷

开　　　本　710 × 1000　1/16
印　　　张　18.75
插　　　页　2
字　　　数　320 千字
定　　　价　68.00 元

编　委会
BIANWEIHUI

目录

政治·军事·社会

思想·文化

史料·年谱

书评·书讯

附　　录

Content

Politics, Military and Society

Intellectual History and Cultural History

Historical sources and Chronology

Reviews and New Publications

Appendix

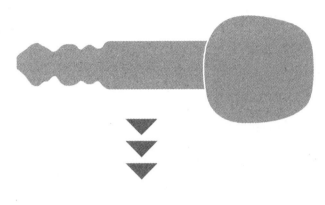

政治・军事・社会

论洪武时期的北平军镇^①

胡　凡

　　明初，当朱元璋把元朝统治集团赶回漠北以后，为了阻止其南下袭扰，按照他"固守封疆"的战略方针，建设一条巩固的北边防线，部署重兵以防御草原民族，就成为朱明统治集团的必然选择。其后随着明蒙形势的变化，这条防线演变为九大军镇，通称为"九边"。是以《明史·兵志·三》载："元人北归，屡谋兴复。永乐迁都北平，三面近塞。正统以后，敌患日多。故终明之世，边防甚重。东起鸭绿，西抵嘉峪，绵亘万里，分地守御。初设辽东、宣府、大同、延绥四镇，继设宁夏、甘肃、蓟州三镇，而太原总兵治偏头，三边制府驻固原，亦称二镇，是为九边。"问题在于《明史》记述错了，而今人如余同元、范中义、肖立军、韦占彬、于默颖、赵现海等对此的研究亦多有不同意见。特别是对洪武时期的北平军镇关注较少，仅有于默颖提出：北平在洪武时期一直是防御蒙古的北方重镇，只不过是成祖即位后，北平成为明王朝的京师，"其曾经作为北边重镇的历史也就隐没在帝都的光环中而不为史籍所载"^②。但其对北平何时成镇未作明确说明，所提到的最早年代是洪武四年（1371）。

　　笔者以为：考察明代九边军镇的建置必须从明朝初起即洪武时期开始。而明朝北边第一个建置的军镇就是后来演变为京师的北平，时间是在洪武元年（1368）九月。对洪武时期北边第一军镇北平加以研究，有助于深入了解明代九边军镇的形成与演变，有助于加深对明代北部边防与明蒙关系的认识。

　　① 本义系国家社科基金 2013 年度重点项目"明蒙朝贡体制下双边交流与社会发展研究"阶段性成果，项目批准号：13AZS013。
　　② 于默颖：《明蒙关系研究》，博士学位论文，内蒙古大学，2004 年。

一 北平都司卫所防御体系的建立

根据《明太祖实录》的记载，洪武元年八月刚刚攻下元都，徐达即命指挥华云龙经理筑城事宜，新筑了西北城垣，测量了皇城，同时奉诏改大都路为北平府，设置燕山等六卫以守御北平，"于是达改飞熊卫为大兴左卫，淮安卫为大兴右卫，乐安卫为燕山左卫，济宁卫为燕山右卫，青州卫为永清左卫，徐州五所为永清右卫……留兵三万人分隶六卫，令都督副使孙兴祖、金事华云龙守之"①。紧接着在下个月就"置大都督分府于北平，以都督副使孙兴祖领府事，升指挥华云龙为分府都督金事"②。与此同时，在北平周围也进行了军事部署，分兵守雄州、霸州，"命平章曹良臣守通州"③。这一军事部署充分说明朱元璋对防御蒙古势力的重视，大都督分府的设立和孙兴祖、华云龙的任命则说明了北平地位的重要，必须置重兵守御，遂成为明朝北边军镇建置之始。

这一部署很快就发挥了作用，洪武二年（1369）二月，当徐达率军在山西鏖战之时，元朝丞相也速率兵侵通州，被平章曹良臣以计击败。史载："时大军征山西，北平守兵单寡，通州城中亦不满千人。也速将万余骑营于白河，守将平章曹良臣曰：'吾兵少，不可以战，彼众虽多，然亡国之后，屡挫之兵，可以计破。'乃密遣指挥佥[俹]勇等于沿河舟中各树赤帜三，亘十余里，钲鼓之声相闻。也速望之惊骇，遂引兵遁去。"④ 这是平章曹良臣以虚张声势之计吓跑了也速。《秘阁元龟政要》记载的参战人员稍详，其谓："元也速侵通州，守将曹良臣、潘敬、赵兴贵、陈恭击之，败走。"⑤ 但是元顺帝并不甘心失败，他在五月里再次命也速进攻通州。朱元璋感觉到问题的严重，遂从陕西战场调回常遇春和李文忠，他们两人率领步卒八万、骑士一万，自北平攻取开平。实录谓："上遣使即军中命副将军常遇春率师赴北平。先是元将也速以兵寇通州，至白河遁去。至是有报胡兵复欲入寇，故遣使驰报遇春等，令率所部兵还北平，取迤北余寇。"⑥ 这一仗明军大获全胜，大军取道三河"经鹿儿岭，过惠州，败故元将江文清兵于锦川，得士马以千计；次全宁，故元丞相也

① 《明太祖实录》卷三四，洪武元年八月癸未。
② 《明太祖实录》卷三五，洪武元年九月壬寅。
③ 《明太祖实录》卷三五，洪武元年九月戊子。
④ 《明太祖实录》卷三九，洪武二年二月庚辰。
⑤ （明）佚名：《秘阁元龟政要》卷五，洪武二年二月庚辰。
⑥ 《明太祖实录》卷四一，洪武二年四月丙寅。

速复以兵迎战，又败之，也速遁去；进攻大兴州……擒其丞相脱火赤，遂率兵道新开岭，进攻开平。元主先已北奔，追北数百里，俘其宗王庆生及平章鼎住等斩之，凡得将士万人、车万辆、马三千疋、牛五万头，蓟北悉平"①。《秘阁元龟政要》也记载："元也速复侵通州，副将军常遇春及李文忠自陕西旋师伐［北］伐，大破也速兵于全宁，进克上都，元主复北徙远走。"② 朱元璋的调回常遇春北征，反映出这样一个问题：北平军镇的驻军虽然可以应付小规模的敌人，但如果面对大规模的进攻就难以应对，所以朱元璋要从陕西前线调回常遇春，以大规模的野战部队来抵御这样的进攻并向北元军队发起反攻。

从军镇的主体都司卫所等防御体系的视角考察，燕山六卫的设立只是开始，以后还要不断完善北平的防御体系。史载：洪武二年三月，明朝设置了密云卫③。到了八月，又设置"燕山前、后二卫"④。洪武三年正月，"置通州卫指挥使司，以安吉卫军隶之"；不久又"置永平卫"⑤。六月，"设陕西、北平、山西行都督府"⑥。八月，"改设彭城、济阳、济州三卫于北平"⑦。这三个卫的设置在实录中出现了两次，在八月改设之后，到洪武四年六月又载"置彭城、济川、济阳三卫于北平，平山卫于山东"⑧。这显然是修实录者的误差。四年七月，又"置蓟州卫指挥使司"⑨。

洪武三年底，朱元璋对卫所建设做了统一规划，"升杭州、江西、燕山、青州四卫为都卫指挥使司，以徐司马、濮英等为各卫都指挥使"；接着又设置了"河南、西安、太原、武昌四都卫指挥使司"⑩。这是与布政使司平行的地方最高军事统帅机构。这一机构到洪武八年又做了统一建制，"以在外各处所设都卫并改为都指挥使司"，其中涉及北部边防的"燕山都卫为北平都指挥使司，北平卫为燕山前卫指挥使司；西安都卫为陕西都指挥使司；西安行都卫为陕西行都指挥使司；太原都卫为山西都指挥使司，置太原前卫指挥使司；大同都卫为山西行都指挥使司；定辽都卫

---

① 《明太祖实录》卷四三，洪武二年六月己卯。朱元璋调常遇春和李文忠扫荡蓟北的主要原因就是由于也速的再次谋攻通州，《明太祖实录》卷四六、十月庚午条在常遇春去世后追述道：二年"五月，元将也速兵侵通州，命遇春以所部军还北平，遂自永平捣会州……转克开平"。

② （明）佚名：《秘阁元龟政要》卷五，洪武二年六月。

③ 《明太祖实录》卷四〇，洪武二年三月是月。

④ 《明太祖实录》卷四四，洪武二年八月庚寅。

⑤ 《明太祖实录》卷四八，洪武三年正月庚子，丁巳。

⑥ 《明太祖实录》卷五三，洪武三年六月壬申。

⑦ 《明太祖实录》卷五五，洪武三年八月是月。

⑧ 《明太祖实录》卷六六，洪武四年六月甲辰。

⑨ 《明太祖实录》卷六七，洪武四年七月辛未。

⑩ 《明太祖实录》卷五九，洪武三年十二月辛巳，壬午。

为辽东都指挥使司，置定辽前卫指挥使司，以辽东卫为定辽后卫指挥使司"①，由此而确立了明代军事驻防机构的都司—卫—所系统，构成明代军事镇戍体系的基本布局。每一个都司就是一方军镇，其下辖有的卫则十几、二十几个不等。以北平都司而言，到洪武九年时有十一卫，史载：朱元璋"敕燕山前、后，永清左、右，蓟州、永平、密云、彭城、济阳、济州、大兴十一卫分兵守北边关隘。时关隘之要者有四，曰古北口、曰居庸关、曰喜峰口、曰松亭关，而烽候相望者一百九十六处，徼巡将士六千三百八十四人。初俱用北军，至是始选江淮军士参之"②。这段史料反映出两个问题，一是当时北平都司下辖十一卫，二是四个关口、一百九十六处烽候都有将士巡边，且已南北军参用，说明这时的防御部署基本就绪。

到洪武十二年（1379）时，北平都司的卫所又有变化，从朱元璋给"北平都指挥使司燕山等十八卫士卒九万六千五百余人米五万四千七百余石，锭［钞］五万四千七百余锭"③的记载来看，当时的北平都司有十八卫，士兵九万六千五百余人。此后仍有卫所增设，洪武十二年"置北平永宁卫指挥使司及古北口守御千户所"④，这个时期北平都司有"士卒十万五千六百余人"⑤。两年后密云卫再次被提到"置密云卫指挥使司"⑥，这和二年三月置密云卫的差别或许在于设置了军政管理衙门。更准确的数字是徐达连年镇守北平后，在洪武十七年（1384）"奏上北平诸卫将校士卒之数，凡十有七卫，计将士一十万五千四百七十一人"⑦。这和《明史》所载北平都司卫所的数字基本吻合，反映出北平都司军镇防御体系完成的情况。

二 北平都司都指挥使

在北平军镇建置之初，都督副使孙兴祖和都督佥事华云龙是军镇的首领。在洪武三年明军第一次北伐时，孙兴祖率其所属部队从征，战死于五郎口，实录在记述孙兴祖时说道：

---

① 《明太祖实录》卷一〇一，洪武八年十月癸丑。
② 《明太祖实录》卷一〇八，洪武九年八月戊子。
③ 《明太祖实录》卷一二五，洪武十二年六月甲申。
④ 《明太祖实录》卷一二六，洪武十二年九月丙辰。
⑤ 《明太祖实录》卷一二八，洪武十二年十二月辛未。
⑥ 《明太祖实录》卷一三八，洪武十四年七月癸卯。
⑦ 《明太祖实录》卷一六六，洪武十七年十月壬申。

> 兴祖，濠州人……迁天策卫指挥使，镇海陵，敌不敢犯其境。升骠骑大将军、大都督府副使，移镇彭城。及大将军取元都，上以北州重地，命兴祖戍守。兴祖至，纪律严肃，军民安之。①

从这段记载中我们可以得到如下认识：第一，作为军镇的首将，在大军征伐时他要率领他的所属部队从征，因此与孙兴祖同时战死的还有燕山右卫指挥平定、大兴左卫指挥庞裡等；第二，孙兴祖在明朝兴起时的军事斗争中曾镇守过海陵、彭城，卓有成就；第三，孙兴祖是因为过去任镇守有功、深受信任才被委派镇守北平的，这是明军在和群雄争斗过程中军事镇戍制度的合理继承和发展。

孙兴祖牺牲后，明廷马上升任大都督府都督金事华云龙为都督同知兼燕府武相，继续镇守北平，同时将大都督府分府改为行都督府。② 华云龙在北平镇守直到洪武七年六月应召赴南京而病死途中，实录在追记华云龙时写道：

> 云龙，定远人，初从上起兵……皆有功，比克淮安，命云龙守之，改淮安卫指挥使。大将军徐达率兵北伐，云龙从定中原，取元都，遂升大都督府都督金事，分府镇北平，兼北平行省参知政事，寻升大都督府都督同知。策封诸王，以云龙为燕府左相，仍兼前官……云龙镇北平，威名甚著，建造王府，增筑北平城，其力为多。③

我们从这里得到的信息是：华云龙镇守北平身兼数职，大都督府都督同知、北平行省参知政事、燕府左相，并且威名甚著、卓有功绩。在此期间，大将军徐达曾于洪武四年受命往北平"操练军马、缮治城池"④，洪武六年受命"往山西、北平练兵防边"⑤，华云龙自然要受徐达节制，或出北边作战，或建议修筑长城，等等。这是作为地方军镇首脑与中央统帅之差遣总兵官大将军之间的关系，反映的是北边军事镇戍制度的存在。

从都司防御体系的指挥官都指挥使的视角考察，北平都司都指挥使的设置情况如下：

---

① 《明太祖实录》卷五二，洪武三年五月丁西。
② 《明太祖实录》卷五三，洪武三年六月壬申。
③ 《明太祖实录》卷九〇，洪武七年六月癸亥。
④ 《明太祖实录》卷六〇，洪武四年正月丁亥。
⑤ 《明太祖实录》卷七八，洪武六年正月壬子。

如前所述，在都司没有建立之前，明廷首先在北平设置了大都督分府，洪武三年六月改为北平行都督府后，以华云龙为都督同知兼燕府武相继续镇守北平，直到洪武七年六月被召回京师。但是，都督同知的地位是高于都指挥使的，那么，在燕山都卫设立后，谁是首任都指挥使呢？我们看《明太祖实录》的记载：洪武四年三月，"中书右丞相魏国公徐达奏：山后顺宁等州之民密迩虏境，虽已招集来归，未见安土乐生，恐其久而离散。已令都指挥使潘敬、左傅高显徙［徙］顺宁、宜兴州沿边之民，皆入北平州县屯戍，仍以其旧部将校抚绥安集之，计户万七千二百七十四，口九万三千八百七十八"①。这里的都指挥使潘敬应该就是第一任北平都司的都指挥使。何以见得？我们和上一节所述北元丞相也速进攻通州，被守将曹良臣、潘敬、赵兴贵、陈恭击败联系起来看，潘敬当是一直在北平地区镇守，并且在曹良臣调走后升任北平都司的首脑。正因为潘敬是北平都司的首长，所以徐达命他迁徙山后之民入北平乃理所当然。再证以洪武九年"调北平都指挥使潘敬为河南都指挥使"②，我们可以确定潘敬是首任北平都司都指挥使。

洪武时期的都指挥使是镇戍地方的重要军事首领，因此朱元璋才说："国家设都卫，节制方面，所系甚重。当于各卫指挥中遴择智谋出众，以任都指挥之职。或二三年、五六年，从朝廷升调，不许世袭。"③洪武七年十一月，明廷又任命"福州卫都指挥使曹兴为燕山卫都指挥使"④，曹兴先曾任大同卫都指挥使，因奏事不实而被降职，后复任福州卫都指挥使，再调任燕山卫都指挥使，不过两个月又升任大都督府佥事⑤。洪武九年闰九月，明廷"迁河南都指挥使郭英为北平都指挥使"⑥，而潘敬则被调为河南都指挥使，洪武十一年又调为辽东都指挥使。郭英在北平都指挥使任上做得很不错，史称"时人心未定，绥靖有方"⑦，确实难得。

郭英在洪武十二年十一月晋升为大都督府佥事，此后不久参加了明廷统一云南的战争，并在洪武十七年受封为武定侯，北平都指挥使一职有十余年没有任命的记载，直到洪武二十五年三月又出现北平都指挥使周兴。史载朱元璋指示朱棣说："朔漠虽平定，而残胡散处绝塞，聚必为患。其选北平都司并护卫骑兵之精锐者六

① 《明太祖实录》卷六二，洪武四年三月乙巳。
② 《明太祖实录》卷一一〇，洪武九年十月壬戌。
③ 《明太祖实录》卷六九，洪武四年十一月甲戌。
④ 《明太祖实录》卷九四，洪武七年十一月癸酉。
⑤ 《明太祖实录》卷九六，洪武八年正月戊辰。
⑥ 《明太祖实录》卷一〇九，洪武九年闰九月戊申。
⑦ 《明太宗实录》卷一七，永乐元年二月甲子。

七千人或万余人，间以乃儿不花等所部军士列为队伍，各裹糇粮，命北平都指挥使周兴为总兵官，远巡塞北，搜捕残胡，以绝弭边患。其乃儿不花部曲谙知地形，令为乡导，必多擒获。"经过一番准备，四月里，"北平都指挥使周兴统兵出居庸关"①。周兴这次出兵的作战目标主要是鞑靼也速迭儿，明军在彻彻儿山大破其兵②，取得了预期的胜利。洪武二十八年正月，周兴再次受命"为总兵官，同右军都督佥事宋晟、刘真往三万卫等处剿捕野人，其属卫指挥庄德、景保安、张玉、卢震等悉令从征"③。很明显，这次作战的目标是野人女真。当年二月，《明太祖实录》又载有："命北平都指挥使盛熙筑万全、怀安等城"④，反映出这时的北平都司不止一个都指挥使。盛熙在当年十月晋升为中军都督府都督同知⑤，此后《明太祖实录》中再未见有北平都指挥使的任命。

三　镇守总兵官

北平都指挥使任命有缺环的现象该如何解释呢？窃以为当与北平作为北边第一军镇的战略地位和镇守总兵官的任职有关，因此我们有必要对镇守总兵官再做详细考察。

北平作为军镇的第一位镇守总兵官就是徐达。

洪武四年（1371）正月，朱元璋在大封功臣之后，一方面派中山侯汤和为征西将军征讨明昇，一方面"命中书右丞相魏国公徐达往北平，操练军马，缮治城池"⑥。这是在前一年元顺帝去世、王保保被击败的形势下在北边采取的防边措施。也是大将军徐达镇守北平之始。七月里，朱元璋又命徐达自北平往山西操练士马，并敕谕道："凡为国者贵有备，有备则无患。古人当平康之时，克诘戎兵，内以安国家，外以制四夷。况山西地近胡虏，尤不可无备，故命卿帅诸将校缮修城池，训练士卒，如调遣征进迤西等处，从便行之。其太原、蔚、朔、大同、东胜军马及新附鞑靼官军悉听节制。"⑦ 从朱元璋的敕谕中我们可以看出两点：一是朱元璋的北边防

---

① 《明太祖实录》卷二一七，洪武二十五年三月甲申，四月戊午。
② 《明太祖实录》卷二二〇，洪武二十五年八月庚申。
③ 《明太祖实录》卷二三六，洪武二十八年正月甲子。
④ 《明太祖实录》卷二三六，洪武二十八年二月乙丑。
⑤ 《明太祖实录》卷二四二，洪武二十八年十月庚子。
⑥ 《明太祖实录》卷六〇，洪武四年正月丁亥。
⑦ 《明太祖实录》卷六七，洪武四年七月辛亥。

御是以守备为主，所谓有备无患；二是当时北边防御的重点为北平和山西，徐达有权指挥北平、山西地区的明军，且有便宜之权。徐达在洪武四年重点做了迁徙山后之民入内地的工作，年底回到京师。

洪武五年徐达率领北伐的中路军出塞，五月在岭北失利，"敛兵守塞"①。当年十一月，朱元璋"诏征虏大将军魏国公徐达、左副将军曹国公李文忠曰：'今塞上苦寒，宜令士卒还驻山西、北平近地，以息其劳，卿等还京'"②。转年正月，徐达又与李文忠受命往山西、北平练兵防边。朱元璋敕谕道："处太平之世不可忘战，略荒裔之地不如守边。朕同卿等起布衣、削群雄、定祸乱，统一中夏，勤劳累岁，至此无事，可以少休。然念向者创业之难，及思古人居安虑危之戒，终不敢自宁。山西、北平与胡地相接，犬羊之群变诈百出，仓卒有警，边地即不宁矣，卿等岂能独安乎！今无事之时，正宜往彼练习军士，修葺城池，严为备守，使边境永安，百姓乐业，朝廷无西北之忧，卿等亦可忘怀高枕矣。"朱元璋再三叮嘱徐达："御边之道，固当示以威武，尤必守以持重，来则御之，去则勿追，斯为上策。若专务穷兵，朕所不取，卿等慎之。"从这里我们可以看到明太祖北部边防的主导思想就是固守封疆，所谓"修理城池，练兵训将，以备边陲"，"倘胡人来寇，就令统兵力征，以安中国"③。这是一种和平的防守政策，如果蒙古军不来入掠，双方就可以和平共处。

从洪武时期的实际情况来看，徐达所率领的大军是一支机动部队，它与都司卫所防御固定的讯地不同，其防御范围十分广阔。如当年五月，"胡兵入寇武、朔等州，时大将军徐达驻师临清，报至，遣临江侯陈德、巩昌侯郭之〔子〕兴率兵往击之"④。七月，徐达对其所统帅的机动大军进一步做了部署，"左副将军李文忠、济宁侯顾时、南雄侯赵庸、颍川侯傅友德、永城侯薛显、巩昌侯郭子兴、临江侯陈德、营阳侯杨璟、都督佥事蓝玉、王弼统骑兵，右副将军冯胜、右副副将军汤和同南安侯俞通源、永嘉侯朱亮祖、宜春侯黄彬、都督何文辉、平章李伯昇、都督佥事张温等统步兵，分驻山西、北平等处，相机擒讨残胡"⑤。而徐达自己作为前敌统帅则往来于山西、北平之间指挥作战。

①《明太祖实录》卷七三，洪武五年五月壬子。
②《明太祖实录》卷七六，洪武五年十一月是月。
③《明太祖实录》卷七八，洪武六年正月壬子。
④《明太祖实录》卷八二，洪武六年五月庚申。
⑤《明太祖实录》卷八三，洪武六年七月丙午。

徐达的防边部署得到朱元璋的批准，洪武七年三月，太祖"遣使赍敕谕大将军徐达、左副将军李文忠、右副将军冯胜，以所统将士分布北平、山西屯驻，其六安侯王志、南雄侯赵庸就留山西，营阳侯杨璟、汝南侯梅思祖往北平，仍以各都督府官及指挥千百户令其统领，应有军务措置得宜，然后大将军与各公侯回京"。朱元璋这里召徐达等人回京，但前方不能没有总兵官，于是又命"宋国公冯胜、卫国公邓愈、中山侯汤和、巩昌侯郭子兴复镇北边"①。

北方无战事，时间久了，将士们未免心生怠惰，朱元璋又遣使诫谕徐达和李文忠：

> 将军总兵塞上，偏裨将校日务群饮，虏之情伪未尝知之，纵欲如此，朕何赖焉！如济宁侯顾时、六安侯王志，酣饮终日，不出会议军事，此岂为将之道？朕今夺其俸禄，冀其立功掩过，如犹不悛，当别遣将代还。都督蓝玉，昏酣悖慢尤甚，苟不自省，将绳之以法。大将军宜详察之。迁民镇修城非今所宜，况军士疲劳已甚，若又使之力役，不惟供亿艰难，亦恐胡人得乘吾隙，非计之善也。②

从朱元璋的诫谕中我们可以看到明军懈怠的状况。为了解决这个问题，洪武八年二月明太祖下诏："大将军徐达、左副将军李文忠、右副将军冯胜率济宁侯顾时等回京，其所统军就令颍川侯傅友德、南雄侯赵庸、都督同知何文辉总领，镇北平。"③ 三月里，徐达回到京师，为了加强北方前线的领导，朱元璋在五月派"永嘉侯朱亮祖等率师同颍川侯傅友德往北平备胡"。经过两个月的调整，到七月，朱元璋再"命曹国公李文忠为征虏左副将军、济宁侯顾时为左副副将军，往山西、北平整率军马，代颍川侯傅友德、永嘉侯朱亮祖还京"④。李文忠这次到北边，直到一年以后才回到京师，"上其印绶"⑤。

徐达从洪武八年三月回到京师后，何时被派回北平前线，史无明文。但当李文忠回到京师时，徐达已经在北边前线了。史载：洪武九年六月朱元璋为故元四大王事敕谕徐达说：

---

① 《明太祖实录》卷八八，洪武七年三月丁卯，丙辰。
② 《明太祖实录》卷九六，洪武八年正月庚辰。
③ 《明太祖实录》卷九七，洪武八年二月癸丑。
④ 《明太祖实录》卷一〇〇，洪武八年五月己巳，七月壬戌。
⑤ 《明太祖实录》卷一〇六，洪武九年六月辛丑。

六月四日早金星犯毕右股北第一星，主夷狄兵起，以分野推之，应在赵地。今故元四大王不满二百人，官军屡捕不获。前者皆云其众无马，今乃言有十五骑相从出没，不知劫夺于何人者。盖由尔诸将不乘机剿捕，致令若此。敕至，速遣智勇将士四面捕之，毋致蔓延。其大同、岢岚诸处，亦令守御官军严为备御。①

这段史料给我们提供的准确时间是洪武九年（1376）六月四日，朱元璋就四大王屡捕不获对徐达提出批评，说明徐达此时已在北边。再有，朱元璋在九月"遣指挥佥事吴英往北平，谕大将军徐达曰：'七月火星犯上将，八月金星又犯之，占云：当有奸人刺客阴谋事。凡阅兵马、习骑射，进退之间，皆当谨备。可遍谕诸将，亦当严密，虽左右将校，勿令相近。其故元阉官，尤宜防之，惟南去者可以使令。盖将者，众之死生、国之安危系焉，能戒慎之，庶可免优 ［忧］。'"② 这条史料更准确地说明徐达当时是在北平。

此后，由于徐达的女婿燕王朱棣之藩北平，朱元璋更是派徐达连年出镇北平。史载：洪武十四年正月徐达再为征虏大将军率师征讨乃儿不花，其间"发燕山等卫屯兵万五千一百人，修永平、界岭等三十二关"③。北征回师后的九月，太祖"命魏国公徐达镇北平，军民悉听节制"④。洪武十六年正月，"命魏国公徐达出镇北平，赐钞一百五十锭"⑤。洪武十七年正月，再"命魏国公徐达出镇北平"⑥。徐达在洪武十七年十月回到京师，十八年二月去世。

徐达去世后，洪武十八年（1385）八月，朱元璋任命"宋国公冯胜为征虏大将军，偕颍国公傅友德、永昌侯蓝玉等率京卫将士往北平，会诸道兵操练沟边"⑦。这是继李文忠、徐达去世后的最佳人选。冯胜的任命反映出两个情况：一是北平镇的总兵官需要有人接任，舍冯胜而无人；一是朱元璋在为征讨纳哈出进行准备，这大规模出征的军事统帅也只有冯胜能够胜任。这样，经过一年多的准备，明太祖在洪武二十年正月决定，"命宋国公冯胜为征虏大将军，颍国公傅友德为左副将军，永

<hr>

① 《明太祖实录》卷一〇六，洪武九年六月己丑。
② 《明太祖实录》卷一〇八，洪武九年九月癸丑。
③ 《明太祖实录》卷一三五，洪武十四年正月辛亥。
④ 《明太祖实录》卷一三九，洪武十四年九月壬午。
⑤ 《明太祖实录》卷一五一，洪武十六年正月戊午。
⑥ 《明太祖实录》卷一五九，洪武十七年正月戊申。
⑦ 《明太祖实录》卷一七四，洪武十八年八月庚戌。

昌侯蓝玉为右副将军，南雄侯赵庸、定远侯王弼为左参将，东川侯胡海、武定侯郭英为右参将，前军都督商暠参赞军事，率师二十万北伐"①。

这次出征以纳哈出的降服结束，明廷最终平定了东北地区。但是由于冯胜在出征过程中的诸多失误和不法行为，八月，朱元璋决定"收其总兵官印，召胜还，而令永昌侯蓝玉行总兵官事"②。九月，朱元璋正式任命"永昌侯蓝玉为征虏大将军，延安侯唐胜宗为左副将军，武定侯郭英为右副将军，都督佥事耿忠为左参将，都督佥事孙恪为右参将"，指示蓝玉"宜因天时，率师进讨"，激励他们"奋扬威武，期必成功，肃清沙漠，在此一举"③。蓝玉率师于洪武二十一年四月取得了捕鱼儿海之役的胜利，彻底摧毁了北元朝廷。

北元朝廷灭亡后，北平军镇的镇守总兵官一时没有任命，这段空缺反映的是朱元璋北部边防军事指挥权的转移。一方面蒙古草原敌对势力瓦解，另一方面洪武初年分封的诸王已经长成，于是朱元璋开始让塞王在北边防御中承担重任。洪武二十三年（1390）正月，太祖"以故元丞相咬住、太尉乃儿不花、知院阿鲁帖木儿等将为边患，诏晋王、今上各率师往征之"，这是北边军权转移的关节点，朱元璋特命"颍国公傅友德为征虏前将军，南雄侯赵庸为左副将军，怀远侯曹兴为右副将军，定远侯王弼为左参将，全宁侯孙恪为右参将，赴北平训练军马，听今上［燕王］节制。时先已遣定远侯王弼往山西练兵，因敕弼以山西兵听晋王节制"④。

这以后又有镇守总兵官的任命，洪武二十四年正月，"敕颍国公傅友德佩征虏将军印充总兵官，定远侯王弼充左副将军，武定侯郭英充右副将军，于邳、徐、滕、兖、济南、平山、德州、乐安及北平都司属卫，遴选精锐军士，训练以备边"⑤。三月，又"命齐王榑率护卫骑兵于开平近地围猎，谕之曰：'山东都司各卫骑士，皆从总兵官颍国公傅友德调发，尔毋相参。遇有战斗，可自为队，或在总兵之左，或在其右，有胆略则当先，无胆略则继后，若奏凯之时，宁使诸将言功，勿自矜伐。八月终，秋高水冷，人马入关，尔亦回京'"⑥。这里太祖的用意非常明显，就是要这些久经战阵的老将训练没有历练的藩王，以培养其实战能力。

洪武二十五年（1392）三月，北平镇又出现了由都指挥使升任的总兵官周兴，

① 《明太祖实录》卷一八〇，洪武二十年正月癸丑。
② 《明太祖实录》卷一八四，洪武二十年八月癸酉。
③ 《明太祖实录》卷一八五，洪武二十年九月丁未。
④ 《明太祖实录》卷一九九，洪武二十三年正月丁卯。
⑤ 《明太祖实录》卷二〇七，洪武二十四年正月戊申。
⑥ 《明太祖实录》卷二〇八，洪武二十四年三月丙辰。

数年之间在燕王的指挥下两次出边作战。此后直到朱元璋去世，燕王俨然是北部边防第一军镇北平的最高统帅，只是在朱元璋临去世之前，又为燕王派来了助手杨文，朱元璋在给杨文的敕谕中说："朕子燕王在北平，北平中国之门户，今以尔为总兵，往北平参赞燕王，以北平都司、行都司并燕、谷、宁三府护卫选拣精锐马步军士，随燕王往开平堤备，一切号令皆出自王，尔奉而行之，大小官军悉听节制，慎毋贰心而有疑志也。"① 这是朱元璋早年分封诸王时的构想变成历史现实的具体表现，以北平军镇而言，只是最高军事指挥权有所变化，由洪武二十三年前的大将防边演变为藩王防边，对北平作为北边军镇的实质并无影响。

总括上述情况我们认为：徐达在北平练兵防边时期，北边的一应事务当由徐达主持，徐达不在时则由颍川侯傅友德镇守。所以洪武八年二月朱元璋召徐达回京，"其所统军就令颍川侯傅友德、南雄侯赵庸、都督同知何文辉总领，镇北平"②。五月里又派来永嘉侯朱亮祖，不久又由曹国公李文忠和济宁侯顾时前来代替傅友德和朱亮祖。到洪武九年由临江侯陈德镇北平③，而在洪武七年至十二年十一月间，济宁侯顾时数次出镇北平，朱元璋称赞他说："命尔守御北平，尔能修其职守，辑和军民，靖安边境"④，当非过誉之词。自洪武十三年朱棣以燕王的身份之藩北平之后，因他尚年轻，朱元璋从洪武十四年九月起连年命徐达出镇北平。史称"今上开国北平，命达练兵镇守"⑤，其目的自不待言，以朱棣岳父及明朝开国第一大将军的身份而出镇，一则要保证北平的绝对安全，二则要让朱棣跟徐达多学些行军布阵、带兵打仗的本领，以保障明朝北边的安全。徐达去世后，朱元璋在北边又派出了宋国公冯胜、颍国公傅友德、永昌侯蓝玉等，征纳哈出和捕鱼儿海之役，北平作为军事重镇，都是军队的集结地和出发地。洪武二十三年以后，燕王朱棣已经是北边著名的藩王，明廷北部边防的支柱，北平作为他的根据地，地位的重要自不必说，直到朱棣继统将北平改为北京，洪武年间北平作为北边第一军镇的辉煌真就淹没在帝都的光环中了。

（作者单位：黑龙江大学历史文化旅游学院）

---

① 《明太祖实录》卷二五七，洪武三十一年五月戊午。

② 《明太祖实录》卷九十七，洪武八年二月癸丑。

③ 《明太祖实录》卷一百二十一，洪武十一年十一月壬辰。

④ 《明太祖实录》卷一百二十七，洪武十二年十一月甲寅。

⑤ 《明太祖实录》卷一百七十一，洪武十八年二月己未。

天顺时期政治群体的制衡
与宫廷政治变迁

赵现海

英宗以"夺门"复位，宫廷政治呈现一大变局，武将、宦官、内阁、外戚形成复杂多变的交织局面，一时呈现巨大的动荡。但最终英宗有惊无险地逐一铲除可能对皇权造成威胁的势力，进一步巩固与加强了皇权专制。天顺宫廷政治典型体现了明代皇权专制的特征，虽然由于具体条件的限制，皇权一时分流于其他政治势力，但最终仍系于皇帝，反映出明代政治的根本精神。本文便对这一史实进行考察。

一 "夺门之变"与天顺初年宫廷政治变局

（一）景泰朝失落势力合流与"夺门之变"之谋划

在文官集团围绕皇储人选，分裂为两大派系，仍在争论时，景泰朝失落的武将、宦官集团，与部分失落的文官，出于建功夺权的考虑，趁景帝生病之时，抢先发动宫廷政变，将英宗从南宫中抢出，复登皇位，史称"夺门之变"。在景泰朝部分政治失落者看来，旧太子即位，所重用者为旧太子系势力；襄世子入即帝位，则朝廷政局仍由景帝嫡系所控制。只有迎英宗复位，才会建立拥护之功。景帝系迎襄世子的传言，相应促进了政治失落者与英宗的加紧联系。"遂驾其说于石亨辈曰：'王文、于谦已遣人赍金牌敕符取襄王世子去也。'"① 景泰朝失落势力遂开始与英宗暗地联系。

> 景泰有疾，都督张轪、武清侯石亨、太监曹吉祥以南城之谋扣太常卿许彬。彬曰："此社稷功也，虽然，彬老矣，无能为也，盍图之徐元玉。"轪、亨等从其言。是月十四日夜，会有贞，有贞曰："太上皇帝昔者出狩，非以游畋，为赤子故耳。今天下无离心，谋必在此，特不知南城知此意否？"轪等曰："两日前有阴达者。"有贞曰："必伺获审报，乃可议。"②

也就是说，在夺门之变发动前五日，石亨诸人已与英宗事先联系。不过英宗为慎重起见，最初并未表态。"亨曰：'两日前密启南宫，未报也。'"③ 两日后才表示同意。"轪等去两日，夜再会有贞，言报得矣，计将安施。"④ 景帝一意防范英宗，但由此可见仍存较大纰漏，竟使政治反对派多次潜通消息，夺门之所以能成功，由此可见一斑。有记载称在十四、十五日，景帝已知夺门之谋，有遣太监捕石亨之举；《明英宗实录》亦载部分太监之诛，亦由于此，⑤ 但从情理而言，若景帝早已知悉此谋，石亨诸人早已被诛，夺门之变更不可能发生。想来应是英宗复辟后，夺门集团出于私人恩怨，编造这一罪名，以清除部分宦官反对派。⑥

从以上记载可见，夺门之变首谋为石亨。石亨之所以如此，实出于报复景泰朝为于谦完全压制的愤恨。"亨辈不过因于谦平日为总督军务，一切兵政专而行之，

---

① 李贤：《天顺日录》，载邓士龙辑，许大龄、王天有主点校《国朝典故》卷四八，北京大学出版社 1993 年版，第 1173 页。嘉靖初年，王琼撰《双溪杂记》，载："遂驾其说于石亨等曰：'王文、于谦已遣金牌敕符取襄王世子矣。'又曰：'欲拿亨等数人掌兵者。'由是亨惧祸及，而与吉祥、徐有贞辈内外相应，密谋固结，而谦等骈首就戮矣。"王琼：《双溪杂记》，《丛书集成初编》，商务印书馆 1936 年版，第 22 页。所谓景帝系计划擒拿夺门派，逼迫后者发动宫廷政变，揆诸实际，并无其事，应为天顺复辟后，夺门集团为使自身行动合法化，而捏造之口实。后世不察，有以为夺门前这一口风便已开始流传。

② 杨瑄：《复辟录》，《续修四库全书》，上海古籍出版社 2002 年版，第 187 页。

③ 谈迁：《国榷》卷三二《英宗天顺元年》，中华书局 1958 年版，第 2019 页。

④ 《复辟录》，第 187 页。

⑤ "是时，景泰不朝已四日矣。先一二日，又驾其说于石亨辈，云：'景泰命太监张永等行拿数人掌兵者，以其谋立上皇。'"《立斋闲录四》，载《国朝典故》卷四二，第 1021 页。这一记载来源于《天顺日录》，略有润色。"先一二日，又驾其说于石亨辈，云：'景泰命太监张永等行拿数人，掌兵者某谋立上皇。'"《天顺日录》，载《国朝典故》卷四八，第 1173 页。"诛御马监太监郝义。义坐与王诚等同谋，欲发勇士，擒杀吉祥、石亨等，故诛。"《明英宗实录》卷二七五，天顺元年二月癸卯，第 5842 页。

⑥ 当时一同被处死之千户，便系逯杲出于私人恩怨，诬陷报复所致。"诛千户刘勤。勤，大兴左卫军，景泰中以善栉得幸，授官校尉。逯杲与有隙。上初复位，杲于朝班擒之，奏其有讪上语。下狱，至是诛。"《明英宗实录》卷二七五，天顺元年二月癸卯，第 5842 页。

亨不得遂其所私，而乘此机而图之。"① 而石亨之所以为首谋，在于其属官僚集团中为数甚少知道景帝病重，皇位将发生更迭之人。"初，景皇帝有病，群臣不知其危剧。本月十三日夜，石亨独蒙宣，到郊坛斋宫榻前，面受命，代行礼。亲见，知必难起，于是时有南城之谋。"② 石亨消息来源还不限于面见景帝一途，此外还与宦官交通，暗地打探各种政治信息。天顺元年三月，金吾左卫指挥使杨善还奏："臣于景泰间从事尚膳监，凡闻内臣密谋，必达于忠国公石亨。今亨迎复圣驾，臣与有功焉。"③

当时官僚集团复立旧太子声势最大，石亨鉴于即使加入这一集团，未来主宰政局者，仍为文官集团，只不过旧太子势力可能取代景帝系势力，自身与武将集团受压制的政治态势仍无法从根本上改变，遂欲抢在复立旧太子疏上达之前，④ 发动宫廷政变，以建奇功，从根本上改变政治格局。但石亨毕竟为武人，做事欠缺周详，故而最初联络许彬。之所以联络许彬，在于许在迎接英宗回归之时，与英宗结有私谊，与石亨交往密切，属可靠之人。⑤ 但由于许以老婉拒，推荐徐有贞，夺门群体此后遂以徐有贞居中主持。⑥ 石亨之所以联络徐有贞，在于后者同样为景泰政治失

---

① 《天顺日录》，载《国朝典故》卷四八，第 1173 页。

② 《复辟录》，第 188 页。

③ （明）陈文等：《明英宗实录》卷二七六，天顺元年三月辛巳，台北"中研院"历史语言研究所 1962 年校勘本，第 5884—5885 页。

④ "诸臣中有一人泄其议，其贪功喜事若曹、石诸人知之，遂亟造谋，先于十五夜，部聚整定，至四鼓，斩关而入，亦有内应者，遂成'南城之计'。而前诸臣之议竟寝焉。英宗既复辟，虽赏诸人之功，而恒不悦，以其有轻朝廷之心，后皆不得其终。"《寓圃杂记》卷一《英宗复辟》，第 4 页。天顺年间石亨败后，陈勋上《辨冤疏》，指出石亨曾明确反对复立太子。"十四日，内阁大臣陈循等招石亨至东阁，会本请复立茂陵为皇太子。亨对曰：'上面有病，休要激恼他。'又言少停，慢慢说话。因见人多，不曾说得。"《复辟录》，第 188 页。考虑到当时英宗已以谋逆罪诛灭石氏家族，陈循在死无对证之情况下，指责石亨本处英宗父子之对立面，既符当时之政治情势，又利于减轻自身罪责，所言是否符合实际，实难判断。

⑤ "许彬，字道中，宁阳人。永乐十三年进士。改庶吉士，授检讨。正统末，累迁太常少卿，兼翰林待诏，提督四夷馆。上皇将还，遣彬至宣府奉迎，上皇命书罪己诏及谕群臣敕，遣祭土木阵亡官军，以此受知上皇，还擢本寺卿。石亨等谋复上皇，以其谋告彬，彬进徐有贞。"（清）张廷玉等：《明史》卷一六八《许彬传》，中华书局 1974 年版，第 4520 页。"升太常寺卿许彬为礼部右侍郎兼翰林院学士，于内阁参与机务。彬素与武清侯石亨等交密，至是亨等荐之也。"《明英宗实录》卷二七四，天顺元年正月壬午，第 5788 页。

⑥ 陈循在《辨冤疏》中，亦记石亨曾欲与己商议复辟之谋。"十七日早，四更时，有郎中龙文至循家，盖文素善张軏，得之。軏谓前日石总兵要与循计较，说道西边病重难起，若请复立东宫，不如就请太上皇复位，可以得功赏。要与循说，轇循不着，却与徐有贞计较，言先要与陈学士说，不曾说得。本官回言：'陈学士往日在人前说你无功封侯，此事如何与他说？他见为首请立东宫，若他得知西边难起是的，又会集百官恳请太上皇复位，大众所为，必无功赏，切不可令之知，只约内外典兵柄者三五人密为之，庶几功勋有归，权宠在己。'又与亨计，必须捏个异故，方显吾辈功高。此事在今日早发。"《复辟录》，第 188 页。陈循既属景帝一派，在朝又与石亨存有龃龉，石亨又如何能与其计议夺门之事？姑且存疑。

落者，二人此前已交往密切。"亨、轼从其言，遂往来有贞家；有贞亦时时诣亨，人莫知也。"① 可见景泰朝失落政治势力早已不断汇聚，成为一股不容忽视的政治潜流，为夺门之变的发生提供了政治条件。

夺门之变的发动，若无内援，以石亨所统数百军士，实难攻入大内，而充作内援者，上有孙太后，下有曹吉祥。景帝废除英宗一脉的皇位统系，自为英宗的母孙太后所不满，迎英宗复位，为最符合其政治利益的皇位选择。故而石亨借曹吉祥表达复辟之意时，孙太后便发下敕旨，作为夺门群体获入宫廷的凭证。"令太监曹吉祥入白太后。"② "中官吉祥、蒋冕辈白于太后，写敕旨与亨辈成此事。"③ 曹吉祥之所以参与此事，源于其本为英宗一系，在景泰朝属于受到压制的内官势力，为谋求权力，亦加入进来。与石亨一样，曹吉祥虽然亦属政治失落派，但同样掌握着军事权力。"景泰中，分掌京营。"④ 按照明朝规定，京营由内、文、武三种政治系统分掌，彼此制约。景帝之所以让曹吉祥分掌京营，应鉴于其为宦官机关中最有军事能力与最富战功者。但将关系京城安危的军事重权，委于一属英宗旧人，一属政治失落者，仅于谦为自身嫡系，可见景帝小事细察、大事疏阔之病，夺门之变的发生，实借助了这一巨大漏洞。

（二）夺门之变过程与徐有贞之主导角色

在夺门之变发生前，恰好传来蒙古来攻的警报，从而为石亨、曹吉祥调动京军提供了借口。"而是时会有边吏报警，有贞曰：'宜乘此以备非常为名，纳兵入大内，谁不可者！'亨、轼然之。"⑤ 诸人遂联合英宗旧人王骥、杨善、陈汝言等，于正月十七日夜，率众近千人，发动"夺门之变"。"遂往会轼、亨、吉祥、王骥、杨善、陈汝言等，收诸门钥。夜四鼓，开长安门，纳兵近千人，宿卫官军惊愕不知所

---

① 《明史纪事本末》卷三五《南宫复辟》，第 529 页。
② 《明史》卷一七一《徐有贞传》，第 4562 页。
③ 《天顺日录》，载《国朝典故》卷四八，第 1173 页。
④ 《明史》卷三〇四《宦官一·曹吉祥传》，第 7774 页。
⑤ 《明史纪事本末》卷三五《南宫复辟》，第 530 页。《复辟录》记载蒙古进攻目标为北京。"已而轼云：'今骑薄都城，奈何?'有贞言：'正宜乘此，以备非常为名，阴纳兵入内，谁不可者?'轼等首肯之。"《复辟录》，第 187 页。景泰末年，与瓦剌已然和解，后者对边疆威胁大为减轻，进攻都城之举更未再现。《复辟录》在勾画夺门之变时，可能有所渲染与附会，描写京城内外风雨欲来之势，不为《明史纪事本末》所取。

为。"① 夺门士兵主力应为长期追随曹吉祥的降达。② 长安门之得开，在于钥匙便在石亨手中。"亨掌门钥，夜四鼓，开长安门纳之。"③ 石亨诸人发动明朝从未有过之宫廷政变，且人力单薄，情景殊不可知，比如徐有贞在事件发动前，便与家人进行了诀别。"有贞焚香祝天，与家人诀曰：'事成，社稷之福；不成，家族之祸矣，归人不归鬼。'"④ 故而，心理素质坚强之徐有贞仍在其中发挥主导作用。"有贞命仍锁诸门，曰：'万一内外夹攻，事去矣。'锁讫，有贞取钥投水窦，并軏等莫之知。"⑤ 并借助其善于占卜星相的素网，安定、激励夺门诸人。"时天色晦暝，軏等惶惑。有贞趣行，軏顾谓曰：'事当济否？'有贞大言：'时至矣，勿退。'"⑥ 由于事先已与英宗沟通，因此英宗命人在内，与夺门诸人在外，共同砸开南内大门，将英宗从南内抢出。

薄南宫城门，铁锢牢密，扣不应。俄闻城中隐隐然有开门声，有贞等命取巨木架悬之，数十人举撞城门；又令勇士踰垣入，与外兵合毁垣。垣坏，门启，城中黯无灯火，軏等入见，太上皇烛下独出，问曰："尔等何为？"众俯伏合声："请陛下登位。"乃呼兵士举辇来，兵士惊惧不能举。有贞等助挽以前，掖上皇登辇，有贞等又自挽以行。忽天色昭朗，星月辉光。⑦

英宗长期不与官员沟通，昏暗之中，已不识诸人面貌。诸人遂争相自报以邀功。"上皇顾问有贞等：'卿为谁？'各对某官某。"⑧《复斋日记》载英宗队伍自右顺门，即大内西侧进入，中途遇景帝嫡系武将范广阻击。"径入右顺门。侍卫都督范广御

---

① 《复辟录》，第 187 页。
② "内官吉祥居禁庭最久，为人惟喜私恩小惠，招权纳贿，擅作威福。尝往云南、福建杀贼，带去达官军能骑射者功，因而收于部下，加以恩泽，为腹心。天顺初，呼召此辈迎驾，俱升大职。此辈亦感吉祥之恩。"《天顺日录》，载《国朝典故》卷四八，第 1132 页。"初，正统间吉祥征麓川，又征福建，选达官能骑射者百十人随征。天顺初，诸达官与吉祥亲党及门下无赖，随吉祥以夺门迎驾功，累受升赏者甚众，皆感戴吉祥。"《明英宗实录》卷三三〇，天顺五年秋七月庚子，第 6778 页。《国榷》讹改为南方番人。"先时，吉祥监军云南、福建，收番将能骑射者门下，可百十人，夺门冒功赏。"《明英宗实录》卷三三《英宗天顺五年》，第 2123 页。
③ 《明史》卷一七一《徐有贞传》，第 4562 页。
④ 《复辟录》，第 187 页。
⑤ 同上。
⑥ 同上。
⑦ 同上。
⑧ 同上。

之，战死。"① 从而进入奉天殿。"有贞等前导，密迩属车。既升奉天殿，诸臣犹有在辇前者。武士以椎击有贞，上叱止之。时斧座尚在殿隅，诸臣往推之至中。上升座，鼓钟鸣，群臣百官入贺。"② 徐有贞于殿外宣群臣觐见。"景帝明当视朝，群臣咸待漏阙下。忽闻殿中呼噪声，方惊愕。俄诸门毕启，有贞出号于众曰：'太上皇帝复位矣。'趣入贺。"③ 官僚集团上朝之后，本以为景帝病愈理政，却愕然发现英宗复辟的政治突变。不过由于英宗复位实取回被乃弟景帝所据的皇位，具有政治合法性；加之英宗父子势力在朝中仍然甚众，以及不明内情的群臣多认为景帝病情似已无可挽救，故而英宗复辟很快便获得官僚集团的认可。"遂升殿，谕百官以皇帝不豫，众请复位意。百官皆呼万岁，事遂定。"④ 提督操练右都御史罗通亦曾参与夺门之变。⑤ 景帝亦在寝宫很快听到这一消息。

至夜，曹、石诸人诣南城请太皇复辟，声彻帝所。帝命宦者升高四望，遥见火光自延安宫来，帝曰："大兄做皇帝，吾无天之人。"此虽出于人谋，亦帝天禄之终也。董逮亲见其事如此。⑥

景皇帝闻钟鼓声，问左右曰："于谦耶？"左右对曰："太上皇帝。"景皇帝曰："哥哥做，好！"⑦

言语中渗出凄凉与遗恨。对于夺门之变之发生，后人有认为主掌兵政之于谦应负责任 。"惟于谦此时更辨一语不得。贯高曰：'纵上不杀我，我独不愧于心乎！'是也。且于身大司马，统兵政，致人半夜纳兵禁城，毫无闻知。职掌谓何？"⑧

---

①（明）许浩撰，毛佩琦、李让整理：《复斋日记》，载《中华野史·明朝卷一》，泰山出版社2000年版，第167页。不过《明英宗实录》却载范广在英宗复辟后被诛。"命诛都督范广。广素骁勇，为于谦所信任，石亨等嫉之，云与谦等谋反，故诛之。"《明英宗实录》卷二七五，天顺元年二月癸卯，第5842页。

②《复辟录》，第187—188页。

③《明史》卷一七一《徐有贞传》，第4563页。

④《复斋日记》，载《中华野史·明朝卷一》，第167页。

⑤《明英宗实录》卷二七四，天顺元年正月丁亥，第5805—5806页。"以迎驾功，升右都御史罗通子师望、来兴、师汉俱为所镇抚，师望、来兴任江西吉安守御千户所，师汉带俸锦衣卫。"《明英宗实录》卷二七五，天顺元年二月壬寅，第5840页。

⑥（明）王锜撰，张德信点校；《寓圃杂记》卷一《景泰帝上宾》，元明史料笔记丛刊，中华书局1984年版，第6页。

⑦《复辟录》，第188页。

⑧（明）黄景昉著，陈士楷、熊德基点校：《国史唯疑》卷三《景泰》，上海古籍出版社2002年版，第79页。

夺门之变虽然惊险，但从谋划到最终实行，在短短数日内便获得成功，足以震惊世人。当时遂流传相关谶纬与预言，反映出时人以"天命"观念合理化这一事件。"正统末，京师旱，街巷小儿为土龙祷雨，拜而歌曰：'雨帝雨帝，城隍土地。雨若再来，还我土地。'成群噪呼，不知所起。未几，有监国即位之事，继又有复辟之举。说者谓雨帝者，与帝；城隍者，郕王；再来还土地，复辟也，以谣为有征也。"①

（三）英宗、景帝兄弟之谊与景帝之死

英宗与夺门集团上位之后，自然会对景帝君臣势力大加清洗，但具体方式却值得考察。英宗复位后，景帝被移至西内。皇太后诏称："已令群臣送归西内，俾知赡养。"② 明代史籍有记载英宗本欲保全景帝性命，但却最终为宦官所私杀。

> 上复宝位二三日间，诸文武首功之臣列侍文华殿。上喜见眉宇，呼诸臣曰："弟弟好矣，吃粥矣。事固无预弟弟，小人坏之耳。"诸臣默然。时都督刘深亦带刀在侍。深亦以复位功进左都督，后充总兵官，挂征蛮将军印来广西，为盛偶及此，其语尤详。呜呼！上之德，尧、舜之德也，敢不有记？③
>
> 景泰帝之崩，为宦者蒋安以帛勒死。④

叶盛既以当时人，记当时他人亲眼目睹之事，所载应该不虚，由此亦可见英宗兄弟之间确有深厚感情，亦可印证明代皇室敦睦手足之情。揆诸实际，景帝死于天顺元年（1457）二月二十三癸丑，距离夺门之变的发生，已过去一月有余。景帝最初虽然病重，但在夺门之变发生前，已大为好转。

> 景皇帝八年正月十二日，方郊，忽呕血不能成礼而还。出居外殿，惟太医院董速与宦者二十余人侍，日则进药，夜则处榻前。十三日，少保于谦请见，

---

① （明）祝允明：《野记三》，载（明）邓士龙辑，许大龄、王天有主点校，《国朝典故》卷三三，北京大学出版社 1993 年版，第 567—568 页。（明）祝允明：《前闻纪一》，载（明）邓士龙辑，许大龄、王天有主点校《国朝典故》卷六二，北京大学出版社 1993 年版版，第 1422 页。

② 《明英宗实录》卷二七五，天顺元年二月乙未朔，第 5830 页。

③ （明）叶盛撰，魏中平点校：《水东日记》卷五《英庙友爱至德》，元明史料笔记丛刊，中华书局 1980 年版，第 53 页。《复斋日记》继承了这一记载。"后三四日，英庙御文华殿，诸文武有功之臣在列，英庙喜见于色，曰：'弟弟好矣，能吃粥矣。事无与于弟弟，小人坏之耳。'英庙之言如此。废黜之事，非其意矣。他日追复，岂尝有微言欤！"《复斋日记》，载《中华野史·明朝卷一》，第 167 页。

④ （明）陆釴：《病逸漫记》，《四库全书》齐鲁书社 1995 年版，第 1170 册，第 175 页。

恳帝视事。十四日，帝令速诊脉，奏曰："圣体安矣。"帝曰："明当受朝。"十五日早起，服汤药，具衣冠。①

但经历夺门之变的巨大刺激，景帝势力病情重新反复而加重。在此后一个多月的时间内，景帝由最初的惊惧、忧愤，再到心情逐渐安定下来，病情开始有所好转，也在情理之中。只是英宗顾及兄弟之情，不直接杀死景帝，② 不等于不默许或授意类似做法。英宗经历从皇帝至战俘，再遭禁锢，最后奇迹般地重登皇位的人生历程，其间凶险曲折，人心叵测，皆使其对牢固地掌握皇权，具有强烈的紧迫感。景帝不迎上皇、废易太子、禁锢南宫，皆应使英宗对乃弟存有一定的仇恨感。天顺时期，英宗对于景帝妃嫔财产的计较、景帝佩玉的追查，③ 反映出其对皇位威胁的异常警惕；其尽殉景帝后宫，几及尚有孤女的汪氏，反映出其对乃弟一家的报复。尤其考虑到英宗经历过人生沉浮之后，人性良善之念促其加恩建文帝之后，④ 可见英宗对

---

① 《寓圃杂记》卷一《景泰帝上宾》，第5—6页。

② 同样，不革景泰年号，亦有英宗顾念兄弟之谊的因素。《明英宗实录》卷二七五，天顺元年二月癸卯，第5841页。

③ 《明英宗实录》卷二七五，天顺元年二月甲辰，第5843页。《野记三》，载《国朝典故》卷三三，第548页。

④ "上复位之后，因思建庶人辈无辜淹禁将五、六十年，意欲宽之。一日，谓贤曰：'亲亲之意，实所不忍。'贤即对曰：'陛下此一念，天地鬼神实临之，太祖在天之灵实临之，尧舜存心不过如此。'上遂决。即日白太后，许之。左右或以为不可，上曰：'有天命者，任自为之。'左右闻之，皆愧服不能止。乃遣中官于凤阳造房屋。毕日，上召贤曰：'今可送去。'敕军卫有司供给柴米，一应器用悉令其完具，以安其生。听其婚娶，以续其后。自在出入，给与阍者二十人、婢妾十数人。遣太监牛玉人禁谕其意，建庶人闻之，且悲且喜，不意圣恩如此。时庶人年五十六、七矣。吴庶人已殁，尚有庶母姐［女孕］、老妇五六人，有年八十以上者。庶人入禁时方二岁，出见牛马亦不识。上召贤，谓：'可发旨意。'贤谓：'此非细事，宜谕文武百官。'上曰：'然。'次日宣毕，人人感叹，以为真帝王美事。既而，又有浅见者以利害之言沮之，上不听。"《天顺日录》，载《国朝典故》卷四八，第1118页。"皇帝敕谕文武群臣：'朕恭膺天命，复承祖宗大统，夙夜忧勤，欲使天下群臣咸得其所，而况宗室至亲者哉。爱念建庶人等自幼为前人累，拘幽至今已五十余年。悯此遗孤，特从宽贷，用是厚加赏赉，遣人送至凤阳居住。月给廪饩，以安其生，仍听婚姻，以继其后，庶副眷念亲亲之意。故谕。天顺元年十月二十六日。'"（明）宋端仪：《立斋闲录四》，载（明）邓士龙辑，许大龄、王天有主点校《国朝典故》卷四二，北京大学出版社1993年版，第1029—1030页。"天顺三年十月，淮扬巡抚都御史滕昭上言：'建庶、吴庶俱安置凤阳，官军巡警击柝，声闻陵寝。或有不逞之徒，事出意外，卒难防御。乞将二庶送有军卫城池，或即移凤阳废中书省，严加防范。'上曰：'安置已定，不必动。'"《万历野获编》卷四《宗藩·安置二庶》，第114页。"天顺元年十月，上命太监吴昱，送建文君子孙、建吴二庶人，并其母杨氏，共一十八口，凤阳居住。每月支食米二十五石、柴三千觔、木炭三百觔，听其自择婚配，衣食许出市交易。仍令内使鲁传等看守门户。诏谕在廷文武知之。按此诏则从京师送至凤阳，而《吾学编》谓久锢中都广安宫，敕从自便者，误也。弇州亦因而不改，又误以为天顺四年出之凤阳，亦非是。建文少子文奎既释后，未几而逝，终无子。吴庶人之卒，在永乐十三年，亦无子，懿文太子遂绝嗣。而吴庶人之妹，锢在高墙者，直至成化二十一年始卒，年八十六岁，上命为营葬域。然不闻所适者何人，盖竟以室女终身也。悲夫！"《万历野获编》补遗卷一《建吴二庶人》，第795—796页。

景帝一家的刻薄，实反映其内心对景泰旧事的难以释怀。① 景帝便因顾全手足之谊，一直未曾加害于英宗，最终落至如此下场，也实为自身前车之鉴。因此之故，在夺门集团影响之下，英宗最终绝意从根本上消除隐患，实符合其政治心理。故而最终景帝被缢死，实为必然。

（四）景帝系势力被清洗与"莫须有"罪名

而在景帝被杀之前，其嫡系势力已遭彻底清除，所借助的口实便是后者有迎襄王之意。正如上文所述，王文、王诚等人虽有迎襄王之意，但由于景帝病情呈现好转之势，未经其同意，二人实不敢擅自行动，襄王符牌仍存宫中，便是直接佐证。天顺朝英宗颇为优待襄王父子，亦可进一步印证襄王府未闻此事。可见，议迎襄王一直存在于部分政治势力谋议阶段，而未付诸行动。② 不过夺门集团出于合法化夺门行动、报复政敌的需要，从而重施南宋秦桧故伎，以莫须有定罪。

> 明年正月，景泰帝不豫，在廷文武群臣同公等上章，请宪庙临朝。议未下，太上皇帝光复宝位，改元天顺，实天与人归之。会石亨等贪天之功，掩为己有，假夺门迎复之命以欺朝廷，诬迎立外藩之罪以报私怨。原其奸计，盖谓此罪不重则彼功不高，不大杀股肱重臣则威不立；不构成党逆大狱则权不专，乘机喋言官劾公与王文等六七大臣，俱下狱。所司勘得金牌、敕符见存禁中，别无显迹。亨等扬言虽无实迹，其意则有。廷鞫之日，徐有贞对众大声令所司痛加拷

---

① "英庙释建庶人囚，复胡皇后位号，最称盛德。传上北狩，尝以语袁彬，谓建文君没，无所加礼，致召变故。善念从困［耳厄］中生，若或启之，未止殉葬尤高。初景帝崩，妃嫔俱赐帛自尽，几及汪后，赖李贤谏沮。想亦疑悔前事。"《国史唯疑》卷三《天顺》，第 82 页。

② 襄王在景泰末年，曾致书景帝，维护英宗父子。"复奉书襄王瞻墡曰：承谕，具悉尊意所以恶祁钰之借分，而喜侄之复位。及襄尝有陈言、慰安二章，初未曾达皇太后所，盖为祁钰之所蔽匿也。今已于祁钰宫中，检而得之。侄亲览之再三，深见叔父忠爱之诚，发于谠论，抑邪扶正，防微杜渐，无非是宗庙社稷计。推叔父之心，即周公之心也。而此二章，亦即金縢之书之比也。皇太后闻之，感叹不已。承异祥云捧旧玉带，谨已领讫，叔父云欲亲行朝觐，本不敢烦远来，第念先帝同气至亲，惟叔父宗室，至贤亦惟叔父，于情于谊，不可不重欲得一见，以笃亲亲。今遣太监夏时，赍奉敕符及书迎请，实时气候清和，叔父宜从容就道，宫眷、世子、郡王宜留藩邸，其当从行之人，亦随尊意带来。竚俟其至，惟叔父亮之。"《明英宗实录》卷二七六，天顺元年三月丙子，第 5878—5879 页。"迎立襄世子时，本无实迹，故复辟后，待襄王愈厚，情礼有加。倘与闻，宁免介介。"《国史唯疑》卷三《景泰》，第 79 页。"襄王来朝，故事当祭禁门而入。自迁都后，朝仪旷绝莫知者。礼部尚书邹干检太常故典行之。王凡再来朝，归日，上送至卢沟桥，驾在王后，王辞不获请，乃反其车面。上行敦睦之风，亦自迁都来仅见。"《国史唯疑》卷三《景泰》，第 81 页。"黄瑜曰：天顺初，王文、于谦以请迎立襄世子被诛。及襄王来朝，上礼待甚隆，其后世子竟嗣王位，终始亲睦无间。然则迎立之谋，其实未发，益可知已。"《国榷》卷三二《英宗天顺元年》，第 2040 页。天顺四年，襄王尚呈贡药物。《明英宗实录》卷三二二，天顺四年闰十一月戊申，第 6677 页。

掠，文不胜其忿，反复力辩，公徐曰："辩之何益？"所司畏惧亨等，罗织锻炼，添捏"意欲"二字，文致成招，盖蹈于秦桧所云"莫须有"之故智也。忠良被诬，古今如出一途，痛哉！是月二十三日状闻，上犹豫良久，曰："于谦曾有功。"众相顾未及对，徐珵避倡南迁之故，改名有贞，素以前事憾公，直前对曰："若不置于谦等于死，今日之事为无名。"上意乃决，公与文遂遇害。时锦衣卫指挥刘敬带刀侍卫，目击其事，后每及言公，未尝不切齿于有贞。①

英庙初复辟，徐有贞等嗾言官诬劾王、于二少保等，以召立外藩不轨事，至谓"事虽传闻，情实难容"，下多官会问。于俛首不辩，但言："辩也死，不辩也死，朝廷赦得我，众人亦不肯。"惟王文析折条辩，众莫能难。萧都宪维祯谓："事出朝廷，不承乏亦难免。"总兵张軏，即封太平侯者，嗔目语萧都宪云："此辈自犯，如何谓出朝廷？"萧若不闻。时刑部刘清旁欲回语，张軏怒斥之曰："看你这等脸嘴，也不是这才料。"而一时附势者皆轩轩然。刑科给事中尹旻，当众奋然攘臂拳，脚踢王、于二公，且谓："此二奸臣，正好殴。"识者含笑。越明日，有贞等遂升旻通政参议，后有贞等败，王、于事亦昭雪，旻颇惭悔，掩护不及矣。"②

英宗复位，即日与于谦执于班内。言官劾文与谦等谋立外藩，命鞫于廷。文力辩曰："召亲王须用金牌信符，遣人必有马牌，内府兵部可验也。"辞气激壮。逮车驾主事沈敬按问，无迹。廷臣遂坐谦、文召敬谋未定，与谦同斩于市，诸子悉戍边。敬亦坐知谋反故纵，减死，戍铁岭。文之死，人皆知其枉。以素刻忮，且迎驾、复储之议不惬舆论，故冤死而民不思。③

徐有贞主张坚决斩杀于谦，除私人恩怨与性格偏狭、狠戾④之外，实源于其在夺门之变中扮演居中主导角色，故而代表夺门集团，正名并夸大夺门的功勋，清洗

---

① （明）于冕：《先肃愍公行状》，载（明）于谦著，魏得良点校《于谦集》，浙江古籍出版社 2012 年版，第 681 页。

② （明）尹直：《謇斋琐缀录二》，载（明）邓士龙辑，许大龄、王天有主点校《国朝典故》卷五四，北京大学出版社 1993 年版，第 1265—1266 页。

③ 《明史》卷一六八《王文传》，第 4517 页。

④ 徐有贞与陈循存有私谊，对其亦同样不加申救。"陈循素有德于有贞，亦弗救也。"《明史》卷一七一《徐有贞传》，第 4563 页。可见徐有贞固为在道德上存在巨大缺陷之人。

景帝系势力，以超居高位、主宰朝廷政局。攻击于谦者，除夺门集团外，尚有李贤。① 可见景帝君臣之败，固然由于夺门集团的推动，但景泰朝的政治斗争所贻隐患也在其中扮演了推波助澜的角色，当时景帝系势力实难免被清洗的命运。嘉靖初年王琼便总结了于谦不免于难的三项因素。② 最后于谦、王文刑罚之得从凌迟改为处斩，赖于兵部侍郎杨瑄的建言。③《野记》尚载于谦在临死前称："前日内外军马悉在吾掌中，天下八十万精兵任吾用，吾不反，今日一［兀王］秀才乃反邪?"④于谦有保明朝社稷之功，最后却冤死于宫廷政变，为世所惜，民间遂流传其被诛之谶纬，实为时人将这一违背情理的现象，归之宿命，从而合理化的结果。"景泰末，忽童谣云：'鹭鸶冰上走，那里讨鱼寨？'其后卒为于谦之应。盖祸之将至，兆有先见，特人不能知耳。"⑤

---

① "时徐有贞、李贤为吉祥所引，入阁办事，故除于谦等皆用徐有贞策，而贤阴助之。先吏部侍郎缺，调兵部侍郎项文曜于吏部，李贤以吏部郎中升至兵部侍郎，代文曜。盖嫌于升本部，与尚书王翱并之，意谦尝荐文曜，贤以为今调出谦意，深衔之。后给事中王镇等劾文曜为贤奸党，都御史萧维祯亦吉祥所引用，文致谦罪，以为欲行立主外藩，依谋反者律凌迟处死，以文曜为知于谦谋反，故纵者律斩。其事载于李贤所著《天顺日录》，并都察院萧维祯所构狱案，皆有可考。《天顺日录》内贤自言助有贞展尽底蕴，知无不言。又言有贞素行持公者少，及其当道，予持公以助之，遂改前辄。观此则有贞诬害于谦之事，谓贤不与谋，情乎？况《日录》所著，屡短文曜，以为党附于谦，士林非笑。不知于谦非邪人，而文曜党附为何事也？唐李训、郑注为宦者王守澄等所引用，既而欲除王守澄等以自新，而李训又恐郑注独擅其功，遂致甘露之祸。徐有贞、李贤为吉祥、石亨所引用，既而虑为二人所累，欲以至公除之，几致祸变。如石亨每来内阁议事，则欲出己意，而令内阁行之，徐有贞等得无厌乎？一日论及江西隐士吴与弼，亨慨然欲荐之。贤乃代草，付亨奏之，则吉祥、石亨与徐有贞等，李贤相亲厚可见矣。"（明）王琼：《双溪杂记》，《丛书集成初编》，商务印书馆1936年版，第23—25页。"天顺间，萧维祯为都御史，阿附吉祥、石亨、徐有贞，害于谦等，文狱案故入死罪，律当反坐。后维祯升南京刑部尚书，都御史寇深为吉祥侄曹钦杀死，举代者李贤首荐维祯可用，上曰：'此人曾在吉祥处通情，吉祥力荐之，非端士也。'遂不用。夫萧维祯奸党诬忠，而贤荐用之，则贤为有祯之党，益昭昭矣。"《双溪杂记》，第52页。

② "正统己巳秋，兵部尚书于谦以社稷为重，力排和议，身任总督军务，选将练兵，坐摧强虏，光辅中兴，厥功非细。及虏酋也先遣使来言，欲差大臣徃迎上皇，都御史杨善使虏，不恃一缯，以口舌悦譬，国威不屈，遂得回銮。当时天下之人皆以谦以身佩安危，功在社稷，而谦亦自信其得效忠荩，扬眉吐气于班行，而岂自虞其有杀身亡家之祸于后日哉？奈何于公效用之日，正小人侧目之秋。故事几一变，挟人以忌嫉之私，而乘之以众怒之隙，于公于是乎难免矣。盖上皇回銮，居于南城，又废皇储，而谦乃见用于景泰之人，此第一可乘之隙也。景泰旧臣失倚，苟以迎驾为名，自可邀功希宠，此可乘之隙二也。非造谗言中伤谦等，则夺门之事为无名，迎驾之举为无功，此可乘之隙三也。……程篁墩先生敏政论于肃愍公谦之受诬，以谓主于柄臣之心，和于言官之口，裁于法吏之手，不诬也。首祸之罪，则通于天矣。"《双溪杂记》，第20—22页。

③ "惟谦与王文所拟凌迟，用瑄言，改斩。出《实录》。瑄在阁仅数月，所可纪此耳。"《国史唯疑》卷三《天顺》，第84页。

④《野记三》，载《国朝典故》卷三三，第551页。

⑤《复斋日记》，载《中华野史·明朝卷一》，第167页。

（五）英宗君臣清理景泰朝势力

当时一同被杀者，尚有景帝系宦官多人。二十二日所颁圣旨称："王文、舒良、王诚、张永、王勤，论法本当凌迟，从轻决了罢。家下人口免死充军，家小为奴，着随营住，家财入官。"而其他景帝系势力同样遭到清洗。"陈循、江渊、俞士悦、项文曜免死，发口外永远充军，家小随住。"值得注意的是，非景帝系势力也有遭受牵连，而被驱逐出朝廷者。"萧镃、商辂、王伟、古镛、丁澄原籍为民。钦此。"① 而所冠罪名，除迎外藩之外，且为景泰时多项宫廷斗争负责。② 景帝外戚也被一体清理。③ 商辂为举朝所知的旧太子系。事实上，天顺复辟后，旧太子系势力同样遭到驱逐与清空，其中领导与核心人物如阁臣高谷、吏部尚书王直、礼部尚书胡濙皆致仕而去。④ 对于其为旧太子势力，甚至亲附于己，英宗并非不知。如高谷离朝。"英宗复位，循、文等皆诛窜，谷谢病。英宗谓谷长者，语廷臣曰：'谷在内阁议迎驾及南内事，尝左右朕。其赐金帛袭衣，给驿舟以归。'寻复赐敕奖谕。"⑤ 只是以上诸人毕竟为景泰朝重臣，在此剧烈政权变革后，于朝廷体势、诸人情面而言，皆难再立于新朝。而深层次原因则是夺门集团既建立大功，势必要全面接管政权、占据高位，诸人在新形势下，已无政治控制空间。被驱逐出朝廷与要职者，并不限于以上诸人，英宗与夺门集团实将整个中央机构进行彻底的清空。

> 天顺元年二月初六日，奉圣旨："轩輗升刑部尚书，刘广衡刑部右侍郎，李宾调大理寺卿，李秉调南直隶管粮储，张凤调南京户部，薛希琏调南京刑部，萧维祯调南京都察院，姚夔调南京礼部，宋琰调兵部，郑太、李敏、孟鉴、张

---

① 《复斋日记》，载《中华野史·明朝卷一》，第167页。

② "天顺元年正月二十六日，都察院左都御史萧维祯等于奉天门钦奉圣旨：'于谦、王文结同内贼王诚、舒良、张永、王勤等构成邪谋，逢迎景泰，篡位易储，依阿从谀，废黜正后，内外朋奸，紊乱朝廷，擅夺兵权，将军国大事都弄坏了。近因祁钰有疾，不能临视朝政，这厮每自知罪恶深重，恐朕不容，因共谋为不轨，纠合心腹都督范广等，要将总兵官等擒杀，迎立外藩，以树私恩，动摇宗社。其一般奸臣党陈循、萧镃、项文曜、江渊、俞士悦、王伟、古镛、丁澄、商辂，亦略密知前谋，不行举发……'"《立斋闲录四》，载《国朝典故》卷四二，第1024页。

③ "降安平伯吴安为府军前卫指挥佥事，中军左都督汪泉仍为金吾左卫指挥使，汪瑛仍为中城兵马指挥，锦衣卫指挥使杭昱为副千户，南京前卫左都督吴敬、南京锦衣卫指挥佥事吴智、府军前卫指挥同知吴喜山、指挥佥事吴广林、锦衣卫正千户吴诚、锦衣卫指挥佥事汪玺，正千户汪瑄、汪智，金吾左卫试百户汪玉、杭敏、孙震俱革职，原籍闲住。安等皆廊无外戚也。"《明英宗实录》卷二七五，天顺元年二月庚子，第5839页。

④ 《明史》卷一六九《胡濙传》，第4537页；卷一六九《王直传》，第4541页。

⑤ 《明史》卷一六九《高谷传》，第4534页。

睿、沈翼、张惠、孙元贞、张纯、杨宁、张敏、王[马来]、年富、马谨、马昂、韩福、乐悍、程南云、蔡翼、严僧、姜胜都着他致仕。刘本道替张睿管京仓粮储并通州粮储，翰林院便写敕书，着人铺马里去。钦此。"①

两京大臣，斥逐殆尽。②

夺门集团从而开辟了天顺政治的新格局。

二 天顺时期"夺门集团"形成、专权与革除

（一）天顺初年夺门集团形成及其势力构成

英宗即位后，对夺门集团进行了集体大规模升迁。"英庙复辟之初，凡与拥戴者皆得升职，谓之'夺门功次'。每早，鸿胪宣谢恩姓名，辄以'夺门'为题，识者闻之，无不嗟惋。"③ 不仅石亨封忠国公，位极人臣，居夺门新贵之首，而且其他参与夺门之重要人员，无论文武，皆依功勋例，而被封爵。敕云：

> 武靖侯石亨等能机谋变，当忠义，奉邀朕复正大位，功在宗社，可特进封为忠国公，食禄一千五百石。右都督张軏为太平侯，食禄一千三百石。张輗为文安侯，都御史杨善为兴济伯，食禄一千二百石。俱子孙世袭。④

徐有贞不仅封武功伯，而且超升兵部尚书兼华盖殿大学士，进入内阁，位列文官之首。"即日命有贞兼学士，入内阁，参预机务。明日加兵部尚书。有贞谓亨曰：'愿得冠侧注从兄后。'亨为言于帝，封武功伯兼华盖殿大学士，掌文渊阁事，赐号奉天翊卫推诚宣力守正文臣，禄千一百石，世锦衣指挥使，给诰券。"⑤ 杨善亦兼礼部尚书。⑥ 王骥因正统时已封伯，无法加封，故仅复官兵部尚书。⑦ 虽未参与夺门，但预闻此事的许彬亦得升大理寺卿，位列九卿之一。宦官曹吉祥亦藉夺门之变，而

---

① 《立斋闲录四》，载《国朝典故》卷四二，第 1025 页。
② 《明史》卷一七三《石亨传》，第 4615 页。
③ 《睿斋琐缀录二》，载《国朝典故》卷四八，第 1266 页。
④ 《立斋闲录四》，载《国朝典故》卷四二，第 1023—1024 页。
⑤ 《明史》卷一七一《徐有贞传》，第 4563 页。
⑥ 《明英宗实录》卷二七六，天顺元年三月壬午，第 5886 页。
⑦ 《明史》卷一七一《王骥传》，第 4560 页。

控制了内廷宦官系统。"迁司礼太监，总督三大营。"① 对于英宗的大规模进用夺门集团，当时政治舆论在皇权专制的政治空间下，亦多有附和者。比如在土木之变后，与英宗有姻亲关系却坚拒开大同城之定襄伯郭登，在天顺复辟之初，便请求重用夺门诸人与英宗亲信，后来夺门集团的升迁轨迹，竟与之基本一致。②

当时权势最大者为掌兵柄的石亨、曹吉祥二人。夺门集团赖以发动宫廷政变的力量，为石、曹二人在京营的嫡系力量。夺门之变后，参与此事的武将系统获得集体升迁，甚至滥及于二人的私人亲附势力。"其（石亨）弟侄家人冒功锦衣者五十余人，部曲亲故窜名'夺门'籍得官者四千余人。"③ "（曹吉祥）嗣子钦，从子铉、铎等皆官都督，钦进封昭武伯，门下厮养冒官者多至千百人，朝士亦有依附希进者，权势与石亨埒，时并称曹、石。"④ "侄钦封昭武伯，铎、铉、〔金睿〕皆都督。此内臣子弟封爵之始也。"⑤ 在此基础上，夺门集团又大规模举荐官员，布列朝廷要职。⑥ "天顺间，太监曹吉祥、忠国公石亨用事，势焰炙手可热。文人武士，出入其门以盗名器者，不可胜数。"⑦ 并且与孙氏外戚共同掌握了京营，⑧ 从而掌握了明朝从中央至地方的军事权力。天顺元年，"三月，以户部侍郎陈汝言为兵部尚书。汝言附石亨、曹吉祥谋夺门，故亨荐用之。及理部事，益阿比，表里为奸，亨冒功升赏，不下四千余人，天下都司及边吏争趋之"⑨。"又恶文臣为巡抚，抑武臣不得肆，

①《明史》卷三〇四《宦官一·曹吉祥传》，第7774页。

②《明英宗实录》卷二七四，天顺元年正月壬午，第5789—5791页。

③《明史》卷一七三《石亨传》，第4615页。

④《明史》卷三〇四《宦官一·曹吉祥传》，第7774页。

⑤（清）谷应泰：《明史纪事本末》卷三六《曹石之变》，中华书局1977年版，第539页。

⑥"升工部左侍郎赵荣为本部尚书，户部浙江司员外郎刘本道为本部右侍郎，工部屯田司主事吴复为通政司右通政，专管柴炭，调户部右侍郎陈汝言为兵部右侍郎，俱太监吉祥等荐之也。"《明英宗实录》卷二七四，天顺元年正月辛卯，第5821页。"升吏部验封司郎中张用瀚为本部右侍郎，以忠国公石亨等荐之也。"《明英宗实录》卷二七五，天顺元年二月乙未朔，第5831页。"升鸿胪寺司仪署署丞胡楷为本寺左寺丞，张荣为右寺丞，俱以兴济柏杨善奏保也。"《明英宗实录》卷二七六，天顺元年三月癸未，第5886—5887页。"丙辰，调工部左侍郎孙弘为吏部左侍郎，升工部右侍郎霍瑄为本部左侍郎，户部郎中翁世资为工部右侍郎。弘，忠国公亨乡人，粗鄙无籍，谄亨得升侍郎，至是，又求亨荐之，故有是命。"《明英宗实录》卷二八一，天顺元年八月丙辰，第6045页。

⑦《菽园杂记》卷七，第88页。

⑧"癸丑，敕忠国公石亨、会昌侯孙继宗总管五军营，太平侯张軏、怀宁伯孙镗总管三千营，安远侯柳溥、广宁侯刘安总管神机营，仍命太监曹吉祥、刘永诚、吴昱、王定同理各营军务。"《明英宗实录》卷二七七，天顺元年夏四月癸丑，第5919页。"甲子，命昭武伯曹钦同督三千等营。时，太平侯张軏卒，怀柔伯孙镗乞更命武臣同督操练，兵部尚书马昂荐钦名望素著，故命副之。"《明英宗实录》卷二九〇，天顺二年夏四月甲子，第6193—6194页。

⑨《明史纪事本末》卷三六《曹石之变》，第539页。

尽撤还。由是大权悉归亨。"①

（二）文官集团攻击夺门集团及后者内部的分化

石、曹既借夺门名义，安插大量亲信势力于内廷、武将系统，又组建庞大势力集团，参与中枢政治决策，控制朝政，使英宗逐渐产生反感。

> 亨一日自引千户卢旺、彦敬二人侍于文华殿前，上问曰："二人何人也？"亨对曰："臣之心腹人也。"曰："是何心腹？"对曰："臣每有机事与二人谋，他人不知也。如迎请上时，亦与斯二人谋。"乃特拜二人为指挥使。自是，求请无虚日，冒报功次升六千余人，上甚厌之。事定日久，上察迎立事愈无状，心颇见疑，每诘亨及张轨、曹吉祥等迎立外藩之故。对曰："臣亦不知，乃有贞向臣等言耳。"石、曹二家特权恣肆，无复畏忌，死生予夺，皆在其手。士皆重足而立，莫敢仰视，君子患焉。②

石、曹两大家族掌握京师内外的军权，则尤为英宗所警惕。

> 一日，上问吉祥："南城事假当时不克，则尔辈无噍类矣，乃当如何？"对曰："臣有侄钦，亨有侄彪，皆掌精兵在北边，内事有变，当入救，京兵不能敌也。"上口诺而心惕然，谓彼于禁中举事，直如此易，使欲自取何有乎？以是恒衔深疑。未几，钦、彪继反，上益信，故于功臣罕终保全。且尝有密旨："他方有警，不得调北边军马往征及入京城。"③

其欲限制夺门集团之势，从天顺初年处理石亨侄大同镇副总兵石彪，与副都御

---

① 《明史》卷一七三《石亨传》，第4615页。
② 《立斋闲录四》，载《国朝典故》卷四二，第1020页。
③ 《野记三》，载《国朝典故》卷三三，第551页。

史年富争执的态度，便有所显露。① 许彬调南京亦显示出英宗对官员严格约束的观念。② 夺门集团挟功自居，突破洪武以来文官主理，永乐以来文官主导中枢政治之常态，而形成武将、内官、文官多种势力共同主政的局面，实为明初以来中枢政治体制的巨大变态，对文官集团，尤其内阁之地位构成严重冲击。有鉴于此，翰林系统既以佐理天下为己任，在天顺初年便有协助英宗，铲除夺门集团之志者，岳正便是如此。岳正鉴于夺门集团势力庞大，遂有从中离间的计划，但最终并未成功，自己也被驱逐出朝。③《明史纪事本末》载岳正以迂腐劝退石、曹集团，不仅得罪夺门势力，英宗亦怪其泄露计划，可见英宗除去夺门集团的想法很早便已萌生。④

虽然岳正计划失利了，但并非说明夺门集团内部铁板一块。夺门集团本为景泰朝政治失落者追求权力，一时投机聚合的松散政治群体，在功成名就之后，因无共同政治认同、分散多种政治系统，内部很快便产生了矛盾。王骥复官之稍后，及其对其他夺门势力的怨抑，已反映出天顺政权刚刚建立，其内部已有互相争权之现象。

---

① "天顺初，副都御史年富被石亨俣彪奏害，自大同逮系至京。上曰：'此人何如？'贤对曰：'行事公道，在彼能革宿弊。'上曰：'此必石彪被富沮其行事，不得遂其私耳。'贤曰：'陛下明见。真得其情，须早辨之，幸甚！'明日，上召锦衣卫指挥门达曰：'年富事情，务在推问明白。'已而进状，果多不实。贤曰：'须遣人体勘，庶不枉人。'上曰：'然。'乃遣给事中、郎中二人。上曰：'再遣武职一人同往。不然，纵得其实，彼必以为回护。'贤曰：'陛下所虑极是。'勘回，果无实状，富遂致仕而归。"《天顺日录》，载《国朝典故》卷四八，第1113页。

② "礼部左侍郎兼翰林学士许彬调南京。彬夙有文誉，顾坦率无简择，一时放荡之士尽出其门。晚欲谢绝，遂腾谤议。"《国榷》卷三二《英宗天顺元年》，第2049页。

③ "调翰林院修撰岳正为广东钦州同知。初，正言于上曰：'石亨、吉祥等恃宠骄横，恐贻后患。臣请间二人，使各怀疑贰，去之犹反掌。'因往语吉祥曰：'石亨常夕杜清来此，欲何为？'吉祥曰：'致诚欤耳。'正曰：'不然，彼欲觊公所为，宜谢遣之，勿容其数来。'且劝吉祥辞兵柄。吉祥、石亨因合谋去正。会承天门灾，正极言石亨将为不轨，且言陈汝言不宜升尚书，宜用卢彬为侍郎，二人俱谲悍，若同事必不相容，乘其隙可并去之。及徐有贞系狱，正又言宜复用有贞，则天变可弭。吉祥、石亨言正党附有贞，上命调正外任。"《明英宗实录》卷二八〇，天顺元年七月辛未，第5998页。《明史》载岳正以草罪己诏获罪。"承天门灾，帝命阁臣岳正草罪己诏，诏语激切。吉祥、亨复怼谤讪，帝又谪正。焰益张，朝野仄目。"《明史》卷三〇四《宦官一·曹吉祥传》，第7774页。

④ "谪内阁赞善岳正为广东钦州同知。初，正入值文渊阁，上尝召问曰：'卿何以辅朕？'正曰：'今内臣、武臣权过重。'上颔之。正退语曹钦、石彪，令谢兵归第。钦、彪走告吉祥，吉祥诣上，垂泣免冠请死，具道所由。上曰：'无之。'乃召正，责其漏言，正曰：'固也。臣观二家必有背叛之灭，即今无可按之诛。臣欲全君臣共难情，故令早自为计。'上不悦。会承天门灾，上命正草诏罪己，历陈奸邪蒙蔽状。亨见之怒，遂指为谤讪，营内批，有是谪。兵部尚书陈汝言者故恨正，复中以私事，戍肃州卫。"《明史纪事本末》卷三六《曹石之变》，第541页。《病逸漫记》载英宗命岳正往谕石、曹解兵权，想经历诸多风浪之英宗当不至如此孟浪。"修撰岳正入内阁，太监牛玉所荐也，《墓志》作王翱荐正。某指挥与牛玉善，故数称荐。正于天顺元年五月十一日入阁，先一日，英宗召至文华殿，喜其北人，又所亲擢第三人，令与吕原协同办事。入阁仅一月，前后宣召无虚日。正以天下事自任，即语上，欲解曹、石兵柄。上令徃谕之。正即亲往，道所以保全之意。石骇之，诣上恸哭乞哀。上云：'非干朕，岳正言汝二人有谋反意，故耳。'由是二人怨正。"《病逸漫记》，第175页。

"久之，石亨、徐有贞等奉英宗复辟，骥与谋。赏稍后，上章自讼，言：'臣子祥入南城，为诸将所挤，堕地几死。今论功不及，疑有蔽之者。'帝乃官祥指挥佥事，而命骥仍兵部尚书，理部事，加号奉天翊卫推诚宣力守正文臣、光禄大夫，余如故。"① 王骥之所以复官稍后，可能与其在正统时期地位已然甚高，夺门集团嫌其位次过高，担忧反为所制有关。可能亦由于遭夺门集团之嫉，王骥很快便从致仕退让。"数月请老，又三年乃卒，年八十三。"② 正如上文所述，罗通也曾参与夺门之变，功劳却被石亨诸人所掩。同样，曹吉祥对石亨借夺门功，大量冒升武将群体也甚为不平。"初，祥见亨滥冒升赏，意甚不平。每讦其短。"③ 只不过岳正以夺门集团的外人，尤其文官集团的代表的翰林身份，引起夺门集团的警惕，故而离间之计才未成功。而很快夺门集团内部便因权力斗争，而发生内部巨大分裂。

（三）徐有贞伸张阁权的努力与失败

正如上文所述，夺门集团在中枢政治中的权势，直接侵夺、威胁了内阁传统势力。夺门集团之中，徐有贞既富有才略，在夺门之变中处于主导地位，英宗遂在天顺新政中，命徐有贞进入内阁，居中主持，后者从而成为天顺初年政治的核心人物。"事权尽归有贞，中外咸侧目。而有贞愈益发舒，进见无时，帝亦倾心委任。"④ "徐既锡茆上，权宠倾朝。"⑤ 徐有贞从内阁部门利益出发，有收拢权力，排挤其他夺门势力的政治意图。但由于徐有贞在夺门之变中孤身参加，无法在天顺复辟后以此冒升亲信势力，在权力争夺中与石、曹抗衡，从而依托英宗，加以制约。"初，有贞附石亨，有迎复功。既执政，以亨及吉祥贪横，欲正之，数言于上。"⑥ "初，有贞得首辅，欲立功名自异，稍与石亨左。"⑦ "有贞亦欲遏其势，每沮其谋，互相排抑，于是文武二途矣。"⑧ "始凡批答制旨皆出阁臣，后入宦寺手。至是，徐复请归阁，宦人浸失权，嫌徐。迨曹、石私谒徐以事，辄不从。去，自陈情于上，徐复谏止。每节缩恩典，益衔之。"⑨ 曹吉祥在任司礼监之前，出于牵制后者缘故，对徐

① 《明史》卷一七一《王骥传》，第 4560 页。
② 同上。
③ 《天顺日录》，载《国朝典故》卷四八，第 1112 页。
④ 《明史》卷一七一《徐有贞传》，第 4563 页。
⑤ 《野记三》，载《国朝典故》卷三三，第 547 页。
⑥ 《明英宗实录》卷二七九，天顺元年六月己亥，第 5972—5973 页。
⑦ 《明史纪事本末》卷三六《曹石之变》，第 540 页。
⑧ 《立斋闲录四》，载《国朝典故》卷四二，第 1020—1021 页。
⑨ 《野记三》，载《国朝典故》卷三三，第 547 页。

这一做法，最初采取支持态度。"初，太监吉祥以有迎立功与国政，不通文墨，恐事归司礼监，以此极力赞说凡事与二学士商议而行，意欲笼络附己。"① 不过暗地通过举荐李贤入阁，亦有牵制徐有贞之意。但任职司礼监后，亦开始与内阁争权，李贤亦并不附己。"天顺改元之初，天下人心莫不忻悦。徐有贞以迎立有功，命入阁与议国事。贤亦为众论所推入阁，与有贞同事。上锐意委任，宠眷极隆。贤自念遭逢之难，助有贞展尽底蕴，知无不言，谓太平可立而待，凡用人行事，一以公道处之，左右遂不能堪。"② "李贤入阁力助之，知无不言，曹吉祥不能堪。"③ 内阁、司礼监遂呈颉颃之势。而石亨可能鉴于李贤为曹吉祥所举荐，反对李贤入阁。由此可见夺门集团内部错综复杂的关系。④

徐有贞既坚持政在内阁，遂向司礼监索回记录票拟过程的丝纶簿，获得英宗支持。⑤ 并在文官集团与武将、宦官集团发生冲突时，支持前者，遂与夺门集团逐渐分裂。"及论荐文武士有狥私者，贤等持公道以沮之，祥亦不悦。会有御史杨瑄言太监吉祥、总兵石亨家人占夺民田，乞加禁约，上嘉其敢言。"⑥ 英宗对徐有贞与内阁亦加以支持。"有御史杨瑄自河间来者，言石亨家人霸占民田，上谓贤与徐有贞曰：'御史敢言如此，实为难得。'"⑦ 由于曹吉祥亦同遭弹劾，故而攻击文官集团。"祥在旁见斥其名，初甚惭惧，已而盛怒，欲罪之，上不许，乃已。"⑧ 虽然石亨、曹吉祥存在嫌隙，但在共同敌人面前，遂联合起来。"石亨初与曹吉祥不相能，因众攻之急，势复合。宵壬情态每如此。"⑨ "及石亨出兵回，听左右言，忿然诉御史

① 《天顺日录》，载《国朝典故》卷四八，第1112页。

② 同上。

③ 《明史纪事本末》卷三六《曹石之变》，第540页。

④ "天顺改元复位之初，学士陈循辈斥去，惟徐有贞等三人。众谕谓贤宜入阁。石亨闻之，密谓贤曰：'请子入阁。'贤即固辞曰：'不可。'时贤为吏部右侍郎。亨即言于上曰：'吏部尚书王翱老矣，可令致仕。'既报，翱上疏自陈，已许之矣。亨见贤曰：'翱已休致，君代之矣。'贤曰：'朝廷不可无老成人。翱虽老，精力未衰，以贤辅之可也，贤何敢当此重任。'亨曰：'事已成矣，为之奈何？'贤恳求不已。明日，亨言于上，曰：'李某以翱不可释，左右亦赞其说。'遂留之。众论复欲贤入阁。"《天顺日录》，载《国朝典故》卷四八，第1111页。不过李贽认为石亨兼李贤入阁。《国榷》卷三三《英宗天顺四年》，第2100页。

⑤ "初，朝廷旨意多出内阁，臣调进旨，稿留阁中，号'丝纶簿'。其后宦寺专恣，特奏收簿秘内。徐有贞既得权宠，乃告上，如故事，还簿阁内。""英宗明哲能觉之，遂还丝纶之簿于阁中，于是章奏之发，进退之权，掌于公孤，而权贵近侍不与焉，虽欲行贿略，无可投之门矣。"《立斋闲录四》，载《国朝典故》卷四二，第1026页。

⑥ 《天顺日录》，载《国朝典故》卷四八，第1112页。

⑦ 同上书，第1110页。

⑧ 同上书，第1112页。

⑨ 《国史唯疑》卷三《天顺》，第82页。

不实，实有意与贤主使，且激祥曰：'今在内惟尔，在外惟吾，彼欲排陷，其意非善。'"① 由此亦可见夺门群体具有政治集团的性质。石亨甚至以退为进，提出归还兵权，加以要挟。② 石、曹二人尚通过诈谋方式，离间徐有贞与英宗的关系。"上与徐多屏人语，曹、石乃令小竖窃伏得之。以闻上，上果惊，疑徐卖直。久之，上意既动，曹、石因造奏诽谤朝政，多危语，假给事中李秉彝名上之。"③ 并且暗地联络其他官员监视徐有贞。④

在石、曹二人共同压力之下，英宗鉴于复位不久，帝位尚不稳固，迫于石、曹权势，只能屈服。"亨泣诉云：言官承徐有贞指，敢论臣。且鹏，故太监永从子也。"⑤ "及闻亨言，其势遂合。曰：'内阁专权，欲除我辈。'上初信其说而从之，遂置有贞与贤于狱。"⑥ "吉祥复乘间顿首言：'臣等万死一生，迎复皇上，内阁必欲杀臣。'伏地哭不起。"⑦ 上条史料记载英宗从信任徐有贞突然转变信任石、曹，与情理不合，从《天顺日录》来看，英宗罪徐、李二人，实为迫不得已。"亨辈遂谓贤与有贞主使，不然御史安敢如此，遂于上前诉其迎驾夺门之功，且言贤等欲排陷之，悲哭不已。上不得已，依其所言，召言官劾贤与有贞，下之狱……上心亦知此辈之非，但以初复位，亨等又自以为功，日在前后左右，只得徇从。"⑧ 都察院系统亦为之一空。⑨ 由此可见天顺初年朝政政局实控制于石、曹二人手中，文官集团

---

① 《天顺日录》，载《国朝典故》卷四八，第 1112 页。

② "总兵官忠国公石亨奏：'自古人臣受恩稠迭，委掌兵权，未有久而不取祸败者。所以宋太祖悯石守信等，鲜释兵柄，正为此也。臣一介武夫，材识疏浅，所行公事，虽竭驽钝之力，未能尽善，是以启人猜忌。伏蒙圣明洞见本末，不加臣罪，然臣受恩深重，权位太隆，合当退位。况今天时亢旱，百姓不安，胡虏猖獗，边鄙不宁，臣难逃其责。伏望皇上悯臣微劳，将臣兵权职掌俱各鲜去，俾臣随朝听调，庶得保全。倘遇警急，即往杀贼，以图补报。如或不忍去臣，优待如故，窃恐逸谤既久，疑似日生，臣虽万口难辩，死无葬所矣。'不听。"《明英宗实录》卷二七九，天顺元年六月丙申，第 5970—5971 页。

③ 《野记三》，载《国朝典故》卷三三，第 547 页。

④ "罗绮，都御史，其爱妾石亨之妹也。绮外除，以亨为内援，且以银千两赂曹吉祥，求转京职。吉祥云：'此易事，但欲汝阴索徐有贞事来告，不患不得也。'罗竟无所报。"《病逸漫记》，第 176 页。

⑤ 《国榷》卷三二《英宗天顺元年》，第 2045 页。

⑥ 《天顺日录》，载《国朝典故》卷四八，第 1112 页。

⑦ 《明史纪事本末》卷三六《曹石之变》，第 540 页。

⑧ 《天顺日录》，载《国朝典故》卷四八，第 1110、1134 页。

⑨ "初，言官欲论亨不能振作兵威，虏复入寇，又历数不法事情。附势者潜泄于亨，亦谓有贞主使。其都御史、御史达之一空，朝野愕然，莫不失望，言路从此不通矣。"《天顺日录》，载《国朝典故》卷四八，第 1112 页。

攻之过早。①

　　石、曹原欲致徐、李二人于死地，② 但由于发生天变，"是日，忽雨雹大作，大风拔木，承天门灾，京师震恐。翌日，即将贤等降除参政等官，人以为感召天变如此其速。亨辈之家，大木俱折，冰雹尤甚，皆恐惧不安，遂有此处置。不然贤等安得即出"③。"是日晚，雷电大作，雨雹如注，大风拔木。祥之门老树皆拆，亨之宅水深尺余。明日，即赦而出之。"④ 徐、李二人从而逃过一命。徐有贞谪戍之后，石、曹二人仍继续打击，几致其身死。⑤ 对于徐有贞权极而败的突然变故，时人以五行之说，归之宿命，加以解释。⑥

（四）李贤主持内阁及其与石亨的龃龉

　　与徐有贞的命运不同，李贤却未出京，很快复还内阁。"越二日，上曰：'近日主张行事皆是徐有贞一人，李贤在朕前未尝有妄言，今与有贞同责，于心不堪。'

---

　　① "张鹏、杨瑄攻石亨、曹吉祥太早。时复辟甫数月，方议酬其功，遽声其罪，得乎？凡小人祸败，数出于毒稔恶满之余，[耳是] 溃自崩，瓜熟自烂，若骤作意攻之，反致颠蹶。观前代甘露事可鉴。"《国史唯疑》卷三《天顺》，第82页。

　　② "李（秉彝）时已丁艰去，曹、石以貌类一人持奏入。接本小竖视其牒甚长，言：'大人说何事？有许多文字。'其人不语。竖观悬牌史科给事中也。奏入明日，朝名召其人，则亡之矣。逮捕甚急，校尉妄持一人入示小竖，竖曰：'非也，昨肥而髯，今瘠无 [而乡]。'乃复大搜。常熟张廷端以写竹游都下，补者视其貌惟肖，且无语也，取以入，加掠亡状。后乃得李，竟死酷烈之下。曹、石因言此徐有贞怨望，使所密泰州布衣马士权及某官某某、吏杨某共为之，而灭其迹耳。遂收四人及徐家属，诏下狱，加之酷烈益甚，濒死数四，竟亡收，马尤毒虐。马曰：'今欲吾三人何所承？'刑官曰：'徐有贞欲作逆，与汝三人同谋，先为此以惑朝廷。'士权颙建计，某某执笔作状，杨某书誊。士权大呼曰：'徐有贞欲使今皇帝为尧舜之君，今百姓为尧舜之民，如此而已，不知其他。'刑官不能折，狱竟不成。会承天门灾，徐遂得释，谪金齿。"《野记三》，载《国朝典故》卷三三，第547—548页。

　　③《天顺日录》，载《国朝典故》卷四八，第1110页。

　　④ 同上书，第1112页。

　　⑤ "是月某日，有人于左顺门进一本，假给事中李秉彝名，具详曹吉祥、徐有贞等数人善恶。内云：曹吉祥之权不减王振，而曹钦之恶不减山林，独石亨不与。时有贞闲住，吉祥怒，令京师大索，且劝上榜示，必得其人，逮捕至者颇众。正自云与吕原、许彬诸人劝止。"《病逸漫记》，第175页。"马士权，泰州人，让于官，第寓京师教授，博极群书，多与学士先生游。刘元博、徐有贞辈凡有疑，必往质，士权故与徐尤厚。天顺元年，石亨、曹钦等引有贞共为南城大计，不久权势相轧，疑有贞文臣，不时见上，将为所间，遂构其事，自武功伯降广东参政。犹虑其复起，必欲杀之。令人伪造奏本，毁谤朝政，特过于理。假丁忧给事中李秉彝进士，令入索，李至，拷掠竟死。石、曹因潜有贞怨望，使亲信马士权等为此而灭其迹。上命权臣门达分遣逻卒捕有贞于途，收士权等俱下锦衣狱。达陈诸恶刑于庭，必欲士权承，以及有贞，士权遍尝，几死数，终无一言，若少龃龉，祸及有贞矣。七月廿五日，以天变得释。"《寓圃杂记》卷七《马士权》，第54页。

　　⑥ "武功方被殊眷，刘源博溥谓曰：'公气甚不佳，适与天气合，公将不免。'武功曰：'奈何？'刘曰：'天上金气甚渗，应当在公。'既而，果罢其爵。武功奋志疾恶，汤郎闻胤绩谓曰：'省斋误矣。'公曰：'东谷亦为是言耶？'汤曰：'公身在殿上，乃可推人下阶陛。今公自立庭下，乃欲挽殿中人出乎？'公默然。"《野记三》，载《国朝典故》卷三三，第549页。

即召吏部尚书王翱曰：'李贤不可放去，还欲用之。'遂转吏部左侍郎。"① 李贤这一命运转折源于英宗将其作为继续抗衡夺门集团势力的一个支点与工具。而英宗能够维护李贤，却无法挽救徐有贞，在于后者为石、曹主要攻击目标，双方矛盾已无法调和，而李贤在这场政治冲突中，只是次要角色。② 事实证明英宗的这一决定十分正确，李贤成为后来其与夺门集团较量的核心支持者。李贤之所以能够发挥此种作用，与其个人性格与政治能力密切相关。

徐有贞之败虽出于夺门集团内斗，但其主杀于谦的经历，加之其为人率直张阔，③ 使其在文官集团中认同感与权力基础存在不小问题。与之不同，李贤为人颇为谨慎内敛。"气度端凝，奏对皆中机宜，帝深眷之。"④ 不似徐有贞锋芒毕露，在还阁之后，韬光养晦，与石亨虚与委蛇。"亨知帝向贤，怒，然无可奈何，乃佯与交欢。贤亦深自匿，非宣召不入，而帝益亲贤，顾问无虚日。"⑤ "贤自再入阁，立意退避，必待宣召方趋侍，不然只在阁内整理文书封进。虽十日不召，亦不往。"⑥ 从而避免了与石亨的直接冲突，双方得以在一段时期内相安无事。"上留贤为吏部左侍郎，时石亨闻之，愕然而怒，然无可奈何。及见贤，忸怩有惭色，已而反加亲厚，且以杯酒接殷勤之欢。或有宣召，同事喜见于面；若独召贤，心便生疑，惟恐毁其短。久之，见贤推诚无伪，方不介怀。"⑦

与李贤的低调态度不同，石亨出身武将，并无很深的政治心机。"然亨虽骄恣，

---

①《天顺日录》，载《国朝典故》卷四八，第1110页。《明史》载李贤之留竟，在于吏部尚书王翱之奏请。"会有风雷变，得释，谪贤福建参政。未行，王翱奏贤可大用，遂留为吏部左侍郎。"《明史》卷一七六《李贤传》，第4674页。但天顺初年李贤与王翱实因吏部尚书位置，有所龃龉，王翱自不会有此建议。事实上，王翱实欲驱逐李贤出京。因此留李贤载"翱闻贤留之（内阁），不乐曰：'吾计（致仕）已决，何故是沮！'贤曰：'所以留之者，非为公计，为朝廷虑也。'已而，贤为石亨辈嫉而黜为福建参政，上召翱曰：'李某非其罪，不可释去。'翱曰：'既不去福建，令往南京可也。'上曰：'南京亦远，留为吏部左侍郎。'翱不得已，从之。翱之欲贤远去者，非恶贤也，恐亨辈害之，幸使离此，庶免其害耳。"《天顺日录》，载《国朝典故》卷四八，第1111页。

②"至李贤业与徐有贞同贬矣，旋独留。贤智数多，或别有作用，未可知耳，决非无故。"《国史唯疑》卷三《天顺》，第82页。

③"徐（有贞）则貌陋心险，许则鄙劣放旷。英庙始见徐退，谕左右曰：'徐有贞可惜无福。'一日，朝退，上东阁，阶峻雪滑，许失脚倾仆倒地，匍匐复上，徐俛首侧项，噱然而笑。至东阁，与众官会揖后，与许笑不已，殊失观瞻，佥咸鄙之。徐性多疑，方草即位诏，改窜不一，至经三宿，内阁乃完。及读卷日，驾御文华殿，中官促进至再，尚迟延不至，故示偃蹇。"《謇斋琐缀录二》，载《国朝典故》卷五四，第1266—1267页。

④《明史》卷一七六《李贤传》，第4674页。

⑤ 同上。

⑥《天顺日录》，载《国朝典故》卷四八，第1114页。

⑦ 同上书，第1111页。

尚粗豪直爽，轩豁无机。"① 在驱逐徐有贞之后，在中枢政治中愈为张扬。"但数日不蒙宣召，心便不安，必假以事而进。出则张大其言及宠恩所加，使人畏其势而羡其荣。然所言大抵私情十八九。"② "亨无日不进见，数预政事。所请或不从，觖然见于辞色。即不召，必假事以入，出则张大其势，市权利。久之，帝不能堪。"③ 不仅对夺门集团一意维护，④ 而且大肆培植势力、驱逐朝臣。"天顺初，石亨专权纳贿，文武大臣多出其门，奔竞成风。"⑤ "工部侍郎孙弘，亨乡人，以亨荐得官，复请以为尚书，上曰：'且使侍郎，再迁则尚书矣。'亨出曰：'一迁尚书何不可者，乃再迁耶！'其骄恣如此。"⑥ 但另一方面，石亨吸取了与文官集团冲突的教训，采取征召儒学名士的方式，以提升威望、附丽政治。这种美化权力、以揽人望的做法，夺门之变发生后，便已采取。"升大理寺卿薛瑄为礼部右侍郎兼翰林院学士，于内阁参与机务，以左都御史杨善荐也。"⑦ 石亨所提议者，为处于儒学核心地区的江西儒士吴与弼。⑧ "天顺初，石亨窃权，稍觉祸近，欲免无计。其门客谢昭者，仿张爵教蔡京招龟山故事，教以征临川处士吴与弼，以收士望。"⑨ 吴与弼至朝后，英宗对其非常敬重，⑩ 委以东宫宫僚，但吴坚辞获归，世有流传其鉴石亨必得祸，为免株连而辞归的说法。⑪ 值得注意的是，吴与弼之归，还与李贤鉴于其为石亨所荐，故

---

① 《国榷》卷三二《英宗天顺三年》，第 2093 页。

② 《天顺日录》，载《国朝典故》卷四八，第 1111 页。

③ 《明史》卷一七三《李贤传》，第 4615 页。

④ "总兵官忠国公石亨奏：'昨迎驾者蒙恩升赏文册具定，今百户童铭以人诉其冒功下狱。臣当时举事最为慎密，虽家人尚不能知，外人岂知其的。若罪铭，恐嫉忌者乘机诬诉，烦渎朝廷。乞释铭，自今有告功次不明者，请俱付臣审之。果有奸弊，臣当奏请罪之。如此，则可全忠义之士，而不中奸诈之计。'上命锦衣卫释铭。"《明英宗实录》卷二八七，天顺二年二月庚戌，第 6156 页。

⑤ 《立斋闲录四》，载《国朝典故》卷四二，第 1025 页。"纳私人重贿，引用太仆丞孙弘，郎中陈汝言、萧瑢、张用瀚、郝璜、龙文、朱铨，员外郎刘本道为侍郎。时有语曰：'朱三千，龙八百。'势焰熏灼，嗜进者竞走其门。既以私憾杀于谦、范广等，又以给事中成章、御史甘泽等九人尝攻其失，贬黜之。数兴大狱，构陷耿九畴、岳正，而戍杨瑄、张鹏，谪周斌、盛颙等。"《明史》卷一七三《石亨传》，第 4615 页。

⑥ 《明史纪事本末》卷三六《曹石之变》，第 542 页。

⑦ 《明英宗实录》卷二七四，天顺元年正月甲申，第 5792 页。

⑧ "忠国公石亨言：'臣切闻江西抚州府崇仁县处士吴与弼，乃故国子监司业溥之子，学贯古今，行著乡曲，出为世用，必有可观。乃固守恬退，不求仕进。乞遣官赍敕币，径造其所，敦聘至京，崇以禄位，俾展嘉猷。'上善其言，遣行人曹隆赍敕往征之。"《明英宗实录》卷二八三，天顺元年十月壬寅，第 6075—6076 页。

⑨ 《謇斋琐缀录四》，载《国朝典故》卷五六，第 1285 页。

⑩ "英庙一见吴与弼，即曰：'此老非迂阔者。'比辞还，复召入，勉之著书垂后。遣行人王惟善护送。敕曰：'天气近寒，吴与弼年老，一路好生看顾，莫教他费力。'恩遇之隆，为前后稀见。勿论与弼称否，故熙朝第一盛事也。"《国史唯疑》卷三《天顺》，第 82 页。

⑪ 佚名：《青溪暇笔上》，载《国朝典故》卷六三，第 1448 页。

有意扼其仕进有关。①

（五）英宗勤政与收回石亨中枢政治权力

石亨以一武将，竟能控制中枢政治决策，可见明朝在不设宰相的禁令下，中枢政治始终呈现一定的空缺，各种握有实际权势的政治势力，皆可在一定时期、一定程度上填补这一空缺。但石亨这一做法与英宗逐渐形成直接冲突。英宗奇迹般地重夺皇位，鉴于以往的政治教训，尤其在南城的幽禁经历，② 使其十分注重对朝政事务的直接控制，特别勤政，与内阁相互配合，对朝政事务全面处理。英宗曾对李贤称："吾早晨拜天、拜祖宗毕，视朝既罢，进膳后阅奏章，易决者即批出，有可议送去先生处参决。"③ 夺门集团鉴于在朝政事务中的发言权逐渐受到限制，从而鼓动英宗休养，将朝政处理权仍委托本集团。英宗又对李贤称："又左右或以为万机至繁，一一亲览奏章，未免劳神，恐非养生之道。朕谕之曰：'予负荷天下之重，而自图安逸，可乎？劳一身以安兆民，予所欲也。'左右乃不敢复言。"④ 英宗对李贤称："左右乃曰：'此等奏章，何必一一亲览。'又曰：'亦不必送阁下看。'又曰：'差便差到底。'奸邪不忠如此。"⑤ 也即英宗的权力意识十分清楚，认为夺门集团之意无非在于保住自身权势，"上躬理政务，凡天下奏章一一亲决，有难决者必召贤商议可否。且厌左右干预，察知无非私意"⑥。而英宗所要做的，便是竭力收回分散于夺门集团的中枢权力。对此李贤亦表示支持态度，下面一段对话，反映出君臣二人在聚拢权力，逐渐排斥夺门上达成一致态度。"贤曰：'自古圣帝明王，莫不修德勤政，所以天下长治久安。彼邪佞辈，安知远虑？陛下不为所惑，足见至明，更望持守此心，坚如金石，可以驯致太平。'上曰：'朕处之如常，亦有何劳？不然，怠荒且至，虽悔何追？'贤曰：'陛下言及此，社稷苍生之福也。'"⑦

由于在中枢政治中，以石亨权势最大，英宗从而开始与李贤商议在中枢政治中排除石亨之法，英宗最初的意思是以李贤制约石亨，但李贤鉴于徐有贞的前车之覆，

---

① 《国史唯疑》卷三《天顺》，第82页。英宗敕召吴与弼，本以聘相为名，但至朝之后，李贤建议授予宫僚，吴、李之间遂有龃龉。《立斋闲录四》，载《国朝典故》卷四二，第1034—1037页。

② "朕今在位五年矣，未尝一日忘在南城时。"《天顺日录》，载《国朝典故》卷四八，第1135页。

③ 《天顺日录》，载《国朝典故》卷四八，第1119页。

④ 《明英宗实录》卷二九六，天顺二年十月戊辰，第6305—6306页。

⑤ 《天顺日录》，载《国朝典故》卷四八，第1119页。

⑥ 同上书，第1117—1118页。

⑦ 同上书，第1119页。

狡猾地避开了。

> 尝于静中召贤，叹曰："为之奈何？"贤对曰："惟在独断，可以革之。"上曰："非不自断，如某事某事，某人某人，皆不从其说。"贤对曰："若常如此，可矣。"上曰："但依则悦，不从便拂然见于辞色。"贤曰："于理果不可行者，宜从容谕之。"上曰："今后彼欲用人不当者，先生亦当执而沮之。"贤曰："臣若频沮其势，必怨。惟陛下明见，自以为不可，庶几渐能革之。"上曰："然。"①

英宗遂独立展开行动，不仅对石亨人事荐举多持保留态度，② 而且对其拟议逐渐持保留态度，以削弱其权势与影响。

> 天顺初，以迎驾为功者大开贿赂之门，在朝文武之士靡然从风，奔走其门，惟恐或后。以财宝先投者得美职，无复论才之贤否，风俗大坏，不可胜言。上亦颇知其非，但复位之初，俯而从之。明年，稍自振作，十从其四五。又数月，十从其二三。又明年，凡百自断，其贿赂之门徒开而已。初时有美要职事一缺，谋之者如蝇聚腥，争欲得之，自后缺虽多，而谋之者无一人，盖用人之柄在上，权贵不与焉。虽欲贿赂，何所投乎？向日奔竞之风，一变而为恬退之习，可见士风之振否，顾上之人力行何如耳！③

最后禁止石亨无诏而入内廷。"上久而觉之，且厌石亨辈朝退频入见，或因小事私情，或无事亦报入见。一日，上召贤曰：'先生有文笔整理，每日当来。其余总兵等官无事亦频来，甚不宜。令左顺门阍者今后非有宣召，不许擅进。'"④ "遂敕左顺门，非宣召毋得纳总兵官。亨自此稀燕见。"⑤ 从而将之彻底排除出中枢政治，天顺中枢政治运作从而再次复归常态。英宗对于石亨权高震主的芥蒂，也在其

---

① 《天顺日录》，载《国朝典故》卷四八，第 1117—1118 页。
② "升太常寺寺丞李希安为本寺少卿，典簿王守玄为寺丞，调太常寺少卿李宗周、王谦于南京太常寺。先是，谦自南京进表至京，以于谒总兵官石亨等，得留视事。至是，上觉其奔竞，故复调之。"《明英宗实录》卷二八二，天顺元年九月丙戌，第 6066—6067 页。
③ 《天顺日录》，载《国朝典故》卷四八，第 1127 页。
④ 同上书，第 1114 页。
⑤ 《明史》卷一七三《李贤传》，第 4615 页。

与非夺门集团的交流中逐渐流露出来。① "当其请官卿贰，建第长安，武安侯之除吏，窦都乡之沁园，曹、石此时，帝固已芒刺在背矣。"② 而伴随石亨所荐举的兵部尚书陈汝言下狱，英宗开始检讨复辟之初，被夺门集团蒙蔽、胁迫诸事，③ 与夺门集团的争执逐渐公开化，最终英宗借石彪之狱铲除了石氏家族。

（六）石彪之狱与英宗、李贤革除夺门集团

但李贤在表面上仍老谋深算地一意逊避。"上意谓贤当来，贤亦不自入，必有宣召而后入。然上意渐加向从，凡左右荐人，必召贤问其如何，贤以为可用者，即用之；不应者，即不行。但贤惟以正对，上亦渐觉。"④ 不过实际在暗地与英宗设计剪除石氏武将集团之计划。天顺二年四月，明朝复设天下巡抚，制约武将系统，实为削弱石氏军事权力，恢复文官集团地方军权之重要措施。⑤ 经此举动之后，英宗重新控制了地方军权，从而开始逐步剪除石氏家族势力。英宗遂借助罗织石彪谋反罪名，找到了整治夺门集团的切入口。

石彪虽为石亨之侄，其进取有夺门集团支持的因素，但自身有勇有谋，为杨洪之后，名震北疆之武将，长期居守大同镇，以战功被封定远侯，被蒙古畏称为"石

---

① "先是，上使工部为亨营宅，至三百余间。上登翔凤楼，恭顺侯瑾、抚宁侯永侍。上指宅顾问，永谢不知，瑾曰：'必王府耳。'上笑曰：'非也。'瑾顿首曰：'非王府孰敢！'上顾太监裴当曰：'人乃不敢言石亨！'亨生子弥月，上召见，摩其项曰：'虎儿也，善抚之，朕行与卿结婚姻。'取金锁系儿项，名曰'锁定侯'。盖讽云。"《明史纪事本末》卷三六《曹石之变》，第544—545 页。

② 《明史纪事本末》卷三六《曹石之变》，第548 页。

③ "其后陈汝言代公为尚书，以赂败，上御便殿，以所籍财物陈大内庑下，召大臣入视，且曰：'景泰间，任于谦久且专，殁无余物，汝言未期，何得赂之无算耶？'时上色变，亨辈俯首不敢动者久之。越数日，上击球内苑，恭顺侯吴瑾、抚宁伯朱永等数勋旧随侍，石亨、张軏、张輗自外来，未及至御前，上遥见亨等，连以球杖戳地，曰：'好个于谦！'如此者数声，瑾、永等皆流汗沾背，战栗无所措。出语所亲曰：'观上意，亨辈将无所逃矣。'一日边报，忽急集群臣，廷议未定，恭顺侯吴瑾进曰：'于谦若在，边患何足虑！'上为之默然。既出，有诘瑾者曰：'君先世为谦所劾，几败事，君何过言？'瑾大声曰：'岂可以私家之怨，而废天下之公议耶！'初，公被害时，皇太后宫中阒而莫知，后闻之，嗟悼累日，适上来问安，太后语之曰：'于谦曾效劳，不用当放彼归田里，何忍置之于死！'上益悟其冤而深悔之。"《先肃愍公行状》，载《于谦集》，第682 页。"初，谦之死也，皇太后不及知，后为上备言迎立外藩之诬。上疑之，每诘亨、軏、吉祥等，皆对曰：'臣亦不知，徐有贞向臣言耳。'由是上深恶之。"《明史纪事本末》卷三六《曹石之变》，第543 页。

④ 《天顺日录》，载《国朝典故》卷四八，第1114 页。

⑤ "四月中，上召贤谓曰：'如今各边去文臣巡抚，十分狼狈，军官纵肆贪暴，士卒疲惫。'且曰：'朕初复位，奉迎之人纷纭变更，以此不便，只得依从，今乃知其谬。卿为朕举进才能者用之。'"《天顺日录》，载《国朝典故》卷四八，第1115 页。

王"① 但英宗鉴于石亨已掌京营，麾下且有自召军队，② 不愿石彪掌握当时兵力最强之大同镇，从而形成石氏家族里应外合之局面，石彪从而一直任游击将军，而无法获得升迁。为谋晋升，石彪授意大同将领向朝廷荐举，反而成为导致石氏家族覆灭的导火索。《明英宗实录》载："诛定远侯石彪。彪骁勇善战，自舍人累积边功，至封侯，北虏亦知其名。然心术险谲矜能，恃功犯法多矣。谋镇大同，欲与亨表里，握重兵，不能不启上下之疑也。及诛，人既快之，复惜朝廷失一骁将云。"③ 值得注意的是，从以上措辞来看，在短短数年之后，明朝官方在对待石彪谋反之罪时，已采取含糊其辞、模棱两可的态度，所谓"不能不启上下之疑也"，不仅俨然又为一桩莫须有之胡涂案子；而且深惜将才之感叹，反映出时人对权力斗争造成武将凋零的反思。

在这一过程中，李贤对于夺门之变政治意义的彻底否定，将英宗与夺门集团从政治立场上剥离开来，坚定了英宗整治石氏家族、清理夺门集团的政治愿望。

> 一日，从容言及迎驾夺门之功，贤曰："迎驾则可，'夺门'二字岂可示后？况景泰不讳，陛下宜复位，天命人心无有不顺，文武群臣谁不愿请，何必夺门？且内府之门，岂可夺？'夺'之一字，尤非顺。幸赖陛下洪福，得成其事。假使景泰左右先知此事，亨辈何足惜，不审置陛下于何地！"上曰："然彼时何以自解？"方悟此辈非为社稷计，不过贪图富贵而已。贤曰："臣彼时极知此举之非，亦有邀臣与其谋者，臣不从。以臣之愚见，景泰果不起，率文武群臣请出陛下复位，安用如此劳扰！虽欲升赏，以谁为功？老臣耆旧依然在职，岂有杀戮、降出之事致干天象？而群小之计无所施矣！招权纳赂何由而得？忠良之士亦无排挤之患，国家太平气象岂不由此而盛？《易》曰：'开国承家，小

①《国榷》卷三二《英宗天顺三年》，第 2089 页。

②"总兵官忠国公石亨等奏：'臣等招募报效子弟，年力精壮者几六千人，已委都指挥袁贵等统领，缘无营名，敢请。'上命为'忠义营'。"《明英宗实录》卷二九七，天顺二年十一月庚子，第 6319 页。

③《明英宗实录》卷三一二，天顺四年二月丁卯，第 6550 页。

人勿用。'言其必乱邦也。于此验之，为尤信。"上曰："然。"①

石氏家族之祸，从而并不限于石彪自身，英宗对石氏武将集团，乃至以"夺门之功"升迁之政治群体展开了集体清理与整顿。"帝明锢彪于狱，亨闲住，罢朝参。时方议革'夺门'功，穷治亨党，由亨得官者悉黜，朝署一清"②，从这一记述来看，似乎参与夺门或归附石氏之武将群体被完全驱逐出朝。事实并非如此。天顺初年，石氏叔侄既控制了军队系统，又掌握了明朝最为精锐的大同镇军队系统，趋附二人之武将群体，实构成了天顺时期武将群体之主干与精英，或者说构成了天顺朝的军事基础。英宗出于避免政局动荡、保存军事人才之考虑，亦不会采取如此激烈之行为。事实上，英宗、李贤仅欲切断军队系统与石氏家族的关系，消除这一政治威胁与隐患，相应所采取之手段，为革除武将群体夺门所得之官、附石所升之职，

---

① 《天顺日录》，载《国朝典故》卷四八，第 1126—1127 页。值得注意的是，李贤将其与英宗这次谈话，在《天顺日录》中，记载于石氏家族覆灭之后，容易给人以时间上在此之后的印象。但参照《明英宗实录》的记载，可以很清楚李贤这一谈话意在攻击夺门集团尤其石氏家族之政治意图。"上召内阁臣李贤，问迎复事。贤曰：'当时亦有邀臣与谋者，臣以为不可，不敢从。'上问何为不可，贤曰：'天位乃陛下所固有者，若景泰不起，文武百官表请陛下复位，何用如此劳攘？此辈其实贪图富贵，非为社稷计。彼时若景泰先觉，石亨辈何足惜，不审陛下何以自解？幸而事成，此辈得以贪天之功，且天下人心所以归向陛下者，以正统十数年间，凡事减省，与民休息之所结也。今为此辈损其太半矣。'上深以为然。"《明英宗实录》卷三〇三，天顺三年五月己酉，第 6420—6421 页。联系到李贤在《天顺日录》中，一向有美化自己、丑化政敌之隐蔽但用心深刻之春秋笔法，这次谈话之后置，可能与其尽力撇清自己与石氏家族覆灭关联，从而描绘自己一直置身事外的贤者形象有关。尹直自承李贤接受了自己观点，从而对英宗言明。"予私与彭纯道先生言：'所夺者何门？禁门岂可夺？当时景帝果薨，群臣万姓不能不拥戴上皇以复宝位，何烦用兵蹀血于禁门耶？况当日景帝已拟力疾出视朝，若南宫内稍缓，事即不成，不知石亨辈置上皇于何地？此乃侥幸贪天之功，非万全之策。而今乃以夺门归其功，果何谓耶？'于是彭先生间言于李公元德，公时亦以张轼荐入内阁，未悟及此。及闻此言，亦为悚然，遂于顾对之余，从容言之，上顿悟，即加疏绝。亨辈反怏怏怨望，竟致诛夷，而陈芳洲诸公从此得释。"《謇斋琐缀录二》，载《国朝典故》卷四八，第 1266 页。对于这一观点，后世有赞成者。如《明史纪事本末》之《曹石之变》篇之末，谷应泰评曰："李贤有言：'陛下应天顺人，门何必夺！'当前星已陨，震位久虚，圣敬方跻，干符夺算，上天垂象，盖可见矣。即在景帝凭宸，群臣忧惧，或心归沂邸，或意属襄藩。然而襄王自外入内，宪宗以子先父，则上皇之必能复辟，不待仰步干象而后决也。一旦抚万乘之尊，行侥幸之事，乘晦勒兵，登垣披驾，万一谋臣不谨，郴邸预知，曹、石之肉其足食乎？"《明史纪事本末》卷三六《曹石之变》，第 548 页。但也有明确质疑者，认为李贤这一说法，实出于政治斗争目的，并不符合景泰末年政治实情。"复辟之谋，故诸公自为功名地。然亦岂九死为之，机尽危胆识尽大。如李贤言，景泰果不起，率文武百官请陛下复位，安用如此劳攘？噫！贤乃尔呓语。昔称呼吸之际有雷有风，不见唐武宗、宣宗，宋理宗登极时事乎？无论南城，恐即东宫犹未安贴。贤意巧抑石、徐，且欲诡掩其不预事之咎，非通论也。世往往为所欺。"《国史唯疑》卷三《景泰》，第 78 页。李贤作为政治人物，在不同时期翻手为云、覆手为雨之做法，也无可厚非，其在天顺新朝下，对景帝便有阿谀时世之恶评。"李贤身事景泰为吏部侍郎，认以不孝亲、不敬兄、不睦室等语峻诋。贤亦尝反面自照云：'人之无情，一至于此。'惟彭时所记，景泰数年中，敬礼大臣，宽恤民下，赏罚无甚舛。独易储、废后二事，为失人心者，斯正论也。朋友语亦须可受，何况君臣。两人品量殊，及隐征是。"《国史唯疑》卷三《天顺》，第 80 页。

② 《明史》卷一七三《石亨传》，第 4616 页。

并且将之分散全国各地，避免其控制要职，或团聚一地，从而将武将集团从石亨那里重新拉回英宗掌握之中。因此，这一行动虽规模较大，但方式温和，并未造成政局的剧烈动荡。而在这一过程中，曹氏属下因夺门而升迁之武将系统亦遭到牵连，被一并革除。① 可见石彪之案成为英宗改变即位以来政治格局，清革整个夺门集团的导火索。

（七）文官集团、锦衣卫的联合攻击与石氏家族的覆灭

石氏家族既在夺门群体革除后失去政治基础，很快便失去其政治地位，而完全覆灭。在英宗授意之下，锦衣卫与文官集团不断罗列石亨罪名，英宗在一再拒绝加罪石亨的政治表演之后，最终将石亨下狱，病死狱中。对石氏家族形成最后一击者，为英宗培养起来的亲信锦衣卫势力。"明年正月，锦衣指挥逯杲奏亨怨望，与其从孙后等造妖言，蓄养无赖，专伺朝廷动静，不轨迹已著。廷臣皆言不可轻宥，乃下亨诏狱，左谋叛律斩，没其家赀。逾月，亨瘐死，彪、后并伏诛。"② 对于石亨之死，后世鉴于其发动夺门之变，促使明中期政治严重恶化，多不同情，对于其谋反罪名，后世也多有附会其说、演绎其事者，却仍多有客观辩解者。而石氏家族得祸实源于其权势震主，即使李贤也实作如是观。③ 有鉴于此，对有明一代历史盖棺定论之《国榷》《明史》诸书，皆持客观态度，加以评价。"（杨）洪知盛满可惧，而亨邪狠粗傲，怙宠而骄，其赤族宜哉。"④

值得注意的是，李贤是协助英宗剪除石氏武将集团的核心人物，其对石亨身后事之严格立场，⑤ 反映出文官集团剪除石氏武将集团赋予政治合理性，从而提升自身地位的考虑，但其在这一过程中，李贤却一直保持幕后角色，原因应在于其对于与石氏休戚相关，英宗仍加以一定保留的曹氏内官集团的警惕。

---

① 《明英宗实录》卷三〇九，天顺三年十一月己亥，第6499—6500页。

② 《明史》卷一七三《石亨传》，第4616页。

③ "当时若以彪镇大同，诚为可惧。且在京武官多在亨门下，而亨又握兵权，天下精兵无如大同，稍有变动，内外相应，其祸可胜言哉！此时虽欲扑灭，力不能及。今办之，于早除此大害，非上之刚明果断，不能如此。而亦祖宗在天之灵有以默相之，社稷绵远程兆于此。"《天顺日录》，载《国朝典故》卷四八，第1124页。

④ 《明史》卷一七三《赞》，第4629—4630页。

⑤ "石亨下狱死，法司请瘗其尸，上召贤曰：'如何？'贤曰：'如此行之，未为尽善。法司宜执法论罪，欲枭首示众，朝廷从宽，特全其首领，尤见恩义尚存。'上曰：'然。'即从之。"《天顺日录》，载《国朝典故》卷四八，第1126页。《明英宗实录》对于此事之记载，便缺少了李贤思虑之丰富内容。"石亨瘐死刑部狱中，法司请斩首枭示，且疏其罪状榜谕天下。上曰：'亨既死，其完尸瘗之。'"《明英宗实录》卷三一二，天顺四年十二月癸亥，第6549页。

三 曹氏叛乱平灭与天顺宫廷政局渐趋平稳

(一) 天顺时期锦衣卫崛起与逯杲的政治角色

英宗经历人生沉浮之后，虽因私人情谊，而对王振颇多怀念，但天顺复辟之后，对于宦官集团权势，却已抱警惕之心，比如查究宦官蒋冕离间自己与孙太后，从中谋求权势之行为。① 再如对于派遣宦官至地方，十分谨慎，且严格管束。② 而在中枢政治运作中，更竭力减少宦官影响，并对其违法行为严厉惩罚。③ 在这一政治背景下，天顺朝宦官势力大受限制，相对于正统，甚至景泰时期，皆呈现低落状态。而作为宦官之首的司礼监，权势自然亦受影响，在中枢政治中地位竟不如内阁。

> 李文达公贤在内阁时，太监曹吉祥尝在左顺门，令人请说话。文达语云："圣上宣召则来，太监请，不来也。"曹乃令二火者掖而至，文达云："太监误矣。此处乃天子顾问之地，某等乃谨候顾问之官。太监传圣上之命，有事来说，自合到此，岂可令人来召耶？"曹云："吾适病足耳，先生幸恕罪也。"闻李公殁后，有事，司礼监只令散本内官来说，太监不亲至。今日阁老请太监议事，亦不至矣。内阁体势之轻，又非前比。④

而司礼监在内廷系统，即宦官、锦衣卫系统之中，不仅不复正统时期绝对控制之地位，甚至开始反受正统时期本处其下的锦衣卫的经常攻击。英宗既不再信任宦

---

① "上一日言：'宦官蒋冕，虽曾效劳，其实谗乱小人。朕初复位时，即于太后前曰："皇后无子，亦当换。"朕即斥之，方止。及立东宫，又复曰："其母如何？"朕曰："当为皇贵妃。"乃止。一日，命冕选宫人充用，既还，乃曰："太后处不必知。"朕曰："不可。"复于太后处曰："上欲隐之。"及朕白太后，方知其离间，以此远绝之。'贤曰：'谗说殄行，自古帝王所深恶者，陛下绝之，甚是。'"《天顺日录》，载《国朝典故》卷四八，第1121页。

② "二年冬，鹰坊司内臣奏乞出外采猎，上不许，复固请，上曰：'尔辈欲出猎，但不许扰害州县。朕遣人访之。'既许其出，意彼一时之言，未必追访。出至州县，不能获一禽，有司惧其威，敛之于民，聚鹿、獐、兔、雉而献之，内臣以为猎所获者，遣人领进。上果令人密访，某州若干，某县若干，皆得其数，候其至，各杖而黜之。"《天顺日录》，载《国朝典故》卷四八，第1121页。

③ "上天资英武，益明习政务，天下奏牍，一一亲览，或有毫末差失，便能察见。凡有发下裁断，贤等一出至公。上知其无私，委任益隆，凡事不肯轻易即出，必召问其可否。或遣中官来问，务得其当，然后行。是以政事无大差失，法度振举，人心惊惧，平昔纵放者莫不收敛。其中官惟一二耆旧特加重焉，其余虽一时宠眷且厚，一旦有失，即置于法，略不假借，用是不敢肆然。"《天顺日录》，载《国朝典故》卷四八，第1125页。

④《菽园杂记》卷四，第42页。

官系统，但专制皇权内在地驱使其利用其他亲信势力，以行使对庞大官僚集团的有效控制。在这一政治态势下，与宦官并为皇帝亲信系统的锦衣卫地位从而在天顺时期逐渐凸显出来。

在夺门之变中，锦衣卫中的门达也参加进来，并由此在天顺复辟后，升任指挥同知，获掌卫事。① 锦衣卫职责在于充作皇帝耳目，监察官僚系统，因此行事往往狠戾。在锦衣卫历任主事者中，门达属于宽平之人。

> 性机警，有才干，然深沉不露。正统十四年，用指挥吕贵荐，镇抚司理刑。后历升至都指挥佥事。初任理刑时，其僚佐谢通，浙江人，颇读书，知事务，宽厚，达倚任之，二人同心，以故事下镇抚司或有大狱，如阮浪、徐有贞辈，多所平反。一时有事者，以下禁狱为幸，时誉翕然称之。②

但由于这一时期英宗计划用锦衣卫制约夺门集团，因此门达这种做法显得不合时宜。英宗最初欲以在大漠结成深厚私谊的袁彬，协助自己完成剪除夺门集团之计划。英宗在天顺复辟之初，便升袁彬锦衣卫指挥佥事，③ 从而将之纳入亲信系统，以为未来政治之助。两月后，又升任袁彬为锦衣卫二号人物。"丙寅，升锦衣卫指挥同知门达为指挥使，指挥佥事袁彬为指挥同知。"④ 英宗迅速升迁袁彬官职，除报其在大漠维护之恩以外，还有以之打击夺门集团的政治目的。但洞察时局，不习政治斗争，且明哲保身的袁彬却不愿卷入此事。"彬虽得上重，畏满好避。"⑤ "英庙思裁抑石亨、曹吉祥权，以属袁彬，彬避谢不敢，亦自斟酌。"⑥

英宗只能在锦衣卫中另选逯杲作为这一计划的人选。"逯杲者，安平人也，以锦衣卫官校为达及指挥刘敬腹心，从'夺门'。"⑦ 英宗最初不愿选择逯杲的原因在于其原属石、曹势力。"杲本由石亨、曹吉祥进。"⑧ 正如上文所述，逯杲在石亨推荐之下，始得授锦衣卫百户，⑨ 但在锦衣卫并无合适人选之情况下，鉴于逯杲为求

① 《明英宗实录》卷二七四，天顺元年正月戊子，第5812页。
② （明）刘吉：《明宪宗实录》卷二，天顺八年二月丙申，台湾"中研院"历史语言研究所1962年校勘本，第45页。
③ 《明英宗实录》卷二七四，天顺元年正月癸未，第5791页。
④ 《明英宗实录》卷二七六，天顺元年三月丙寅，第5868页。
⑤ 《国榷》卷三三《英宗天顺七年》，第2157页。
⑥ 《国史唯疑》卷三《天顺》，第83页。
⑦ 《明史》卷三〇七《佞幸·逯杲传》，第7878页。
⑧ 同上。
⑨ 《明史》载为石亨荐。"用杨善荐，授本卫百户。"《明史》卷三〇七《佞幸·逯杲传》，第7878页。

权力，而勇猛无畏、以邀圣宠之心，① 从而将此重任加以委托。"逯杲遂勇承之，卒致杀身。"② 天顺元年底，在曹吉祥推荐之下，英宗超升逯杲为锦衣卫指挥佥事。③ "以捕妖贼功，进副千户。又用曹吉祥荐，擢指挥佥事。"④ 委任之专已逐渐超过门达。"然是时英宗虑廷臣党比，欲知外事，倚锦衣官校为耳目，由是逯杲得大幸，达反为之用。"⑤ 比如天顺二年底：

> 锦衣卫官校差出者取财扰民，内阁臣李贤言于上曰："今天下百姓颇安，惟有一害。"上曰："何害？"贤曰："锦衣卫官校是也。"因备述其故，且曰："今后被告者，非有谋逆重情，不差官校，此害庶几少息。"上疑贤言过实，密令指挥逯杲访之。果然有一人得银三四千两者。上召管卫事指挥门达，戒之曰："今后差官校，如有似前求索者，一体重罪不饶。"⑥

而逯杲不顾部门利益与上司责罚之政治立场，反映出其完全以英宗为中心，实为英宗打击其他政治势力最为听话之工具，虽因此而得罪门达，但却为英宗所倚重。"及掌卫事，嫉旗校逯杲随堂，使势力逐之，而杲旋复柄用，历升指挥，与达并列，每欲害达，达惴惴自保，幸无事。"⑦ 在监督官僚集团，尤其诛灭石氏家族过程中，发挥了重要作用。

> 帝以杲强鸷，委任之，杲乃摭群臣细故以称帝旨。英国公张懋、太平侯张瑾、外戚会昌侯孙继宗兄弟并侵官田，杲劾奏，还其田于官。懋等皆服罪，乃已。石亨恃宠不法，帝渐恶之，杲即伺其阴事。亨从子彪有罪下狱，命杲赴大同械其党都指挥朱谅等七十六人。杲因发彪弟庆他罪，连及者皆坐，杲进指挥同知。明年复奏亨怨望，怀不轨，亨下狱死。有诏尽革"夺门"功，达、杲言

---

① 比如在天顺复辟后，竭力打击景帝旧人。"校尉逯杲缚锦衣卫百户杨瑛，谓其为张永亲，且与舒良善。命锦衣卫拷询之。"《明英宗实录》卷二七四，天顺元年正月丙戌，第5804页。"帝大治奸党，杲缚锦衣卫百户杨瑛，指为张永亲属，又执千户刘勤于朝，奏其讪上，两人并坐诛。"《明史》卷三〇七《佞幸·逯杲传》，第7878页。以及攻击郭登，以逞英宗胸臆。"锦衣卫指挥佥事逯杲奏：勋卫郭璟乃坐罪削爵都督佥事郭登弟，不宜带刀侍卫。合令锦衣卫镇抚司带俸。从之。"《明英宗实录》卷二八六，天顺二年正月庚辰，第6127页。

② 《国史唯疑》卷三《天顺》，第83页。

③ 《明英宗实录》卷二八五，天顺元年十二月癸巳，第6099页。

④ 《明史》卷三〇七《佞幸·逯杲传》，第7878页。

⑤ 同上书，第7878页。

⑥ 《明英宗实录》卷二九六，天顺二年十月乙卯朔，第6099页。

⑦ 《明宪宗实录》卷二，天顺八年二月丙申，第45页。

臣等俱特恩，非以亨故。帝优诏留任，以杲发亨奸，益加倚重。①

正由于此，时人皆认为石氏家族之败，在于逯杲的攻击，② 相应大为忽略了英宗、李贤等在其中的决策作用。逯杲也借此升锦衣卫指挥同知，③ 权势迅速上升，④ 对上至宗室、下至百官形成普遍监督，权势一时无二，俨然一人之下，万人之上。⑤

（二）英宗猜忌曹氏集团与授意逯杲攻击

伴随石氏武将集团的剪除与夺门群体的降黜，杨善也于天顺二年五月去世，⑥ 夺门集团仅存曹氏内官系统。"后石亨事发，冒官者俱革去，此辈又为吉祥所庇不动。"⑦ "后石亨败，随亨冒升赏者俱自首改正，独随吉祥者不动。"⑧ 英宗之所以暂时保存曹氏集团，原因有二：一为一举清除石、曹两大集团，政治风险较大；二为与石亨以夺门始为英宗势力不同，曹吉祥自正统以来，便一直为英宗嫡系，更受信任与倚重。但这并不表明英宗对同样掌握京城兵权，且控制内廷的曹氏集团并不存

---

① 《明史》卷三〇七《佞幸·逯杲传》，第7879页。

② "彭城卫指挥使蒋谦，忿石亨庚死、石彪被诛，常扬言亨、彪为逯杲诬害，及诡称皇太后尝梦亨陈冤。士卒因讙传之。"《明英宗实录》卷三一五，天顺四年五月庚寅，第6590页。

③ 《明英宗实录》卷三一〇，天顺三年十二月戊辰，第6517—6518页。

④ "命都察院出榜，假校尉行事害人。时锦衣卫指挥同知逯杲，每遣校尉，廉得事情，送指挥使门达，锻链成狱。校尉所至，总兵、镇守、巡抚、巡按三司、有司官，无不畏恐，多具酒肴、选声伎以乐之，且馈金祈免。虽亲藩亦然。久则以无所馈者塞责，达、杲又立限督并，必欲其多获罪人。是年，天下官员朝觐陷罪者甚众，其遣提勘问者尤凶暴，每至一府、卫，辄破数大家。在京城内外居止者，亦占民田、揽粮税、嘱公事，莫敢谁何。以故人多假称校尉出入乘传，纵横往来，诈取财物，良善受害，无所控诉。至是，杲等恐致激变，乃奏请出榜禁约，且捕假者，故有是命。"《明英宗实录》卷三一八，天顺四年八月己未，第6631—6632页。

⑤ "杲益发舒，势出达上。白遣校尉侦事四方，文武大吏、富家高门多进伎乐货贿以祈免，亲藩郡王亦然。无贿者辄执送达，锻炼成狱。天下朝觐官大半被遣，逮一人，数大家立破。四方奸民诈称校尉，乘传纵横，无所忌。彭城伯张瑾以葬妻称疾不朝，而与诸公侯饮私第。杲劾奏，几得重罪。杲所遣校尉诬宁府弋阳王奠壏母子乱，帝遣官往勘，事已白，靖王奠培等亦言无左验。帝怒责杲，杲执如初，帝竟赐奠壏母子死。方舁尸出，大雷雨，平地水数尺，人咸以为冤。指挥使李斌尝构杀弘农卫千户陈安，为安家所诉，下巡按御史邢宥覆谳，石亨嘱宥薄斌罪。至是，校尉言：'斌素藏妖书，谓其弟健当有大位，欲阴结外番为石亨报雠。'杲以闻，下锦衣狱，达坐斌谋反。帝两命廷臣会讯，畏杲不敢平反。斌兄弟子侄极刑，坐死者二十八人。"《明史》卷三〇七《佞幸·逯杲传》，第7878—7879页。"五年二月，因锦衣卫指挥所行江西弋阳王败伦事涉虚，上召贤曰：'宗室中岂愿有此丑事？彼初既以为实，今却云无此事，以此观之，其余所行，枉人多矣。'贤曰：'诚如圣谕。'因言法司明知其枉，畏避此辈，不敢办理。贤曰：'须旨意付法司，但有枉者与之办理，不许畏势避嫌。'上曰：'然。'于是召法司戒饬之，人人皆悦。一日，上言及此事，贤曰：'清平之世，若刑狱枉人，实伤和气，惟陛下明见如此，斯民幸甚！'"《天顺日录》，载《国朝典故》卷四八，第1131页。

⑥ 《明英宗实录》卷二九一，天顺二年五月丁亥朔，第6207—6209页。

⑦ 《天顺日录》，载《国朝典故》卷四八，第1132—1133页。

⑧ 《明英宗实录》卷三三〇，天顺五年七月庚子，第6778页。

在猜忌与忧虑。早在天顺二年，英宗便已和李贤表达了对曹吉祥干政的反感。

> 戊申，上召内阁臣李贤至文华殿，语曰："太监吉祥好惹闲，朕复位初，念其随侍旧人，凡有奏请必从之。奈其心无厌足，不顾可否，辄为人请求。虽十不可其二三，然外人不知，以为其言必行。是以四方奏事者，往往先造其门以通情。如此不已，甚非所宜。朕今一以公道断之，使彼之私意不得行，则造其门者自然少矣。"贤顿首曰："愿陛下抑之以渐，幸甚！"①

在剪除石氏家族过程中，英宗也对于石、曹两大集团的往来已明确表示了忧虑，并且明确在朝堂之上禁止官员之间，尤其宦官与其他系统官员之间私下交通，所主要针对者，实为曹氏集团。

> 初石彪事发，言官密奏。明日，大班劾之，即有漏泄于彪者。上召贤曰："群臣党恶如此，不可不戒！"贤对曰："诚如旨意。"乃敕谕百官："今后文武大臣，无故不许往来，近侍官不许造大臣新宅，锦衣卫官亦然。"于是，莫不肃静。天下闻之，亦皆悚息，交通之弊遂止。②

揆诸明代密奏制度，密奏文书直接送至会极门，由司礼监呈送皇帝，直接批阅，中间并不如例转交内阁票拟。故而言官密奏弹劾石彪消息的走漏，只有司礼监曹吉祥这一环节。此时英宗虽尚不便明罪曹吉祥，但内心对于夺门集团的内部交通，实已十分明了。因此，石氏家族覆灭之后，曹氏集团在兔死狐悲之余，明显感受到英宗矛头掉转，开始向本方转向的政治变化。"久之，帝觉其奸，意稍稍疑。及李贤力言夺门非是，始大悟，疏吉祥。无何，石亨败，吉祥不自安，渐蓄异谋。"③ "方石亨之败也，上命由亨冒功以进者，许自首革。吉祥念与亨同功，亨败己且不得独完，因日犒诸降丁金帛，倚为腹心。"④

逯杲的崛起，不仅制约了以曹吉祥为首的宦官势力，甚至开始攻击曹氏家族。"杲本由石亨、曹吉祥进，讦亨致死，复奏吉祥及其从子钦阴事，吉祥、钦大恨。"⑤

---

① 《明英宗实录》卷二九三，天顺二年七月戊申，第6264页。

② 《天顺日录》，载《国朝典故》卷四八，第1126页。

③ 《明史》卷三〇四《宦官一·曹吉祥传》，第7775页。

④ 《明史纪事本末》卷三六《曹石之变》，第545页。

⑤ 《明史》卷三〇七《佞幸·逯杲传》，第7879页。

"缘杲原縻吉祥进，骤发其私，即寇深亦然，宜其憾之不少置也。"① 由以上论述可知，逯杲权力完全来源于英宗的赋予。英宗在知晓逯杲多造冤狱之情况下，仍独任逯杲，便出于充分发挥其政治爪牙的功能，从而打击因夺门之变而造成之政治实力派。而当时夺门集团仅存的势力为曹氏集团，逯杲继击败石氏家族后，将主要方向集中于曹氏集团。或者说，此时英宗已将清理目标指向曹氏集团，固非因事稍抑之。② 正是由于清楚此点，在逯杲将矛头对准自己时，曹氏集团为避免重蹈石氏家族之祸，在夺门之变轻易成功的鼓舞下，从而重施故伎，采取先发制人的方式，再次发动宫廷政变。

（三）曹氏发动叛乱及其平天

正如上文所述，构成曹吉祥势力基础者，为一直追随他的降达。降达本来便没有汉人所谓的忠君观念，而只对统帅具有政治上的归属感，当曹氏集团权势受到威胁时，这一群体再次成为反叛朝廷的力量。"吉祥复日犒诸达官，月给以米银布，遂相与为死党。诸达官日出入其门，惟恐吉祥败，而己随之黜退也。"③ 不过曹吉祥鉴于明朝统治较为稳固，在是否发动叛乱问题上，有所犹豫。而所谓通晓术数之士人冯益成为推动起事的重要人物。"钦问客冯益曰：'自古有宦官子弟为天子者乎？'益曰：'君家魏武，其人也。'钦大喜。"④ 而逯杲受命按问曹家之人，成为曹氏叛乱的导火索。"天顺五年七月，钦私掠家人曹福来为言官所劾。帝令锦衣指挥逯杲按之，降敕徧谕群臣。"⑤ 逯杲重点刑讯曹福来这一小人物，其意实在于从中挖出曹府内情，将之作为铲除曹氏集团的突破口。⑥ 而英宗再次以细微之事为切入点，夸大其事，敕谕勋臣、武将，⑦ 形成政治舆论，俨然清洗石氏家族模式的重启，从而成为曹氏集团决意发动叛乱的契机。"钦惊曰：'前降敕，遂捕石将军。今复尔，殆

---

① 《国史唯疑》卷三《天顺》，第83页。
② "吉祥初以迎驾功，贪图富贵，以荣一家，弟侄俱各得大官。又卖官鬻狱，渎贷无厌。上初不得已而从其所欲，后不能堪，稍疏抑之。"《天顺日录》，载《国朝典故》卷四八，第1133页。
③ 《明英宗实录》卷三三〇，天顺五年七月庚子，第6778页。
④ 《明史》卷三〇四《宦官一·曹吉祥传》，第7775页。《国権》又载曹氏欲拥立皇太子。"钦度不免，谋拥兵立太子，推上为太上皇。"《国権》卷三三《英宗天顺五年》，第2123页。
⑤ 《明史》卷三〇四《宦官一·曹吉祥传》，第7775页。
⑥ 《明史纪事本末》卷三六《曹石之变》，第545页。
⑦ 《明英宗实录》卷三三〇，天顺五年七月己亥朔，第6777页。

矣。'谋遂决。"① "先是，石彪得罪，上亦先谕群臣，钦以故大惧。又逯杲伺钦甚急。"②

与发动夺门之变借助了边疆军情一样，曹钦发动叛乱也再施故伎。"会是月孛来寇甘凉，上使怀宁伯孙镗统京军往征之，兵部尚书马昂监其军，择庚子昧爽出师。于是钦与诸昆季、其党都督伯颜也先数十人谋曰：'县官持我急，不发，我为石彪续矣。'遂分勒死士番汉军五百人，约以是日昧爽朝门开，则拥杀镗、昂，夺门入。此时吉祥素所部禁兵，且可为内应。谋定，以其夕饮诸降丁酒，厚赠之。"③ 也即仿照夺门之变的成功模式，再次实行里应外合，通过直接控制英宗，从而达到钳制天下兵马的目的。但不同的是，达官马亮却将这一消息走告于明军。"是夜，镗及恭顺侯吴瑾俱宿朝房。达官马亮恐事败，逸出，走告瑾。瑾趣镗由长安右门隙投疏入。帝急紧吉祥于内，而敕皇城及京城九门弗启。"④ "幸而孙镗等先觉，二鼓时即报于内，禁门不开。"⑤ 曹钦发觉消息走漏后，鉴于逯杲可能是紫禁城外最早获知消息之人，遂改变计划，转而先行杀死逯杲，既防止其调兵，又泄夺门集团长久以来之抑忿。"钦知亮逸，中夜驰往逯杲家，杀杲，斫伤李贤于东朝房。"⑥ "钦兄弟与同恶者先诣锦衣卫指挥逯杲宅前，遇杲方出，斩其首，碎其尸。"⑦ "盖杲亦吉祥所恩之人，后朝廷委任行事，且言钦非理之事，所最恨者，先害之。"⑧ 尔后以兵包围紫禁城。"然后分布于各禁门，待其开拥入。三鼓至门，钦兄弟四五人俱在东长安门。"⑨ 并控制文官集团。与对待逯杲态度有所不同，曹钦对于文官集团尚手下留情，并且

---

① 《明史》卷三〇四《宦官一·曹吉祥传》，第 7775 页。

② 《明史纪事本末》卷三六《曹石之变》，第 545 页。

③ 同上书，第 545—546 页。

④ 《明史》卷三〇四《宦官一·曹吉祥传》，第 7775 页。关于告密之人，尚有吴瑾之说。《野记三》，载《国朝典故》卷三三，第 549—550 页。《明史》亦继承了这一记载。"曹钦反，瑾与从弟丛闻变，椎长安门上告。"《明史》卷一五六《吴瑾传》，第 4271 页。吴瑾亦为降达之后，从其族属而言，曹钦似有与之预谋之可能。不过吴瑾自祖父吴允诚以来，一直忠于明皇室，瑾在天顺朝亦为英宗亲信，曹钦在如此重大问题上，如何能与之草率谋议呢？从《野记》所载来看，也多有讹误或不合理之处。比如曹氏叛乱前，明军出征对象为北方之孛来，而非南方之麓川。曹吉祥已在内廷呼应，友何须吴瑾联络紫禁城守卫呢？姑且存之，以备一说。《野记》又载孙镗起初亦与曹氏之谋，于逻辑、情理而言，则尤为不经。"或曰孙始偕与钦连谋，钦留孙帅兵，孙言马须素乘熟者，钦令十勇士随孙往取马。孙入门辄镮之重重，入戮十兵于家，从后门出，治军袭钦。钦杀孙之子，孙遂迄成奸渠之勋。"《野记三》，载《国朝典故》卷三三，第 550 页。

⑤ 《天顺日录》，载《国朝典故》卷四八，第 1133 页。

⑥ 《明史》卷三〇四《宦官一·曹吉祥传》，第 7775 页。

⑦ 《天顺日录》，载《国朝典故》卷四八，第 1133 页。

⑧ 同上。

⑨ 同上。

明确宣扬逯杲之恶，意在掩盖谋反之实，从而安抚外朝。① 但曹钦很快发觉紫禁城内也已得知谋反消息，无法进入，从而直揭反旗，火烧紫禁城。② 紫禁城内守卫严守城门，京军从外部对乱军发动攻势，工部尚书赵荣也号召士兵平乱，最终平灭叛乱，曹吉祥也被凌迟处死。在李贤建议下，英宗颁布赦诏，以安定人心。而马亮也因告密有功，而升都督。时人感叹明朝事先得到消息，以及有西征军在，才得以顺利平叛，否则后果将不堪设想。

（四）天顺后期锦衣卫、内阁之政治斗争

英宗铲除夺门集团后，既消除了政治潜在隐患，将权力完全收回，鉴于以往之政治教训，在亲政心理驱使下，对于中枢权力、官僚集团控制进一步加强。鉴于武将、宦官系统在天顺前期的专权，英宗遂致力于削弱这两大势力。曹氏叛乱后，英宗对宦官控制愈严。"五年十一月二十日早，上召贤至文华殿，因说吉祥事曰：'此辈放纵，前日见吉祥败，稍收敛，近来又放纵。朕每戒之曰：'汝等不可如此，且如吉祥，非无功劳，一旦犯法，不可留矣……'"③ 因此天顺后期宦官势力愈加低落。而作为协助英宗铲除夺门集团，后期成为曹氏叛乱的两大主要受害者的锦衣卫、文官集团，相应成为天顺后期英宗信任与倚重的势力系统。相应，锦衣卫指挥使门达，与文官集团代表的内阁李贤皆成为新时期宫廷政治斗争的重要角色。

逯杲死后，锦衣卫势力复归门达控制，其以在曹氏叛乱中的守卫之功，也得升都指挥金事。④ 门达借鉴自己天顺前期的失权教训，在夺门集团已完全覆灭，朝廷政治中无强力人物的政治背景下，门达遂仿照逯杲做法，再次填补了英宗爪牙这一政治空缺。"已而，杲死，谢通亦物故，达始兼管行事，欲抒宿愤，乃建遣官校，分行中外，缉访事情，搜求幽隐，索取货贿，内外官僚重足而立，由是诡服诈冒者，接迹于途，天下骚然不安。"⑤ 从而继逯杲之后，成为英宗信任的政治势力，地位与李贤相侔。"于是，分遣官校，行缉中外，搜求幽隐，吹毛批根，及于僚庶。上以

---

① 《天顺日录》，载《国朝典故》卷四八，第1133页。

② "钦见门不开，乃举火焚，且复欲害予，令持刀者同予寻尚书马昂，得翱等解之。及天明，上具呼众，驰往东安门，又令披甲持刃者一人驰马寻予，翱等复解之。忽有孙镗领官军袭而围之，予乃得脱。时恭顺候吴瑾、左都御史寇深俱被杀死，予被伤。"《天顺日录》，载《国朝典故》卷四八，第1133页。

③ 《天顺日录》，载《国朝典故》卷四八，第1135页。

④ 《明英宗实录》卷三三〇，天顺五年七月癸亥，第6798页。

⑤ 《明宪宗实录》卷二，天顺八年二月丙申，第45页。

为能，至与学士李贤并委矣。"① 门达将刑侦对象主要集中于文官集团。② 这不仅在于伴随夺门集团的铲除，内官、武将群体已遭大规模清理与整顿，对其进一步政治压制，也有重蹈曹氏叛乱覆辙的风险，"达初欲行督责之术，其同列吕贵曰：'武臣不易犯，曹钦可鉴也。独文吏易裁耳。'达以为然，故文吏祸尤酷"，③ 而且也在于文官集团在天顺后期呈现崛起趋势，成为对锦衣卫构成威胁的政治势力。

作为文官集团之代表，内阁李贤自然对锦衣卫采取抵制态度。正如上文所述，早在天顺二年，李贤便已攻击锦衣卫扰乱地方。④ 天顺五年（1461），英宗再次因李贤建议，约束锦衣卫，对于文官集团的刑讯权力，从而大多复归文官集团内部掌控。"时所在告讦及采访事情，皆即遣锦衣官校籍其家。李贤因言其多枉。因敕法司，情重者以闻，余悉下巡按御史及所司诘治。"⑤ 此外，李贤又多次对锦衣卫贪污财物之事多所批评。"先是，贤闻达令校尉察鸿胪寺序班二十余人，求索朝觐官财物，尽执下狱，谓达曰：'罪一二人足矣，何太多也。且此辈求索不过得银十数两，若锦衣卫官校，乃取于人以千万计。'后达又差官校出外访诈校尉，贤谓达曰：'校尉得财，故人诈为之。'达因是恶贤。"⑥ 而尤其令门达介意者，在于李贤在中枢政治的权势与影响，对其地位构成威胁。"且以其势与已抗，恐其于上前言己过恶，故欲害之。"⑦

天顺六年（1462），门达因大规模攻击文官集团，早已声名狼藉。"至天顺七年，锦衣指挥门达，总督官校缉事，兼镇抚问刑，权倾中外，道路以目，人莫敢言。"⑧ "天顺间，文臣阁老李文达公贤，武臣锦衣卫指挥门达，最得君，而达尤声势隆赫，倾动中外。"⑨ "锦衣卫指挥门达机警有才干，然恃才使势，怙宠张威，既掌卫事，乃建议遣校尉分行缉访，搜求幽隐，索取货贿。由是诈冒者接迹于途，中外官僚重足而立，天下骚然不安。"⑩ 因此当年门达在审理凤阳夹沟驿驿呈时，后者

---

① 《国榷》卷三三《英宗天顺七年》，第2151页。"杲死，达势遂张。欲踵杲所为，益布旗校于四方。告讦者日盛，中外重足立，帝益以为能。"《明史》卷三〇七《佞幸·门达传》，第7879页。

② 《明史》卷三〇七《佞幸·门达传》，第7879—7880页。

③ 同上书，第7879页。

④ 《天顺日录》，载《国朝典故》卷四八，第1120页。

⑤ 《国榷》卷三三《英宗天顺五年》，第2122页。

⑥ 《明英宗实录》卷三五九，天顺七年十一月丁卯，第7143—7144页。

⑦ 同上书，第7144页。

⑧ 《謇斋琐缀录四》，载《国朝典故》卷五六，第1287页。

⑨ 陆容：《菽园杂记》卷六，元明史料笔记丛刊，中华书局1985年版，第71页。

⑩ 《典故纪闻》卷一四，第243页。

竟然"历数达过恶，且云祖宗命我言"①。从而在天顺七年，受到文官集团弹劾，不过英宗为保证皇权对官僚集团的绝对控制，仍对门达加以维护。"锦衣卫旗校多诈称缉事四出，逼取军民官贿赂。门达自输钤束不严之罪。诏宥之。"② 门达遂攻击李贤。"当是时，达害大学士李贤宠，又数规己，尝潜于帝，言贤受陆瑜金，酬以尚书。帝疑之，不下诏者半载。"③ 李贤作为协助英宗铲除夺门集团的核心人物，尚且受到猜忌，可见英宗在经历多番变故后，对权力的过分注重与对官僚集团的过分担忧，以至于在铲除对皇权具有威胁的夺门集团后，甚至对文官集团亦长期秉持严密监控的态度。由此可见，天顺复辟之后，英宗实为一雄猜之主，天顺时期一系列政治斗争，皆根源于英宗的这种深刻、沉重的政治心理。亦因此之故，天顺政局便笼罩上一层血腥、狠戾的气氛。

门达除打击文官集团外，还对锦衣卫内不附己的袁彬多所攻击。"掌锦衣卫事都指挥佥事门达权势隆赫，同列皆下之，惟都指挥佥事袁彬恃恩，不为之下，遂有隙。"④ "都指挥袁彬恃帝旧恩，不为达下，达深衔之。"⑤ 门达从而暗地离间袁彬与英宗，使袁彬不获重用。"天顺间，锦衣指挥门达擅生杀之权，多陷害人。同时袁彬指挥者，随英宗北狩，有扈跸功，为达所间，久在散地。"⑥ 并以家事攻击袁彬。"彬妾父千户王钦，藉彬势诓人财，达廉知之，欲因以倾彬，奏请下彬狱法司，论彬赎徒还职，达犹未快。"⑦ 天顺七年（1463），门达"自计得以进言别是非于御前者，惟李阁老贤与袁指挥彬二人而已，谋排去之"⑧。即计划一举除去袁彬、李贤二人。而切入口为原锦衣卫力士赵安。"适有赵安者，得罪在鞫。安初为锦衣卫力士，尝役于彬，后谪充铁岭卫军，遇赦，还改府军前卫。达因令安言其改府军也，彬为之请托而得，于是复捕彬拷讯之。"⑨ 对于此事，英宗表达了公正立场。"上欲法行，不以彬沮，谕之曰：'从汝拿去问，只要一个活袁彬还我。'彬既下狱，考询苦楚，莫能自白。"⑩ 英宗之所以不维护袁彬，在于其复位之后对整个官僚集团的不信任态

① 《明英宗实录》卷三四一，天顺六年六月癸巳，第6928页。
② 《明英宗实录》卷三五三，天顺七年六月甲申，第7076页。
③ 《明史》卷三〇七《袁彬传》，第7880页。
④ 《明英宗实录》卷三五九，天顺七年十一月丁卯，第7142—7143页。
⑤ 《明史》卷三〇七《袁彬传》，第7880页。
⑥ 《寓圃杂记》卷七《杨瑄》，第55—56页。
⑦ 《明英宗实录》卷三五九，天顺七年十一月丁卯，第7143页。
⑧ 《睿斋琐缀录四》，载《国朝典故》卷五六，第1287页。
⑨ 《明英宗实录》卷三五九，天顺七年十一月丁卯，第7143页。
⑩ 《睿斋琐缀录四》，载《国朝典故》卷五六，第1287页。

度，甚至对与自己存有私谊之人，亦借鉴以往政治教训，警惕其凭借与自己的关系，凌驾于法度之上，从而影响朝政正常秩序。其对另一在大漠与己结成私谊之哈铭亦是如此。① 在残酷刑罚之下，袁彬遂诬伏。"达退则执彬，苦之，彬自诬伏。"② 门达"乃捃摭数十事"，③ 包括"因讦彬尝受石亨曹钦及诸干谒者馈遗，多用官木造私居，索内官督工者砖瓦，夺人子女为妾诸不法事"④。

门达多种做法，在朝野逐渐引起公愤，杨瑄，又作杨埙，遂击登闻鼓，为袁彬鸣冤。"狱已成，未上。军匠余丁杨埙素为彬所爱，赴登闻鼓为彬诉屈，语侵达。事闻，并收埙付达。"⑤ 门达既有攻击李贤之心，遂刑讯杨瑄，欲使其诬陷李贤，杨瑄却将计就计，诱使门达公开审理，⑥ 从而在公开审理时，转而翻供攻击门达。① 袁彬、李贤由此得以幸免。"达色沮不能言，彬亦历数达纳贿状，法司畏达不敢闻，坐彬绞输赎，埙斩。帝命彬赎毕调南京锦衣，而禁锢埙。"② "于是彬得从轻调南京锦衣卫带俸，杨亦得免，人义之。"③

经此一事后，"达宠顿衰"④，"达由是宠衰而祸作矣"⑤，但不久又继续攻击李贤，却由于英宗去世，宪宗即位，政局发生了变化，事遂中止。"李有从兄任安庆府同知，达又遣校尉往缉之，务欲倾李。寻以英庙上仙得免。"⑥ 门达反而在文官集团攻击之下，遭贬谪而死。⑦ 门达出京之时，袁彬尚且送行。"达坐劾谪戍。彬复职，饯送达出城如礼，亦人之所难也。"⑧ "时彬已南还，遇达，馈赠之甚厚，诸公以此多焉。"⑨ 后人亦赞袁彬在天顺乱局纷争之时，能够置身事外的明智。"杲死，门达复袭其所为，以自媚于上，达亦终败。著著见彬深识。"⑩ 在门达多次攻击之

---

① "达欲并中李阁老，逼杨瑄供指为李所主使。杨惧拷死于狱，乃诳达曰：'此实李所主使，但我言于此，无人证见，不若请会多官廷诘，我对众言之，李无得辞。'达信之。明日，遂遣二官径诣阁门，要李出午门听对。时李方自东宫讲退，陈安简、彭纯道乃诘曾得旨否？曰：'未也，且暂去一对。'二公沮之。及至多官会问时，杨大言曰：'死则我死，我何敢妄指人？我一市井小厮，如何见得阁老？鬼神昭鉴，此实门达教我指也。'"《謇斋琐缀录四》，载《国朝典故》卷五六，第 1287 页。"尝忌李出己上，欲乘隙间之。有军匠杨暄者，以工彩漆害名于时。一日，疏达不法事以闻，达因愬于上云：'此李贤嗾之也。'知上必亲鞫，密召暄嘱之。暄惧死，阳承顺惟谨。上果鞫于内苑山子下，暄以实对。云：'事非由贤，门达嘱臣诬贤。臣于贤素不识，不敢枉也。'"《菽园杂记》卷六，第 71—72 页。"奏请三法司会鞫埙于午门外。上遣中官裴当监鞫。达欲执贤与对，当曰：'大臣不可辱，况此小事耶！'埙亦吐实，言达嗾我指贤。于是贤得免。执彬，历言达所受赂遗尤多，凡馈彬者必倍馈达。"《明英宗实录》卷三五九，天顺七年十一月丁卯，第 7144 页。《国榷》《畿辅人物志》所载更为丰富。"埙诡诺，达大喜，罢笞，出汤沐沐埙，醵肉食之，持腰面诉上曰：'李贤令之中臣，为袁彬地，独不畏陛下法乎？'上曰：'明于东朝堂辨之。'既廷鞫，埙出余肉，大呼曰：'天乎冤哉！门指挥醵肉食我，而令引李也。李学士贵人，吾何从见之？且吾死固分，奈何冤他人为也。'"《国榷》卷三三《英宗天顺七年》，第 2157 页。"埙至午门，怀水余肉大呼曰：'天乎！冤哉！小人何从见李阁老，死则死耳，门指挥醵肉小人，令引阁老，肉今尚在。'且言即有馈彬者，恒倍馈达。历指数之。"（清）孙承泽著，李洪波点校：《畿辅人物志》卷一八《袁锦衣彬》，北京出版社 2010 年版，第 201 页。

② 《明史》卷三〇七《袁彬传》，第 7881 页。

③ 《謇斋琐缀录四》，载《国朝典故》卷五六，第 1287 页。

④ 《国榷》卷三三《英宗天顺七年》，第 2157 页。

⑤ 《菽园杂记》卷六，第 71—72 页。

⑥ 《謇斋琐缀录四》，载《国朝典故》卷五六，第 1287 页。

⑦ "明年，帝疾笃，达知东宫局丞王纶必柄用，预为结纳。无何，宪宗嗣位，纶败，达坐调贵州都匀卫带俸差操。甫行，言官交章论其罪。命逮治，论斩系狱，没其赀巨万。指挥张山同谋杀人，罪如之。之序班升、从子千户清、埙指挥杨观及其党都指挥牛循等九人，谪戍、降调有差。后当审录，命贷达，发广西南丹卫充军，死。"《明史》卷三〇七《佞幸·门达传》，第 7881 页。

⑧ 《謇斋琐缀录四》，载《国朝典故》卷五六，第 1287 页。

⑨ 《畿辅人物志》卷一八《袁锦衣彬》，第 201 页。

⑩ 《国史唯疑》卷三《天顺》，第 83 页。

下，李贤仍能得以保全，与其自身以柔事主，从而未遭英宗之忌有一定关系。①

（五）天顺时期外戚势力崛起、职权及其影响

天顺时期，还有另一股政治势力，权势与影响虽不如以上政治集团，但其上升轨迹却同样对明代历史具有重要意义，这一势力便是孙氏外戚。正如上文所述，洪熙以前，明朝雄主严格约束外戚。宣德时期，张太后也遵守祖训。正统时期，张太皇太后处于平衡政局的核心地位，但却将权力赋予内阁与宦官，自身并不直接参与政事。孙太后在祖训约束与张太皇太后规范之下，亦将势力限定于后宫，虽在土木之变后，一时对明朝未来政局发展施加重要影响，但伴随景帝即位，实已处于政治上受嫌弃的地位。正因此之故，孙太后支持夺门之变。

英宗以宫廷政变重夺帝位，于国家法理而言，需要得到母仪天下的孙太后的公开肯定，才具有政治合法性。而孙太后在谕旨中标榜皇统本在英宗，为景帝窃夺之立场，从而赋予了天顺政权以正统地位。② 英宗鉴于孙太后既为自身权力后盾，遂不仅开明代后妃制度前所未有之局，进孙太后徽号，③ 而且亦增强孙氏外戚势力，既为报恩，亦为壮大自身统治基础与政治势力的措施。因此之故，在夺门之变后的人事更迭潮流中，英宗最初虽然标榜恪守祖制，天顺元年正月，郭登奏请重用外戚，称："会昌伯孙继宗忠厚淳实，沉静有为。乞量加升擢，令与溥、轼同管军马。"但英宗并不同意。"孙继宗、显宗系勋戚，不许干预军政。"④ 但很快便集体升迁孙氏家族，使其成为夺门之变主要的受益者之一。在即位之当月，便册封孙氏兄弟中最长者孙继宗。"辛卯，上敕吏部臣曰：'会昌伯孙继宗戚里至亲，事朕有年，多效忠

---

① 《国史唯疑》卷三《天顺》，第 83 页。《国榷》卷三三《英宗天顺七年》，第 2153 页。

② 《明英宗实录》卷二七五，天顺元年二月乙未朔，第 5829—5831 页。

③ "'夺门报功，领重赏者甚众。府君谓兵部尚书陈公汝言曰："今日封侯封伯皆是矣，独一人未封。"汝言跃然曰："是谁？"府君曰："当时非奉皇太后手诏，则曹、石二公焉敢提兵入禁，盖以迎复之功，归诸皇太后，请上尊号。"明日，汝言入奏，英宗皇帝即命择日上圣烈慈寿皇太后尊号。'此《尚书钱文通公谱略》语也。愚谓子为天子，以天下养，苟欲致隆于尊亲，揆之以礼，何所不可，可但论功耶？使皇太后无手诏之赐，尊号当不上耶？文通之言，未为得也。"（明）佚名：《蓬轩类记二》，载（明）邓士龙辑，许大龄、王天有主点校《国朝典故》卷六九，北京大学出版社 1993 年版版，第 1536—1537 页。"二年郊天后，上一日顾曰：'朕居南宫七年，危疑之际，实赖太后忧勤保护。罔极之恩，欲报无由，可仿前代尊上徽号，何如？'贤顿首曰：'陛下举此，莫大之孝也。'于是，命拟徽号。贤定四字，曰'圣烈慈寿'。诏示天下，人心大悦。庆贺礼成，太后深慰喜之。"《天顺日录》，载《国朝典故》卷四八，第 1116 页。"英宗复辟，上徽号曰圣烈慈寿皇太后。明兴，宫闱徽号亦自此始。"《明史》卷一一三《后妃一·宣宗孝恭皇后孙氏》，第 3514 页。

④ 《明英宗实录》卷二七四，天顺元年正月癸未，第 5790—5791 页。

勤，兹特进封为会昌侯，食禄一千二百石，子孙世袭。'"① 并亦任以其他舅舅官职。"调孙绍宗、孙显宗、孙续宗、孙纯宗俱于锦衣卫带俸。"② "升会昌侯孙继宗弟都指挥佥事显宗为都指挥同知，孙琔为锦衣卫指挥使，婿指挥使武忠为都指挥佥事，以继宗言其有迎驾功也。"③

　　孙继宗突破祖训樊篱，首次以皇帝之故，进入核心军事系统，天顺元年四月，"己未，命会昌侯孙继宗理后军都督府事"，④ 显然有孙太后、英宗经历土木之变、夺门之变后，意识到在宫廷政变与权力转移中，自身嫡系势力实为抵制其他势力，保障皇权不坠的政权支柱。或者说，孙氏外戚成为英宗在天顺初年混乱政局中，安插于官僚集团之中的一枚棋子，借其对官僚集团，尤其夺门集团实行牵制。

　　因此之故，天顺时期，孙氏外戚代表的孙继宗，不仅官职不断升迁，"庚申，加会昌侯孙继宗太保给诰命"，⑤ 而且军事权力亦愈来愈大。正如上文所述，在各方力量共同控制的京营中，孙继宗亦成为重要的一方代表。石氏家族覆灭后，孙继宗又进一步充任京营总兵官，"丁酉，上复阅骑射于西苑，命三营总兵官会昌侯孙继宗、内阁学士李贤等随观"⑥，"先是，太保会昌侯孙继宗等奉敕，同兵部尚书马昂简阅各营官军"⑦，从而成为天顺后期京师军队之主导力量，以拱卫英宗皇权。相应，在天顺五年曹氏叛乱中，孙继宗也统率京军，参与平叛。⑧ 故而当天顺末年，孙继宗在孙太后去世后，请求解决兵权之时，英宗却表达了充分的信任。"太保会昌侯孙继宗自陈有疾，乞解兵柄，并辞太保职。上曰：'卿历练老成，朕所倚任，所辞俱不允。'"⑨ 或者亦可说，经历与石、曹两大家族之激烈冲突后，英宗将外戚视为政治上最为可靠的力量。相应，英宗去世后，皇太子朱见深也以孙继宗作为"计议官"之一，以保证政权的平稳过渡。"为计议官，公同计议，处置军马重务，遵宣德十年例也"⑩。可见，孙氏外戚的崛起，反映出英宗在动荡政局下，援引嫡系

---

① 《明英宗实录》卷二七四，天顺元年正月辛卯，第5820页。
② 《明英宗实录》卷二七四，天顺元年正月癸巳，第5825页。
③ 《明英宗实录》卷二八三，天顺元年十月庚子，第6075页。
④ 《明英宗实录》卷二七七，天顺元年四月己未，第5927页。
⑤ 《明英宗实录》卷三三〇，天顺五年七月庚申，第6796—6797页。
⑥ 《明英宗实录》卷三二一，天顺四年十一月丁酉，第6672页。
⑦ 《明英宗实录》卷三三五，天顺五年十二月辛巳，第6849页。
⑧ 《明英宗实录》卷三三〇，天顺五年七月庚子，第6780页。
⑨ 《明英宗实录》卷三三七，天顺六年二月癸巳，第6886页。
⑩ 《彭文宪公笔记》，载《国朝典故》卷七二，第1591页。

势力控制军队系统的政治意图，对明朝外戚不得干政之祖制形成了巨大的突破。这一变革在成化时期继续发挥其影响，孙继宗相应成为这一时期主持廷议、开展军事行动的重要决策者。

但另一方面，天顺朝外戚干政的政治形态，在明中后期并未长期延续下来，而仅仅成为天顺、成化两朝的变态，原因便在于外戚不断由来自社会下层之人充任，并不具有强烈的政治野心。其实即使英宗本人，所采取的方式也是援引具有代表性的人物，而非外戚的全部。在复位之初，英宗便对孙氏外戚的集体性政治扩张提高警惕，严加约束。

> 会昌侯孙继宗奏："正月十七日早，臣同总兵官忠国公石亨、太平侯张軏、文安伯张輗，及臣弟显宗，率领子侄甥婿、义男、家人、军伴四十三人，各藏兵器，夺取东上门，直抵宫门，恭请皇上复登大宝。乞将跟随臣等官军人等，照依跟随石亨等官军，一体升授。"上曰："功赏朝廷自有定夺，且罢。"①

之所以如此，应是英宗在权力意识下，对任何可能对皇权造成威胁的政治集团的形成，皆抱以警惕态度。孙氏外戚大部分人既然在政治上受到约束，从而转向经济领域渗透，以谋取经济利益，尤其当时最为赚钱的盐业与商业。在这一领域，英宗虽然亦对其违法行为加以约束，但基本采取宽容态度。而在革除夺门群体时，对孙氏外戚冒功者也采取优容立场。"会昌侯孙继宗上章为其弟都指挥同知显宗，婿都指挥佥事武忠，及子侄、家人、军伴、千户所镇抚十七员辞升职，上命第革其家人、军伴之为所镇抚者九人，余仍旧。"②

（六）天顺末年太子地位、宫廷新规与宫廷政治的渐趋平稳

英宗复辟之后，很快便复立长子朱见深为皇太子。天顺元年三月，"己巳，复

---

① 《明英宗实录》卷二七五，天顺元年二月乙未朔，第5832—5833页。"复加赠其亲以荣，所自太夫人董氏，寿方九十；兄弟五人，长荫会昌侯，次皆高品。子孙数十人，皆叨禄之。左右又有为其次求升者。一日，上谓贤曰：'外戚孙氏一门亦足矣，复希恩泽以为慰太后之心，不知太后正不以此为慰。比者授其子弟官时，请于太后，数次方允，且不乐者累日。曰："有何功于国家，滥受禄秩如此。然物盛必衰，一旦有干国宪，吾则不能救。"今若闻此，必见怒矣。'贤曰：'此足以见太后盛德。'因问：'祖宗以来，外戚不预政，向为侯者与政，不审太后知乎？'上曰：'太后正不乐此。初为内廷近侍惑以关防之说，至今犹悔。'贤曰：'此尤足以见太后之高。但侯为人惇谨，后不可为例耳。'上曰：'然。'"《天顺日录》，载《国朝典故》卷四八，第1114—1115页。

② 《明英宗实录》卷三一○，天顺三年十二月癸亥，第6515—6516页。

立见深为皇太子，封皇子见潾德王，见澍秀王，见泽崇王，见浚吉王"①。并且开始按照固定的流程，命太子出阁读书，在学习治国经典的同时，接触外朝大臣，以为其未来即位奠定人事基础。② 从种种迹象来看，太子储位应甚稳固，但在不少史书中，记载天顺末年，英宗忌讳太子被废的经历，而有嫌弃之心，从而导致后者嗣位动摇。

> 天顺末，谗者谓宪皇景帝尝废之，当别立嗣。英宗意颇疑之，独李贤不从。一日，上病卧便殿，召贤谕曰："今庶事颇宁，顾大者反挠，奈何？"贤曰："此国本也。"力陈不可动。上曰："然则，此位竟传太子乎？"贤叩头贺曰："宗社幸甚。"遂传旨召太子。须臾至，贤曰："殿下事定。"趋出谢。太子抱上足，对泣。谗遂不行。成化初，贤遭丧夺情，实宪皇固眷云。③

也就是说，李贤的支持态度，成为太子地位最终稳固下来的重要因素。对于这种记载，黄景昉表示了质疑的态度。

> 《吾学编》载英庙晚有易东宫意，赖文达力，召太子至，趣谢，抱上足泣，谗始不行。按事鲜经见。太子初废于景泰，复辟始还，堪再动摇乎？英庙末，驭宦侍峻，后宫静谧，讵有夺嫡之谋？疑讹传。"④

---

① 《国榷》卷三二《英宗天顺元年》，第 2035 页。

② "礼部请太子出阁读书，上召贤谓曰：'东宫读书当在文华殿，朕欲避此往居武英殿。但早晚朝太后不便，姑以左廊居太子。卿可定拟讲读等官，卿宜时常照管。'且曰：'先读何书？'贤对曰：'《四书》、经史，次第讲读。宜先《大学》《尚书》。'上曰：'《书经》有难读者，朕读至《禹贡》及《盘庚》《周诰》诸篇，甚费心力。'贤曰：'读《书经》法，先其易者，如《二典》《三谟》《太甲》《伊训》《说命》诸篇，明白易晓，可先诵读。'上曰：'然写字不佳。'贤对曰：'写字亦不必佳，但点画不苟，且率易为善。'上曰：'然。'及定拟讲读等官将二十人，上一一品其人物高下，皆当其才，明哲如此。"《天顺日录》，载《国朝典故》卷四八，第 1115 页。

③ （明）崔铣撰，毛佩琦整理：《后渠杂识·宪皇》，载《中华野史·明朝卷一》，泰山出版社 2000 年版，第 209 页。《国榷》有相似记载，不过其记英宗大渐之时，太子代理国政，英宗在此时尚与李贤议国本，从情理、逻辑而言，似不太通。"己未，召天子视事文华殿。初，上召李贤便殿曰：'今庶事颇宁，而大者反摇，奈何？'贤曰：'此国本也。'上曰：'然则传太子位乎？'贤顿首曰：'宗社幸甚！'遂立召太子。"《国榷》卷三三《英宗天顺八年》，第 2160 页。天顺八年正月初十，英宗自知身体不支，留下遗诏；而李贤等奏请面圣时间在次日。"文武群臣、太保会昌侯孙继宗、太子少保吏部尚书兼翰林院学士李贤奏：'不睹天颜，今已浃旬，未知圣躬平复如何？幸蒙皇上已命皇太子视朝，臣等如旧尽心理事。伏望皇上善加调理，务获全安，以副臣下瞻仰之情。'上曰：'朕已知之。'"《明英宗实录》卷三六一，天顺八年春正月乙丑，第 7170 页。而在前一日遗诏中，英宗已明确定了太子的地位。可见，即使英宗与李贤之间存在关于皇储之讨论，也不应在其病重之时，而应在此之前。

④ 《国史唯疑》卷三《天顺》，第 84 页。

天顺八年正月初十，英宗留下遗嘱：

> 至初十，来疾大渐，乃处置后事。命太监牛玉执笔，口占使书：其一东宫即位过一百日成婚，其二定后妃名分，其三命勿以嫔御殉葬，其四殡敛器服，语意详尽，皆合天理，当人心。书毕，且命牛曰："将去阁下看，令为我润色之。"既至，臣时等惊愕曰："何至是？"牛曰："上意亦谓事不可测，且说下，不用何妨？"臣等钦诵毕，皆叹曰："所言皆大体，非英明不能及此。而止殉事，尤高出古今，真盛德事也。不须润色。"言毕，时不觉泪下。牛备以前言复命，且曰："彭某尤悲怆。"上闻之亦殒涕，已而曰："且收着，待我去后遵行。"次日，牛出道其详，因曰："上英伟，从来不堕泪，今若此，事可知矣。"至十七日遂崩。呜呼，痛哉！谨志其略，用彰圣德之高致云。①

英宗所留四条遗嘱，其中第三条尤被后世称赞，被誉为盛德之事。② 第一条也无疑义，只有第三条对成化宫廷政治形成了很大影响。英宗皇后钱氏，为人逊让，且曾与英宗在南宫共同患难，感情深厚。"英宗孝庄皇后钱氏，海州人。正统七年立为后。帝悯后族单微，欲侯之，后辄逊谢。故后家独无封。英宗北狩，倾中宫赀佐迎驾。夜哀泣吁天，倦即卧地，损一股。以哭泣复损一目。英宗在南宫，不自得，后曲为慰解。"但由于无子的缘故，加之太子生母周太后为人强势，钱氏对其多加避让。正是鉴于此点，英宗为保证钱氏地位，从而立下死后同葬的遗嘱。"后无子，周贵妃有子，立为皇太子。英宗大渐，遗命曰：'钱皇后千秋万岁后，与朕同葬。'大学士李贤退而书之册。"③ 这条遗嘱不仅赋予了钱氏死后的陵寝位置，保证其不至为周氏侵夺，而且相应在尊号、谥号等方面，亦须参照执行。或者简单地说，英宗为钱氏留下了一道护身符，借以抗衡周氏。

英宗去世后，太子临时搭建了一个辅政班子。"是日有圣旨，命太监刘永诚、夏时、傅恭、牛玉，会昌侯孙继宗，怀宁伯孙镗，尚书王翱、李贤、年富、马昂，

① 《彭文宪公笔记》，载《国朝典故》卷七二，第1590—1591页。
② 英宗晚年被誉为盛德之事，还有复胡皇后位号。"甲戌，追上故静慈章皇后尊谥，礼部请颁诏，已之，第书告各王府、各布政司。初，宣宗晚悔废后，欲复之，未果。孝恭太后崩，皇后钱氏力以请。上语李贤，对曰：'盛德事也。'奉其主陵殿，如奉先殿礼。"《国榷》卷三三《英宗天顺七年》，第2153页。
③ 《明史》卷一一三《英宗孝庄皇后钱氏》，第3516页。

侍郎陈文并时为计议官，公同计议，处置军马重务，遵宣德十年例也。"① 从组成人员来看，基本是宦官、外戚、内阁与六部共同组成，而在天顺时期曾经权盛一时的武将集团、锦衣卫却被排除在外，反映出经历英宗不懈地剪除权势集团，明代中枢政治再次复归常态。"或谓迎复之举，曹、石二家为首事，虽顺而行之以逆，伤国体、坏朝政多矣。不三年而石败，又三年而曹败，虽迟而受祸尤烈，报应之理，为甚明也。乱臣贼子可以鉴矣。"② 除外戚为异军突起，其实也主要是作为嫡系，掌握京师军权外，基本是宦官系统与文官系统的双轨互制格局，或者说再次恢复到了正统、景泰时期的内外相制格局。由于宦官、内阁在其中的较大比重，这一中枢模式具有鲜明的宫廷政治特点。宦官的权势增长，在于太子经历三朝政局动荡之后，对潜邸旧阉较为信任。而内阁势力之上升，显然是天顺时期李贤协助英宗打击其他势力的结果。伴随夺门集团的剪除，及与锦衣卫的斗争，李贤成为文官集团之领袖与代表，凌驾于六部之上。或者说，伴随着天顺时期宫廷政治由乱入治，明朝中枢政治也再次回到常态道路上来。

　　时自于谦、王文诛，陈循、萧镃、商辂等谪戍为民外。未几，内阁徐有贞、李贤、岳正等，都察院耿九畴、罗绮等，御史张鹏、杨瑄等各下狱。驯至曹石之祸，寇深、吴瑾并死贼手。会闹灾，举子焚数十人，洵金行害气未除。有贞有云：'火星甚急，疑有变。'是矣。迟至成弘之际，始渐熙洽。③

结　论

天顺时期，由于英宗以"夺门"即位，皇权在一定程度上受到夺门集团的牵制，在宦官、内阁之外，武将也进入宫廷之中，都促使天顺时期宫廷政治呈现复杂态势。而夺门集团由于是一些政治投机分子临时组成的群体，故而在掌握权力后，内部很快呈现分化。而英宗鉴于景泰时期被幽禁的经历，也非常勤政，努力控制朝政，从而借助夺门集团内部的斗争，以及用其他政治势力制约夺门集团，天顺时期宫廷政治从而呈现非常动荡的态势。最终，经历多次政治斗争，英宗有惊无险地巩

---

① 《明史》卷一一三《英宗孝庄皇后钱氏》，第3516页。
② 《彭文宪公笔记》，载《国朝典故》卷七二，第1590页。
③ 《国史唯疑》卷三《天顺》，第80页。

固并加强了皇权，反映出明代皇权加强的政治背景下，尽管皇权受具体条件影响下，一时会受其他政治势力的制约，但明朝不设宰相的体制规定，促使皇权在中枢政治中具有绝对优势地位，其他政治势力难以实现真正的抗衡。

（作者单位：中国社会科学院历史研究所）

一位理学家的日常生活

——读明儒李呈祥《古源山人日录》

陈时龙

李呈祥（1484—1554），[①] 字时龙，明代南直隶池州府贵池县人，"世家贵池之古源，因以为号"[②]。李呈祥的家族取得过一些功名：父亲李仁是弘治十二年（1499）的贡生，长兄李祯祥是弘治二年（1489）的举人，历任饶平、来阳知县，升琼州府通判；次兄李嘉祥是弘治九年（1496）进士，官开州知州；从弟李崧祥是正德九年（1514）进士，官至四川布政使。[③] 宋邦辅称其家族"世居贵池之恭源，家多英发，而科第蝉联"，乃"先生独有志于圣贤之学"[④]。李呈祥也自称："十五六岁时，便知圣人可学而至，便有志学圣人。"[⑤] 终其一生，李呈祥都没有获得科举成功，"连岁大比，连以首荐……连不得志于场屋"[⑥]，最后在嘉靖元年（1522）以府学生贡，成了一名贡生，也没有再做官，一辈子做一个乡绅。[⑦] 当然，他内心深处是不甘于做一个普通乡绅的。既不能以功名博富贵，以道德理学名，未尝不是一条捷径。他有诗云："道德有心违初志，功名无意绕梦魂"[⑧]，承认自己仍有功名之

---

① 李呈祥在《古源山人日录》（收入《国家珍贵古籍选刊》第2册，广陵书社2009年版，据无锡市图书馆藏嘉靖二十五年李敬之、李谦然刻本影印）中自言"嘉靖癸巳（1533）四月八日，呈祥寿界五十"。卒年据王重民《中国善本书提要》（上海古籍出版社1983年版）《古源山人二论》（北大）条引李谦然跋，第322页。今国家图书馆南区善本室所藏《古源山人二论》已制成胶卷，可查阅，然无李谦然跋。

② 柯相：《叙古源山人日录》，《古源山人日录》，第720页。

③ 嘉靖《池州府志》（《天一阁藏明代方志选刊》影嘉靖刻本）卷七，人物篇·岁荐，十二下；光绪《贵池县志》卷一八《选举志·科目上》，叶三、四、六；《弘治九年进士登科录》（《明代登科录汇编》影印本），第1888页；《正德九年会试录》（《天一阁藏明代科举录选刊·会试录》影印本），叶二十二。

④ 宋邦辅：《古源先生二论叙》，《古源山人日录》，第734页。

⑤ 李呈祥：《古源山人日录》卷一《立志》，第740页。

⑥ 柯相：《叙古源山人日录》，《古源山人日录》，第716页。

⑦ 南京图书馆藏李呈祥《开州政迹》八卷，嘉靖十六年李崧祥刻本。

⑧ 李呈祥：《古源山人日录》卷一《省己》，第780页。

心。作为一位理学家，他获得了一定的认同。池州知府侯缄高其行谊，曾拟向朝廷举荐李呈祥，只是因为没有得到上司批准而未获成功。① 在清代光绪年间所修《贵池县志》的《儒林传》中，排在第一位的便是李呈祥。他与同时的理学名儒王阳明、湛若水都有交往，是湛若水的门人。乾隆《池州府志》记载："李呈祥……年三十九应岁贡，赴廷试，归筑一轩，自署尚志，日端坐其中，寻孔颜乐处。闻王守仁倡学西江，扁舟造之，辨析同异，豁然得其旨，转授门徒，柯乔、丁旦皆其高弟子也……时湛文简若水为南吏部尚书，尝过呈祥小邱山隐居，题其门曰神交而为之记。所著皆根理要，有《知行二论》。"②

李呈祥的著作，除《知行二论》（以下简称《二论》）外，还有《古源山人日录》（以下简称《日录》）。明朝的理学家重视克己省过，并通过逐日记录自己行为的方式来反省自我，像罗汝芳、胡直、史桂芳、吴达可等人都有这种纪过的习惯。这便形成了一类颇为独特的记载，即纪过簿，如刘以身《日历》、杨应韶《日史》、史桂芳《省过日程录》、吴达可《日省编》等。但是，这类材料因为涉及个人隐私，很少保存下来。《日录》也是这样性质的一部书。李呈祥在书中，"有过则录之，有一善即录之"③。在该书卷一"省己"一目之中，李呈祥自序说："呈祥之过，备录于斯者，盖欲与天下之人共知之而共改之耳。"④ 当然，《日录》并不是李呈祥撰述的原始的日记，而是在出版前经过了加工和编纂。同样的一句话，有时会在不同类目下出现。例如，"吾种树好成行列，不然便不乐也"一句，在卷一《省己》与卷五《种树》两个类目中都出现。这表明，《日录》在刊行前经过了编辑处理。⑤ 有人对《日录》分类编辑进行批评。对此，李呈祥解释说："谓之《日录》者，随得随录，本散出也。既而类编，以便简阅。又既而编次，以见相承之意。此皆出于临刻时之所为，非预设也。"⑥ 虽然李呈祥说《日录》是一部没有"预设"的修身省过之记录，然而它既经过编辑，无疑还是一部写给别人看的著作。这不免使记录的真实性大打折扣。然而，即便如此，《日录》还是向我们披露了其生活的许多细节，其中不乏不加掩饰的大胆的自我批判的内容。晚明的理学家周汝登曾赞叹吴与弼在

---

① 侯缄：《古源山人日录序》，《古源山人日录》，第 723 页。
② 嘉靖《池州府志》卷四六，儒林，第 1—2 页。
③ 柯相：《叙古源山人日录》，《古源山人日录》，第 718 页。
④ 李呈祥：《古源山人日录》卷一《省己》，第 753 页。
⑤ 李呈祥：《古源山人日录》卷一《省己》，第 755 页；卷五《种树》，第 933 页。
⑥ 李呈祥：《古源山人日录》卷一〇《问辩》，第 1369 页。

其《日录》中勇于写失鸭暴怒之事。① 相比而言，李呈祥《日录》自暴己过的尺度
更大。因此，李呈祥的《日录》虽然不是完全的日记，但从中还是可以看到一个理
学家是如何省察自己过失的，也为我们展现了一位基层社会中的乡绅兼理学家的日
常生活。

一 居室

李呈祥是贵池县兴孝乡的源头村人，他的墓葬在贵池县兴孝乡黄连坑。② 兴孝
乡距府城极远，位于池州府的最南端。嘉靖《池州府志》云："贵池……南二百里，
至兴孝乡，为祁门界。"③ 从清代地图看，源头村大概在池州府的最西南端，今已划
归1965年设县的石台县，属珂田乡。然而，李呈祥大部分时间居住府城，在府城有
自己的住宅。

李呈祥曾记载说："呈祥自庆平生有山水缘分，尝相地筑室于府城西街之北，
前宾竹篁湖，后枕玉台山，六峰挺秀于其左，檀婆旋面于其右。以湖为明堂，湖水
消长不一，春谓之青草湖，冬谓之白雪湖，溪流涨漫于夏秋之间，则又谓之玉镜湖。
四时风景，变态无常，真可为怡情养性之所。呈祥爱之，欲结为忘言友，乃即玉台
山之上而构轩焉，扁名曰尚志。周围众树错杂，行列整齐，宛然城市山林也。"其
下小注云："旧名玉台山，甘泉先生至此，改名为小丘山，谓之小者，意谓尼丘为
大，此则为小，亦窃慕之意也。"④ 这种闹市之中的山居生活，以及不同季节呈现的
不同美感，让李呈祥的生活有自然景观的陪伴而更为多致。"西街"即明代贵池县
的"郭西街"，"在府治西，其街折北有东岳巷、小庙巷、行祠巷"，而小丘山则
"在城郭西街小庙巷北，古源山人寄隐地也，有神交亭"⑤。从清代地图看，小丘山
在府城西部，而自市心街往西依次为新察院、关帝庙、察院址。察院址在明嘉靖年
间还是西察院，始建于明初知府王祖顺，其北面便是小丘山。檀婆山、六峰都在府
城之外的南郊。檀婆山"在城西南十五里，烟云常翳其半"⑥。"六峰霁雪"是池州

---

① 周汝登：《东越证学录》卷四，《明人文集丛刊》第25册影明万历三十三年刊本，第312页。
② 光绪《贵池县志》卷七《舆地志·陵墓》，第39页下。
③ 嘉靖《贵池县志》（收入《天一阁藏明代方志选刊》第24册）卷一《舆地篇·疆域》，第5页下。
④ 李呈祥：《古源山人日录》卷五《观物》，第945页。
⑤ 嘉靖《贵池县志》卷一《舆地篇·山川》，第8页；卷三《建置篇·街市》，第16页上。
⑥ 嘉靖《贵池县志》卷一《舆地篇·山川》，第8页下。

府的负郭十景之一："治南六峰诸山拱揖如画屏，雪后望之，皎然天半。"① 玉境湖即青溪玉境湖，亦在城南。这些形胜对于李呈祥来说只能远眺，不可近玩。他经常能够去攀登的是宅后小丘山。从小丘山的尚志轩，可以俯览湖山胜景。湛若水曾到过李呈祥的尚志轩中，"留连数时，欣然忘返，微醺后令人磨墨取纸，为予写'湖山一览'四字扁轩之额，又书一对，云：'坐百尺空中下看乌升兔走，放八纮眼界一任鱼跃鸢飞。'"②

李呈祥的住宅并不奢华，甚至略有一些破落。他记载说，遇大风雨时，"四屋皆漏，无处下脚"，"夜半雨滴床头，不得安卧，起呼婢仆吹灯寻视漏处，用盘盛之"。因此，他"尝欲做一好房子，而力有不及，虽强自排遣，终不能释然无累"。宅前有庭院，"庭栽榴树二株"，曾"嫌其至冬枯落，欲易之以常青"。宅后有园，园中有竹林。他曾说："后园中拆笋，心便恻然。"③ 因为在他看来，竹笋的自然生长，代表了自然界的生意。然而，他对于庭院中的竹林，因为欲其整洁，常删减枝叶，所谓"洗竹"。庭院的竹林园圃，是李呈祥修身养性的自然道场。他经常"侵晨披衣而起……或于庭除园圃中缓步徐行，静观天地万物气象何如"④。有时，他也会在"竹林茂树之下正襟危坐"，觉斯时"无一物萦怀"，"不复知有天地之为大，万物之为夥，王公之为贵，晋楚之为富，年数之将至于老"⑤。小丘山上应该也有茂盛的竹林。他尝说："雨后登山，见笋子忽长尺余，触动吾心，生理亦勃勃然不可遏也。"他为了自己的讲学与修身，又在小丘山上建了尚志轩。轩的周围，整齐地栽种各种树木，其中多有梅树，因为李呈祥自称日坐尚志轩中，静观荣枯之理，曾"观梅有感而赋"⑥。此外，他还在小丘山上建了一个神交亭，纪念自己与湛若水的交往。

二 家庭

从理想化的状态看，传统家庭中夫权与父权是不可挑战的。但在实际生活中，夫妇父子的关系要复杂得多。李呈祥的父亲李仁，是一名生员。李呈祥娶妻汪氏。

① 光绪《贵池县志》卷一《舆地志·形胜》，第13页上。
② 李呈祥：《古源山人日录》卷八《泛论》，第1303页。
③ 李呈祥：《古源山人日录》卷一《省己》，第781、772—773、762、767页。
④ 李呈祥：《古源山人日录》卷二《为学》，第804页。
⑤ 李呈祥：《古源山人日录》卷一《省己》，第769页。
⑥ 李呈祥：《古源山人日录》卷五《观物》，第941、946页。

汪家是贵池县富裕而且有势力的家族。汪氏的父亲汪思甫在弘治四年、五年（1491—1492）闹饥荒时还能"溥于周给，略无所吝"，可见家境裕足。汪思甫生了九个儿子，三子汪珊是正德六年（1511）的进士，三个女儿则分别嫁给了庠生彭重荫、李呈祥和周天祚。① 李呈祥夫妻关系却并不十分和谐，经常吵架。李呈祥自称说："吾之妻、子违吾教者多矣。"他还记载说："予一日饮食间，适逢妻触予怒，将盏碟掷地击碎之。"又一日，"与妻言辩不合，虽小事，予谓其不相知也，怒甚"。李呈祥还纳有小妾，而妻妾间亦常有矛盾。为此，李呈祥曾感慨说："处妻妾之道，在正吾心以正其心，明尊卑之序，以定其分而已。分定而心正，则夫妇一心，妻妾一德，雍雍穆穆，彼此交而为泰之时矣。"在他看来，一个有修养的人应该做到这点，而可惜自己未能做到。他说："必如此而后见修身之极功，而吾则未之能也，愧哉！"② 令人印象深刻的是，作为一个理学家，李呈祥处理自己与妻妾关系时总带有一种强烈的罪恶感。他说："闺门之间，万化之基也，易流之境也。于此常存敬畏焉，然后德可立而化可行。工夫自房帷始，房帷自敬畏始，于此不致力而徒粉饰于待人接物之间，亦末矣。"③ 他甚至要对自己与妻妾间的性生活反思，为此感慨不少："处妻妾每恨有亵狎处"，"呈祥处夫妇之间，终不能除亵狎之习，既而自悔自厌，或至汗流浃背，越数日，又复如故。"④

李呈祥有两个儿子，分别叫李敬之和李蕴之。李敬之受父亲的影响，在性理之学方面有一定的修为，也像他的父亲一样经常把一些生活小事提升到道德修养的层面反思，还经常向父亲讨教理学的问题。在教育儿子方面，李呈祥自称不是一个有耐心的父亲，说："呈祥训诲诸子，恨不能得其一蹴成就。少有违逆，便发暴怒，至于忿其子之不从，则又视如路人，成败听其自为，缓急失中。"⑤ 小儿子李蕴之在记载中出现较少，仅一次。他记载说："一日课小儿对句偶，值洗竹，因出对云：'经纶但看洗竹手。'"⑥ 不过，他对儿子的教育还比较成功。李敬之最后获贡生功名，"由兖州府通判迁随州知府、永昌府同知，颇著政绩"，而李蕴之"为乡善士，

---

① 杨廉：《杨文恪公文集》卷五九《封监察御史贵池汪公墓表》，《续修四库全书》第1333册影明刻本，第219—220页。

② 李呈祥：《古源山人日录》卷一《省己》，第760、764、778、763页。

③ 李呈祥：《古源山人日录》卷二《为学》，第798—799页。

④ 李呈祥：《古源山人日录》卷一《省己》，第754、776页。

⑤ 李呈祥：《古源山人日录》卷一《省己》，第762页。

⑥ 李呈祥：《古源山人日录》卷八《泛论》，第1293页。

克绍家学"①。李呈祥有女儿，女婿胡本。在抚育儿女及安排儿女婚嫁的问题上，李呈祥很有感触，经常感慨儿女累人，说自己"不免为儿女事所累"，又尝说："儿女债何时了得？了得此债时，此心亏处多矣。"他甚至认为，自己"声色货利之心，每每因时窃发"②，而这种有时而发的计利之心多是受儿女之累。推己及人，他更认为之所以大多数人不能进于道，多半是因为"为儿女所累，营营到老，不得自宁，如坠于深坑之中而不自知也"③。

李呈祥家中还有一些婢女与仆人。李呈祥对仆人的态度并不和蔼，曾自言对仆隶"不免有疾言厉色"。他当然不认为这种态度很好，反省说："在家庭之间，遇事有不如意处，即便高声雄气，忿色厉鬯以临之，全无从容区处之道。"有一次，女婢"盗食"。李呈祥"怒甚，以拳击之，自伤其手，越二三日痛犹未愈"。为此，李呈祥还批评自己"粗暴之性未尽除，中和之气未尽复"。受命饲养几只小猫的婢女，因为"养不如法，长遭责打"。而且，仆人们的生活并不充裕。一位仆妇生了两个女儿，在生第三个女儿时将女婴溺死，原因是"贫故不足于养，劳故不暇于养"④。家仆中还有年龄比较小的男僮。嘉靖十五年秋夜饮酒，"呼童具酒肴"⑤。

三 收支

李呈祥所在的池州府，是一个以农业为主的地区。本地居民中，从事商业的不多。编纂于嘉靖二十四年（1545）的《池州府志》称："土著之民惮远行，不事贸迁，耻贱役，甘心贫窭，以故六邑利权半归寄客，百家末艺尽出游民。"⑥ 明人王颐还说："池在大江之滨，民以耕渔为业，家鲜蓄积，市无巨商。"⑦ 李呈祥似乎也是以农业为生。他还认为，以修身明道为业的士人，与"有一分本便思获一分利"的商贾应该是不一样的，彼此有道德的界线。因此，他表示对于放债这样的商业行为是绝不敢为的，说："放债取利，虽贫穷在所必取，不免伤我仁心，不如种植、蓄

① 光绪《贵池县志》卷二六《人物志·儒林》，第1页下。
② 李呈祥：《古源山人日录》卷一《省己》，第767、758、757页。
③ 李呈祥：《古源山人日录》卷八《泛论》，第1296页。
④ 李呈祥：《古源山人日录》卷一《省己》，第754、756、759、773、774、775页。明代溺婴现象背后的根本原因是贫穷，多发生在社会下层，参见常建华《明代溺婴问题初探》，载氏著《观念、史料与视野：中国社会史研究再探》，北京大学出版社2013年版，第265—266页。
⑤ 李呈祥：《古源山人日录》卷一《立志》，第744页。
⑥ 嘉靖《池州府志》卷二《风土篇·俗尚》，第1页下。
⑦ 光绪《贵池县志》卷一《舆地志·风土》，第15页上。

牧之为利，可以全我生生之仁也。"① 因此，推测李呈祥家庭的主要经济来源可能是农业生产，即"种植"与"畜牧"。农业生产就必须有土地。虽然无法知道李呈祥有多少土地，但是购买更多的土地，却大概是李呈祥常有的想法。他曾说："田边田，园边园，人之所同欲也。"② 意思说每个人都想把自己田园附近的田园再买下来，这自然是为管理及租佃的方便，③ 但从中可以想见李呈祥常有购买田地的想法。

李呈祥的家庭主要成员，应该不参加繁重的农业活动。他本人偶尔会种树或者种菜。李呈祥称自己"爱种树"④，且种树"好成行列，不然便不乐"⑤。他精通种树，是一个种树能手，"种树而树茂"，并且还有自己的一套种树的理论。他说："新栽之树，粪多则悴，摇本则枯，是助长为害也。若忘之而不卫护，则又为牛羊所践牧。晴久若不灌溉，则色不精莹可观。"当然，他有时玄虚地说，自己树种得好，是因为自己"功名不入于心，故种树而树茂也"⑥。李呈祥自己种菜，曾"栽丝瓜数株，蚁集而食其蕊，恶而击之，伤瓜蔓"⑦。文人好竹，庭院所植竹林，既能表明一位隐居的绅士对于竹的爱好，有造景的作用，而且有农业的价值。在明代的池州，竹笋是最常见的"菜"。嘉靖《池州府志》曾依次列举当地的"菜"说："多笋，有蕨，多荻芽，有芹，有荇，多蒌蒿，多马兰，有茭，有芡。"⑧ 笋不仅列在最前面，而且"多"，应该在春、冬两季经常会出现在李呈祥的餐桌上。种树虽然是李呈祥的爱好，但同样有经济的价值。李呈祥谈到，当时"人物渐盛，树木渐稀，材木渐不足用"，即人口增加下自然材木日被砍伐而锐减。⑨ 与众多农民的家庭一样，李呈祥家中也养牛，用以耕田，曾有老牛，不忍杀而候其老死。他自己谈道："呈祥有老牛，不忍杀也……牛耕田以养人，其劳又甚于犬马矣，敝帷之葬，非所宜哉。"除牛外，还有猪、狗、猫等牲畜。李呈祥说："彘以养老，犬以妨盗，猫以

---

① 李呈祥：《古源山人日录》卷二《义利》，第823、820页。
② 李呈祥：《古源山人日录》卷二《义利》，第831页。
③ 使田地尽量相对集中，确实是地主在购买田地时常有的想法。日本学者鹤见尚弘在对清初苏州长洲县二十一都八图的田地进行研究时发现，五十亩以下的地主的田地都相对集中在两个圩内，超过五十亩的地主的田地可能分布到三、四、五个圩内。但是，像陈尔兴这样的大地主，其土地虽"不尽然是连成片的，但土地却高度地向特定圩集中"。参见（日）鹤见尚弘著《康熙十五年丈量苏州府长洲县鱼鳞图册的田土统计考察》，姜镇庆译，《国外中国学研究译丛》第2辑，青海人民出版社1988年版，第107—109页。
④ 李呈祥：《古源山人日录》卷五《种树》，第931页。
⑤ 李呈祥：《古源山人日录》卷一《省己》，第755页；卷五《种树》，第933页。
⑥ 李呈祥：《古源山人日录》卷五《种树》，第935、932、935页。
⑦ 李呈祥：《古源山人日录》卷一《省己》，第780—781页。
⑧ 嘉靖《池州府志》卷二《风土篇·土产》，第4页上。
⑨ 李呈祥：《古源山人日录》卷九《治道》，第1323页。

捕鼠，凡有家者俱不可缺。"① 此外，李呈祥虽然是有功名，但却没去教馆，不是一个教授生童的塾师。不过，他有一些歆慕理学的学生，如丁旦、柯乔等。从学生那里，他应该会获得"贽礼"，即拜师礼，作为一种补充性的收入。

可见，李呈祥家庭的主要收入来源是农业。在晚明赋税征银的背景下，李呈祥也感受到白银价格变动对其地区农民生活的影响。虽然农桑是"衣食之本"，但是赋税征银对以农业为主的贵池县来说压力很大。李呈祥谈道，"近时吾池银贵谷贱，莫知其由……有谓近时差徭繁难、诛求太急之故"。农民为了缴纳赋税，不得不将自己的农产品贱卖，来换取白银，所谓"二月卖新丝，五月粜亲谷"②。因此，相对单纯地依靠农业为生活来源的李呈祥的家庭，其生活看起来只是勉强维持。在农业社会，家庭主要开支是饮食衣着、子女婚姻与社会交往，而后者因使得饮食的标准大幅提高，更成为李呈祥家庭的主要开支。李呈祥很少标榜自己贫困而又能闲适自如，相反却常将自己的窘迫呈现出来。李呈祥认为，自己计利之心偶发，"原其所自，只为亲朋来往、男女昏嫁所累而已"③。李呈祥对于衣食比较讲究，"饮食不精致便不乐，衣服不鲜洁便耻"④。李呈祥还比较喜欢喝酒。他自称"性嗜酒，每食必有酒，微醺之后，融融如也，半醉之后，充义如也"⑤。有时兴起时，一个人也要小酌一番。嘉靖十五年的一个秋夜，"清凉之际，步月小轩揩下，神闲意适，兴不自止，乃呼童具酒肴，歌古诗数首以发兴，饮至微醺而睡"⑥。因为交际，饮食则多半要更丰盛，从而对家庭构成更大的经济压力。他屡屡反思这样的做法，说："待客每好丰，不能称家之有无，为心术之害不小"⑦；"待客生好丰，丰非财不能办也，计利之心从此而生矣，此其为害不小"⑧。他认为，奢侈待客耗费钱财，造成经济压力，使自己开始精于算计，从而产生"利心"，最终会影响自己的道德修养。他说，正因为自己"好奢"，所以才"利心未能忘"。而且，他认为，奢侈待客的行为本身

---

① 李呈祥：《古源山人日录》卷一《省己》，第 757—758、774 页。

② 李呈祥：《古源山人日录》卷九《治道》，第 1296、1318 页。

③ 李呈祥：《古源山人日录》卷一《省己》，第 777 页。子女的婚姻通常会是家庭的巨大开支。清末民国时期的山西举人刘大鹏，先一年内长子刘玠与女儿红黄的婚礼，便"耗尽了家中的余钱"，而接下来一年还有四子刘玶与长孙女喜谶的婚礼，"两年之内四个婚礼对刘家来说是一笔沉重的负担"。参见［美］沈艾娣著《梦醒子——一位华北乡居者的人生》，赵妍杰译，北京大学出版社 2013 年版，第 94 页。

④ 李呈祥：《古源山人日录》卷一《省己》，第 753 页。

⑤ 同上书，第 783 页。

⑥ 李呈祥：《古源山人日录》卷一《立志》，第 744 页。

⑦ 李呈祥：《古源山人日录》卷一《省己》，第 771 页。

⑧ 李呈祥：《古源山人日录》卷二《义利》，第 832 页。

就是一种心术不正的行为。他说："务奢靡以悦人者，其劳心计较又何如哉！此大坏心术之道也。呈祥病痛固多，此其尤甚者。"此外，疾病应该也会给他带来经济上的压力。他患疮，且"疮肿大"。五十岁时，他患了噎疾和疝两种疾病，要隐居山寺中延医调治。①

四　修身

读书是李呈祥修身养性的主要方式。他说："人常读书，则可以开心明目，日进而不自觉。"② 他反对象山、阳明不读书的主张，说："象山教人静坐求心，先立大本，此岂有失？但谓读书为义外工夫，则其流之弊鲜不至废学而入于禅者。"③ 又说："人之生理具于心，本之生理具于根。……如木之根深土厚，而枝叶自然畅茂也。学者之心存亡不一，而必时加读书集义之功者，盖所以栽培此心而接续其生理故耳。如新栽之树，根犹未固，土薄之树，逢旱则悴也，所以必时加灌溉之功者，盖接续其根之生理耳。"④ 他所读的书，以经史为主，而且于五经、诸史中的古今人物多有议论，甚至还曾经合元儒陈澔的《礼记集说》与明儒湛若水之《二礼经传测》之长，作《礼记集注》。⑤ 作为一名理学家，宋明理学家的著作他读得最多。在宋儒中，除理学家邵雍、张载、二程、朱熹、吕祖谦、真德秀外，他还读叶适、陈普等人的著作，且大量地引用。明儒中，像宋濂、刘基、薛瑄、胡居仁等人的书，李呈祥也略有涉猎，另外还包括同时的人如王阳明、罗钦顺、何瑭、王崇庆等的作品。《日录》中引述了大量《草木子》、宋濂及罗钦顺等人的话，为此还受人批评，而他以为"刻板已成，悔亦何及"，将来"必大加删削"。⑥ 李呈祥"平生厌载籍之烦"⑦，认为读书不应过分博杂。他说："博杂之书甚能荒废人心志，非徒无益，而又害之也。"⑧ 他不喜欢作诗文，"平生不喜作诗文，故至今未能精"。⑨ 与诗文相关的书，李呈祥读得甚少。对时人特别推崇的《文选》一书，亦甚不以为然，以为其

① 李呈祥：《古源山人日录》卷一《省己》，第 755、766、783、772 页。
② 李呈祥：《古源山人日录》卷八《书史》，第 1265 页。
③ 李呈祥：《古源山人日录》卷四《佛老》，第 896 页。
④ 李呈祥：《古源山人日录》卷五《种树》，第 933—934 页。
⑤ 李呈祥：《古源山人日录》卷八《书史》，第 1236 页。
⑥ 李呈祥：《古源山人日录》卷一〇《问辩》，第 1371 页。
⑦ 孙滋：《古源先生日录序》，《古源山人日录》，第 1389 页。
⑧ 李呈祥：《古源山人日录》卷八《书史》，第 1236 页。
⑨ 李呈祥：《古源山人日录》卷一《省己》，第 755 页。

书"典雅质实之意则泯矣，坏人心术莫此为甚，刻之则费板若干，印纸则费纸若干"①。至于小说之流，更是决计不会去看的。他曾说："今之《西厢》杂曲，与古之郑声何异？须焚灭之，不使接于耳目然后可。"② 对于佛教著作，则严格排斥，曾说："读周孔之书而谈老庄之学，罪比乱贼，刑同诛夷可也。"③ 李呈祥读书之法，会意而止，不求记诵。他说："读古人书，予即不敢苟且，但读后辄忘之，不欲劳心苦记，只似宇宙间元未有此书也。"李呈祥曾解释说这是因为自己"体气极弱，心力短少，易忘"，因此"不欲以事劳心，看书会意而止，不欲用心牢记……不欲以记诵虚名而伤心力"。读书之外，他还与士人讲学。例如，他谈到他曾经有一次与士人"讲慎独章，似觉亲切有味……退而自省，又复昏纵如故"④。相较而言，他很少关注当时的政治生活，唯独于嘉靖大礼议发过一次议论。他说："嘉靖皇上无兄弟，舍本生而为他人后，非礼也；故大礼之议，为孝宗者不忍忘孝宗者也；为兴献皇上者，本之天理，揆之人情，百世以俟圣人而不惑。"⑤ 这倒是可以让我们看到嘉靖大礼议中一般底层士民的态度。

对李呈祥而言，读书、讲学固然是修身养性的重要方式，而生活中的一切场合亦皆是他修身的自然道场。他认为好的自然环境有益于心性修养。他说："竹林茂树之下，可以怡养性情。此时襟怀开泰，无一物萦怀，便觉与万物同体，便是中和气象也。"又说："雨霁后登高，忽见山色清明，心地为之一快。清明景象，便是心之本体"；"雨霁后登高，可以长浩然之气"⑥。府城西南六十里处的和龙山，便是李呈祥经常游玩之处。和龙山上有宋代始建的古刹嘉祐寺⑦，景色秀丽，南宋以来即有"和龙昼弈"的景致，为池州四景之一。⑧ 李呈祥有《游和龙山嘉祐寺》诗一首，云："老年无梦到皇州，偶向和龙寺里游，山高日色迷昏晓，竹茂阴寒易夏秋。鸟啼白昼醒禅梦，路入江亭豁望眸，山人从此忘归去，焚香读易坐高楼。"⑨ 他养病时，也选择到和龙山休养，曾自记云："呈祥得噎疾，且病疝。嘉靖癸巳（1533）四月八日，呈祥寿界五十，先二日即往和龙山寺延医调治。妻子欲具寿觞以留，呈

---

① 李呈祥：《古源山人日录》卷一〇《问辩》，第 1367 页。
② 李呈祥：《古源山人日录》卷八《书史》，第 1231—1232 页。
③ 李呈祥：《古源山人日录》卷四《佛老》，第 894 页。
④ 李呈祥：《古源山人日录》卷一《省己》，第 768、754—755、763 页。
⑤ 李呈祥：《古源山人日录》卷八《泛论》，第 1299 页。
⑥ 李呈祥：《古源山人日录》卷八《泛论》，第 1287—1288 页。
⑦ 嘉靖《池州府志》卷三《建置篇·寺观》，第 12 页。
⑧ 李呈祥：《古源山人日录》卷八《泛论》，第 1295 页。
⑨ 嘉靖《池州府志》卷八《杂著篇上·艺文》，第 39 页。

祥坚执不允。"① 齐山也是他的游览之地，曾与从弟李崧祥共游斯地。李崧祥有《秋日同古源兄游齐山》诗二首。② 当然，家中的庭院，也是修身的道场。闲居无事时，李呈祥会"置螳螂数枚于庭树中以观其捕物之知"③。

日常生活中的饮食、起居、应酬交际、行为举止乃至梦境，都可以借以修身。例如，他对于饮食间的一切行为，都很警惕。他自言自己饮食虽求精致，然而"于饮食有不洁净者，虽嫌其秽，然犹贪其味而复食之"。李呈祥饮酒常醉，自言"饮酒每觉过醉"，"与客饮酒每至过度，虽知之而不能改"。④ 对于醉酒，他常加反省，曾说："醉后愈加恭敬，固是好，此犹是添一层意思也，但能不失其常度，便见恭而安之意。"⑤ 这表明，有时深醉之前，他还能控制自己，从而显得更为恭敬。不过，他却又认为这种恭敬没有自然之态，反而不好。在日常的行为举止上，李呈祥自称是个"多言好动人"，"与客坐每觉多言"，又自言"性燥而少沉静，故一举动间便有差，一言语间便有失"⑥。李呈祥多次记载夜梦。嘉靖十五年秋夜的梦，内容是一位上帝的使者给他带来先天八卦图的礼物，并转告他说："上帝怜汝有志，命我特来教汝，大凡欲做好人者，须是起头杀尾俱要好，才成得个好人也。……若是到头一着有亏欠处，终是落空，终是半上落下人也。此人上帝必加谴责，汝其识之。"梦醒之后，李呈祥不胜惊喜，"敬书诸绅以自警"。⑦ 他还曾梦见"夫子来予家，俨然中和气象也"。有时，他会梦见别人给他送礼物，"甚喜，醒后以为吉梦，亦觉有喜心"，既而悟这便是爱心、利心之潜伏。有时他会梦见"攘窃人书"。梦见不好的东西，他也加以记载："夜梦多淫僻之习。"但他认变，这样的梦终有一天被自己的二十余年的修行改变了。他说："呈祥夜梦多淫僻之习，心窃患之。尝痛加克治之功，而未能也。如此者二十余年，始觉无之。忽一夜梦遇美妇人，呈祥试狎之，而心不动，梦中自语曰：我其柳下惠，非与？甚有快适之意。盖至是觉少有进。"⑧ 对于梦的解释，他相信叶适的说法："龙泉叶氏曰：'梦之大端二，想也，因也。想以目见，因以类感。南人不梦驼，北人不梦象，缺于所不见也。因马而念

---

① 李呈祥：《古源山人日录》卷一《省己》，第772页。
② 嘉靖《池州府志》卷八《杂著篇上·艺文》，第39页。
③ 李呈祥：《古源山人日录》卷五《观物》，第939页。
④ 李呈祥：《古源山人日录》卷一《省己》，第778、757、770页。
⑤ 李呈祥：《古源山人日录》卷二《为学》，第789页。
⑥ 李呈祥：《古源山人日录》卷一《省己》，第754、757、760页。
⑦ 李呈祥：《古源山人日录》卷一《立志》，第744—746页。
⑧ 李呈祥：《古源山人日录》卷一《省己》，第765、771—772、774、785页。

车，因车而念盖，因类而感也。'呈祥曰：'世有因梦中所见而遂信邪妄之说为必有者，其殆痴人前难与语梦者与？'"① 梦对于李呈祥来说，只是一种日常思想的反映，而亦是修身进阶的标志。

五 余论：俗虑与超越

在明清时代，在传记材料、诗文集以及日记之中，能够揭示当时人们生活状况的材料已不算少。然而，大部分材料都有意无意地追求为传主或自己塑造相对典雅的形象。李日华之子李肇亨在为《味水轩日记》所作题识中说，"其间所纪……所绝不涉入者，月旦雌黄，升除宠辱，种种俗虑"②。李呈祥的《日录》中所记载的，却偏偏多是"俗虑"。作为理学家，要究天人之际，李呈祥也试图理解宇宙，所以也留下了不少对于"天文地理"的思考；作为理学家，他还要对当时的哲学讨论作出回应，因此便有对阳明"知行合一"说作出的反应"知行分合"论。然而，李呈祥并不因此便成了完全"职业"的理学家。在明代，似乎也只有"业余"的理学家。李呈祥的理学思考，多数与日常应事接物相联系。他也很刻意地无时无刻地在生活中发现道理，并通过将其记录下来的方式将这些思考放大。他大部分时间是世俗的，需要应对柴米油盐与家庭的琐碎小事，但又是超越的，始终通过反省的方式来强调自己正通过俗事来修身养性，不断接近道德的完美。在这一过程中，大部分理学家安然处之。唯有少数极端强调超越的理学家，才会用极端的方式将自己从俗虑中解脱出来，就像后来的异端思想家李贽那样。

（作者单位：中国社会科学院历史研究所）

---

① 李呈祥：《古源山人日录》卷五《观物》，第 950 页。
② 李日华著，屠友祥校注：《味水轩日记校注》，上海远东出版社 2011 年版。

弘光朝锦衣卫述论

张金奎

锦衣卫是一个在明朝历史上有着广泛影响的特殊军事机构。随着李自成起义军攻入北京和清军的南下，明朝政府的有效统治范围迅速萎缩。尽管如此，锦衣卫仍以不同的变异形态存在于南明各政权当中，并发挥了不可忽视的作用。本文试就弘光时期重建的锦衣卫的状态及实际发挥的作用作一粗浅分析，以就教于方家。

一

明朝实行两京制度，严格说来，在北京沦陷的情况下，建立于南京的弘光政权是明朝中央政府的合法继承者，是明政权的一个组成部分，并不适合归入南明时段。不过弘光时期的很多措置对后来的南明隆武、永历等政权有着直接的影响，因而这里暂时沿用传统提法，将弘光朝的锦衣卫纳入本文讨论范围。

崇祯十七年（1644）五月初三，福王朱由崧宣布监国于南京。数日后，兵部郎中万元吉提出保留南京名号、设置京营等建议，同时提出"大汉止用军校三百名，锦衣卫校止用军校五百名。其锦衣卫堂上止用一员，加提督官旗办事衔。南、北镇抚官不必用，既昭缓刑，且杜告密"的建议①。这一建议得到时任兵部尚书的史可法的认可，并代为奏请。福王随即表示采纳。

福王监国只是称帝前的一个过渡，锦衣卫作为皇帝亲军的核心组成部分，负有仪仗、保卫等多重职责，且在登极典礼过程中不可或缺，因而设置锦衣卫是福王称帝前的必要准备工作之一。但兵部认可的万元吉的建议似乎并不这么简单。

---

① （明）李清：《南渡录》卷一，浙江古籍出版社 1988 年版，第 9—10 页。

明朝的锦衣卫初创于南京。朱棣迁都北京后，南京锦衣卫一分为二，一部分随之北上，一部分留在南京。前者后来发展成为一个权力广泛的强力机构，后者则逐渐向普通军卫靠拢，但二者之间始终存在人员交流、业务合作等多方面的联系。北京沦陷后，北锦衣卫随之瓦解，但南京锦衣卫并未受到冲击。按理，如果单纯为福王登极做准备，只需把南京锦衣卫进行重新编组、装备、训练即可，无须做大规模的调整，而万元吉的建议则把锦衣卫的规模限制在八百人，且明确提出不设镇抚官，显然有更深层的目的。

按照明朝的卫所制度，每个卫所下面都设有专门的镇抚司，主要承担与本卫所人员有关的司法事务，锦衣卫自然也不例外。自锦衣卫设置直属于皇帝的北镇抚司之后，其原有的镇抚司改称南镇抚司。北镇抚司与臭名昭著的诏狱及秘密侦缉直接关联。明末，特别是天启年间，锦衣卫被阉党控制，和东厂一道成为迫害以东林党人为主的忠直之士的暴力工具，在士大夫心目中留下了极为可怕的阴影。万元吉提请不设镇抚官，且明言"昭缓刑""杜告密"，目的显然是要借着国事混乱、皇位更迭的机会，彻底废掉这道时刻威胁着士大夫群体的紧箍咒。只是同时废置南镇抚司，未免给人留下违反祖制的口实。

万元吉所说的"大汉"指锦衣卫中的直殿军士，本来称作"天武将军"，因为向来是"选躯体丰伟有勇力者为之"①，所以俗称为"大汉将军"，年深日久，后者反而取代前者成为官方认可的称谓。大汉将军"凡早晚朝及宿卫扈驾，俱执金瓜、披铁甲、佩弓矢，冠红缨铁盔帽，列侍左右。如大朝会，则披金甲、金盔帽列侍殿庭"②，是锦衣卫中的精锐。因为"专选人才长大者"③，身材普遍偏低的南方人入选者不多，南京锦衣卫中可供选择的军士估计也不会很多。加之大汉将军待遇相对优厚，"有品秩者，依品俸级，余皆支米二石"④，且在明中叶基本没有军事任务，只"充朝仪耳"⑤，在国势倾颓、财政紧张的情况下，把大汉将军的数量限制在300名倒也说得过去。另外，在兵部提请福王审定的同日，吏部尚书张慎言提出的"中兴十议"获得批准。在其第三条建议中，张慎言提出把南迁的皇室暂时安置到东南省份，"府第、护卫、官署，暂从节省"⑥。此时的福王理论上还是藩王，既然决定

---

① 《明太祖实录》卷八二，洪武六年五月乙丑，第1479页。
② 《明太祖实录》卷八二，洪武六年五月乙丑，第1479—1480页。
③ （明）田艺蘅：《留青日札》卷一五《大汉》，上海古籍出版社1992年版，第281页。
④ 《明太祖实录》卷八二，洪武六年五月乙丑，第1480页。
⑤ （明）陆容：《菽园杂记》卷四，中华书局1985年版，第44页。
⑥ （明）李清：《南渡录》卷一，第8页。

让其他藩王暂时降低待遇，本人自应以身作则，所以万元吉削减锦衣卫员额的提议很快获得批准。

四天后，福王正式即位称帝。称帝之后，朱由崧循例封赏翊戴功臣，"予司礼监太监韩赞周、卢九德各弟侄一人锦衣卫指挥佥事，银币有差"①，江北诸将黄得功、左良玉、刘泽清等各恩荫"一子锦衣卫正千户、世袭"②，大学士马士英也获恩荫一子为锦衣卫佥事③。次月，又"予王铎弟镛、子无党世袭锦衣指挥使""俱扈从有功者也"。④

不久，弘光帝又大肆封赏福王府旧臣。六月，"授福府书堂官陶瀚等六人各锦衣卫指挥佥事，子孙世袭本卫千户"⑤，七月，"荫从龙内臣屈尚忠、田成、张执中等各弟侄都督同知，世袭锦衣卫指挥使"⑥。

受到封赏的还有南逃期间帮助过福王的臣民，如在大雪中背负他逃亡数十里的皮匠常应俊，开始时被封为左都督，锦衣世袭，六月廿二日又晋封襄卫伯⑦；八月，"授杜光祖等锦衣卫千户，寻加指挥佥事，子孙世袭千户。授千户者凡三人，皆上寓淮时居停主也"⑧。

明中叶，为减轻地方卫所的军费压力，大批带俸军官被安置进了锦衣卫及其他亲军卫所，世袭军职开始向世爵转化。随着社会发展状态和价值观的变化，大量画师、工匠、翻译等特殊人才受到皇帝的赏识。因为原有的官僚体系中没有对应的位置，这些人大多被安置进了接近皇帝的锦衣卫。文官群体由于理念不同及自身利益受到影响，曾以浪费财政为理由进行过一系列的反抗，但无果而终。作为妥协的一个结果，文官群体也被纳入恩荫世袭锦衣卫的行列。笔者见到的最早例子开始于明英宗时期，如天顺元年三月，"授礼部右侍郎掌钦天监事汤序子祚为正千户，兵部右侍郎陈汝言子洪范为副千户，俱世袭，锦衣卫带俸"⑨；八月，"命致仕礼部尚书胡濙子长宁为世袭锦衣卫所镇抚，带俸不任事"⑩，等等。

① （明）李清：《南渡录》卷一，第21页。
② （清）顾炎武：《圣安纪事·上》，上海古籍出版社2012年版，第33页。
③ （明）李清：《南渡录》卷一，第14页。
④ （清）计六奇：《明季南略》卷二《封常应俊》，第67—68页。
⑤ （明）李清：《南渡录》卷一，第30页。
⑥ （明）李清：《南渡录》卷二，第65页。
⑦ （明）李清：《南渡录》卷一，第49页。
⑧ （明）李清：《南渡录》卷二，第94页。
⑨ 《明英宗实录》卷二七六，天顺元年三月己丑，第5891页。
⑩ 《明英宗实录》卷二八一，天顺元年八月丙午，第6037—6038页。

至于授宦官弟侄为锦衣卫军官开始的更早。如正统十三年（1448）十月，英宗"命司设监太监吴亮侄江为锦衣卫百户，因亮叙年劳以请故也"①；景泰六年（1455）五月，代宗"命太监王诚侄敏，舒良弟玉，张永兄琮，郝义侄安，王勤侄贤俱为锦衣卫带俸世袭百户"②，等等。

以上这些政策虽然遭到不同程度的反对，但都维持了下来，成为"旧制"。

加封潜邸旧臣进入锦衣卫开始于明世宗。正德十六年（1521）五月，"录从龙功，升群牧所正千户骆安为锦衣卫指挥同知；仪卫副张镗、石宝，副千户赵俊俱指挥佥事；典仗杨宗仁、刘俊、刘鲸，百户王銮、柳时、许通、张安、柳俊，所镇抚姜雄俱正千户；书办官翟谷、吕钊俱副千户；张爵及冠带总旗于海、王纪、陈升、吴纶、赵昂，军校乔鉴、范纪俱所镇抚，仍各令世袭"③。同月，"升藩邸书办官倪旻、陆松俱锦衣卫副千户，冠带军校郑镛、张柏龄、曹琪、张辅俱所镇抚，仍各世袭"④，"升藩邸仪卫司仪卫正李勋，正千户蔚聚俱锦衣卫指挥同知；副千户陈寅，指挥佥事；典仗所百户刘海、王继、刘深、陈彝、谷铭、王凤俱正千户；书办官葛锐、曹铠，冠带总旗朱龄、马荣及总旗乔成等六名，俱百户，仍各世袭"⑤。嘉靖四年（1525）三月，明世宗进一步下令不必顾忌"非军功，无世袭"的制度，"仍命自今凡藩府效劳人员，录荫，并得世其官"⑥。

有前例在先，弘光帝恩荫大量藩邸旧臣、拥戴自己登极的宦官及高官子弟为世袭锦衣卫军官，虽有滥授的嫌疑，但并未招致群臣的反对。至于常应俊等人，因有护驾之功，虽然恩赏过高，招致一些非议，"人以为溢望"⑦，亦未伤及大雅。

不过令以东林、复社成员为主体的弘光朝忠直大臣没有料到的是，刚被废止不久的锦衣卫司法、缉事权却被陆续南逃而至的宦官们破坏了，而且成为阉党们把持朝政的突破口。

① 《明英宗实录》卷一七一，正统十三年十月乙卯，第3287页。
② 《明英宗实录》卷二五三，景泰六年五月癸酉，第5475页。
③ 《明世宗实录》卷二，正德十六年五月丙辰，第75—76页。
④ 《明世宗实录》卷二，正德十六年五月甲子，第94—95页。
⑤ 《明世宗实录》卷二，正德十六年五月癸酉，第104页。
⑥ 《明世宗实录》卷四九，嘉靖四年三月壬辰，第1237页。
⑦ （明）李清：《南渡录》卷一，第49页。

二

清军进入北京后，军事重点在追击西撤的大顺军，暂时没有南进。从北京宫中逃出来的宦官们纷纷借机南下，涌进南京。南京没有藩王，江西等邻近地区的藩王府中虽有宦官，但数量有限，且对宫廷事务缺乏了解，因而在福王登极过程中只能依靠南逃而来的宦官。这些宦官对于迅速落实内廷各项事务有很大帮助，但也把很多坏毛病带到了南京，其中之一就是贪财恋权。"弘光登极，从龙诸珰势渐张，又时若窘急，日思出为渔猎计"①"韩赞周以守备首翌戴掌司礼，而从龙则有屈尚忠、田承，来自流离，甚贫，故好贿，且多妄动。而自北来者亦皆窘甚，竞乞差讨缺，非营催钱粮，则开缺厂"②。不久，宦官群体开始谋求恢复权力广泛的东厂。

此时的内阁由高弘图、姜曰广等人主持，他们和史可法等人政治立场接近，在不久前刚刚获准不再设置锦衣卫南北镇抚司的情况下，说服他们同意恢复以侦缉为基本职责的东厂，无异于与虎谋皮。于是，宦官们把目标瞄向了和马士英等人立场接近的东阁大学士王铎。王铎碍于舆论压力，不敢站出来公开表态，于是把包袱甩给了姜曰广。就在姜曰广等人头疼的时候，右佥都御史祁彪佳于五月份上了一道奏疏，指陈缉事、诏狱、廷杖为三大弊政，力请禁革。祁彪佳的奏疏影响颇大，为便于表述，先照录于下：

> 向来缙绅愁惨，小民毒痛，道路侧目，群情解体者，其弊政有三：曰诏狱，曰缉事，曰廷杖。臣请备言之。
>
> 先是，洪武初年，官民有犯，或全收系。锦衣卫用事者，因以非法凌虐。高皇帝乃于十三年焚其刑具，以系囚送刑部审理，是祖训原无诏狱也。后乃以锻炼为功、以罗织为事，虽曰朝廷之爪牙，实为权奸之鹰狗。口词从逼勒而来，罪案听指授而定。即举朝莫不知其枉，而法司无敢雪其冤……此诏狱之大弊也。
>
> 洪武十年，改仪銮司为锦衣卫，专值法驾、侍卫等事，未常闻其缉事也。迨后东厂设立，始有告密之端。用银而打事件，得贿而鬻刑章。无籍者多倚籍以投充，有罪者反交通以幸免。飞诬多及善良，赤棍立致巨万。招承多出于吊

① （明）陈贞慧：《过江七事·禁缉事》，"中国历史研究资料丛书"铅印本，上海书店出版社1982年版，第200页。

② （明）李清：《三垣笔记·下·弘光》，中华书局1982年版，第116页。

拷，怨愤充塞于京畿。欲绝苞苴，而苞苴托之愈盛。欲清奸宄，而奸宄因之益多。此缉事之大弊也。

若夫刑不加于士夫，原祖宗忠厚立国之本。及乎逆瑾用事，始有去衣廷杖者。刑章不归于司政，扑责多及于直臣。本无可杀之罪，乃加必死之刑。当其血溅玉阶、肉飞金陛，班行削色，气短神摇，即临录随颁，已魂惊骨削矣。见朝廷徒受愎谏之名，天下反归忠直之誉，此廷杖之大弊也。①

实际上，廷杖是明朝直接沿用的金、元旧制，诏狱虽然在《祖训》中没有明确记录，但锦衣卫参与审案及监察百官，则是从洪武朝就开始的。祁彪佳故意将其出现的时间延后，显然是为了规避"祖制不可变"的"天条"。从其强调"东厂设立，始有告密之端"来看，其上疏的目的在于阻止恢复东厂。至于强调滥用廷杖始于乱政弄权的刘瑾，目的也在于宣扬宦官掌权的危害，未必真是为了废除廷杖之刑。

祁彪佳上疏不久，户科给事中吴适亦上疏指出"先帝十七年忧勤，曾无失德，止有厂卫一节，未免府怨臣民"②，反对恢复东厂。

祁彪佳等的奏疏虽然有故意"歪曲"前朝史实的嫌疑，但却给了姜曰广等人一个台阶。按规定，臣僚奏疏上呈后，需要先交内阁票拟。姜曰广于是在祁彪佳的奏疏后条旨：

所奏三大弊政，虽系旧制，实为府奸。生事害人，屡见事前。失祖宗忠厚立国之意，结臣民怨恨解体之端。朕痛心之日久矣！览奏，洞悉情隐，挚然当心。有裨新政，其如议行，且著为令！并播告天下，示朕更始之意，今后敢有奏请者，以违制论。科道官立行纠参，阁臣拟谕，朕将览焉③。

姜曰广的票拟完全附和祁彪佳，不仅支持废除三大弊政，而且试图"著为令"，一劳永逸的废掉文官群体头上的这道紧箍咒，这和宦官们的立场完全相反，自然不会得到他们的支持。姜曰广的票拟上呈后，随即被驳回，要求重新拟。姜曰广拒绝修改，在宦官们的反复催促下，才重新拟定批复意见：

---

① （明）祁彪佳：《三大弊政疏》，见冯梦龙：《甲申纪事》卷九，江苏古籍出版社1993年版，《冯梦龙全集》第17册，第164—165页。

② （清）杨陆荣：《三藩纪事本末》卷一《三藩僭号》，"南明史料集"丛书整理本，贵州人民出版社2011年版，第813页。

③ （明）陈贞慧：《过江七事·禁缉事》，第200页。

国家新造，人情未附。朕多难孤立，时凛渊冰。若寡恩多事，府怨臣民，朕虽凉德，不至于此！所奏三弊政，洞悉至隐，深当朕心。但先朝署建缉事，原为判送营干，关系匪轻。奸恶不剪，良善不安，如有前情，着五城御史不时纠察以闻。其知情容隐，及不留心体访者，俱以溺职论①。

与上次的票拟相比，这一次姜曰广虽然强调缉事有必要继续存在，但只是交付五城巡城御史，仍然没有在恢复东厂和锦衣卫缉事问题上让步。

姜曰广的票拟拟定不久，发生了大宦官孙承绣弃职逃跑，却未受任何处分的事件，这和姜曰广此前提出的对他的处理意见完全相左，于是姜曰广在上呈票拟的同时，上了一道奏疏，指出朝廷法度"君与天下共守之，不宜有偏私。若夫君有短垣，而君自逾之，其又何诛"，反对放过孙承绣，同时捎带论及东厂缉事：

又先朝缉事之设，贻毒最深。汪直、刘瑾乘之窃弄，既凶于国，亦及其身。先帝初年，误听尝试。究使利归群小，怨结朝廷。末造虽除，已成噬脐之悔。矧今何日，而有此声？将使釜鱼风鹤之民，转益惊怖，不至鸟兽散不止。若然，宗社不可知，何厂卫也？诚宜以此时昭示，遏绝其原，不意重烦乾断，臣不敢奉诏。不谨，亦不取顿负初心。伏乞陛下自为宗社计，少凝睿听，断于持法，毋使奸人得窥浅深②。

因有孙承绣一事在前，弘光帝自觉理亏，为避免姜曰广在孙承绣一事上纠缠不休，只好表示认可姜曰广的意见，搁置恢复缉事一事。

不甘心失败的宦官们决定故意激起皇帝发怒，"于是令群小珰，故以坐厂分司者书之幨扇矣。出入扬扬，意得甚也"。弘光帝压力陡增，再次询问内阁，姜曰广于是草拟了一份上谕，称"禁缉事，断自朕衷"，"君臣之道，期无相负"，同时上疏，请求皇帝采用这道谕旨。姜曰广的奏疏循例发内阁票拟，另一位大学士高弘图于是条旨："缉事允属弊政。览卿奏，洵救时针砭，着申饬行。谕即宣部院。"③

如果采纳姜、高二人的意见，丝毫无助于弘光帝减轻压力，高弘图的票拟因此被驳回。高弘图拒绝修改，弘光帝果然如宦官们预想的那样大发雷霆，指责姜、高

---

① （明）陈贞慧：《过江七事·禁缉事》，第200—201页。
② 同上书，第201页。
③ 同上书，第202页。

等人"党同把持，视圣旨为故纸"，耿直的高弘图当庭反驳，坚持"缉事乱政，必不可行"①，并以辞职相抗。弘光帝这才让步，不再坚持恢复缉事。

虽然姜曰广等暂时取得了胜利，但君臣间的裂痕因此迅速扩大，"识者已知厂卫必复矣"②，高弘图等也慨叹"数月君臣鱼水之欢，是日已尽失"③。宦官群体在明后期势力庞大，弘光朝作为崇祯朝的延续，很难做到和前朝彻底切割。以姜曰广等人为首的忠直之士追求一劳永逸，幻想从此"更始"，只会加剧统治群体内部的争斗，把宦官群体彻底推到马士英等阉党余孽一边。此后，竟有"阁臣与内臣称雁行饮酒者"④，连主持司礼监的大太监韩赞周都为之扼腕叹息。

更糟糕的是，姜曰广等人的胜利持续了不到一个月。八月初一，给事中吴希哲上疏，称"都城假宗、冒戚、伪勋、奸弁横行虐民，请旨严缉"。既然要严厉缉查，单靠五城御史显然不敷，于是弘光帝顺势宣布恢复锦衣卫缉事权，"命掌锦衣卫冯可宗遣役缉事"⑤，数日后又提升冯可宗为都督同知⑥，以示重视。自成化年间开始，锦衣卫的侦缉就和东厂缉事纠缠在一起，既然锦衣卫的缉事权得到恢复，代皇帝监督锦衣卫的东厂自然也应恢复，于是，东厂在六天后复设⑦。给事中熊汝霖、袁彭年等先后上疏反对，结果都受到处分。

祁彪佳提出的三大弊政的核心是缉事，现在侦缉权重新回到锦衣卫手中，廷杖和诏狱的回归是迟早的事。当年十月，生员何光显上书请求召回史可法，"拟（马）士英操、莽。廷杖杀之"⑧，显示廷杖已被行用。至于诏狱，弘光朝先后出现的伪太子案和童妃案均由锦衣卫官主持审理，可为恢复之明证。如在审理伪太子一案时，"时三御史登大理寺堂，安圣旨于中，三法司与锦衣卫皆侧坐，御史坐稍后，前此未有也。指挥皆由张孙振，左都李沾虽堂官，无如之何"⑨。弘光元年（1645）三月，太监乔尚外放，总督两淮盐课，身边带有锦衣理刑千户⑩。理刑千户是锦衣卫

① （明）陈贞慧：《过江七事·禁缉事》，第 203 页。
② （明）李清：《南渡录》卷二，第 53—54 页。
③ （明）陈贞慧：《过江七事·禁缉事》，第 203 页。
④ （明）李清：《三垣笔记·下·弘光》，第 116 页。
⑤ 钱海岳：《南明史》卷一《安宗本纪》，中华书局 2006 年版，第 19 页。
⑥ （明）李清：《南渡录》卷二，第 94 页。
⑦ 复设东厂的时间，黄宗羲在《弘光实录钞》卷一（"中国野史集成"丛书第 32 册，巴蜀书社 1993 年版，第 674 页）记载为七月丙辰，与他书有别。
⑧ （清）黄宗羲：《弘光实录钞》卷一，第 667 页。
⑨ （明）李清：《南渡录》卷五，第 241 页。
⑩ 同上书，第 233 页。

镇抚司的属员，证明福王监国时曾批准的不设锦衣镇抚司的政策也已经被抛弃。理刑千户主要承担审案职责，是诏狱必不可少的环节，恢复镇抚司应与恢复诏狱制度有密切关系。

三

锦衣卫的侦缉范围很宽泛，东厂缉查也需要从锦衣卫抽调人手，原定的五百名限额自然不敷用。在甄别伪太子时，弘光帝曾"召晋王及旧锦衣曾侍太子者十人质之"①，显示从北京陆续逃到南京的原锦衣卫成员已经被部分重新起用。当年九月十八日，天启年间曾主持锦衣卫事务的刘侨和曾管理西司房的于之英、管御道的徐同贞等人被任命为锦衣卫佥书②，进一步证明南来锦衣卫官校已经成为弘光朝锦衣卫的重要补充。

刘侨在家居期间，曾投入张献忠起义军，并因此遭到御史黄澍的弹劾。史载其"送马士英赤金、女乐等，士英笑曰：此一物足以释西伯。遂诳先帝，复职"③。天启年间，刘侨曾保护一批东林党人免遭迫害，并因此被魏忠贤免职。此时刘侨靠行贿阉党人物复职，却未见以忠直自诩的士大夫反对，估计是昔日的旧情在发挥作用。只是此举未免令人怀疑宣称坚决不与阉党同流合污的士大夫们的道德杠杆并未持平。

南来的锦衣卫官校终归有叛逆的嫌疑，弘光元年二月，明廷还曾下令清查"北京锦衣卫各官逃回求改南者，曾否从贼，不得轻题"④，因而只能断断续续地补充进锦衣卫，不能立即解决其人手不足的问题，于是弘光帝在当年十月批准"锦衣卫旗校补足二千名"⑤。

在锦衣卫扩军的同时，弘光帝开始大量封赠锦衣卫军职。如当年九月，"荫孟津监生王镛、王无党世锦衣卫指挥，皆辅臣铎子弟，以从驾渡河荫"⑥；十月，"荫内臣李国辅弟任锦衣卫千户"⑦；十一月，"授曹国栋、牛宽、王文学锦衣卫千户，

---

① （清）佚名：《鹿樵纪闻》卷上《两太子》，"南明史料集"丛书整理本，贵州人民出版社 2011 年版，第 705 页。

② （明）李清：《南渡录》卷三，第 110 页。

③ （清）计六奇：《明季南略》卷一《黄澍辩疏》，中华书局标点本，2006 年，第 58 页。

④ （明）李清：《南渡录》卷四，第 204 页。

⑤ 同上书，第 143 页。

⑥ 同上书，第 125 页。

⑦ 同上书，第 126 页。

世袭百户，以护从微劳得之"①，"予郑彩荫一子锦衣卫千户。授黄魁世锦衣卫指挥佥事，黄政、黄芳各千户，以护卫□劳。授李□兰锦衣卫百户，河南承差，以微劳官"②，"准锦衣卫百户张翁之入锦衣卫职。其后以佥事掌南镇抚司，张凤翔子也"③；十二月，"荫内臣李国辅侄李守贞为锦衣卫都指挥佥事，以微劳功也"④；次年二月，"荫刘有锡锦衣卫千户，以随皇太后驾也"⑤，"赐罪诛内官刘元斌、王裕茂祭葬，荫子锦衣卫指挥使。旧府厨役各授百户"⑥，等等。

在大量授予身边近臣中高级军职时，弘光帝却对为国殉难的臣僚非常吝啬，如巡抚卫景瑗、朱之冯仅被恩荫一子为锦衣卫百户⑦。弘光元年正月，兵部请求赐予死难左副都御史施邦曜锦衣世荫，弘光帝却命再议，理由是"锦衣世荫原酬军功"。时人不禁感叹，"滥荫者比比，乃独勒殉国一臣，可慨也"⑧。

滥授军职的最大危害是浪费粮饷。因为员额不断增加，弘光帝不得不于次年三月命令"户部严核锦衣卫冗役，以省糜饷。旨谓祖宗朝文武廪禄俱有定制，不应俸给外又加公费。又该卫旗尉尽堪服役，不应每员更设跟役，致人冗糜饷"⑨。当月，由掌印官冯可宗提出的增募番役的要求也因此被驳回。

不过此时的兵部由马士英掌握，兵部对锦衣卫军官有考选权，为私利计，马士英"视金吾不及敝袴，滥请者甚众，不能枚举也"⑩。马士英把持朝政大权，皇帝节约粮饷的目的自然不可能实现。

在滥授军职的同时，锦衣官校的扰民问题开始日渐严重。福王登基不久，即下令充实后宫，"中使四出，民间女子稍有姿色，即以黄纸贴额，选入宫中，闾里骚然"⑪。史载，"选女旨下，有较（校）尉人役突入民家搜索，女子有投水自尽者"⑫挑选秀女是宦官和地方官员的事情，锦衣校尉卷入其中，说明锦衣卫与宦官的结合在福王称帝之初即已出现。

---

① （明）李清：《南渡录》卷三，第149页。
② 同上书，第156页。
③ 同上书，第155页。
④ 同上书，第172页。
⑤ 同上书，第210页。
⑥ （清）计六奇：《明季南略》卷三《二月甲乙史》，第165页。
⑦ （明）李清：《南渡录》卷四，第184页。
⑧ 同上书，第199页。
⑨ （明）李清：《南渡录》卷五，第237页。
⑩ 同上书，第255页。
⑪ （清）佚名：《鹿樵纪闻》卷上《福王上》，第695页。
⑫ （清）顾炎武：《圣安纪事·上》，上海古籍出版社2012年版，第43页。

崇祯十七年十二月，"时卫讯问丁象乾一案，内干连数人，疑吏部书役所匿，番役遂登堂索之。尚书张捷呵使退，咆哮弥甚。捷怒，疏参其横，然仅云姑不究而已"①。

有鉴于此，御史秦镛上疏：

> 京都重地，法行自近。今形格势禁，殆非一端。如金吾缉事，原有专司，今则金堂等官并侵职掌，奸徒审役，遍地拿讹，冒名恐吓，所在而是。词讼问理，巡城专责，今则部司、戎政、总理、都督各处受状，动拘小民，牵累诬枉。凡此弊风，总累首善……②

弘光帝不得不下令禁止"锦衣卫金堂擅受词状，拿禁平人"③。

虽有禁令，但因时局日渐混乱，锦衣官校扰民的问题不但没有解决，反而愈演愈烈。次年三月，就连锦衣卫的掌印官冯可宗也不得不承认"卫役诈伪横行，京城百里内鸡犬无存"④。为平息民愤，锦衣卫佥事赵世臣及其手下掌班等人因越权"准状拘人，兼以人役诈编"⑤，于弘光元年四月被免职提究，但已于事无补。

对于士大夫们而言，锦衣卫侦缉带来的最大威胁是蓄意陷害。崇祯十七年九月，大学士姜曰广离职，掌权的阉党余孽阮大铖伙同不法锦衣官校，"以蜚语"逮捕了昔日带头痛骂自己的主事周镳，连及山东佥事雷縯祚，一并"系狱严讯"。时"校尉四出，诸人踉跄奔避，善类为空"⑥。

不过锦衣卫的侦缉并非一无是处。当时"罪废诸臣投刺白日"，弘光帝不得不接受户科给事中吴适的建议，"命五城御史及锦衣卫缉逐罪废诸臣潜京钻营者"⑦。当年十月，锦衣卫即捕获进京行贿左都御史李沾的江阴知县⑧；十二月，缉获冒充崇祯皇帝的妖僧大悲，送至戎政衙门⑨；代禁锢监狱的周仪、曹镳行贿马士英的御史陈丹衷也是被"厂役缉获，故例转长沙知府"⑩。

---

① （明）李清：《南渡录》卷四，第 171 页。
② （明）李清：《南渡录》卷四，第 168 页。
③ （明）李清：《南渡录》卷四，第 168 页。
④ 钱海岳：《南明史》卷一《安宗本纪》，第 43 页。
⑤ （明）李清：《南渡录》卷五，第 256 页。
⑥ （清）佚名：《鹿樵纪闻》卷上《福王上》，第 696 页。
⑦ （明）李清：《南渡录》卷三，第 139 页。
⑧ （清）计六奇：《明季南略》卷二《十月甲乙总略》，第 101 页。
⑨ （清）黄宗羲：《弘光实录钞》卷三，第 691 页。
⑩ （明）李清：《三垣笔记·下·弘光》，第 123 页。

虽然于时政有少许贡献，但远不足弥补其带来的诸多弊端。弘光元年四月，清兵攻破扬州，弘光帝胆丧，随即逃离南京。次月，赵之龙、钱谦益等献南京投降，弘光小朝廷灰飞烟灭。作为皇帝亲军的锦衣卫随之解体。

结 语

福王登极时，明廷尚有半壁江山，且控制着绝大部分财富之区，如果君臣协心，宫府一体，完全有机会重整河山，至少可以和清廷抗衡一段时间。很多士大夫亦对此抱有厚望，如著名理学家的陆世仪曾针对锦衣卫的职能提出改革建议：

> 禁卫，天子之亲兵……锦衣诸卫所当亟整也。盖禁卫皆天子之军，而锦衣尤为亲近。故诸卫皆统军卒，而锦衣独较（校）尉、力士，即周之虎贲、旅贲。诸卫皆世卒，而锦衣独签幼军，即汉之六郡良家子。今惟以之充仪卫，具刑狱，打卫之意荡然，天子何所倚昆！自后锦衣卫官，宜于世臣之家，极意拣选有文武才略者，使任其职。较（校）尉、力士，皆择四方绝技绝力者充之，统之心膂重臣，以时操统，使常有居中制外之势①。

陆世仪强调恢复锦衣卫的军事征战职能可谓切中要害。锦衣卫的本质是一个军事机构，如果保持其正常的征战职能，其主官的配置、兵员的选择以及后勤保障等都要以作战为基本出发点，其他职能只是附属。正是因为不再外出作战，锦衣军校的素质要求才会降低，侦缉、刑狱等职能才会日渐突出，并成为人们攻击的目标。如果以征战为基本职能，宦官势力也不会相对容易地介入锦衣核心事务。只是弘光朝廷的士大夫们看不到这一点，而是把目光专注于诏狱、廷杖、侦缉这些具体细节，看到了"果"，而没有发现"因"，进而在这些具体问题上和宦官及其附属群体吵成一团，虽然一度延缓了锦衣侦缉和东厂重建的步伐，却把可以适当争取的宦官群体彻底推到了对立面，重建后的锦衣卫也因此失去了一次涅槃再生的机会，反而把昔日冗员浪费、滥用权力、压榨百姓等弊病发挥到了极致，彻底沦为结党乱政者的帮凶。

（作者单位：中国社会科学院历史研究所）

---

① （明）陆世仪：《禁卫议》，见冯梦龙《甲申纪事》卷一二，第240页。

明代神机营建立前后若干问题考述

——以火器的发展为中心

刘晓峰

对明代火器发展的研究，属于军事史和科技史领域，技术性较强，明史学界对此研究较少。而与火器密切相关的神机营，虽受到一定的重视，但多是从京营的宏观角度加以考察，有些问题没有得到充分深入的研究。

军事史、科技史以及中外交流史学界对明代火器及神机营的研究力度相对较大，其研究侧重于明代中后期西洋火器东传及西洋火器的技术水平方面，即注重于交流军事和科技方面。但对于明初的火器以及中国固有火器的发展演变，研究较少。一些具体问题如明初安南火器及其与神机营之间的关系问题，缺少新的突破。

本文根据历史记述，通过对永乐安南之役及此役其前后一段时间内的火器进行对比分析，来求解上述问题。

一 神机营的建立时间

关于神机营建立的确切时间，史籍上没有直接的记载。在明代，相关的各种说法都很模糊，但得交阯火器而立神机营的说法在中后期被广泛接受。入清后，大多数学者直接接受了明代的各种观点，《明史·兵志》就是其中的代表。相对于传统的考据研究，现代学者在研究这一问题时，突破更多，提出了多种新的看法。笔者对明清以来的各种观点作简要的叙述，并提出本文所倾向的观点及其证据。

（一）明代以来的各种观点

1. 传统观点

传统观点指明清时期的各种观点，主要来源于各种正史、政书以及文集、笔记、兵书等的相关记述。

（1）"洪武"说

明太祖时即有神机营的说法来自焦玉《火龙神器阵法》①，其"火龙神器阵法授受序"谓：明太祖得"火龙神器"而定天下后，因重视其器，"于皇城设火药局以制法药，立内库以藏神器，立乘机营以操阵法"②。张秀民的《明代交阯人在中国之贡献》，则以此语为"立神机营以操战阵"，则"乘机营"为"神机营"③。"焦玉"之说仅一家之言，史料中难以找到其他太祖朝有"乘机营"或"神机营"的相关材料，也难以查到太祖朝有"火药局"④，故此说已为大多数人所不取。

（2）"永乐"说

模糊地称神机营"永乐中定"的观点，来自万历《明会典》。该书卷一三四《营操·京营》记载：

> 国初设京营，隶大元帅府。后改五军都督府，以训练在京官军。永乐间迁都，又于中都、大宁、山东、河南、附近卫所摘拨官军，轮班上操，以内卫京师，外备征伐，名曰三大营。
>
> 旧三大营制，永乐中定。国初立大小教场，以练五军将士。永乐初，既有五军营，又有三千营以司宝纛令旗，神机营以司神枪火器，名曰三大营……

表面看，两次"名曰三大营"似乎传达了完全不同甚至近于矛盾的信息，其实，前段称"永乐迁都""摘拨官军，轮班上操"后"名曰三大营"，其意在说明"班军"对三大营的意义，指的是"班军"制度出现之后的三大营，"班军"的制度化是京营"训练体制"确立的标志⑤，此后，三大营的兵源不仅来源于京卫，也

---

① 焦氏之书，今人多疑其为嘉靖后的伪作而不予采信。但作为一本兵器书，它也代表了作者的"一家之言"。

② 见《中国兵书集成》本《火龙神器阵法》序。

③ 张秀民注明太祖得焦玉火枪曰："此枪取天下如反掌"一语，引自梁启雄《哲匠录》三，而随后的"立神机营以操战阵"之句无注释，盖亦引自梁书。

④ 按：据《明史·职官三》，洪武时期，兵仗局设"火药司"，内官监设"火药作"。古人著述，并无严格的规范，往往随性而书，若以"焦玉"书中的"火药局"系指上述二者，则其书尚有可取之处。但多数学者认为，其书妄说过多，不足凭信，详见钟少异《关于"焦玉"火攻书的年代》及李斌《〈火龙经〉考辨》。

⑤ 有学者认为，"训练体制"是京营的根本特色，只有训练体制确立之后，京营才成其为京营，但认为《会典》对班军制度的时间记载矛盾（见李新峰《明代前期的京营》及彭勇《明代班军制度研究》）。按：据《会典》的这一条记录，虽可以认为班军始于永乐迁都，但《会典》后文"营政通例"中又有"凡轮操：宣德元年，调河南、山东、大宁都司、中都留守司、直隶淮扬等卫及宣府军士，至京备操，令每岁轮班往来"，可见，《会典》作者已明确指出班军制度直到宣德元年（1426）才形成定例。

来源于轮班上操的外卫军；而后一段"永乐初"后的"名曰三大营"是指早期的三大营，此时还没有完备的"班军"制度。因此，作者用词上也有所区别，称永乐中"定"、永乐初"有"。"定"与"有"的含义是有区别的。这表明，《会典》的作者认为神机营在永乐"初"就已存在。不过《会典》并没有明确指出"初"到什么时候。

《会典》之外，赵士桢在其《神器谱》中亦声称"成祖文皇帝三犁虏庭，建置神机诸营，专习枪砲，以都督焦玉辈掌管，是以武功超迈前王"①，认为神机营建置于成祖"三犁虏庭"之时。而李廷机《京营兵制考》言："成祖祚燕，仍立五府，增七十二卫，而设五军、神机、三千三大营"②，认为三大营为成祖"增七十二卫"之后所设，成祖增京卫为七十二卫，事在迁都之际，故李廷机之说，认为三大营皆设于迁都之际。这些都是"永乐中定"说法的具体化。

（3）"得交阯火器而立"说

在"永乐说"中，明清以来的最为流行的观点是"征交阯得火器法，立神机营"。如陆容言："神机营，永乐中征交阯，得其神机火箭之法，因立是营"③；方以智称火器"乃从外国传此法，因立神机营"④；茅元仪也称："至平交阯，得神机之法，遂设专营秘习"⑤；陈仁锡亦曰："八年征胡，分步骑为五军……既旋师，则仍五军营之名……已，又置三千营……已，又得神枪火箭之法，置神机营……是三大营也"⑥；孙承泽谓"征南交，得飞枪流矢，因而营之，曰神机营"⑦。

清代一些著作也直接接受这类说法，如《钦定历代职官表》称"至明成祖平交阯，得神机枪炮法，因置神机营以肄习之，行军之用火器，实权舆于此"⑧；其他如《钦定文献通考》《五礼通考》等清代"钦定"著作都一概持这一观点⑨。而清修《明史》成为此说最有影响的传播者。《明史·兵志》言：

---

① （明）赵士桢：《神器谱》，见《玄览堂丛书初辑18》，台北正中书局1989年版。

② （明）章潢：《图书编》卷一一七《国朝兵志》，以及（清）李卫等撰：《畿辅通志》卷一一一，俱《四库全书》本。

③ （明）陆容：《菽园杂记》卷五，文渊阁《四库全书》本。

④ （明）方以智：《通雅》卷三五，文渊阁《四库全书》本。

⑤ （明）茅元仪：《武备志》卷一一九《军资乘·火一》，华世出版社1984年版。

⑥ （明）陈仁锡：《皇明世法录》卷四三《兵制·京营重兵》，见吴相湘主编《中国史学丛书》，台北学生书局1986年版。后文所引本书，同此。

⑦ （明）孙承泽：《春明梦余录》卷九，文渊阁《四库全书》本。

⑧ 清修《钦定历代职官表》卷四七，文渊阁《四库全书》本。

⑨ 如清修《钦定文献通考》卷一二二《兵考》谓："考五年，初定交阯，神机营立于此时"；清修《五礼通考》卷二四〇《军礼八》谓："永乐间，因征交阯，得其神机火箭之法，遂立神机营。"

已，征交阯，得火器法，立营肄习……此神机营之部分也。①

古所谓炮……然造法不传，后亦罕用。至明成祖平交阯，得神机枪炮法，特置神机营肄习……随宜而用，为行军要器。②

《明史》的相关内容直接因袭明人之说，但作为官方正史，其说法被广泛接受，并流传至今，《兵志》也就成了很多人研究和论述神机营的重要依据之一。

要之，明中期以后直至清代，人们已普遍相信火器之法得之于交阯，神机营亦因此而建。其说因着重强调了神机营与交阯火器之间的因果关系，故研究者得以据"得交阯火器"的时间而确定神机营建立的时间上限。

2. 现代学者的观点

对于神机营的建立时间，现代学者中除部分直接继承传统观点外，另有许多学者或结合考古材料，或通过发掘原始文档，对传统观点进行分析，以期得出较为客观的结论，补充或厘正前人之不足。但由于研究方法和判断标准的不同，得出的结论也存在着分歧，出现几种不同的观点。

（1）"永乐五年至七年之间"说

成东对大批出土及传世的明代前期火器的形制及铭文进行了全面的分析，根据永乐七年（1409）新式手铳形制以及数量发生突变这一线索，结合征交阯明军的还朝时间，即永乐五年九月，推断"神机营是在永乐五年至七年间建立的"③。

（2）"永乐七年底至八年"说

王兆春根据征交阯明军还朝时间，参考永乐七年八月张辅再入交阯未带神机枪炮兵的史实，算上建立神机营所需的筹备时间，推断神机营建立的时间上限应为永乐七年以后；再据《明史》永乐八年北征时柳升"将神机火器为先锋"大败阿鲁台并因功晋封为侯的记载，结合出土的永乐七年九月手铳数，认为神机营的建立时间应在永乐七年底或八年初④。

---

① 《明史》卷八九《兵志一》。

② 《明史》卷九二《兵志四》。

③ 成东：《明代前期有铭火铳初探》，《文物》1988 年第 5 期。

④ 王兆春：《中国火器史》，军事科学出版社 1991 年版，第 104—106 页。需要注意的是，王兆春虽然采用了《明史》"征安南，得神机枪炮法，特置神机营肄习之"的记载以推断时间，但认为"得神机枪炮法"得的不是火器的技术，而是"使用之法"（王兆春：《中国火器史》，第 104—106 页），而且，他在其 2007 年出版的《世界火器史》一书中仍然坚持此观点（《世界火器史》，军事科学出版社 2007 年版，第 103、104 页）。此外，刘旭在《中国古代火炮史》中也否认了《明史·兵志》中的明军火器得自安南的观点（刘旭：《中国古代火炮史》，上海人民出版社 1989 年版，第 53—54 页）。

另外，范中义《明代军事史》认为，神机营建于永乐八年（1410）之前。是书引《明太宗实录》永乐十一年（1413）帝令柳升操练神铳手"必操习精熟……尔提督不可不严"的记载，认为第二次北征之前神机铳炮兵已别于他军，实行单独训练，要训练则"必须是一个独立的编制单位"；又，十二年（1412）第二次北征，柳升领中军、大营及"神机铳手"，此处"神机铳手"虽难以断定是否为神机营，但据十九年第三次北征，柳升复"领中军马步队及大营、围子手并神机营"，对比这两次北征军中的中军和大营配置，十二年"神机铳手"与十九年（1421）"神机营"均与大营、围子手营一起由中军柳升兼领，其情况极为相似，故十二年中军柳升所兼领之"神机铳手"，即十一年柳升所提督训练的"独立编制单位"的"神机铳炮"兵，其实就是神机营。而八年北征中，柳升为中军副将，同样领"神铳手"为前锋，整个过程中神铳手均与柳升密切相关，故可推知八年柳升所领的"神机铳"手，应该就是神机营之兵。另外，该书又根据七年九月大量新式火铳的制造①，认为神机营可能建于七年底八年初，最迟不晚于永乐八年②。需要注意的是，是书《后记》中说明上述论神机营的相关章节由王兆春撰写，范中义统稿，则上述观点虽然主要反映的是王兆春的观点，但得到范中义的认同，即书中代表了二者共同的观点。

（3）"永乐十八年至宣德二年"说

李新峰《明代前期的京营》一文，不同意传统观点，也不认同王兆春等学者的观点。文章认为永乐北征中形成的三大营不能视为"京营"，提出"京营"成立的基础是永乐二十二年（1424）明太宗去世后未及遣散的北征军，而成立的标志则是宣德元年（1426）班军制度和训练体制的确立。既而，文章认为京营确立的时间，才是神机营成立的时间，谓："京营成立以后……战时包括中军、神机铳手、围子手的大营"，因地位逐渐降低而成为五军营的下属，"而神机铳手则从大营中脱离，独立成营了"，甚至认为神机营制度直到宣德二年（1427）才确立③。文章提出："第一次北征军中必无神机营之设"；第二次北征"神机铳手"附属于大营，并未单

---

① 按：出土实物证实，永乐七年九月制造了大批新式火铳，其中"天"字号已达23625支以上，是个不小的数目。详见原书第299页，以及成东《明代早期有铭火铳初探》。

② 范中义、王兆春等编：《明代军事史》，见军事科学院编《中国军事通史》第15卷，军事科学出版社1995年版，第297—300页，本文在陈述其论证过程时作了一定程度的概括，详见原文。

③ 李新峰：《明代前期的京营》，《北大史学》第11辑，北京大学出版社2005年版。

独成军；第三、第四、第五次北征中虽有名为"神机营"的营参加，但"神机营"属于大营，亦未独立成营；直到宣德二年，神机铳手才从大营中独立出来。

不过，文章的论述中推论过多，有的地方主观性较强①，因此，他的观点有超越前人之处，但某些判断尚有可商榷的空间。

（4）"永乐十八年迁都前后"说

张松梅《〈明史·兵志〉永乐京营建置校误》一文也讨论了京营成立时间的问题，文章认为李新峰的观点"尚容讨论"，范中义《明代军事史》中的观点亦"有失偏颇"，认为"三大营"的成立并非"一蹴而就，时间跨度比较大"，这种观点是符合客观史实的。神机营方面，文章不认同"得交阯火器立神机营"的传统说法，而依据《明太宗实录》中第一次出现"神机营"一词的时间，即永乐十九年（1421）七月，认为神机营应在迁都前后成立，至宣德八年（1433）班军制度成例后才最终确立②。

同样认为神机营建于永乐迁都之后的，还有白寿彝主编的《中国通史》，该书第九卷第七章第二节述及："永乐迁都北京后，以京师置于国防前线，成为全国的军事中心，增为七十二卫，并定制立京军三大营，有五军营、三千营和神机营。"③南开大学2005年博士学位论文《明代中后期军事制度研究》作者肖立军，亦提到"至迟在永乐十九年第三次北征时已设立'神机营'"④。

（5）其他观点

也有对这个问题采取模糊处理或直接采用《明史》观点的，如：史仲文主编的

---

① 文章中有些引以为据的材料是比较牵强的。如文章认定第三次北征中"神机营属大营"，而引证的材料却是《实录》中的太宗令"柳升等领中军马步队及大营围子手营并神机营"，这句话无论如何也看不出神机营"属"大营，"并"与"属"二字的含义显然是有区别的。又如，文章引《戒庵老人漫笔》卷六所收的《邓氏尚书公事状》一文中永乐八年成祖命邓尚书"扈驾北征"，邓"乃与同附大鸿胪陈公季暄、工部尚书黎公澄创神机营，建盔甲厂，制神枪神铳，退鞑虏于九龙山下"的记载，认为三人所"创神机营"，"显然是制造兵器而非战斗机构"，这个判断恐怕有些主观，因为没有任何证据能说明三人所"创"的"神机营"是"制造兵器"的机构，且明代制造兵器的机构或称"厂"，或称"局"，未有称"营"者。再如，文章依据《实录》未载柳升于第一次北征时领神机火器，而得出"第一次北征军中必无神机营之设"的结论，同时文章对《永宁伯谭公行状》中谭广领神机营的记载，主观地加以否定，称"谭广时非高级将领，所统与后世所谓的'营'相去甚远，今不取"。第一次北征，柳升确实未领神机营，但神机营不一定非得要由柳升来"领"，不能依据柳升没有"领"就认为不存在；且谭广时为都指挥金事，符合《会典》所载的神机营分管官"于都指挥、指挥内推选"的标准，典籍俱在，是否"高级将领"、取与"不取"，恐怕不能如此臆断。

② 张松梅：《〈明史·兵志〉永乐京营建置校误》，《东岳论丛》2009年第6期。

③ 白寿彝主编：《中国通史》第9卷《明时期（上）》，上海人民出版社1999年版。

④ 肖立军：《明代中后期军事制度研究》，博士学位论文，南开大学，2005年。

《中国全史》第73卷《明代军事史》，谓神机营建于"永乐年间"；赵映林《明代的军事制度》言"明成祖时……添设三千营和神机营"①。李洵《明代火器的发展与封建军事制度的关系》称神机营"所使用的火器，据说是从安南战役中获得的外国火器……明成祖出征蒙古时，神机营的火器曾参加过实战"②；刘以东认为"以火炮为核心的火炮部队——神机营，是明军在永乐五年（1407）攻打交阯时'得神机枪炮法'后，回京师专门设置的"③；朱子彦认为"永乐时，攻打交阯，'得神机枪炮法，特置神机营肄习'。从此，明朝开始铸造神机枪炮"④；廖元琨认为："明成祖时得火器之法于安南，组建专操火器的'神机营'"⑤。张利《神机营五征漠北》言："关于神机营建立的确切时间，在许多史书中有所记载，'永乐中征交阯，得其神机火箭之法，因立是营'……而组建了这支枪炮部队"⑥，等等。还有很多类似说法，其主要依据都是《兵志》。

国外也有学者对神机营的建立时间问题提出过见解。《剑桥中国明代史》的作者认为"神机营就是以安南火器专家为核心建立起来的"，并称京营是在第二次北征以后开始组织的，即认为神机营建立于永乐十二年以后⑦。

总的来说，由于没有直接史料，神机营建立的确切时间只能通过研究间接得出。明清之际的传统观点一般模糊地称神机营建于明永乐时期，而得交阯火器立神机营的说法得到了普遍接受。现代学者当中，有的学者以分析现存的明初火器为线索，结合永乐北征中有关神铳兵和神机营的史料，推断神机营的建立时间；有的学者以京营"训练体制"的定型为判断依据，以京营"训练体制"确立的时间判定神机营建立的时间；也有学者认为京营的形成是一个过程，三大营的建立时间各自有别，不能一概而论。概括起来，军事史研究者一般认为神机营建于永乐八年（1410）之前，而史学研究者一般认为建于永乐十二年（1414）之后或永乐迁都前后，而神机营建于永乐末至宣德初的观点认可度不高。

---

① 《文史杂志》1987年第1期。
② 《史学集刊》1989年第3期。
③ 刘以东：《论明代火器部队的发展与军事思想的变化》，《上海大学学报》1991年第4期。
④ 朱子彦：《明代火器的发展、运用与军事领域的变革》，《学术月刊》1995年第5期
⑤ 廖元琨：《明代火器与封建军事制度关系》，《和田师范专科学校学报》2006年第3期。
⑥ 张利：《神机营五征漠北》，《科教文汇》2008年3月上旬刊。
⑦ ［美］牟复礼等编：《剑桥中国明代史》，张书生等译，中国社会科学出版社1992年版，第274页。

（二）神机营创建时间应在永乐八年之前

"神机营"一词在实录中最早出现在第三次北征中，即永乐十九年（1421）七月，"上将亲巡北边，敕……安远侯柳升等领中军马步队及大营围子手并神机营"①，如果持谨慎态度，则可以认为神机营建于迁都之后。不过，通过其他材料，则可以将神机营的创立时间前推至永乐八年（1410）以前。

首先，在八年北征中，火器部队是单独组军，并直属皇帝，与五军不相统属，并且已有长期训练及内臣"监枪"迹象。

史载，永乐七年三月，成祖至北京。五月，封瓦剌马哈木为顺宁王，尚未出现紧张局势。六月，给事中郭骥出使本雅失里，被杀，成祖遂决定对蒙古兴师，故在七月命丘福为大将军率师十万出征。八月，丘福败绩于胪朐河，九月甲戌，败报传至北京，成祖大怒，"决策亲征"，并"敕行在五府练士缮械"②。

在北征中，沿袭征安南时的做法，依旧设立神机将军，统率具有一定规模的火器部队。据史料记载，八年充神机将军至少有侯镛、陈贤、谭广等人③。据罗亨信《永宁伯谭公传》，谭广为神机将军，在八年（1410）、十二年（1414）皆出征，《传》云：

> 己丑（永乐七年），诣京操练。庚寅（八年），封神机将军，领兵扈驾北征，大破□④寇本雅失里之众。甲午（十二年），复征至九龙口，有寇骑从山巅而来，势且大。上顾谓公曰：寇将至，汝何以敌之？公曰：彼虽据高而无步卒，臣以铳兵从岩畔以火铳击之，使其马骇乱窜，及以步卒持长刀斫其马足，是可胜也。上然其计……⑤

从谭广"扈驾北征"及作战中皇帝直接指挥谭广来看，谭广在这两次北征中是

---

① 《明太宗实录》卷二三九，永乐十九年七月己巳。

② （明）谈迁：《国榷》卷一四，永乐七年九月戊寅。

③ 按：侯镛、陈贤为神机将军，见《明太宗实录》卷一〇二，永乐八年三月戊辰，及（明）王世贞《弇山堂别集》卷八九《兵制考》；谭广充神机将军，见罗亨信《觉非集》卷五《永宁伯谭公传》及《四库全书》本《明名臣琬琰续录》卷一五所收《永宁伯谭公行状》。下引《永宁伯谭公传》均来源于罗亨信《觉非集》卷五，并简称《谭广传》；《永宁伯谭公行状》，来源于《四库全书》，并简称《谭广行状》，不复注。

④ 案，原文此字已被括去，从上下文推断，此处当为"虏"字。

⑤ （明）罗亨信：《谭广传》。

直属于皇帝的。又，《弇山堂别集》亦载，神机将军侯镛、陈贤等"分督精卒，不隶五军"①，因此，可以合理地认为，神机将军应是直接受皇帝节制的。

成祖几次北征中，中军一般与大营合在一起，直接受皇帝指挥。而《明太宗实录》载：八年六月丁未，"上追及虏于回曲津，命安远伯柳升以神机铳当先，铳发，声震数十里"②。柳升时为中军副将，则中军亦领有神铳手。而在以后的几次北征中，柳升升职为中军主将，均领中军、大营并神铳手，而大营乃皇帝直属之亲军，故可知柳升所领的神铳手组成的军队也是直属于皇帝的。

又，《明太宗实录》载永乐十一年（1413）十月，成祖谕柳升曰："神机铳炮，兵之利器，攻战所不阙者。必操习精熟，然后临机得用，尔提督不可以不严。"③则柳升此时已"提督"神机铳手"操习"，可见，神机铳手是有常规训练的。此外，罗亨信《谭广传》亦称神机将军谭广"常领神机骑卒五千于京师操练，人见勇锐桓桓，则曰：'是谭家马也'，中外因有是名"，谭广从"己丑（永乐七年）诣京操练"，到其操练之神机骑卒达到扬名"中外"的效果，不可能立时而就，必须经过长期而有计划的训练。可见，神机兵的操练从永乐七年就开始了。所以，可以认为，到永乐十一年成祖谕柳升操练神机铳手之时，神机铳手的训练其实已有了相当长的时间。而永乐七年九月，成祖令行在五府"练士"以备出征，则可知神机铳手的训练实始于此时，谭广、柳升的操练，应该就是"练士"的具体表现之一。

另外，八年北征时，已出现内臣参与管理火器。据《弇山堂别集》，八年北征中，成祖屡遣人收拾明军沿途所遗神机铳，令交与中军清远侯王友处，又令王友接到拾回神机铳时，须"一一与内官点过交收"④，内官参与神机铳的管理，事在神机营建立并设置"监枪内臣"之后，"监枪内臣"之设是神机营的一大特点。

综上各端，可知北征军中火器军由神机将军及中军率领，直属于皇帝，平时亦有常规的训练，而战时又有内官参与火器的管理。虽然，这不能作为神机营建立的直接证据，但它清楚地说明，八年的北征中，火器部队是单独建制的，火器兵是有

---

① 《弇山堂别集》卷八九《兵制考》。
② 《明太宗实录》卷一〇五，永乐八年六月丁未。
③ 《明太宗实录》卷一四四，永乐十一年十月癸丑。
④ 《弇山堂别集》卷八八《诏令杂考四》载，"永乐八年五月十二日：说与都指挥郑铭，今令尔率领回营官军，所事军器不许抛弃，沿途仔细跟寻，遗下军器及神机铳等件，务要尽数收拾，于清远侯处交收；永乐八年五月十二日：说与清远侯王友，今发官军人等回营，沿途收拾遗下神机铳及军器，将带多余铳，到营之时，一一与内官点过交收。"

常规操练的，而火器的管理又是内官参与的，而这正是神机营的特征。

其次，北征军中配备了大量的新制式的火器，这正印证了安南火器对神机营建立的影响。

出土的永乐手铳表明，永乐七年（1409）九月，北京新造了大批新式手铳。在出土的数件永乐手铳中，最早的是永乐七年手铳，俱铭"永乐七年九月"，其已知的最大编号已达23625，与建文、洪武手铳相比，永乐手铳的铸造工艺大为提高，设计上也发生了突变，加上了火门盖，并使用了"木马子"①，这是征安南之前明军传统手铳中所未见的。显然，这批新式手铳是为亲征准备的。这表明，七年九月，成祖令"行在五府练士缮械"的敕令并非虚文，而上述二万余支新式火铳，即是"缮械"的具体表现之一。

此时，大军已付与丘福，四方之兵尚未及征集，而成祖又令行在五府"练士缮械"，显然，此时能"练"的只能是北京的现有兵力，则最合理的情况是，七年九月新"缮"的二万余支新式火铳，必定是绝大部分分配在了北京现有的随驾军中。结合北征军中火铳手直属皇帝，以及谭广、柳升等人对火器军的训练来看，可知北征火器军是常驻北京操练的，且已有相当之规模，至少已达二万余人，如此规模之火器军，要训练"精熟"，没有一定的编制和计划显然是不行的。

其三，史料证明，永乐十年之前神机营已存在。

据李诩《戒庵老人漫笔》所收《邓氏尚书公事状》，谓邓尚书（即安南人邓明）：

> 八年，陈季扩复啸聚众，朝廷屡诏招抚……公至军，谕以祸福，责以僭号之罪，言辞恺切，季扩倒戈效顺……上乃命户部诸郎中王进、指挥使陶弘乘传趣公至京，锡之筵宴，拜资善大夫、行在工部尚书……命扈驾北征，乃与同附大鸿胪陈公季暄、工部尚书黎公澄创神机营，建盔甲厂，制神枪神铳，退鞑虏于九龙山下。未几构疾，以永乐十年五月初一日卒于王事。②

---

① 成东：《明代前期有铭火铳初探》，《文物》1988 年第 5 期。
② （明）李诩：《戒庵老人漫笔》卷六《安南邓尚书》。

此事状虽有颇多纰漏①，但邓明为工部尚书，八年"命扈驾北征"，与陈季暄、黎澄等人一起"建盔甲厂，制神枪神铳"的事迹应该是可信的，《国榷》亦载邓明"同鸿胪卿陈季暄、工部尚书黎澄作神枪"②。唯邓明、黎澄等人皆工部官，而陈季暄为礼官，皆无权与兵事，故他们"创"神机营不太可能，但工部管制造军器，其协助筹建神机营则是完全有可能的，邓明卒于永乐十年（1412），则神机营当建于此前。

前述罗亨信《谭广传》称谭广永乐七年入北京"操练"，"扈驾北征"，练成号为"谭家马"之精锐"神机骑卒"，以至"中外"有名；而《谭广行状》记此事，则称广"七年入见，留北京，领神机营。从上征迤北，封神机将军……十二年，复从征九龙口"③，则可知谭广先领神机营，后被封神机将军从北征。罗亨信作《传》时，谭广尚健在，二人关系密切，其言必有据，而《行状》与《传》，以及《明英宗实录》谭广卒后的小传④，三者各有详略，可相互印证，故《谭广行状》言其"领神机营"，应该不是没有根据的。

因此，范中义所编《明代军事史》推论认为神机营在永乐八年（1410）之前已创建的观点是可取的。虽然本文所用材料与之有所不同，理由亦异，但均可说明神机营应建于永乐八年之前。

二 "铳箭"辨——兼述明初火器发展状况

明初，相较于前代，火器已有很大的发展，品种丰富，技术也更为成熟，大量的文献记载和出土的洪武碗口铳、洪武铁炮以及各式铜手铳均可以说明这一点。出土的明初火铳，均为发射弹丸之器，学界对此已有很全面的研究。但明初的火铳之中，除发射弹丸之外，有的还可以发射箭矢，且这种以矢为"弹"的火铳在永乐安南之役及成祖数次北征中均发挥过重要作用，《太宗实录》中屡见有明军以"神机

① 按：据史本纪《成祖二》及《国榷》，陈季扩投降在八年十二月。成祖八年三月已出师，则邓明不可能在招抚陈季扩之后再被"趣至京"而"命扈驾北征"，因为十二月仗早就已经打完了。且"退辍房于九龙山下"属第二次北征之事，第二次北征在十二年，时邓明已卒矣！且邓明卒于永乐十年，而黎澄升工部尚书，事在正统十年，此事状称黎澄为工部尚书，则其作于正统十年以后可知。既作于正统十年以后，讹误在所难免，不必强求。此事状虽有夸大邓明功绩的倾向，不过其所记的主要事迹应该是有的，只是其宣称的时间不足以为凭。

② （明）谈迁：《国榷》卷一五，永乐十年五月甲申。

③ 见《谭广行状》。

④《明英宗实录》卷一二二，正统九年十月甲子。

铳"克敌制胜的记载，而"神机铳"正是这样一种发射箭矢的火铳（发箭之铳，史籍中未详其称谓，本文为行文方便，因其特征而简称之为"箭铳"）。正确认识这类火器，对厘清明朝自身火器发展的轨迹，以及对鉴别明人记述中的混淆之处都是很有用的。

（一）"铳箭"辨

箭铳在火器发展中的地位并没得到相应的重视。学界在研究明初火器时，往往注重于弹丸手铳的发掘和研究，因为这种铳更接近于后世的枪，符合火器发展历史趋势。其实，就目前出土的明代火铳来看，明初火铳以发射散弹为主，其射程和杀伤力势必非常有限。以明中后期的鸟铳而论，一次发一枚实心铅弹，"一发而去，鸟雀遇于三十步内者，羽肉皆粉碎，五十步外方有完形，若百步则铳力竭矣"[1]，即鸟铳的有效射程也不超过五十步。明初火铳由铸造而成，设计尺寸难以保证，自然远远不及明中后期有十数道工序、精工锻造的鸟铳[2]，加之发射散弹，可以想象，其杀伤力应远在鸟铳之下。为此，明初的兵器家们运其巧思，发明了以矢为"弹"的箭铳，以弥补散弹铳的不足，"神机铳"就是箭铳中最著名的一种。应该说，箭铳在明初的军事斗争中发挥过重要作用，是值得研究的。但现有多种火器著作中对箭铳或者不提，或者点到即止，或者误认为它就是安南所传的神枪，足见箭铳没有得到应有的重视和正确的认识。

永乐四年（1406），明军征安南，十一月，克其多邦城。其时，安南守军以象阵迎击，明军用内府事先准备好的狮子画像蒙于马身，用伪装成狮子的群马冲敌之象阵，并调神机将军罗文等"以神机铳翼而前"，即以火器护卫冲敌之马，罗文等"铳箭齐发"，敌象见狮像而惊骇，又"为铳箭所伤"，遂自相践踏而败[3]。此处"铳箭所伤"，有学者断为"铳、箭所伤"[4]，即认为是被"铳"和"箭"分别所伤。但神机军为火器部队，罗文等以"神机铳"翼而"前"，此处未言前锋有弓弩手，也未指出有用火箭，那么说敌象被铳所伤则可，若谓为箭所伤，则箭从何来？故"铳箭"二字之意，值得讨论。

---

① （明）宋应星：《天工开物》卷下《佳兵第十五》。

② 关于鸟铳或其他火绳枪的制造工序，可参见戚继光《练兵实纪》、宋应星《天工开物》及赵士桢《神器谱》等书。

③ 见《越峤书》卷一〇，以及《明太宗实录》卷六二，永乐四年十二月丙申。

④ 见刘旭《中国火药火器史》，第143页："（三）城塞攻守战大量使用火器"一节。

永乐八年（1410），成祖亲征漠北，丁未，"上追及虏于回曲津，命安远伯柳升以神机铳当先。铳发，声震数十里，每矢洞贯二人，复中傍马，皆立毙。虏怖慑，策马走。我师奋进，大败之"①。同样是以"神机铳"当先，但"铳发，声震数十里"之后，结果却是每"矢"洞贯二人，同样只说到有神机铳，未言有弓弩、火箭，然则"矢"又从何来？很明显，此役中的神机铳射出去的是"矢"，也就是箭，而"声震数十里""复中傍马，皆立毙"等语，显然是《明英宗实录》的作者在渲染采用安南技术改进之后的神机铳的巨大威力。

此外，谭广在永乐八年和十二年（1414）两度随征，罗亨信《谭广传》记载谭广用火铳的一次战例，云："甲午（永乐十二年）……有寇骑从山巅而来，势且大……公曰：彼虽据高而无步卒，臣以铳兵从岩畔以火铳击之……上然其计……"而《明英宗实录》记此事，则谓："贼数万骑凭崖列阵，广以神箭万人射之……贼大败。"《谭广行状》亦谓："十二年……公为前锋，以神箭手万人射……贼大败去"（按："人"字当为"人"字）。对于同一史实，罗亨信言以"火铳"击之，《明英宗实录》及《行状》则谓以"神箭手"射之，故所谓"神箭手"者，并非"百步穿杨"之弓箭手，乃火铳手也。

因此可以断言，多邦之役中敌象"为铳箭所伤"的"铳箭"二字，不能理解为"铳"和"箭"，而应理解为"铳之箭"，"铳箭"应为一个词，而不是两个词。铳所发之箭，谓之"铳箭"，与用火药发箭谓之"火箭"，其道理是类似的。

发矢的铳不但见于一般史籍，更有兵书著录。查《火龙神器阵法》，有单飞神火箭："铳用精铜熔造，筒长三尺，容矢一根，用发药三钱。火发箭去，势若火蛇，攻打三四百步，可敌数人，与神枪并用……"；九矢钻心神毒火雷炮："铳用精铜铸，身长三尺八寸，中藏九矢，上蘸虎药，一发则九矢齐飞，穿心透骨……此铳一发九矢，故当九人之用"。上述二器，发射器都是用精铜铸造的"铳"，可见，以铳发矢的火器，是受到兵家认可的。不过，有学者认为《火龙神器阵法》乃嘉靖后的伪书，那么其内容是否可靠？其实，即使它是伪书，作者也不外乎是东抄西拼，不可能自己杜撰出这许多种火器。而且，不但《火龙神器阵法》收录有以铳发矢的火器，被誉为军事百科全书的《武备志》，也载有上述两种火器，不仅如此，《武备志》中还收录有其他两种以铳发矢的火器：

神枪：将箭装于铳筒内，"箭下有木送子，并置铅弹等物"，木送子用铁力木制

---

① 《明太宗实录》卷一〇五，永乐八年六月丁未。

成。可射三百步，此器即为安南火器之一①。

三支虎钺："一如铁铳，管长腹大，即今神枪也。三铳三管，内三条药线合会于中，一点火，三矢俱发，与枪无异。三矢易于获贼人散骑，亦善攻步队。"从这段描述中可以知道，三支虎钺是神枪的升级版，因有三根铳管，所以有三条药线，故"三矢俱发，与枪无异"②。

箭铳的存在也可以在《明会典》找到证明。据万历《明会典》卷一九二《军器军装》的火器条，按弘治以前的定例，兵仗局造的火器及其配件中就有"铳箭头九万个""神枪""铳箭"等项。可见，《火龙神器阵法》和《武备志》所载是有根据的。

丘濬在《大学衍义补》里有如下记载：

> 臣按，古所谓火攻者，因风纵火也，而无有今世所谓火药者。……近有神机火枪者，用铁为矢镞，以火发之，可至百步之外，捷妙如神，声闻而矢即至矣。永乐中，平南交，交人所制者尤巧，命内臣如其法监造。在内命大将总神机营，在边命内官监神机枪，盖慎之也。③

可以看出，丘濬对"近世"这种"用铁为矢镞，以火发之"的火器相当推崇，以丘濬学识之渊博，他对"神机火枪"原理和性能的说法，应是有根据的。这种铳的威力，按丘濬所说，射程"可至百步之外"，这并不夸张。景泰元年（1450），五军坐营都指挥佥事王淳提议用轮番迭射之法，谓"敌在百步之内，神机枪射之，五十步内，弓箭射之"④，神机枪即神机火枪⑤，可见神机火枪的有效射程确实能达到百步，这比嘉靖后的鸟铳还有过之而无不及。正因有如此优异的性能，所以箭铳为兵器家所钟爱，景泰元年，巡关刑部右侍郎江渊向朝廷推荐民间兵器家师翱研制的连发火铳，云："其铳柄上有活脱机，顷刻之间可连放三铳：第一铳放药箭七枝，第二铳放铁弹子三四十个，第三铳药箭弹子随用，每铳可打三百步外，铳后带两刀，

---

① （明）茅元仪：《武备志》卷一二六《军资乘·火八》。
② （明）茅元仪：《武备志》卷一二七《军资乘·火九》。
③ （明）丘濬：《大学衍义补》卷一二二。
④ 《明英宗实录》卷一九三，景泰元年六月乙酉。
⑤ 按：神机枪也就是丘濬所说的神机火枪，又称神枪，为安南火器之一，是一种箭铳，见本文第四章。明军在得安南神枪之前，自己并没有神枪，故丘濬所说的明人原有的"神机火枪"应是指"神机铳"，而"交人所制者"指的安南神枪。

上能斩人，下能斩马"①，师翱所研制连发火铳就从箭铳中获得了灵感。故箭铳在明代火器史上应该有它的一席之地。

另外，丘濬的话也很明确地说明，明人原本有一种"以铁为矢镞，以火发之"的火铳，但因安南人的神机火枪"尤巧"，致使明人后来吸收了安南技术，以之装备神机营，并命大将总之，内官监之。需要注意的是，丘濬笼统地称这种火器为"神机火枪"有欠准确，明人自有的这类火器应为"神机铳"，与"交人所制"的"神机火枪"相比，虽然原理颇为相似，都是发矢的箭铳，但是确系不同的火器②，明中后期的人在记述安南火器时，往往神枪、神铳并举，有时混为一谈，越到后期越混淆，故查阅明代中后期的史籍，尤须留意这一点。

此外，据朱晶研究，同时代的朝鲜，其国内的火器"以发射箭簇的铳筒为主"，"箭以圆木或竹制成，末尾有铁镞，中间设铁羽三叶，在金属管的药筒中填入火药后，在火药前先置入一直径与炮的前膛内径相同的激木，再插入各种类型的箭，发射时箭的大部分（含铁羽）露于炮管之外，管筒上留有直径为一分的药线穴，点燃药线之后，箭即发出"③。朝鲜的箭铳中有"激木"，而安南和中国的神机枪、神机铳中有"木送子"，作用相似，都是用来稳定膛压、保证箭簇受力均匀，可以说是异曲而同工。这说明，在火器发展的早期，用铳筒来发射矢镞不仅仅是中国一国的现象，也是其他一些国家的共同选择，是一种普遍规律。

（二）洪武时期的火器发展状况述要

明洪武时期，火器已经发展到了一定的水平。洪武十三年（1380）明朝廷规定"凡军一百户，铳十"④，即卫所军要配备10%的火铳。《会典》记载洪武间规定"海运随舡军器"有"每舡黑漆二意弓二十张，弦四十条，黑漆鈚子箭二千枝，手铳筒一十六个，摆锡铁甲二十副，碗口筒四个，箭二百枝，火枪二十条，火攻箭二十枝，火叉二十把，蒺藜砲一十个，铳马一千个，神机箭二十枝"⑤，其中手铳、碗口筒、火枪、火攻箭、火叉、蒺藜炮、神机箭等均为火器，而"铳马"则为火器的配件，只有弓箭和铁甲不是火器，可见，水军中已有相当高的火器配备量。有学者

---

① 《明英宗实录》卷一九五，景泰元年八月甲午。
② 关于"神铳"和"神枪"的论述，详见第四章第一节"安南传入明朝的火器"。
③ 朱晶：《古朝鲜引入与改进火药和火器的历史研究》，《东疆学刊》2008年第1期。
④ 《明太祖实录》卷一二九，洪武十三年春正月丁未。
⑤ （万历）《明会典》卷一五六《军器》。

据洪武二十五年（1392）全国总之兵力121.5万，按卫所军的配置10%装备火铳计算，仅火铳全国已装备12万支以上①，其他种类的火器尚不在其列。因此，洪武时期火器生产已有一定的规模，而管理方面也已形成相应的制度。火器生产和配给的制度化，主要表现在于中央设立了一些负责火器生产和管理的部门。

《明会典》曰："军器造于工部，而给散则兵部掌行。"② 洪武时期中央机构中与火器相关的部门除了工部的"宝源局""军器局"之外，还有隶属于内府的"兵仗局"及"内官监"。

宝源局和军器局均属于工部③。元至正二十一年（1361），设宝源局于应天府，职责初为"铸大中通宝钱"④，后也兼造兵器，官正七品，洪武六年（1373）更定宝源局大使为正八品⑤。目前，出土的洪武火器中⑥，水军左卫洪武五年（1372）碗口铜炮、莱州卫洪武八年（1410）炮以及洪武五年骁骑卫手铳均铭有"宝源局造"字样，如水军左卫洪武五年碗口铜炮，铭文为"水军左卫进字四十二号大碗口筒 重二十六斤 洪武五年十二月吉日宝源局造"，据铭文可以判断，这些火炮应该是地方卫所向朝廷申请，由宝源局定向为之铸造的。军器局⑦，设于洪武十三年（1380），"十三年春正月，罢军需库，置军器局，专典应用军器。凡军一百户，铳十，刀牌二十，弓箭三十，枪四十"⑧。其中，原来的"军需库"隶属于将作司，设置于吴元年（1367）⑨。对于火器生产，军器局并不仅仅是生产"铳"，其他一应火器皆可生产，《会典》也载有大量应由军器局造的铳、炮⑩。军器局直到明末，一直都是明朝火器的主要生产机构之一。

兵仗局和内官监均属内府。兵仗局为宦官"八局"之一，"掌制造军器"，其中有"火药司属之"⑪。《会典》记载"凡胜字、天、威并列字等号飞枪、神铳等项火器"，"俱系内府兵仗局掌管"；"各边城堡所用大将军、二将军、三将军、并手把铜

---

① 见王兆春，《世界火器史》，第103页。

② （万历）《明会典》卷一五六，"军器"。

③ 见（万历）《明会典》卷二，"工部"。

④ 《明太祖实录》卷九，辛丑正月己亥。

⑤ 《明太祖实录》卷八四，洪武六年八月丙申。

⑥ 本节所引火器实物，除特殊注明之外均引自成东《明代前期有铭火铳初探》，《文物》1988年第5期。

⑦ （万历）《明会典》卷二，"工部"条：虞衡清吏司……主事四员……一员，管军器局。

⑧ 《明太祖实录》卷一二九，洪武十三年春正月丁未。

⑨ 《明太祖实录》卷二四，吴元年六月辛丑：置太常、司农、大理、将作四司，俱正三品……将作司左右提举，正六品；同提举，从六品；司程典簿副提举，正七品；军需库大使，从八品，副使，正九品。

⑩ （万历）《明会典》卷一九三，"火器"。

⑪ 《明史》卷七四《职官三》。

铁铳"等，"若一时急缺，奏请，亦从内府颁给。"① 可见，内府之兵仗局对火器的管理、分发有很大的权力。有学者认为兵仗局设置于洪武二十八年（1395）②，但据《明实录》，洪武十七年（1384）更定宫官品秩，有"鞍辔、兵仗局，掌造各项军器"，其中兵仗局"设大使一人，正九品，副使一人，从九品"，并且"于流官内选用，隶工部"③，虽然，实录未详载兵仗局设于何时，但据此可知，兵仗局必设于洪武十七年之前，且其初隶于工部。又，洪武二十八年九月，有"重定宫官六尚品职"之诏，"兵仗局，掌御用兵器，并提督匠役造作刀甲之类及宫内所用梳篦刷牙针剪诸物"④，此处明言是"重定"，故兵仗局非始设于洪武二十八年，只是本年改属内府而已。内官监，为宦官"十二监"之一，"掌石、瓦、土、塔、材、东行、西行、油漆、婚礼、火药十作"⑤，即内官监下设有"火药作"，应是直接生产火药火器的单位。

洪武时期，除了中央的三局一监之外，地方卫所亦可自造火器。出土的洪武铳、炮中，洪武十年（1377）以后的，铳炮不再铭宝源局造，而是铭某卫造，如山西省博物馆藏洪武十年铁炮，铭文为"大明洪武十年丁巳□□季月吉日 平阳卫铸造"，洪武十八年铜炮，铭"永平府……匠造某人铸匠某人"；建文二年（1400）手铳，铭"留守中卫铸造"⑥。万历《会典》记载，洪武二十六年（1393）规定，"都司卫所季造，止是编降字号手把铳口"，对于各边城堡所用的大将军、二将军、三将军以及手把铜铁铳等，"若铳口损失、并给用不敷者，镇守巡抚官具数会奏，方许自造，若一时急缺奏请、亦从内府颁给"⑦，可见，地方卫所有权自主制造火器，并且在自造的不敷所用而又一时急需时，还可申请由内府供给。

洪武至永乐初期的火器，见于史籍者主要有手把铳、碗口铳（筒）、大将军、二将军、三将军、火枪、火叉、蒺藜炮、神机箭等，俱见于万历《明会典》；襄阳

① （万历）《明会典》卷一五六，"军器"。
② 王兆春：《中国火器史》，第75页。
③ 《明太祖实录》卷一六一，洪武十七年夏四月癸未。
④ 《明太祖实录》卷二四一，洪武二十八年九月辛酉。
⑤ 《明史》卷七四《职官三》。
⑥ 见成东《明代前期有铭火铳初探》，以及王兆春《世界火器史》，第86—91页。
⑦ （万历）《明会典》卷一五六，"军器"。

炮①、火铳②、神机铳③、火箭④、神机箭⑤、一窠蜂⑥、揣马丹⑦等，见于《明实录》。其中，神机铳已在上节讨论，其他几种火器中，手把铳、碗口铳、大铁炮等已有不少出土实物，如前文提到的"水军左卫洪武五年碗口铜炮"即其中之一，而火箭、神机箭、一窠蜂、揣马丹等均为火箭，蒺藜炮是一种手掷爆炸火器，相当于后世的手雷一类的武器，火枪、火叉则是冷热结合的兵器。下面对出土铳、炮及有文献可考其形制的火器分别加以说明。

出土的洪武手铳，时间介于洪武五年至十二年之间，据王兆春对已知的 28 支洪武手铳的研究，这些结构基本相同，长度介于 420—445 毫米，口径 20—23 毫米，重 2.5—4.4 公斤，均由前膛、药室和尾銎三部分构成。前膛，即铳口至药室的部分，通常称之为铳管，约为全铳长度的 2/3，火药及弹丸依次从铳口装入药室；药室，即盛装火药及弹丸的部分，管壁较铳管部分稍厚，有隆起，呈椭圆状，底部开一小火门，用于引出导火线；尾銎，呈喇叭形，中空，用于安置木柄。一般手铳均在铳口、前膛后部、药室前部、药室后部以及尾端等处，各有一道横箍，用以增加铳身的结构强度⑧。手铳主要用于单兵持放，是嘉靖以前明军火器中最常用的火铳之一。洪武手铳的外形及结构示意图如下图所示：

洪武手铳外形

图片来源：王兆春《世界火器史》，第 93—94 页。

---

① 《明太祖实录》卷二一，丙午年十一月癸卯："大将军徐达等兵至姑苏城南鲇鱼口击张士城将窦义……架木塔与城中浮屠对，筑台三层，下瞰城中，名曰敌楼。每层施弓弩、火铳于上，又设襄阳炮以击之，城中震恐。"宋元时期襄阳礮是投石机，是役中，襄阳炮应该是一种火器，而非"以机发石"的襄阳礮。

② 同上。

③ 《明太宗实录》卷六二，永乐四年十二月丙申。上节"铳箭辨"，所论就是这种火铳。

④ 《明太祖实录》卷六六，洪武四年六月辛卯："德庆侯廖永忠进兵瞿塘关。"

⑤ 《明太祖实录》卷一八九，洪武二十一年三月甲辰："西平侯沐英讨百夷思伦发……令军中置火铳、神机箭为三行列阵中，俟象进，则前行铳、箭俱发，若不退，则次行继之，又不退则三行继之。"

⑥ 《明太宗实录》卷六，建文二年正月己未："时李景隆胡观郭英吴杰等合军六十万号百万列阵以待……敌军中举火器，时闪烁有光，我师望见其明甲，辄击之。敌藏火器于地，其所谓'一窠蜂''揣马丹'者，着入马皆穿。"

⑦ 同上。

⑧ 见王兆春《世界火器史》，第 93—94 页。

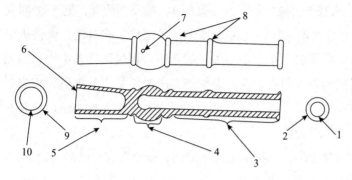

洪武手铳结构示意图

1.口内径　2.口外径　3.前膛
4.药室　5.尾銎　6.尾腔
7.火门　8.箍　9.尾端外径
10.尾端内径

图片来源：王兆春《世界火器史》，第93—94页。

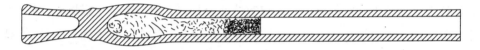

洪武五年手铳（装弹示意图）

图片来源：成东《明代前期有铭火铳初探》。铭文为："骁骑右卫胜字肆佰壹号长铳筒　重贰斤拾两　洪武五年八月吉日宝源局造"，1964年河北赤城出土，出土时铳管内尚装有火药和弹丸。

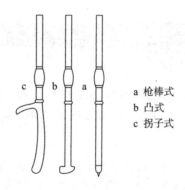

a 枪棒式
b 凸式
c 拐子式

手铳的手柄样式图

图片来源：王子林《故宫博物院藏明代手铳》。

　　碗口铳及大型铳炮。碗口铳从元代盏口铳的基础上发展而来，是明代早期火炮的主要形式之一，也是明前期的主要火炮之一，主要用于水战和城防。永乐安南之役，明军就用了碗口铳和大将军炮，击碎敌船甚多①。至英宗正统十四年（1449），

———————————

　　① 见《越峤书》卷一〇。

仍有"给宣府……碗口铜炮三百个"记载①，可见碗口铳至少在正统时期仍有大量应用。大型铳炮是洪武时期的重型铁炮，为前代所无，目前有两件实物，一为洪武八年（1375）大铜炮，一为洪武十年大铁炮。其中，洪武十年大铁炮长630毫米，口径230毫米，重73.5公斤，现藏于山西省博物馆②。洪武时期的碗口铳及大型铳炮见下图：

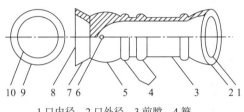
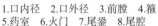

1.口内径　2.口外径　3.前膛　4.箍
5.药室　6.火门　7.尾銎　8.尾腔
9.尾端外径　10.尾端内径

洪武碗口铳示意图及照片

图片来源：左图见王兆春《世界火器史》，第94页；右图，中国人民革命军事博物馆古代战争馆网站陈列的洪武五年碗口炮。

洪武十年大铁炮（山西省博物馆藏）

图片来源：周纬《中国兵器史稿》，第312页。

火箭、神机箭、一窠蜂、揣马丹等。火箭应指普通火箭，见《武备志》卷一二六"火箭"条。神机箭，也是一种火箭，其特别之处在于兼具燔烧和毒气功能，且火药筒要用"火块油纸封之以防天雨"，能射百步。"一窠蜂"，应该就是"一窝

① 《明英宗实录》卷一七九，正统十四年六月辛未。
② 王兆春：《世界火器史》，第95页。

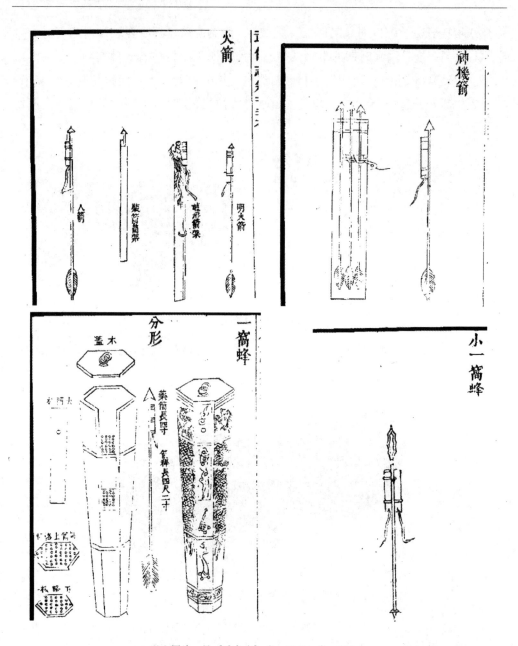

以上图片，见《武备志》卷一二六、卷一二七。

蜂"，是一种多发火箭筒，据《武备志》称，原先有一种竹编的多发火箭筒，用普通短小猛箭，但因威力不济，后改为用神机箭，以木为筒，一次可发三十二支，可射二三百步，即改良型一窝蜂也。一窝蜂还有大小之分，另有一种名为"小一窝蜂"，其制，在箭杆上缚一对火药筒，形如蜂状，距敌三四丈时发之，"则敌脸目不睁"。揣马丹，其形制乏史可考，但据实录的战例来看，揣马丹与一窝蜂一起使用，"着人马皆穿"，能透穿人马，应该也是一种火箭。

蒺藜炮，《武备志》作"蒺藜火毬"，《三才图绘》作"蒺□火毬"，其实是同一种东西。《武备志》云："以三枝六首铁刃，以火药围之，中贯麻绳，长一丈二尺，外以约并杂药傅之，又施铁蒺□八枚，各有逆须"①，即蒺藜炮是一种"手雷"，其中装填了铁刃和有倒钩的铁蒺□，"杂药"当具一定的毒性，爆炸后，铁刃及铁蒺□均可飞溅伤敌。

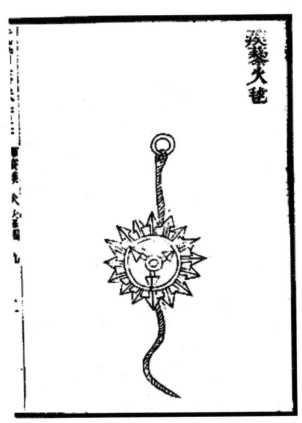

图片来源：《武备志》卷一三〇。

火枪、火叉，均是在冷兵器的枪、叉之上，缚以火铳筒，其图示见《武备志》卷一二八，兹不复录。

以上各种火器说明，洪武时期的火器种类已经相当丰富，尤其是手铳和火炮的

---

① （明）茅元仪：《武备志》卷一三〇《军资乘·火十二》。

发展，很值得注意。洪武时期的手铳，装备量至少已达全军的10%，数量庞大。技术上，尺寸、形制有较高的一致性，说明当时的手铳已形成一定的系列和技术标准，铸造技术已有很大的提高。火炮方面，洪武时期已发展出重型大铁炮，史籍所谓大、二、三将军炮，很有可能就是这种火炮。火炮重型化，是古代火炮提高射程的重要方法，也是古代火炮发展的一个趋势。洪武火器的大发展，为明军火器化提供了物质保障。

三　神机将军考述

征安南之役中的"神机将军"所率的神机铳兵是明代出现的最早的有一定规模的独立编队的火器军，战时专门负责火攻。虽然安南之役的"神机将军"与其他卫所军官一样，战时由朝廷命将出师，事毕则解印还朝，其编制也尚未固定下来，但神机将军之制一直延续到神机营成立之初。神机将军的出现，表明明军已具备组建独立的、专业的火器军的条件。

（一）安南之役中的火器运用

永乐四年（1406），明朝发动了对安南的战争，次年，灭安南国，设交阯布政司。

安南之役是一场火器时代的战争，交战的双方都在此役中投入了大量的火器兵，此役之后，火器在明朝更加受到重视，引起明代火器史上第一次变革。

明军在入安南之前，就已悉知安南人有火器，为此做了充分的准备。永乐四年闰七月初四，明成祖敕谕总兵官朱能：

> 闻黎贼多备火器，以拒敌我师。夫军旅之行，凡遇山林险阻，尚且避之，不使疲劳军力，况闻贼有所备而不思所以防之乎？故敕工部计较，造成挨牌，以当火器。初编竹一层，箭直透过，入地领花俱没。再用二层蹉缝编之，以牛皮入道缠裹试之，三十步，箭透三寸五分；二十五步，箭透四寸；十五步，箭透五寸；甚是坚固。以是拥蔽火器，不能为患，军士自然轻敌。今就发去一面为式，高五尺二寸六分，上阔一尺八寸，下阔一尺三寸六分。①

---

① 《越峤书》卷二《疏书移文》。

明军除了准备了对安南火器具有有效防御能力的"挨碑"以外，也配备了大量的火器，出师诏中有"命指挥同知程宽、指挥佥事朱贵等为神机将军"，神机将军所领之军就是专门的火器军①。由于明军火器与安南火器有所不同，为了防止战争中将自己的火器机密泄露出去，成祖在四年闰七月出师之前及十月出师之后，各发敕谕，严令前方将士须严密保管"神机铳等一应火器"的机密，并以神机将军专责此方面事务②。

安南方面，据越南社会科学院所编的《越南历史》，安南军铸造了各种口径不同的火炮③，并在各处城塞布置了各式火器。

十月十日，张辅派鹰扬将军吕毅哨探敌方军情，吕毅回报称："哨至隘留关，贼人依山结寨，下设坑堑，坑内插立竹籤，有贼众二万人于寨上放铳拒敌。"十一月，骠骑将军朱荣从鸡翎关回报，亦称安南守军插竹结寨，寨中三万人"放铳拒敌"。安南守军虽以火铳布防，但明军仍然势如破竹，迅速突入安南境内，进抵富良江。黎苍之兄黎澄总督水陆大军号百万于富良江南岸一线立椿置战舰阻截明军，明军移军上游，造战舰，"置火铳"，以图进取。十一月四日，战舰下水，明军奇袭安南水军，迫使安南水军不敢出战。于是明军乘势进抵安南重镇多邦城下。十一日，安南水军以火铳进击明水军，被明军击退。此时，明军由沐晟所率领的西线军已与张辅率领的东线军会合，准备会攻多邦。多邦城防御设施齐备，又配置大量火铳，"城上铳、箭、木、石、楜等件无一不有"，又尽发江北民夫号二百万守之。面对坚城，明军出其不意乘夜半持"夜明火"攻城，安南守军不虞明军如此迅猛，"慌乱，仅能发箭铳数枚"，就弃城防而逃。城中安南守军以象阵阻击明军，张辅以"游击将军朱广等领马，以内府所出狮象置于马身；又调神机将军罗文等将神机铳列于马之两傍，铳箭齐发，象见狮形颤畏，又为铳箭所伤，倒回奔突"，于是自相溃乱，明军遂马、步军并进，连发火炮，"锋镝雨注，炮铳雷轰"，安南守军不支，明军遂克多邦城④。

在攻克多邦城之战中，火器显示出重要价值。安南守军虽然也配备了火器，但由于临机慌乱或平时对火器的使用训练不足，"仅能发箭铳数枚"，完全不能发挥出

① 详见下节"神机将军考述"。

② 见《越峤书》卷二："永乐四年闰七月初四日敕总兵官征夷将军成国公朱能等"及"永乐四年十月二十一日敕右副将军新城侯张辅"。本章下节详细引用，可资参考。

③ 越南社会科学院：《越南历史》，人民出版社1977年版，第260页。

④ 本段史料见《越峤书》卷一〇，《校补安南弃守本末》《明史纪事本末》卷二二《安南叛服》，本节其余部分相同。

火器效能。由此战可见，明军对火器的运用已相当精熟，能因地制宜，如以神机铳攻击象阵，以炮、铳轰击敌之步、骑军，都能做到临机不乱，井然有序，真正发挥出强大的火力优势。

在交州之战中，黎季犛及其子黎澄列舟师进逼明军，明军水陆进战，陆路用神机铳、碗口铳进击，两路夹击安南水军，安南军大败，明军遂攻克交州，黎氏父子逃往大安海口，仅留黎澄拒守海口。同时，安南军在海口江内之沙汀西边赶筑月城，并以舟师防卫。明军"不时遣兵杀退"敌护卫舟师，又"用大将军铳击碎贼船甚多"，黎氏不能在大安海口立足，遂遁入海中。

黎氏逃遁之后，明军设计，留军于卤子关，以大军回师交阯，示敌以空虚，诱使敌军"由闷海口以袭我后"，黎氏上当，出动"大小船只首尾相连，数里不绝；又以精壮数万拒战"。明军两岸夹击，黎军"乃以海船横截江中，却以战船、划船两岸齐进，南岸陆路又埋燕子窠、放铳"，明军乘其立栅未稳，急行强攻，安南军败走，明军俘获无算。

明军"乘破竹之势"，穷追猛击，黎氏父子又逃往新平府。张辅领军速追，"调都督黄中先行一程，神机将军程宽等又领军由海口取路前进"，进抵义安府盘石县下营，四出收寻黎氏父子下落，五月十五日，遂擒黎季犛。同日，黎澄就擒。不久，黎苍被俘，安南遂平。

黎氏就擒时曾感叹，以前北方士兵不习安南气候，南征屡未成功，而明军进展却如此神速，"真越古矣"①。时代变迁，火器用于军事之后，攻城破塞已大易于前，明军之成功，盖火器之力有以致之也。

（二）神机将军考述

在安南之役中，明军与安南军都使用了火器。明军火器主要由几支专门的火器军负责，这就是由"神机将军"所率领的神机火器兵。对于"神机将军"的职能，虽然《实录》《会典》以《明史》等主要史籍均无直接的记载，但仍可从一些史实寻出一些蛛丝马迹，得出较为明确的答案。

上面谈到，在出师前后，明成祖曾两发敕谕，戒前方将士严守神机铳等火器之机密，敕谕为：

---

① 黎季犛就擒时，说："汉唐宋元兵虽到安南，不曾到义安地面。天兵追连，每年天气火热雨，兵马难住。今年天又无雨，这是天败我，都上位洪福。自古伐国未曾有如此功业，真越古矣。我本罪重难饶，若圣恩留性命，三亩地足以养身。"

永乐四年闰七月初四日。敕总兵官征夷将军成国公朱能等……所用神机铳一应火器，最宜密之，不可泄与外人知此法，回军之日尤宜谨密收拾。

永乐四年十月二十一日。敕右副将军新城侯张辅、右参将云南伯陈旭、兵部尚书刘儁，可严令神机将军程宽等，铳务要牢固收什，班师之日，必须一一点对如数，不可失一个，老实面对，庶几无罪。故敕。①

很明显，前一道命令是在出师之前下达给主帅的，令其做好保密神机铳的规划，比较泛泛，并不具体；而后一道命令则是出师之后，明军已入敌境，明成祖已经得到了不少从前线发回反馈信息，于是根据战情变化，明确地指示命令要下达到"神机将军程宽"等人，且命令具体到"铳务要牢固收什，必须一一点对如数，不可失一个"这样的详细程度，又告诫其要"老实面对，庶几无罪"，可知"神机将军程宽等"人是当事之人，即对神机铳等火器负有保管、清查之责。而在明军攻克多邦城时，张辅以游击将军朱广用画狮蒙马冲敌之象阵，又以"神机将军罗文等翼而前"，罗文等既为前锋，乃以神机铳齐射敌象，与"画狮蒙马"相配合，迅速击溃敌军，使明军大获全胜，由此可知神机将军所将之军必然是使用火器的。综上二端，可知安南之役中，神机将军要负责火器的管理事宜，并率领火器军参加实战，负责火攻，其所率之军是名副其实的火器军。

按，出师诏中有"命指挥同知程宽、指挥佥事朱贵等为神机将军"②；永乐四年十二月，张辅克安南多邦城，有"神机将军罗文等以神机铳翼而前"③；永乐五年九月，柳升等赍露布献俘还朝，露布中有"神机将军张胜"④，而朝廷赏赍的南征将士中亦有"献俘官神机将军指挥使张胜等"⑤ 等语，可知，明军在此役中的"神机将军"至少有程宽、朱贵、罗文以及张胜四人。四人中，程宽为指挥同知，朱贵为指挥佥事，张胜为指挥使，而罗文的具体官职不明，大概也是指挥一级的。根据四人的官职，可以合理地认为，这四支火器军人数至少在万人以上。

不仅如此，成祖前两次亲征漠北，军中亦编有神机将军，《明太宗实录》中有

①《越峤书》卷二。
②《明太宗实录》卷五六，永乐四年七月辛卯。
③《明太宗实录》卷六二，永乐四年十二月丙申。
④《明太宗实录》卷七一，永乐五年九月乙卯。
⑤《明太宗实录》卷七一，永乐五年九月丙辰。

命"都指挥侯镛、陈贤等充神机将军"①，王世贞尝考此事，称神机将军"分督精卒，不隶五军"②，即神机将军不是附属于五军，而是直接受命于军中最高统帅，即皇帝。另外，据《谭广行状》、罗亨信《谭广传》及《明英宗实录》，谭广亦在永乐八年（1410）被任命神机将军，领神机营，十二年（1414）复从征，为前锋，以火铳击杀敌军者甚众。是时，谭广已"领神机营"，但仍称神机将军，可见，"神机将军"与"神机营"有非常紧密的关系，且神机军在北征中屡为前锋，与安南之役的神机军作用极为相似。

征安南的兵力是从各地卫所征集，来源于京畿、荆、湖、闽、浙、广西、巴蜀、建昌、云、贵等处，不像日后的神机营之兵，有固定的兵源和常规的训练。当然，由于洪武二十六年（1393）后，火器的相关制度趋于严密，地方卫所的火器配备只占10%，因此，要从地方卫所抽调并迅速整合成如此庞大且训练有素的火器军是相当困难的，故安南之役中的神机军大部分也可能来源于有常规操练的京卫军。但不论神机军的兵力来源于何处，有一点是可以肯定的，那就是由神机将军所率领的神机军一定是独立编队的以火器为特色的"特种兵"。在我国历史上，火器兵作战时单独编队始于元末③。明洪武时期，已经形成了一些运用火器的战术，如朱元璋、陈友谅鄱阳湖之战，"分舟师为十一队，火器、弓弩以次而列。戒诸将，近寇舟，先发火器，次弓弩，及其舟则短兵击之"④。至建文时，火器的作战模式趋于程式化，凡对阵、攻城，先列炮、铳于前密集射击，对敌实施一定打击之后再以骑、步兵击之。如东昌之役，南军"精铳火器俱在前"，燕师"为火器所乘而退"⑤；夹河之役，南军"火器强弩战楯列阵前"⑥。即迟至建文时期，火器兵已与常规步、骑兵种分离，已成为一股特殊的战术力量。洪武、建文时期的火器军，规模尚不宏大，安南之役的神机军，其战术、阵法上都继承了洪武、建文以来的火器兵，且有所发展，而其为首者号为"将军"，其官职为指挥使、同知、佥事，均为卫所高级军官，且已具一定的规模，又受命于主帅，专责火攻，其独立成军的性质是显而易见的。

---

① 《明太宗实录》卷一〇二，永乐八年三月戊辰。

② （明）王世贞：《弇山堂别集》卷八九《兵制考》。

③ 刘旭：《中国古代火药火器史》，第58页。

④ 《明太祖实录》卷一二，癸卯秋七月丙戌。

⑤ 《明太宗实录》卷七，建文二年十二月乙卯。

⑥ 《明太宗实录》卷七，（建文）三年三月辛巳。

（三）设立"神机将军"的历史意义

"神机将军"的出现，是明初火器兵种发展到一定程度条件下，即将产生军事变革的预兆。洪武六年（1373），定教练军士律，"骑卒必善驰射及枪刀，步兵必善弓弩及铳"，即铳是卫所步军平日的必学技能之一。洪武十三年（1380）规定，"凡军一百户，铳十"，卫所"军户"中要配备10%火铳。此时，没有京营，拱卫京师的职责由京卫来完成，故全国绝大部分军队皆为卫所军。而此时卫所虽只有10%的火器配备，但每个步兵军士都必须操练弓弩及火铳，即人人都必须习火铳，则是全国步军皆需习火器。而此时的卫所中的火器兵，由于其兼习火器的性质，还不能算是专业化的火器兵。我国最早的专业的火器部队的出现，应以神机营的建立为标志。而从神机营的创建过程可以看出，专业化火器军的出现是需要一定的历史条件的。首先，必须要有性能足够优良的火器，以及火器生产能力；其次，火器的使用在军队中有一定的基础；最后，还须应战争的激发和需要，并要求政府能组织起足够的人力物力。明初，火器的生产能力已不成问题，中央政府设立了"三局一监"从事火器的生产和改进，火器生产能力已十分可观，足以满足明军对火器的需求。而安南之役表明，明军已能随时组织数支强大的火器军，从事东征西讨，人力组织方面，完全没有问题。换言之，如果安南之役后再有大规模的战争需求，专业化火器军的建立已是势所必然，神机将军的出现，正体现了这一趋势。

四 安南所传火器考述

明军平定安南后，收罗了大批的安南"方技"人才。已故中越关系史学者张秀民研究明朝之收罗安南人才，称："当时文武豪杰，奇才异能之士，及诸色匠人、乐工与其眷属，先后遣送来京者，一万七千余人。"① 这些移居明朝的交阯人中，更有不少兵器家与通晓兵器的匠人，对明代火器的发展做出了杰出的贡献，以至于后代史家称之曰："当时以为古今神技，无可复加"②，虽显夸大，但正说明了安南火器及其技术对明代火器发展的影响。

学界多以明中期佛朗机和鸟铳、明后期红夷火炮的引进为明代火器发展的两次

---

① 张秀民：《明代交阯人在中国之贡献》，《学原》1949 年第 3 期；收入《明史论丛》之七（明代国际关系），台北学生书局 1968 年版，第 61—87 页。

② （明）沈德符：《万历野获编》卷一七，"火药"。

重大转折，并对这两个历史事件进行了相当广泛、深入的研究，而对安南火器技术的传入和影响，却未予以足够的重视，致使一些问题至今仍然存在疑惑。本节试图对安南所传的火器技术的相关问题进行一些考证和澄清，以弄清安南传入的火器（技术）的具体内容及其影响，并在此基础上对将安南火器技术传入明朝的重要人物黎澄、邓明等人作适当考证和评述。

（一）安南所传火器及技术考

有学者认为，明朝征安南时，安南尚处于冷兵器时代，明人不可能从安南引入火器技术，提出"征交阯，得火器法"指的是得火器的使用之法，而不是制造之法①。当然，这种观点本身就存在逻辑上的问题，即如果如安南无火器，又怎么从安南人那里得到火器的使用之法？显然，这种看法是不客观的。另外，则是完全相反的观点，如《明史·兵志》就称中国自己的火器已"造法不传，后亦罕用"，直到明成祖平交阯，得其"神机枪砲"，火器才骤然兴起；南炳文先生也有"越南火器制造技术传入中国后，中国大量仿制"，"当时，京军有所谓'三大营'，其中'神机营'即专门操演越南火器"的说法②。如此一来，就自然引出了疑问，即所谓的"交阯火器"对明朝火器发展究竟有何影响，"交阯火器"究竟为何物？本节力图弄清"交阯火器"的具体内容，弄清了"交阯火器"的具体体现，则其对明朝火器的影响问题也就迎刃而解了。

1. 安南传入明朝的火器

安南当时有些什么样的火器呢？史书中没有明确记载，不过可以根据战争史料记载得到一些线索。明军与安南交战的过程中，遇到的火器见于记载者有如下几种：

> 吕毅等报，哨至隘留关，贼人依山结寨……有贼众二万于寨上放铳拒敌。
>
> 朱荣等哨至本关（鸡翎关）……有贼众三万于寨上放铳拒敌。
>
> 军次洮江……有贼船过江打铳夺船。
>
> （多邦）城上铳、箭、木、石、桄等件无一不有。
>
> （多邦）城下将士俱已奋勇登城，接应者亦登城，贼人慌乱，仅能发箭铳数枚，悉皆跳城奔窜。

---

① 王兆春首先在《中国火器史》一书中阐述了这一观点，在 2007 年出版的《世界火器史》中重申了这一观点。

② 南炳文、何孝荣：《明代文化研究》，人民出版社 2006 年版，第 584—585 页。

贼人果至，大小船只首尾相联，数里不绝……南岸陆路又埋燕子窠、放铳。①

以上俱引自《越峤书》中收录的疏书移文，为当时以南征军最高统帅张辅的名义写给朝廷的战况报告，是很直接的资料。上述内容涉及的是黎季父子被俘之前，明军所遇到的安南火器，计有"铳""箭铳""燕子窠"等几种，其中"铳"的范围较广，大凡一切手铳、火炮均可以称铳。另外，据《明太宗实录》及《明史·张辅传》附徐政传："陈季扩反，盘滩地最要冲，张辅遣政守之。七年八月，贼党邓景异来攻，与战，飞枪贯胁……腹溃而死。"② 徐政中交阯飞枪腹溃而死，可知交人还有"飞枪"之器。

此外，据《邓氏尚书公事状》，归附于明的安南人邓明（即邓氏尚书公）是安南火器传入中国的重要人物之一，永乐八年（1410），邓明"与同附大鸿胪陈公季暄、工部尚书黎公澄"等三人，"制神枪神铳，退鞑虏于九龙山下"③，即是说邓明、陈季暄以及黎澄三人为朝廷制造了"神枪""神铳"④。又，《国榷》卷一五亦载邓明等三人"作神枪"⑤，但未言有"神铳"。

以上是从历史事件中发现的安南火器，另外，根据后人的转述，安南之器还有：《大学衍义补》："近有神机火枪者，以铁为矢镞……交人所制者尤巧，命内臣如其法监造。"⑥ 即从安南所得的是"以铁为矢镞"的神机火枪。

《菽园杂记》："永乐中征交阯，得其神机火箭之法。"⑦

《万历野获编》："当时以为古今神技，无可复加，然亦相传所称大将军、蒺藜炮之类耳"⑧，认为是大将军之类的火器。

《皇明世法录》"京营重兵"："又得神枪火箭之法，置神机营"⑨，称所得为神枪、火箭。

---

①《越峤书》卷一〇。

②《明史》卷一五四，及《明太宗实录》卷九五，永乐七年八月辛丑。

③（明）李诩：《戒庵老人漫笔》卷六《安南邓尚书》。

④ 详见第一章第二节。

⑤《国榷》卷一五，永乐十年五月甲申，"行在工部尚书邓明卒"。

⑥（明）丘濬：《大学衍义补》卷一二二。

⑦（明）陆容：《菽园杂记》卷五，文渊阁《四库全书》本。

⑧（明）沈德符：《万历野获编》卷一七，"火药"。

⑨（明）陈仁锡：《皇明世法录》卷四三。

《春明梦余录》："后征南交，得飞枪流矢"①，认为是"飞枪流矢"，但具体为何物，仍难推知；同书《营制》中又说"征交阯，得其神机火箭之法"②，则称所得为"神机火箭"。

《国榷》称黎澄"仅效神枪之技"，即安南人黎澄献的是神枪③。

《明史·兵志》称"得神机枪砲法"④，神机枪、炮具体为何物，《兵志》亦语焉不详。

综上各端，《万历野获编》说从安南所得的是"大将军、蒺藜炮之类"显然是有问题的，因为从目前出土的明代火炮可以看出，洪武时期就已经有了称为"将军炮"的大铁炮，且文献记载明军在平定安南的战争中就已"用大将军铳击碎贼船甚多"⑤；又据万历《明会典》，"洪武年间定"的"凡海运随船军器"中就有每船"蒺藜炮一十个"的规定⑥，可见，《万历野获编》的说法是不可靠的。"神机火箭"亦然，《明太祖实录》载沐英讨思伦发，"置火铳、神机箭为三行"齐射之⑦，则太祖时就有神机箭，神机箭即神机火箭。

除了上述两条明显不符史实的记述之外，按其他各种材料的说法，归纳起来有：神枪，神铳，神机火枪（神机枪），神机铳，神机炮，飞枪，流矢等。其中"神枪""神铳"出自直接当事人邓明的"事状"，并且《国榷》也有邓明"作神枪"、黎澄"效神枪之技"的记载，故"神枪""神铳"尤其值得注意。那么，神枪、神铳究系何物？

先论神枪。明初，发射弹丸的管形火器一般称为"铳"或"筒"，如洪武火炮中有"江阴卫全字叁拾捌号长铳筒""水军左卫进字四十二号大碗口筒"等，偶尔也称枪，但此时的"枪"字还没有完全脱离其原始意义，即十八般兵器中的"刀枪剑戟"中的"枪"，故兵书中记录的明代火器中的枪，大多数都有很明显的冷兵器特征，如在长枪上绑缚一个至多个铳筒，《武备志》中收录的"梨花枪"即是此类⑧。因此，可以从名称上推测"神枪"可能是附有铳筒的枪，或发射如箭矢之类

---

① （明）孙承泽：《春明梦余录》卷九，文渊阁《四库全书》本。

② 《春明梦余录》卷三一。

③ 《国榷》卷二六，正统十一年七月丙子。

④ 《明史》卷九二《兵志四》。

⑤ 《越峤书》卷一〇。

⑥ （万历）《明会典》卷一五六，军器。

⑦ 《明太祖实录》卷一八九，洪武二十一年三月甲辰。

⑧ 见《武备志》卷一二八《军资乘·火十》，此类火器除梨花枪外还有：火枪、飞天神火毒龙枪、竹火枪、枪铳等"枪"式火器，都是冷兵器加火器型。

尖利之物的铳（如前文谈到"神机铳"就是一种"以铁为矢镞，以火发之"的箭铳）。查《武备志》，其中收录了两种名为"神枪"的火器。其中一种以熟铁锻成铳筒，一头装上木柄，用"细铅凿碎如豆大，用草乌砒霜煎水浸之，数日捞起"，然后拌以松香作为弹丸，此枪发后，铅和松香熔化，敌人触之即中毒而亡①。但明前期的铳筒，一般是用铜或铁铸造而成，锻造的铳筒出现在明中后期，因此，这种"神枪"不可能是安南所传之器。另一种则是一种箭铳，称"此即平安南所得者也，箭下有木送子，并置铅弹等物。其妙处在用铁力木，重而有力，一发可以三百步"②，此铳的第一个特色在于在箭与火药之间加上了一层名为"木送子"的铁力木垫片（或活塞），因此，气密性较佳，火药爆发力又能均匀作用于垫片上，使箭可以受到更加均衡而强劲的推力，增加射程而又不至偏斜；而另一个特色是可同时发射细铅弹，箭用于造成远距离点杀伤，而细铅弹则可以造成近距离面杀伤。那么，这种"神枪"是否可以确定是安南所传呢？前已言之，明军在安南之役中所见的各种安南火器，其中之一便是"箭铳"，唯明军当时并未得到详细情报，只能依据战场上的所见所闻奏报朝廷，故奏疏中只能笼统地以"箭铳"称之；且是役中，黎澄是总督安南水陆大军的高级统帅，而邓明则是前安南国王陈日焜之婿，官尚书省左参知政事，又率先归附明朝，引导明军深入敌境，以黎、邓二人的地位及其熟谙军事，二人将安南"箭铳"技术带入明朝并加以改进，以"神枪"称之，乃是自然之理，故这种发射箭和铅弹的"神枪"应该就是安南所传。值得注意的是，从《明实录》记录的历次战争来看，永乐至宣德朝的常规火器仍然以"神机铳"为主，正统以后始见"神枪"用于实战，盖安南"神枪"与明朝固有的"神机铳"原理上大体相似，没有必要重新开模铸造形制不同而功能相似的铳，因此，初期并没有得到大规模的使用。

其次，"神铳"和"神机铳"。首先，神铳与神枪，不是同一种东西。《明会典》："凡关领火器，旧例：征进，每队给神枪八把，神铳二个"③，《明英宗实录》："提督居庸关巡守都指挥同知杨俊奏：近奉旨于土木拾所遗军器，得……神枪一万一千余把，神铳六百余个……命遣人辇运来京"④，两处都是"神枪""神铳"并提，且数量不同，可见二者确是两种不同的火器。而"神铳"与"神机铳"则应是

---

① 见《武备志》卷一二五《军资乘·火七》。
② 见《武备志》卷一二六《军资乘·火八》。
③ （万历）《明会典》卷一九三，"军器"。
④ 《明英宗实录》卷一八三，正统十四年九月己丑。

同一种火器，且为中国所固有，而不是一种新式兵器。何以知之？宣德七年（1426）八月，淮安等卫奏请军器，申请拨与神机铳："乞增神机铳一百，大炮一百，于诸隘口堤备"，而工部答复是"请于兵仗局给军器及神铳，惟大炮减半与之"，淮安等卫申请的"神机铳"，而朝廷给的却是"神铳"，可见，"神铳"就是"神机铳"。另外，《会典》对明代主要火器的生产、关领等相关制度有较为明确的记载，然而在万历《明会典》的"火器"条下，却只能查到"神铳"，而查不到"神机铳"，这并不是因为《会典》的编者们的疏忽，而是因为"神机铳"与"神铳"只不过是不同时期对同一事物的不同叫法。当然，在安南火器传入后，神机铳得到了技术上改良，这可由《明太宗实录》中所记载的神机铳在安南之役和北征诸役中的性能差别得到证明①。但"神铳"不是安南火器。由于明朝的神机铳与安南的神枪原理相似，都是"以火发矢"，易被混淆，故后人论安南火器时往往"神铳""神枪"并举，虽有一定的道理，但在当时这两种火器是有严格区分的，今天研究这个问题，应留意此点。

同样，《会典》里也只有"神枪"，而没有"神机枪""神机火枪"，这两个名称都是出自后人——如《明史》等——的转述，因此"神机枪""神机火枪"指的应该都是指神枪。

至于"飞枪"与"流矢"二器，其中"流矢"显系泛称，不大可能是一种具体的火器。而"飞枪"则可以肯定是一种火箭。据《钦定续文献通考》的《军器考》，明代的"箭，则有火箭、飞刀箭、飞枪箭……"②，可知"飞枪"是一种火箭。又，《广东通志》的《兵防志》中有嘉靖年间廉州卫的武器配置，其中有"九龙盒一十个，每个飞枪九枝"③，九龙盒是一种多发火箭筒，则"飞枪"必然是火箭无疑了。又，戚继光《练兵杂纪》"军器解"中有"飞枪、飞刀、飞剑解"一节，附有"飞枪"之图，继光云："三种飞器，不过一法，即一大火箭也……可去三百步，中者人马皆倒，不独穿而已"，并说"敌人畏此，甚如神枪铅子""此器其

---

① 见前文"铳箭辨"一节。安南之役，《实录》形容神机铳只称敌象"又为铳箭所伤"，并未渲染其威力。而第一次北征，则大力渲染之曰："铳发，声震数十里，每矢洞贯二人，复中旁马，皆立毙。"前后差异是相当明显的。

② 《钦定续文献通考》卷一三四《军器考》。

③ 见《广东通志》卷二三《兵防志》，文渊阁《四库全书》本。

声如雷""又高飞深入，则后行皆不可避，使敌未测所向也"①。《武备志》亦载有
"飞枪箭"，谓"此即火箭之类，特以杆大身长，用镞不同，异其名耳"②，可见飞
枪是一种大火箭，唯其大，故技术要求也高，其威力也非一般火箭可比。虽然嘉靖
距永乐已有百年的差距，兵器有所发展，明初安南的飞枪未必有如戚继光所说这般
威力，但飞枪是火箭则是可以确定的。另外，太祖时定的"仲秋祭仪"中有祭"弓
弩、飞枪、飞石之神"，似乎太祖时明朝已有"飞枪"之器，不过《太祖实录》及
《明太宗实录》中均未见明军有用飞枪于实战者，而安南之役，明将徐政中安南
"飞枪"腹溃而死，此后，直至景泰间，实录及其他史籍才开始见有"飞枪"用于
实战③，因此，可以合理地认为太祖时祭的"飞枪之神"应该是泛指司各种火箭之
神，当时的"飞枪"应该不是一种具体的火器。故实战性的"飞枪"火箭应为安南
所传火器之一种。

"神机炮"，《明会典》中分别载有"大样神机炮""小样神机炮"和大、二、
三将军炮，则神机炮与将军炮不同。越南社会科学院所编《越南历史》，称安南军
中"胡元澄制造了一种著名的炮，叫做'神机炮'，这是一种有各种不同口径的大
炮，比当时的各种炮（包括明军的火炮在内）具有更大杀伤力和破坏力"④，胡元
澄即黎澄，明军当时所用的炮有碗口炮和将军炮，若按《越南历史》所说，则神机
炮之威力在碗口炮和将军炮之上。又，成祖第二次北征，蒙古骑兵三万人来挑战，
柳升"以神机炮毙其骑数百"⑤。《越南历史》未注明其"神机炮"的史料来源，很
有可能是从中国史料中转译过去的。安南"神机炮"之制已难确知，不过，据后世
有人误认为安南所传之炮是"大将军……之类耳"，可以推知，神机炮与将军炮之
间或有很大相似之处。虽然神机炮之制已难考证，但神机炮极有可能是安南所传火
器之一。

综上所述，安南传入中国的火器可考者有"神枪""神机炮""飞枪"等三大
类火器。其中，神枪为发射箭矢的火铳，即箭铳；神机炮则是某种形制的大炮的总

① （明）戚继光：《练兵杂纪》卷五《军器解上》，文渊阁《四库全书》本；以及戚继光《纪效新书（十
四卷本）》卷一二《舟师篇第十二》，范中义校释，见高扬文主编《戚继光研究丛书》，中华书局2001年版，
第279页。

② 《武备志》卷一二六《军资乘·火八》。

③ 见《明英宗实录》卷一九三，景泰元年六月己卯："征进广东左副总兵都督同知董兴等奏……用大将
军飞枪神铳等器拒敌"；《明史纪事本末》卷三三《景帝登李守御》："神机营都督范广，以飞枪、火箭杀伤甚
众"；于谦《为边务事》："今若与之对敌……则我军以火铳、火炮、飞枪、火箭、弓矢齐发。"

④ 越南社会科学院：《越南历史》，人民出版社1977年版，第260页。

⑤ 《明史纪事本末》卷二一《亲征漠北》。

称（以口径不同有大、小样之别），而飞枪则一种长程火箭。而"神铳"与"神枪"原理相似，史籍中也常将二者并举，但神铳其实就是明朝固有的神机铳，虽然神机铳在安南火器传入后经过了安南技术的改良，但不能算是安南火器。

2. 安南火器技术对明朝火器的影响

前面谈到，安南技术传入后，明朝固有神机铳威力大增，这显然是受了安南火器技术的影响。不仅如此，明朝原有的铜手铳也有了很大的改进。故安南技术确有其先进之处，其具体表现为，一是铸造工艺较为先进，二是火铳结构设计更为科学。

从铸造工艺来看，目前出土的数件明初手铳实物中，永乐手铳与洪武、建文手铳相比，表面光整，尺寸一致性也更好，这说明永乐铸造工艺有了一定的改进。

从结构设计来看，一是手铳的点火孔上均加上火药槽和火门盖，可以开闭以防风雨，并且携带行军也更为方便；二是部分手铳（天字铳）的前膛加工了一定的锥度，铳口向药室方向逐渐变厚，使药室部分抗膛压的能力更强；三是部分手铳（天字铳）口径和长度减小到 15 毫米和 360 毫米，趋向于轻便化，而另外一些手铳（奇字、英字、功字等）口径增大至 50—70 毫米，长度 440—550 毫米，发展为中型手铳，即永乐手铳有明显的系列化趋势；四是永乐十九年天字手铳配备了药匙，便于定量装填火药；最后一点，也是最重要的一点，就是增加了"木马子"。前文谈到，《武备志》所载的安南神枪，其特点之一就是使用了名为"木送子"的铁力木垫片[1]，木送子即木马子。木马子的使用，一方面使铳膛气密性更佳，一方面也使铳弹受力更为均匀，这有利于提高火铳的射程和射击精度。

安南人在火药与发射物之间加木马子的方法，对明朝固有的管形火器产生了深远的影响，从此，木马子成为明朝火铳的标准配件之一，万历《明会典》载军器、安裔二局所造火器中有"铳箭头九万个""檀木马子九万个"[2]，即檀木马子的数量与铳箭头的数量相当，可见这两者是配合使用的。又，《筹海图编》引戚继光语云"其神机铳，用木马"[3]，即直至嘉靖年间，神机铳都一直使用木马子。鸟铳传入后，木马子才成为被批评的对象，戚继光说"用木马，繁而多误"[4]，虽然军事家对木马

---

① 参见成东《明代前期有铭火铳初探》，及王子林《故宫博物院藏明代手铳》。

② 万历《明会典》卷一九三《军器军装二》，"火器"。

③ （明）郑若曾撰，李致忠点校：《筹海图篇》卷一三下，"鸟嘴铳图说"，中华书局 2007 年版。

④ 同上。又见《纪效新书（十八卷本）》卷一五。

子提出了批评，但直到万历年间，永乐形制的手铳仍在继续生产①，这一方面说明明朝中后期火铳缺乏创新，一方面也可说明永乐形制的手铳生命力之强。

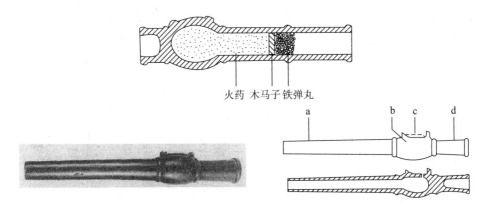

上图：河北省文物研究所藏永乐十三年"实弹"铳示意图，铳筒中有木马子

下左：河北省文物研究所藏永乐十九年手铳

下右：永乐手铳结构示意图，c 为火门盖

图片来源：上图见钟少异《中国青铜铳炮总叙》，下图见王子木《故宫博物院藏明代手铳》。

3. 安南火器传入后的使用情况

根据《明英宗实录》等主要史料，神机炮在永乐十二年（1414）用于实战，《明史纪事本末》卷二一记成祖第二次北征，柳升"以神机炮斃其骑数百"②；神枪在土木之变后始见于史料，土木之败后，朝廷派人前往土木堡收捡所遗军器，拾回"神枪一万一千把"③，可知英宗亲征大军已装备了不少神枪；景泰元年（1450），五军坐营都指挥金事王淳提议改进战术，用更迭之法，谓"国朝神机枪诚为难敌之兵"，但现在用法不当，又谓其"访求太宗皇帝旧制""参为束伍法"，神枪手以 57 人为一队，其中队长、副队长各 1 人，旗枪 3 人，牌 5 人，长刀 10 人，药桶 4 人，其余 33 人俱为神枪手。作战时，"牌居前，五刀居左，五刀居右，神机枪前十一人放枪，中十一人转枪，后十一人装药；隔一人放一枪，先放六枪，余五枪备敌进退。前放者，即转空枪于中，中转饱枪于前，转空枪于后装药，更迭而放"，并且神枪手与弓弩手配合编队，"敌在百步之内，神机枪射之；五十步内，弓箭射之；二十

---

① 见王子林《故宫博物院藏明代手铳》。文中刊载了一支故宫博物院所藏的万历手铳，从其照片可以看出，这支万历手铳形制与永乐、宣德手铳基本一致。

② （明）郑文彬：《抄本筹边纂议》卷四作"上麾柳升等发神机铳、礮，毙贼数百人人"。

③《明英宗实录》卷一八三，正统十四年九月己丑。

步内，牌枪刀迎击"。此议得到通过，"诏兵部同各营总兵官采用之"①。飞枪见于景泰后②。

　　但应注意到，安南本身的火器类型并不丰富，与明军对抗时，安南军也处于被动地位，火器优势也并不明显，安南传入明朝的火器可考者也只有神枪、神机炮、飞枪几类，非常有限。而明朝固有的火器类型则相当丰富，有神机铳、各式铜铁手铳、枪铳、大小样将军炮、碗口炮、各种火箭、火筒、喷筒不下数十种，故安南火器传入后并没有立即取代明朝原有的火器，明朝固有的火器如神机铳、手把铳等仍然发挥着巨大的作用。前面谈到，土木之变后，朝廷派人拾回"神枪一万一千把"，但同时也拾回"神铳六百余个"，旋又拾回"神铳二万二千余把，神箭四十四万枝"③，可见英宗亲征军有也配有神机铳，且数量更为庞大。另如，宣德五年（1430）三月，宣府总兵谭广等奏"以神铳分布缘边城堡"，宣宗答曰："神铳，国家所重"④，说明神机铳仍朝廷的重要火器之一；而同年十一月，谭广又奏请"添神铳一千把，大炮三百个"，而宣宗"命减半给与，仍命行在工部别造手把铳给之"⑤；十二月，李谦言："偏头关隘口……请循大同边卫事例，添拨神铳手……命行在工部别造手把铳给之"⑥；正统元年（1436），"给延安绥德官军手把铳六百、信礟六百四十、及铳箭火药"⑦；八年，"命工部造手把铳给各边"⑧；十年八月，巡抚大同宣府右副都御史罗亨信奏大同、宣府等卫所"原置大小将军、破落户、手把铳、火枪、火炮等器甚为周备"⑨，而现已废坏，请朝廷派员前往勘察。可见，明朝固有的火器仍然是军中的主要火器，神铳和手把铳尤其如此。手把铜铳被视为"兵器中最能制虏者"⑩，《明英宗实录》中有多处造手把铳给边的记载，而目前出土所见的各种铜手铳就是这种手把铳。

　　可见，安南火器传入后，并没有立即大量投入使用，安南火器也没有全面取代

①《明英宗实录》卷一九三，景泰元年六月乙酉。
②《明英宗实录》卷二一一，景泰二年十二月丙戌，"先是，少保兼兵部尚书于谦等言……"
③《明英宗实录》卷一八三，正统十四年九月庚寅。
④《明宣宗实录》卷六四，宣德五年三月乙卯。
⑤《明宣宗实录》卷七二，宣德五年十一月戊戌。
⑥《明宣宗实录》卷七三，宣德五年十二月壬申。
⑦《明英宗实录》卷二四，正统元年十一月丙辰。
⑧《明英宗实录》卷一一一，正统八年十二月丁酉。
⑨《明英宗实录》卷一三二，正统十年八月甲辰。
⑩《明英宗实录》卷一一○，正统八年十一月戊寅：宁夏总兵官都督史昭奏："手把铜铳，兵器中最能制虏者……"

明朝火器。因此，明人得安南火器之后并非"大量仿制"，神机营也并非"专门操演"安南火器，而是以经过安南技术改良的明朝固有的火器为主，兼操安南的优势火器。通过对出土火器实物观察，不难发现，安南技术传入后，火器的变化主要是增加火门盖和木马子，尺寸控制更为精确，但总体形制变化不大。因此，可以说，明朝主要是重用安南火器人才改良明朝原有的火器，在原有火器的基础上增加安南元素。故整个事件中，最主要的收获不是神枪等安南火器，而是人才和制造技术。

（二）安南入明的火器人才

1. 安南火器人才的代表人物

人才是科学、技术的载体，明成祖对安南人才十分重视。明军平定安南，大局甫定，明成祖便屡发诏喻，令交阯守军访求其国中人才并护送入京，如五年二月初八日令张辅等人，对"安南境内有怀才抱德、贤能知谋之人，及有一善可称一艺可用者，即广为询访，尽数以礼敦请，起送赴京，以备擢用"，四月十九日又令"彼中但有秀才智谋及怀才抱道之士，随其多寡，即以敦遣，差人送京来，以备擢用"，五月十二日又令"交阯但有医巫卜筮乐工行院及香匠砖匠诸色工匠技艺人等，尽数连家小起送赴京。有身材长大者、能使铳者、能修使铳药者、善驾船谙晓海道者，及诸色捕户连家小送来"[1]，可见，成祖对安南人才十分看重，不但其本人要"以礼敦请"送京，就连一家老小也要一起送来。在这种历史背景下，大批安南人才居移到了中国。

安南的火器人才对明朝的火器发展做出了重要的贡献。他们当中，有的是普通工匠，有的则是王公贵胄，邓明、黎澄等人就是安南火器人才中杰出代表。

邓明，据《国榷》卷一五及《邓氏尚书公事状》，"明本李姓，字光远，安南国王陈日煃壻，官尚书省左参知政事"。黎季犛篡国后，邓明兴义师讨之，但并未成功。安南之战爆发后，邓明率其子建平府镇抚使邓师海及官僚阮人杰等一百二十四人并军民万余降明[2]，并协助明军破鸡留、嶷水等关，旋师后，朝廷授邓明参政，授其子邓师海九真知州。后授邓明福安知州。陈季扩反，朝廷派邓明说降陈季扩，于是邓明被招至京师，"锡之筵宴，拜资善大夫、行在工部尚书，赐第京师"。成祖

---

① 见《越峤书》卷二。
② "建平府"，《国榷》作"延平府"。

北征，邓明乃与安南人大鸿胪陈季暄、工部官黎澄等人建盔甲厂，造神枪、神铳①，"退鞑虏于九龙山下"。邓明卒于永乐十年（1412）。

由于邓明早卒，故在火器技术上贡献最大者，乃是黎澄。《万历野获编》称："本朝以火器御虏，为古今第一战具。然其器之轻妙，实于文皇帝平交阯始得之，即用其伪相国越国大王黎澄为工部官，专司督造，尽得其传"②，说明明人"尽得"安南技术的缘由是用了黎澄为工部官专司督造。考之史籍，黎澄仕明，初为工部主事，"督造兵仗局铳箭火药"，而神铳、神枪等器，又均系兵仗局负责管理、生产事宜，故沈德符这一说法有一定的道理。黎澄确是安南火器技术传入中国的关键人物。

黎澄，安南胡朝太上皇黎季犛之子，国王黎苍之兄③，仕明，官至工部尚书，卒于正统十一年（1446）七月，《明史》无传。永乐四年（1406）七月，成祖发师讨安南，十一月，张辅等率师进抵富良江，大军压境，澄为安南诸路军节度大使左相国平章军国事，尝谏季犛收揽人心："我不怕打，只怕人心不顺！"④ 乃总督水陆大军号百万截击明军⑤，次年五月，为明军所获，自称安南人井底之蛙，若能苟全性命，愿为中国一百姓⑥。九月，明师凯旋，献俘至京，成祖以其善兵器，赦而用之⑦，命有司给衣食⑧，旋官工部营缮清吏主事，命督造兵仗局铳箭火药⑨。永乐八年（1410），成祖北征，黎澄与邓明等人一起制神机、神铳，并监制各式神机火器。宣德初，升为郎中，后复升右侍郎⑩。英宗正统十年（1445），升为工部尚书，仍值内府⑪，时已七十有余。十一年（1446）卒，遣官致祭⑫，命有司营葬于北京西山

---

① （明）李翊：《戒庵老人漫笔》所收《邓氏尚书公事状》，谓邓明"乃与同附大鸿胪陈公季暄、工部尚书黎公澄创神机营，建盔甲厂，制神枪神铳，退鞑虏于九龙山下"，还有"创神机营"之事，不过此事状夸大之处很明显，详见第一章；又见《国榷》卷一五，永乐十年五月甲申。

② （明）沈德符：《万历野获编》卷一七，"火药"。

③ 《明宣宗实录》卷三五，宣德三年春正月乙酉。

④ 见越南社会科学院编《越南历史》，第265页。

⑤ 《越峤书》卷一〇。

⑥ 《越峤书》卷一〇，黎澄被俘时说："安南人井底蛙，不识天威如此，伏望圣恩宽恕，苟全性命。小处富贵不打紧，大国做百姓也好。"

⑦ 《明史纪事本末》卷二二："苍、澄以善兵器，赦用之。"

⑧ 《明太宗实录》卷七一，永乐五年九月乙卯。

⑨ 《明宣宗实录》卷三五，宣德三年春正月乙酉："太宗皇帝赦而用之，初授工部主事"；《明宪宗实录》追记之日"太宗文皇帝赦之，授以官，专督造兵仗局铳箭火药"，见本页注7。

⑩ 《明宣宗实录》卷三五，宣德三年春正月乙酉。

⑪ 《明英宗实录》卷一三〇，正统十年六月甲寅。

⑫ 《明英宗实录》卷一四三，正统十一年秋七月丙子。

玉台冈南安河村①。以其子黎叔林为工部右侍郎，仍督造火器②。成化五年（1469），叔林卒，子世荣录为中书舍人③。黎澄不仅通晓兵事，尝统帅安南号为百万水陆之师；亦善制兵器，父子为朝廷督造火器凡五十年；练达文章，著有《南翁梦录》传世，正统六年（1441），安南僧人智深与太监高让建寺于秀峰山，工毕，请旨赐名曰"秀峰寺"，黎澄为之撰《敕赐秀峰寺碑》④，至今尚存于北京市鹫峰国家森林公园。

黎澄对明代的火器的发展有卓越的贡献，主要体现在其父子督造兵仗局铳箭火药凡五十年，其间对明朝火器颇多改良，并进献了神枪。正因其功劳卓著，朝廷亦对其礼遇有嘉，后世人也对其极为称道，谈迁论之曰："自汉以来，远夷俘隶，得列交戟叨右职令终为难。黎澄以季犛之逆属，倾否图新，白首冬署，虽仅效神枪之技，亦秺侯之流亚也"⑤，称黎澄堪比汉之金日磾。

陈季暄之事迹，已难考证。当然，除了邓明、黎澄及陈季暄等三人外，默默无闻的安南火器工匠尚不知凡几。弘治二年（1489），有"锦衣卫夷匠阮清等，其先安南人，永乐中以能制火铳、短枪、神箭及缂丝衮龙袍服，收充军匠"⑥，阮清等人弘治时期尚为"匠"，其父祖辈亦为军匠，制火器，为火器生产做出了几代人的贡献。由于工匠毕竟地位较低，鲜能留名于后世，但通过史籍中的点滴记载，我们仍可发现，曾有大批的安南火器人才为明代的火器发展做出巨大贡献。

2. 黎澄并非明代"火器之神"

黎澄的功劳和贡献应该得到肯定，但肯定的极端便是神化。明代野史小说如《孤树裒谈》《枝山野记》等有"凡军中祭兵器，并祭澄"的说法⑦。张秀民在研究了黎澄的事迹后，对《孤树裒谈》的说法，引申之曰"不啻奉澄为'火器之神'

---

① 见《戒庵老人漫笔》收《安南邓尚书》，以及张秀民《明代交阯人在中国之贡献》。

②《明英宗实录》卷二一七，废帝郕戾王附录第三十五，景泰三年六月乙亥，"升工部郎中黎叔林为本部右侍郎，仍理军器厂事"。

③《明宪宗实录》卷六六，成化五年夏四月甲子，"录工部右侍郎黎叔林子世荣为中书舍人。叔林，交阯人，父澄，季犛之子，苍之弟，以俘至。大宗文皇帝赦之，授以官，专督造兵仗局锐箭火药，终工部尚书。叔林继之，仍督造军器。至是，请官其子世荣于京便养。上念其远人俯，从之"。

④ 见（明）黎澄《敕赐秀峰寺碑》，收录于《北京图书馆藏中国历代石刻拓本汇编》第51册，中州古籍出版社1989年版，第108页。

⑤《国榷》卷二六，正统十一年丙子。

⑥《明孝宗实录》卷二六，弘治二年五月甲戌。

⑦《孤树裒谈》等野史并云黎澄被赐姓陈，此说妄甚。据黎澄所书《敕赐秀峰寺碑》，属名为"正义大夫资治尹工部左侍郎交南黎澄"，是时黎澄已年逾七旬，自称"黎澄"而非"陈澄"，则《孤树裒谈》之妄可知。

矣"，更为黎澄做小传，谓"明人军中凡祭兵器，并祭澄云"①。后世学者对此说多所引用，如《剑桥中国时代史》《明代文化研究》等。但张先生并未断言明人确实奉黎澄为"火器之神"，仅仅由此感叹而已，但后人引用时不加辨别，至使"明人奉黎澄为'火器之神'"的论点竟成定论，黎澄遂被神化，如：

《东南亚历史词典》"胡元澄"条谓黎澄"被明代军士奉为'火器之神'"，词典系工具书，工具书有此误读，实在应该避免。

姜守鹏著《明帝列传》有："应特别提出的是黎澄……由于他善造火器，朱棣就命其制造各种火器，并特设神机营操练火器。黎澄因此被明军誉为'火器之神'"，其说即引自张秀民②。

陈玉龙《汉文化论纲·兼述中朝中日中越文化交流》称"明军奉澄为'火器之神'"③。

李斌《火龙经考辨》："黎澄虽身为战俘，但因其高超火器制造技术，不仅受到朝廷重用，甚至将其封为'火器之神'"，更直接说朝廷"封"黎澄为火器之神。又据李斌早期文章《永乐朝与安南的火器技术交流》，有"据《明史稿·礼志四》，明朝设有祭奠'金鼓角铳炮之神'的祭祀活动，云并祭黎澄，可见是将其奉若'火器之神'了"，似乎李斌作过一番考证，但细读王鸿绪之《明史稿·礼志四》，并无"并祭黎澄"之说，盖李斌之说亦引自张秀民。

南炳文先生《明代文化研究》："由于黎澄把越南火器技术传入中国，因此明代军中凡祭兵器，并祭黎澄，奉之为'火药之神'"④，并注明参阅张秀民之文。南先生也以肯定的语气直接称明代祭兵器并祭黎澄，并奉之为神灵。

类似的情况还有多种，不必过多列举。要之，张秀民著文时还仅仅是感叹和揣测，而后世引用其说，越引越失真，甚至以讹传讹，黎澄便堂而皇之地被当作"火器之神"了。

但不幸的是，明人"奉黎澄为火器之神"的说法是错误的。首先，张秀民并没有以肯定的语气加以论证，只是说"并祭……云""不啻奉……"，"云"和"不啻"显然仅仅是慨叹；其次，张秀民的材料引自《孤树裒谈》（及《名山藏》之《王亨记》，文字相同大致相同），《孤树裒谈》之文乃小说，然则小说可以为据耶？

---

① 张秀民：《明代交阯人在中国之贡献》。
② 姜守鹏：《明帝列传》，吉林文史出版社2004年第2版，312页。
③ 陈玉龙：《汉文化论纲·兼述中朝中日中越文化交流》，北京大学出版社1993年版，第51页。
④ 南炳文：《明代文化研究》，人民出版社2006年版，第584—585页。

严从简在《殊域周咨录》中就发表过看法："《孤树衰谈》云：'永乐中……今凡祭兵器，并祭澄也'，其说多虚，姑存俟考。"① 严氏读《孤树》之文且不之信，三百年后再读又何可遽信？谈迁著《国榷》，也仅仅感叹黎澄"秔侯之亚也"，尚无并祭之说。又，即使《孤树衰谈》所说属实，明人祭兵器并祭黎澄之说确有其事，也不能据此断言黎澄被奉为神灵，盖中国祭祖师者有之，祭豪杰者有之，祭先烈者有之，不一定只有神才受祭。因此，明人奉黎澄为"火器之神"的说法是很牵强的。

其实，明代早在洪武时期就有祭火器神的祭祀活动。《明太祖实录》载，洪武九年（1376），遣官祭旗纛，就有"主宰战船正神、金鼓角铳炮之神、弓弩飞枪飞石之神"，二十一年（1388），又定祭旗纛仪：

> 斋戒二日，前祭一日，献官诣坛省牲，正祭旗头大将、六纛大神、五方旗神、主宰战船正神、金鼓角铳炮之神、弓弩飞枪飞石之神、阵前阵后神祇五昌等众，凡七位，位皆南向，祭物与先农同，但帛七黑二白，五织文，皆日礼神制帛。②

祭文见万历《明会典》卷九二，兹不复录。即火器神的祭祀早在洪武时就列入国家祭典，有明文规定，典章俱在。此外，与火器及神机营相关的还有：

> 永乐后，别有神旗之祭，专祭火雷之神。每月朔望，神机营提督官请祭于教场。今系总督京营戎政官奏请，祭毕复命。③

即永乐后新定神机营加祭"火雷之神"，但也无史料表明黎澄与此火雷之神有关。要之，明代祭"火器之神"在洪武时就已确定，而黎澄一介后生，又如何能取前神而代之？故黎澄被明人"奉为"或"封为"火器之神的说法是错误的，应当予以纠正。

当然，黎澄的贡献是突出的，其在明代火器史中的地位不能抹杀，这一点必须明确。同时，对于历史人物，我们应该有正确的认识和允当的评价。

① 见（明）严从简《殊域周咨录》之《安南》。
② 《明太祖实录》卷一八九，洪武二十一年三月乙酉。
③ 见（万历）《明会典》卷九二《群祀二》。

总 结

本文认为神机营建于永乐八年（1410）之前，并以此为时间基础，研究了明初火器的发展水平及火器军的发展状况、安南火器技术的传入及其对明代火器、军事发展的影响等问题。

研究中我们看到，洪武至永乐前期，明代火器已有"以铁为矢镞，以火发之"的箭铳、各式手铳、碗口炮、大铁炮以及各火箭、投掷类火器。并且，中央工部设立了宝源局、军器局，与内府的兵仗局、内官监相互配合，组织火器兵生产与管理；同时，地方卫所经朝廷批准后，也可以自主制造火器。洪武时期卫所军中火器配备已达10%，且步兵人人皆习火器，火器及其在军事上的应用已达到了相当的规模。

至永乐前期，火器军进一步发展，在安南之役中；明军至少组织了四支由神机将军率领的独立编队、专门负责火攻的神机火器军。神机将军及其所领的火器军的出现表明，明军已具备组建专业化的火器营的物质条件。

对明朝自身火器的发展有了充分的认识之后，本文集中研究了安南火器（交阯火器）的问题。通过对安南之役中火器运用的情况以及安南火器技术传播的主要人物邓明、黎澄等人的相关史料进行分析，并结合后人的记述，得出安南传入的主要有发射箭矢的神枪以及神机炮、飞枪等几大类火器。由于安南传入的火器类型较少，在军中的使用也较晚，故本文认为明军主要收获不是火器，而是火器的制造技术和掌握了此技术的安南火器人才，明朝政府正是通过任用安南火器人才对明朝固有的火器加以改良，从而使明朝火器的性能和质量得到了提高。同时，本文也对黎澄被奉为"火器"之神的说法予以了厘正。

综上所述，明初火器经过洪武至永乐初期的发展，火器的生产及军中的火器配备具有了一定的规模，并且火器战术也有了一定的发展，故永乐安南之役，明朝能迅速组建实力强大的神机火器军，形成强大的火力优势。因此，明朝已具备发展出专业化的火器部队的内在条件，专业化的火器营的建立已是势所必然。而明朝平定安南后，尽收其国中人才，礼送至京，其中以邓明、黎澄等人为代表火器人才，将安南的火器制造技术传入了明朝，以之改良明朝固有火器，生产出了更优质的火器，从而使火器的性能得到了较大提升，这对明朝火器的发展产生了很积极的影响，大批安南工匠加入明朝火器的生产队伍，对专业火器营的出现起到了促进作用。另外，明朝与蒙古部族之间的大规模战争的爆发，对火器军的大量需求，成为专业火器营出现的直接诱因。故神机营的建立乃是历史发展的结果。

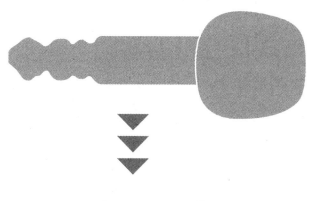

思想・文化

陈建《皇明通纪》的经世史学初探①

庄兴亮

一 前言

学界在概括明代广东史家陈建（1497—1567，字廷肇，号清澜，东莞人）一生的学术成就时，往往习惯于将其分为前后两个阶段：前期侧重"究心学术正邪之分"；后期则致力于"国家治乱之故"②。如此划分，实乃以陈建存世的三部代表作品《学蔀通辨》《治安要议》及《皇明通纪》（简称《通纪》）中的思想内容为分类标准。最早写成的《学蔀通辨》立足于一个程朱理学的立场来裁定"学术正、邪"，其试图说明朱学和陆学的不同之处的旨趣是直接而显著的③；可后续两部著作如何从不同的角度来表达陈氏的经世思想，这方面讨论则尚待深化。1987 年首次出版的由侯外庐等主编之《宋明理学史》尽管稍带提及陈建的《治安要议》与《皇明启信录》④，但终究不是重点所在。真正开始关注陈建《学蔀通辨》以外作品的，是陈鼓应等主编的《明清实学思潮史》。此书首先指出陈建以《学蔀通辨》揭发王阳明（1472—1529）"早异晚同"论有助于推动实学思潮的兴起和发展；然后扼要地介绍

---

① 本文初稿曾以《明中叶私史中的经世思想——以《皇明通纪》为探讨中心》为题，宣读于 2014 年 4 月 25 日香港理工大学中文及双语学系主办的 "2014 年理大人文学院研究生论坛" 上。

② 最早《粤大记》中的原话为 "究心国家因革治乱之迹及道术邪正之机"；后民国版《东莞县志》则将其转引成为 "究心学术邪正之分及国家因革治乱之故"。字面上虽略有区别，然二者基本意思无异。

③ 参见容肇祖《明代思想史》，台湾开明书店 1962 年版，第 183—205 页。

④ 见侯外庐、邱汉生、张岂之主编《宋明理学史》下册，人民出版社 2005 年版，第 535 页。按：此处说的应为《皇明启运录》，且并非书中所说 "又名《皇明资治通纪》"；想必此为在不了解《通纪》的各种版本情况下的误写。

《治安要议》中所指出的朝政弊端与解决之道。① 尽管它对《治安要议》中实政思想之关注确实有别于先前的作品，然最后并没有严格依照《导论》中所提出的"包括学术上的'通经致用'和'史学经世'"② 的定义将《皇明通纪》也纳入"史学经世"的范畴来探讨。踏入 21 世纪后，向燕南在其《中国史学思想通史·明代卷》中首次将《学蔀通辨》《皇明资治通纪》《治安要议》置于同一个"经世史学思想"的主题下考察③；但除了提及"《通纪》的撰述，在一定意义上，也是对《治安要议》经世思想的进一步的发挥"外，并没特别辨析二者分别扮演的角色和昭示的意义所在。

此后不断涌现的研究成果确实让我们对于陈建的学行以及《通纪》的研究进展有更多的认识④，可或许还有必要深入探究的是《通纪》这样一部本朝史编纂上的特色以及作者在完成《学蔀通辨》与《治安要议》后再作《通纪》的初衷和真正目的。作者究竟冀望借《通纪》反映本身哪方面的社会关怀与政治意见？有别于过去一般认为经世致用思潮始于明末清初（至少是万历时期的东林党兴起后）的说法⑤，朱鸿林先生提醒过我们，力求自得而不盲从官方理学，是 15 世纪开始的思想趋势；早在此时儒者的追求，所展现的已不仅止于哲学的理学层面上，与此同时还在于实践的经世层面上。⑥ 换言之，即使到了"士之好高务名者，靡然宗之"⑦ 心学之风大起的明中叶，对士人而言，哲学性的心性修养，始终是可以和经世思想毫不相悖地并行的。当朱先生让我们对 15 世纪以降学者的儒学实质观提供一个准确的整体把握后，我们尚须从微观史的视角入手，将当时儒者不同的做法、著作置于具体的历史语境中去考察，方能显现该时代"一本万殊"的经世策略。有鉴于此，本文先把焦点锁定《通纪》的史学价值，尝试探究此书在明代史学史上究竟具有怎样

---

① 参见步近智《陈建对王学的诘辩和《治安要议》的实政思想》，载陈鼓应、辛冠洁、葛荣晋主编《明清实学思潮史》上卷，齐鲁书社 1989 年版，第 231—253 页。

② 陈鼓应、辛冠洁、葛荣晋主编：《明清实学思潮史·导论》上卷，第 5 页。

③ 向燕南：《中国史学思想通史·明代卷》，黄山书社 2002 年版，第 200—232 页。

④ 有关此方面的最新分析，可参见庄兴亮《明代史家陈建的学术生平及其〈皇明通纪〉研究述评》，《史学史研究》2013 年第 4 期。

⑤ 类似认为经世致用思想是明末清初社会危机在思想文化界的反映之介绍，可见周文玖《实学思潮与明清之际的史学》，载氏著《因革之辨：关于历史本体、史学、史家的探讨》，北京师范大学出版社 2010 年版，第 102—111 页。

⑥ Chu Hung–lam, "Intellectual Trends in the Fifteenth Century", *Ming Studies* 27（1989）：1—2；朱鸿林：《丘濬〈大学衍义补〉及其在十六七世纪的影响》，载氏著《中国近世儒学实质的思辨与习学》，北京大学出版社 2005 年版，第 178 页。

⑦（清）张廷玉：《明史》卷二〇八《章侨传》，中华书局 2007 年版，第 5494 页。

的以史学经世的意义与作用，以作为更全面研究陈建及 16 世纪其他经世史家的第一步。

二　《通纪》的书写体例与编纂目的

原刻足本的《皇明通纪》是由前编《皇明启运录》八卷以及后编《皇明历朝资治通纪》三十四卷所组成，全书共四十二卷。这部当代史所囊括的时间范畴始于元至正十一年（1351），而止于明正德十六年（1521），首尾横跨两代凡一百七十年。《通纪》可被视为一部纲目体史著，按编年方式逐年逐月呈现在读者面前。纲目体的特点在于将叙事内容以及作者所欲突出的要点清楚地排列出来。有别于一般单纯记录史事的编年体，《通纪》在叙事首尾连贯上既有仿朱熹（1130—1200）《通鉴纲目》般"例有追书其始者，有遂言其终者，有因始卒而见者，有因拜罢而见者"① 的详尽，具体排列形式上却又不完全和《纲目》一样，故陈建在《凡例》中有云："纪事多首举其纲，后乃详其事目。联书之，仿张光启《通鉴续编》例也，不敢显拟朱子也。"②

此外，作者在效法《纲目》体例的同时，也不忘对其格式上进行完善，其文曰：

> 历代《通鉴》及《纲目》，凡除拜，止书以某人为某官，而不著其旧何官，似欠来历。今此纪必书擢某官为某官，且称述人物，必著其为何郡邑人氏。似差明白，便于观考，此类视前史稍加详密焉。③

在阅览过往史书的过程中能如此留心于其不足之处，去芜存菁，并于自身著史时进一步改良之，足可见陈建之细腻。作者不仅在传统编年体流水账式的叙述中补充相关人物的介绍。另外，《通纪》前编《皇明启运录》在呈现形式上最与众不同之处乃在每件重大史事上都加上条目名称，这种类似今天关键词索引的方式确实有利于读者迅速地捕捉内容的梗概，也使作者要突出的主题更加鲜明。唯较为可惜的是，或因编纂时间仓促之故，后编《皇明历朝资治通纪》的内容则无持续使用这个

---

① （明）陈建著，钱茂伟点校：《皇明通纪·凡例》，中华书局 2008 年版，上册，第 21 页。
② 同上书，第 21 页。
③ 同上书，第 22 页。

索引法。

后世非议《通纪》者往往会对身处"地隔万余里"，远离王朝政治文化中心的作者获取可靠史料的能力表示怀疑。然从《通纪》所罗列出的涵盖一百多种官方与私人文献的"采据书目"观之，则可知陈建除了勤于涉猎之前的史书，同时也极为重视当世的著作，留意他们如何对当代事务进行的评议。开设"采据书目"的功用尽管近似今天学术著作中"参考书目"（bibliography）的性质，但并非遍布全文的脚注（footnote）；因此在特定史事评论中偶尔标明所引述的某书、某人之名外，一般而言，读者还是无法准确地了解作者在每一项叙述中所参考的具体史源。甚至于陈建还在《序》中不讳言地点名指出部分参考资料的优缺点，"如《大明会典》《皇明政要》《五伦书》《开国功臣录》《殿阁词林记》《双槐岁钞》《余冬序录》所载，皆无非本之《实录》也。如《三朝圣谕录》《天顺日录》《名臣言行录》《经济录》《守溪长语》《孤树裒谈》之类，则又无非与国史《实录》相为表里，而犹或足以补国史之所未备者也"①。陈建这般不夺人之美的"公心"在明中叶以后层出不穷的不分真伪、肆意移置、抄辑他人著述的乱象中确显得尤为难能可贵。

中国传统对史家基本要求之一便是要做到"直笔"，对史事必须据实书写，不得任意篡改掩饰。此番著史的精神与原则，陈建并未忘却，且在文中再三强调。《通纪·序》有曰：

> 窃自念素性有癖焉，自少壮时，癖好博览多识。解组归山林，日长，每繙阅我朝制书，洎迄来诸名公所撰次诸书，凡数十余种，积于胸中，久之不能自制。乃时时拈笔书之，取其有资于治、可通为鉴者，编年次之，参互考订，正其舛疑。又久之，不觉盈帙。虽乏三长，续貂荀、李，汗颜班、马，不计也。②

《凡例》中又谓：

> 此纪叙载人物之贤否，言行之是非，一皆考据群籍，直书垂鉴，不敢虚美隐恶，以乖史笔。孔子曰："斯民也，三代之所以直道而行也，吾谁毁誉！"览者幸鉴。③

---

① （明）陈建著，钱茂伟点校：《皇明通纪·凡例》，上册，第23页。
② （明）陈建著，钱茂伟点校：《皇明通纪·序》，上册，第1页。
③ （明）陈建著，钱茂伟点校：《皇明通纪·凡例》，上册，第21页。

可见此时由之前程朱学者、经世作者的学术身份转入史家行列的陈建是洞悉著史原则的；自谦的措辞之下，依稀得见作者欲成为一位"良史"的决意。故当我们重读陈建开篇的这些文字时或许就会较为理解何以在《通纪》刊行后晚明一片负面批评浪潮下，时人叶权（1522—1578）在点出其中记载的几个值得质疑处之余仍中肯地承认"东莞陈建《皇明通纪》，颇多直笔"① 的原因。无可否认，纵观整部《通纪》里大多数的编年纪事，今天的读者多数可按所记的年份在《明实录》中查证得到相应的史事记录。

然则另一方面，陈建虽说当时各种官私档案"诸书固已播之天下，但以各为义例，散出无统，令学者难于考索贯通"②，但自己却不曾打算止于将《通纪》纂成一部仅"客观"记录史事、政令和制度的资料汇编。反之，作者所希望的是能够写成"辄僭著评议，或采时贤确言"③，在记载事实的同时也能列出特定的题解，适时加上本身所认同的他人的观点，进而抒发己见的史书。有关陈建的这个出发点，我们可从传统史学劝善惩恶的职责上去了解。刘知幾（661—721）曾说过："史之为务，申以劝诫，树之风声"④；这个由汉代开始逐渐形成的以道德为导向的褒贬原则自然成为传统史家的"史权"的一部分⑤。无论是寓褒贬于叙事或者直接添入某人或史家的"论赞"的写作形式都是以此为中心的。可究竟孰褒孰贬？孰轻孰重？往往取决于著史者自身的立场与动机。诚如陈建《通纪·凡例》中所言："群书记载评论，及诸家碑铭状传之类，或有抑扬过当者，今皆参伍檃括，归于公实，不敢苟从。"

甚至在参考资料的过程中，作者是先经过本身的消化与过滤后才将其呈现出来的。然如何判定哪些是"抑扬过当者"，何者需要"参伍檃括"，都是很主观的问题，但这些史料取舍工作（work of selection）亦确实属于秉笔者的权利。杨联陞曾一针见血地指出，传统中国史学中始终存在着"忠实记录的原则之于伦理的偏见或

---

① 叶权撰，凌毅点校：《贤博编》，中华书局2008年版，第26页。

② （明）陈建著，钱茂伟点校：《皇明通纪·凡例》，上册，第23页。

③ （明）陈建著，钱茂伟点校：《皇明通纪·序》，上册，第2页。

④ （唐）刘知幾著，浦起龙通释，王煦华整理：《史通通释》卷七《直书》，上海古籍出版社2009年版，第179页。

⑤ 杨联陞：《官修史学的结构——唐朝至明朝间正史撰修的原则与方法》，载氏著《国史探微》，台湾联经出版事业有限公司1997年版，第364页。

专事掩饰（讳），以及称颂与谴责（褒贬）的原则之于共同的评价"的两套看似截然矛盾的原则。① 可见类似的情况亦非《通纪》独有的特色，而唯有事先厘清传统史学作品中所存在的这类笔法，方可避免人云亦云式地将《通纪》直接贬为"以一人闻见，荧惑众听、臧否时贤"之劣等史书，乃至于完全忽视其史学价值。如过分强调书中所载历史事件"个性"的真实，可能会将史著所反映出的写作时代实况给漠视。② 在据实直录与酌情褒贬、舍弃与撷取史料之间的具体抉择，现代史学史研究者还必须通过专题研究（monograph）的开展，综合文本内外的各方面因素于一处，才得以较为全面地重构陈建下笔所考量的具体因素。③

我们从《粤大记》中时人"涵泳古今，核治乱之源，通性道之源""经世之远，忧世之深"等评价可得知学问对于陈建而言是一种匡世济民的利器。从陈建所处的时代环境和生活背景观之，可知无心于仕途中进一步拓展的他，除去缠身的公务，自母亲去世以后便潜心著述，遂全心全意投身于文化学术当中以实践其经世之道。编纂《皇明通纪》正是属于其"经世规划"的重要部分。由《序》与《凡例》中尤能感受到修史以达致"资治"目的的强烈意图：

> 抑尝因此阅历世变，尤有感焉。祖宗时士马精强，边烽少警，而后来则胡骑往往深入无忌也；祖宗时风俗淳美，真才辈出，而迩来则渐浇漓也；祖宗时财用有余，而迩来则度支恒忧匮乏也；祖宗时法度昭明，而迩来则变易废弛比比也。推之天下，莫不皆然。……诚欲为当世借箸之筹，以挽回祖宗之盛，所深愿焉，而力莫之能与也。④

> 此纪仿《资治通鉴》而作，凡群书所载，必有资于治者，方采录之；细故繁文，无资于治者，弗录。⑤

> 今此纪特仿《通鉴》《长编》之遗，起自国初，迄于正德，芟繁会要，萃次成编。于以叙述铺张我祖宗列圣之俊德神功、鸿休盛烈、讦谟远猷、良法美意，以昭示天下来世。而大意则欲奕世圣子神孙绳祖武，监成宪，振因循玩愒

---

① 杨联陞：《官修史学的结构——唐朝至明朝间正史撰修的原则与方法》，第359页。
② 参见［日］内藤湖南著《中国史学史》，马彪译，上海古籍出版社2008年版，第213页。
③ 详见庄兴亮《明代史家陈建的学术生平及其〈皇明通纪〉研究述评》，《史学史研究》2013年第4期，第37—38页。
④（明）陈建著，钱茂伟点校：《皇明通纪·序》，上册，第2页。
⑤（明）陈建著，钱茂伟点校：《皇明通纪·凡例》，上册，第21页。

之弊，为先甲后甲之图，以保鸿业于亿万斯年之永。①

《通纪》虽基本沿用纲目体，但却不与朱熹《通鉴纲目》那种可上溯《春秋》大义以"明正统、斥篡贼、立纲常、扶明教"的写作宗旨②为模板。确切而言，作者是以《资治通鉴》为著史楷模，其言辞之间所流露出的是期望借祖宗早年开基创业以及后来巩固守成时候的种种英明神武事迹来唤起时人对所处当世社会问题的省思的殷切期盼。过去明代史学研究者早已向我们指出，成于明中叶的这类当代史著作，其直接为时政服务的实用性是很强的，而且广为当时的读者所欢迎。③"资治意识特浓"这点观察基本上是无异议的，但究竟陈建编纂《通纪》的"资治"对象是哪些人呢？陈氏是在嘉靖三十一年（1552）福建人吴朴（约1505—1566）的《龙飞纪略》出版后，因不满其中的诸多疏漏和缺点，深受刺激才奋然动笔进一步改写一部国初历史的。详细的情形，正如《启运录》"癸酉洪武二十六年"条所载：

> 近日有梓行《龙飞纪略》者，虽亦编年，终洪武之世，然徒详于细碎，如仓官巡检升降资格与礼仪俯伏拜兴之类，皆备载，而巨要多遗。如此年处分五六事，皆刑政之大者，而此纪不载一焉，他可知矣。且其间谬殊多，而鄙诞可笑处尤不少，如妄谈四夷险易，谓舟师可以复大宁，其所掣电扫雷丸之技，可以破北虏之类。盖出于退陬村学究好事之所为，非名学士大夫之笔，其失也宜。近日缙绅多喜阅国初之事，而或未知此纪之失也。愚故辨之，而广稽群籍，参伍考订，为此《启运》之编。④

《通纪》的前编《启运录》正是做于如此一个"缙绅多喜阅国初之事"的背景底下，固然多少存在着有学者指出的"人期班、马之心"，总想点出先出史书的不足，以显示自身史才的个人心理因素作祟⑤；但亦指出当时民间对普及性国史读物确实有一定的阅读需求。陈建还反复提及的作《通纪》的目的之一是"庶几便士子

---

① （明）陈建著，钱茂伟点校：《皇明通纪·凡例》，上册，第23页。

② 参见钱穆《朱子之史学》《朱子之〈通鉴纲目〉及其〈八朝明臣言行录〉》，载氏著《朱子新学案》，台北三民书局1971年版，第5册，第1—150页。

③ 廖瑞铭：《明代野史的发展与特色》，台北花木兰文化出版社2009年版，第67页。

④ （明）陈建著，钱茂伟点校：《皇明通纪》上册，《皇明启运录》卷八，第287页。

⑤ 杨艳秋：《明代史学探研》，人民出版社2005年版，第161—162页。

通今之略"①。按孟森的说法，"此书备科举士人场屋中对时务策之用"②。至于《通纪》刊行后所产生的效果，我们从《万历武功录》作者瞿九思（1545—1615）的"国家聋瞽，至是有目有耳"③，《贤博编》作者叶权的"使穷乡下邑，略知本朝沿革，不为无助"④ 等评断中可知在当时那个国史失职的年代里，该书对中下层士人，乃至于一般的平民百姓的影响有多巨大。明乎陈建作史的初衷与所取得的效果，则会了解陈氏迥异于过往一些史家的目标：并非冀望此书可以流传千古，而是希望能够对时人有所裨益。《通纪》虽"仿《资治通鉴》而作"，但目的却完全有别于司马光（1019—1086）针对统治者著《通鉴》这部中国第一部编年体通史以"鉴前世之兴衰，考当今之得失，嘉善矜恶，取是舍非，足以懋稽古之盛德，跻无前之至治，俾四海群生，咸蒙其福"⑤，直接由上而下推动正向治道之出发点。⑥ 此番撰写动机是较为特殊的，亦是值得我们注意的。

平心而论，作为在一定程度上开创明朝当代史撰述风气之先河的陈建，他将编年、纲目以及纪传加以融为一体的做法，确实对明中叶始私修明史体例做出一些改良与创新，故《通鉴》出版后直到晚明，市场上受其影响的续补诸书依然层出不穷。作为"处江湖之远"的中下层士人，陈建著《通纪》的举动其实是该书到了风行于天下时才真正引起朝廷方面的注意，并加以禁毁的。唯有仔细还原陈建作史的最初目的，才会明白作者从未想过写出一部超越藏于秘府中的国史《实录》翔实度，且可真正打动掌握决策权的当朝者的当代史。笔者对于历来关于《通纪》"以个人闻见，彰贬人事"的负面评价是关注的，但同时我们不能停留于道德价值观判断的层面，得时时自我警惕以免陷入"以自己的'义理'来评判古人的'义理'，那有可能造成'以一种成见去形容其他的成见'"⑦ 的偏失。正如西方著名历史学者贾德纳（Charles S. Gardner）的见解"在中国人对历史写作的概念之下，隐藏着一个完全客观的假设"⑧，研究者因而必须清醒地意识到，史学传统中至今无法被摒除的褒贬（praise and blame）笔法从不会促使史书成为纯粹反映历史"最后真实"

---

① （明）陈建著，钱茂伟点校：《皇明通纪·凡例》，上册，第 22 页。

② 孟森：《书明史抄略》，载氏著《明清史论著集刊》，中华书局 2007 年版，第 197 页。

③ （明）陈建著，钱茂伟点校：《皇明通纪·前言》，上册，第 10 页。

④ 叶权撰，凌毅点校：《贤博编》，第 37 页。

⑤ （宋）司马光：《资治通鉴·进书表》，中华书局 2009 年版，第 20 册，第 9608 页。

⑥ 参见杜维运《中国史学史》，台北三民书局 2004 年版，第 3 册，第 71—87 页。

⑦ 余英时：《中国近代思想史上的胡适》，台湾联经出版事业有限公司 2007 年版，第 8 页。

⑧ Charles S. Gardner, *Chinese Traditional Historiography*, Cambridge: Harvard University Press, 1961, p. 17.

（ultimate reality）的载体①；因而进一步发掘作者作为"局内人"（insider）②的立场以及其可能面对的客观条件的各种限制确实是不可或缺的。

三 《通纪》的编纂理念

作为同样出身于儒家系统训练的地方士人，陈建一生并不热衷于仕宦。但他身处"江湖之远"却从不忘"庙堂之高"的国朝大事。《通纪》资治色彩浓厚的个中原因之一，乃源自作者有感于时下人们对今世之事知之甚少：

> 韩子云："人不通古今，马牛而襟裾。"今学者博古或有之，而通今殆鲜。以群籍棼而无统，考索惟难也。今芟繁会要，统为此纪，庶几便士子通今之略，工拙不暇计云。③

此语剀切地反映出陈建借韩愈（768—824）的话来表达对时人"博古"而不"通今"、未能将过往的经验转化为现实之需的风气的感慨。虽言传统史家的至高理想照理应是"通古今之变，成一家之言"，然身处世变之中的作者此时选择先以"通今"作为当务之急。而儒家教育所造成的传统读书人无法轻易忘怀的"以天下为己任"的使命感，亦将注定他将永不间断地关注国家层面上的政治动态。哪怕本身从未有机会成为政治舞台上真正的主导者，他也不曾忘却成为政治主体的理想。质言之，《通纪》一书通篇重点所谈的即为明初至明中叶的各项政治议题；陈氏的史识同时展现在如何通过选材与史论的编纂理念折射出明人对书写前朝历史的需求和期待，并反映作者的政治关怀与见解。

陈建最早并未想过要写一部九朝史，作者最初决意作《皇明启运录》的直接原因，在于对早前吴朴的《龙飞纪略》内容上的粗糙不满，进而在其基础上改写这部上起元末大乱下至洪武一朝结束的史书。用今人的话说，"如果说前者（《纪略》）

---

① 有关西方人对中国古代史学中褒贬的态度分析，可参见汪荣祖《西方史家对所谓"儒家史学"的认识与误解》，《台大历史学报》第 27 期（2001 年 6 月），第 128—131 页。

② 这里所谓的"insider"，乃借助 Michael Walzer 的概念说明传统中国身为批判者的史家"尽管是以新颖和怀疑的目光来观照他所栖身于其中的社会，但并非超然的旁观者；尽管激烈地反对或这或那的各种普遍做法或制度安排，但却也不是敌人"的特殊态度与立场。详参 Yü Ying-shih, "Reflections on Chinese Historical Thinking", in Western Historical Thinking: An Intercultural Debate, ed. Jörn Rüsen, New York: Berghahn Books, 2002, p. 161。

③（明）陈建著，钱茂伟点校：《皇明通纪·凡例》，上册，第 22 页。

是一部铺叙之作的话，后者（《启运录》）则是一部反思之作"①；然则究竟如何具体地开展反思？反思的力度又有多大？——我们对这些值得深层探讨的问题的答案，实不甚了了。我们先来看《启运录·序》是如何述其主旨的：

> 人知我高皇帝之得天下也，而不知其所以得天下也；人知我高皇帝得天下之略也，而不知其所以得天下神谟睿略、始终次第之详也。我高皇帝之得天下，其详在国史《实录》，金匮石室之藏，学者不可得而窥；散见于后来儒臣集次诸书，则又往往拘于义例，不能不详于此而遗于彼。是故，有《五伦书》焉，有《皇明政要》焉，二书主于分门类编，载圣祖之言行颇详，而于戡定之功则略；有《开国功臣录》《名臣录》焉，二书主于列传，各著诸臣之功，散漫无统，而于国家大政犹阙；有《国初事迹》《元顺帝纪》《通鉴纲目》焉，则稍详于吴元年以前，而缺略于洪武改元以后。其他集录，挂漏益甚，学者欲求观我圣祖所以开基创业始终之详无从焉。呜呼！昔人谓通天地人为儒。君子以博古通今为学，况我圣朝开创之故，而可诿于不知乎！昔人睹《河》《洛》而思禹功，仰谟烈而不忘前王。况我圣祖反元阴山，一正天下，民至于今受其赐，而可由之而不知已乎！建遁野闲居，窃不自揆，荟萃诸书，参稽互录，一以编年为统。始于前元至正辛卯红巾之倡乱，而终于国朝洪武壬申天下无事，功臣受封已毕，赐赉各还其乡，首尾四十余年。凡我圣祖之所以得天下，其神谟睿略、峻德成功、始终曲折，次第略备。犹恨识见疏庸，闻见孤陋，不足以铺张扬厉于万一耳。考订而补正之，尚有俟于当世博雅君子。②

陈建对时人对国朝开基创业之事鲜少认识是不满的，并且认为时下的作品往往"各执一端"，无法全面体现圣祖高皇帝"神谟睿略、峻德成功"的原貌。在内容的编排上，作者再三强调既不是纯粹侧重于"圣祖之言行""诸臣之功"，亦非只是叙述"戡定之功"或"国家大政"；如此看似"面面俱到"的论述要求具体在《启运录》一书中所呈现出来的结果将是如何？在前三卷记载元末天下大乱朱元璋"倡义起兵渡江之事"③ 中，诚如陈学霖所指出的，《启运录》于此确实将当时从朝廷内流传出的《实录》中有关明太祖（1368—1398 年在位）生有圣瑞、早年奇遇，征

---

① （明）陈建著，钱茂伟点校：《皇明通纪·前言》，上册，第 4 页。
② （明）陈建著，钱茂伟点校：《皇明通纪》，下册，第 1189—1190 页。
③ （明）陈建著，钱茂伟点校：《皇明通纪》，上册，《皇明启运录》卷一，第 1 页。

战前有铁冠道人识真主、刘基识天子气预言等奇迹异闻一一编入其中。① 明成祖
（1403—1424 年在位）在篡改《明太祖实录》的过程中，延续历代帝王造神传统，
冀望借塑造太祖神化形象以强化其在历史上的正统地位及继承的合理性是可以理解
的；然原来针对先前《龙飞纪略》中"缪殊多，而鄙诞可笑处尤不少"颇有微词，
并鄙之为"盖出于遐陬村学究好事之所为，非名学士大夫之笔"的陈建在摭取史料
之时却选择保留这类荒诞灵怪之事。这除了一方面显示作者的思想在一定程度上终
究受限于所处时代环境外，另一方面亦说明他确实相信借此突出太祖崇高形象的描
述能够更广泛地深入民间。类似的神化形象过后还出现于《皇明历朝资治通纪》中
成祖靖难起兵的记叙中，其笔法似一脉相承。

当然，陈建对太祖的崇拜与仰慕并没有只停留于那些神迹上，早在书写明朝还
未建立以前之事时，作者就已特别留意到太祖的人格特质：

（方）国珍既又以金玉饰马、鞍辔来献。上曰："吾方有事四方，所需者文
武才能，所用者穀粟布帛。其他宝玩，非所好也。"悉却之。②

金华有民献一女子，年方笄，能作诗，上怒曰："我取天下，岂以女色为
心耶？"命诛于市，以绝进献。③

如果说不贪财、不好色尚属个人癖好，陈建笔下的太祖此时同时已展现出一代
帝王之风。《启运录》多处都流露出太祖"广揽群议，博收众策"④ 的求贤若渴、
善待将士军民、赏罚分明、"崇儒兴学"⑤，甚至于不急于称帝的"真主规模"⑥。依
此种种关于太祖光明崇高形象的刻画在接下来《启运录》卷四至卷八洪武一朝的纪
事中更是表露无遗，笔者曾由此视角出发，开展太祖何以在"恩泽"与"严厉"间

---

① 陈学霖：《明太祖"龙飞"官史"塑像"之分析——〈太祖实录〉史料探源举隅》，载氏著《明代人
物与史料》，香港中文大学出版社 2001 年版，第 62 页。

② （明）陈建著，钱茂伟点校：《皇明通纪》，上册，《皇明启运录》卷二，己亥元至正十九年、宋龙凤五
年，"却宝玩"条，第 43 页。

③ （明）陈建著，钱茂伟点校：《皇明通纪》，上册，《皇明启运录》卷二，己亥元至正十九年、宋龙凤五
年，"却女色"条，第 43 页。

④ （明）陈建著，钱茂伟点校：《皇明通纪》，上册，《皇明启运录》卷二，己亥元至正十九年、宋龙凤五
年，"用英雄如饥渴"条，第 41 页。

⑤ （明）陈建著，钱茂伟点校：《皇明通纪》，上册，《皇明启运录》卷二，戊戌元至正十八年、宋龙凤四
年，第 39 页。

⑥ （明）陈建著，钱茂伟点校：《皇明通纪》，上册，《皇明启运录》卷三，丁未元至正二十七年，"真主
规模自别"条，第 99 页。

拿捏和臣子的相处之况的细致爬梳与分析；发掘出文中所谓的太祖"法度昭明"形象的用意并非在书中大力强调国初制度有多优越，反之透过生动且首尾连贯的塑造，令时人重新唤起那些本朝曾经有过的"遗失的美好"①。更甚者，迥异于集体编修的官方史书往往会在内容上缺乏内在一致性的情况②，陈建在建构太祖正面形象时的史料筛选、删薙与史事评述，却能有效地呈现出本身历史编纂上"首尾秩然"的"一致性"与"合理性"。身处于"大道废，有仁义"③的时代，正因为当时社会危机的日益加剧，人们的心理便愈加需要寄托于某种正面的价值观，希望以获得内心的慰藉以及寻得突破与改革的力量，而《启运录》中的国初事迹恰好符合时人的这番需求。

相较于前编《启运录》，接下来在好友黄佐（1490—1566）的鼓励下所续写的《皇明历朝资治通纪》共三十四卷，虽大体涵盖了从建文朝（1399—1402 年在位）至正德朝（1506—1521）的史事，但内容上则随着时间的推移愈来愈简略。这里固然存在因临时计划而致使编纂时间较为仓促之故，可从这部有关"持盈守成"之作中基本上仍足以窥视作者所关注的那些议题以及其背后的立场。笔者不赞成过往学者仅将《通纪》内容归纳成几个大方面然后进行描述的做法，乃有鉴于如此只流于一种表面局部性的概括论断（generalization），是无法深入探视作者背后一以贯之的立场与用意的。能够相当准确地捕捉住一百多年来影响王朝兴衰的各大事项，而不流于"断烂朝报"，足见陈建目光的锐利；而在史论中却能不过分生硬地"依类比附"史事使之成为一种完全的影射史学，则显示作者的史识与史德。延续先前《治安要议》中对明代宗藩食禄问题的讨论，我们会发现即使对当时严峻的宗室问题再忧心忡忡，《通纪》亦不会因此将历来所有的"篡逆"问题都归咎于藩王；反之，在很大程度上还是肯定成祖靖难起兵将自己从普通藩王打造成为一位再开创者的历史功绩。历史事件有对现实的启发，是不成问题的，但以古鉴今总得有个限度，必须进退有据，"过分地无限度延伸"都是过于武断偏颇的。

陈建对官修《大明会典》寄予"一展卷而知孰为祖宗成法当守，孰为后来弊政

---

① 详见庄兴亮《论〈皇明启运录〉中明太祖"法度昭明"之形象》，载中国社会科学院历史研究所明史研究室编《明史研究论丛》，第 12 辑，中国广播电视出版社 2014 年版，第 224—242 页。

② Ng On - cho and Q. Edward Wang, *Mirroring the Past: the Writing and Use of History in Imperial China*, Honolulu: University of Hawai'i Press, 2005, p. 211.

③ 陈鼓应：《老子注释与评介》，中华书局 2007 年版，第 134—135 页。

当革，昭然灼然矣"① 的主观愿望，可那又何尝不是作者纂史所欲达致的最高境界？事实上，这些理想在具体操作起来时是不容易的。《通纪》中同时关注到明中叶尤其严重的宦官专权、卖官鬻爵、赏功过滥、皇亲权贵侵吞百姓土地、卫所制度上的各种问题。其中多项议题亦正是《治安要议》所深入探讨过的，《通纪》这里的做法则多侧重在历史叙事方面，并且主要兴发出贯穿全书的一种深切感慨："祖宗良法美意，其尚存而不至于澌尽者几何！阅世变，何可胜慨！"② 阅读全书的过程中，读者会发现有别于《治安要议》处处强调具体解决之策的内容，《通纪》鲜少直接在文中提出适于当下的改良办法，即便偶尔言之时，也必得搬出"使高皇帝复生，赌此，亦必不株守《祖训》，而思所以处之，变而通之，以尽利矣"③ 等语。明显地，这是深受书中要旨"欲天下之治，必法祖而后可"④ 所限，但更为关键的是说明陈建确是清醒地意识到"时异世殊"的今时已不能单纯地复制仿行从前的很多制度和方案，同时也留心史书编纂上的前后呼应。有别于晚明一些直接辑录太祖言行与政令却全然不考虑时隔两百余年后当初草创的制度的示范性、约束力和吸引力是否还能适应当世之需的史书⑤；《启运录》既避免生搬硬套所带来的不可行性，亦无须在"削古适今"的操作层面上贻笑大方。

无论如何，《通纪》一书在编纂理念上难免体现史家本身的一些好恶标准。例如，陈建在撰史的过程中在一定程度上还是受到挥之不去的同乡观念以及学派立场所影响。《贤博编》谓"其偏美乡人，广东无一不端之士"⑥ 之说或许有夸张之嫌，但作者对同乡前辈/同辈的诸多肯定与赞美，除了基于"地缘性的维护"外，亦不排除存在着与其地处乡野所能接触得到的材料来源有关，甚至于对身处的嘉靖朝"徽猷美政"有出于自身特定考量的维护。章学诚对史学的要求的是很高的，谓之：

> 史学所以经世，固非空言著述也。且如六经，同出于孔子，先儒以为其功

---

① （明）陈建著，钱茂伟点校：《皇明通纪》，下册，《皇明历朝资治通纪》卷二八，壬戌弘治十五年，第1026 页。

② （明）陈建著，钱茂伟点校：《皇明通纪》，下册，《皇明历朝资治通纪》卷一五，庚午景泰元年，第694 页。

③ （明）陈建著，钱茂伟点校：《皇明通纪》，下册，《皇明历朝资治通纪》卷二八，辛酉弘治十四年，第1018 页。

④ （明）陈建著，钱茂伟点校：《皇明通纪》，下册，《皇明历朝资治通纪》卷一五，庚午景泰元年，第695 页。

⑤ 参见解扬《冀复祖制与〈皇祖四大法〉对明太祖政事的梳理》，载中国社会科学院历史研究所明史研究室编《明史研究论丛》第8 辑，紫禁城出版社2010 年版，第229—243 页。

⑥ （明）叶权撰，凌毅点校：《贤博编》，第37 页。

莫大于《春秋》，正以切合当时人事耳。后之言著述者，舍今而求古，舍人事
而言性天，则吾不得而知之矣。学者不知斯义，不足言史学也。①

关注人事的实际问题、反对舍今求古——又何尝不是陈建纂史时所念兹在兹的
呢？作者编纂《通纪》的其中一个重要目的便是探究"是果世变成江河之趋而不可
挽与，抑人事之失得有以致之也？"② 通观全书，我们认为《通纪》既有明确的如
王夫之（1619—1692）所说的"述往以为来者师"的编纂旨意，亦有避免沦为
"记载徒繁，而经世之大略不著"的作品的自我警觉。作者在书中欲向读者展现
"得失之枢机"处时，是清醒地意识到时过境迁，刻舟求剑式的"墨守复古"是不
可行的；故致力将各个重大问题的状况胪列、把握它们的基本原委起因，而非肆意
地将表面上类同的人事混为一谈。由此思之，《通纪》出版后能掀起"海内盛行，
虽禁亦不泯矣"③ 之风的重要因素乃因其不仅能够做到一边专注讲述国朝历史，一
边适时具体地指出值得时人阅后进一步反思的症结所在；而且书中并无涉及过多的
理论性政治主张以及制度性政策改革建议有密切的关系。这恰好迎合社会上一般中
下层士人的阅读需要，又撤除那些他们没有直接兴趣的生硬决策性方案。

四　《通纪》：普及性的经世史著

余英时曾指出，中国史学从一开始便孕育于一个儒家的人文传统之中。孔子
（前551—前479）正是当中一个最为典型的例子：他既是儒家的创始者，又是中国
史学的开山鼻祖，故二者间的关系是非常值得我们寻味的。④ 从余氏过后随之提出
的"儒家的整体规划"（The Confucian Project）观念中，我们可以看到一条贯穿于
整个规划历程的清晰主线，那就是不断通过"内圣外王"的活动或实践来推动建立
一个合理的人间秩序（人间秩序当然不止于政治秩序，然在儒家预设中，政治秩序
是"天下有道"的始点）。尽管从孔子到朱熹再到王阳明，儒学在学说义理上已产
生明显的变化，但其冀望透过开拓心性修养功夫的"内圣"之学以达致易"天下无

---

① （清）章学诚著，叶瑛校注：《文史通义校注》卷五《浙东学术》，中华书局2008年版，上册，第524
页。

② （明）陈建著，钱茂伟点校：《皇明通纪·序》，上册，第2页。

③ 叶权撰，凌毅点校：《贤博编》，第37页。

④ 余英时：《章实斋与柯灵乌的历史思想——中西历史哲学的一点比较》，载氏著《历史与思想》，台北
联经2006年版，第203页。

道"为"天下有道"的"外王"的最终目标从未曾改变过。① 进一步说，"内圣"与"外王"并非处于截然对立的位置上，看重充满现实关怀的有体有用之实学本来就是传统儒学中固有的成分；只是随着时代的推移，儒者所强调的侧重点由形而上的"主于道"逐渐转向形而下经世的"主于事"而已。② 居今观之，学术界中以"经世思想"为主题的研究涵盖面非常之广；不单涉及历代儒者在思想与行动上的特色、他们所代表的儒学传统或其身处时代之特征，而且还对相关经世文献著作之内容、特点和编纂原因、背景等有所探讨，③ 甚至说从儒家经世思想中发掘中国传统本身维新的动力之庞大的议题，前辈学者们已有丰硕可观的研究成果供后人参考④，这些并非本文的篇幅可以全面讨论的。这里只想特别针对往往在整体研究框架中较为受到忽略的"经世史学"这一环节，尝试以陈建的《通纪》为例做出些许说明。

章学诚在《文史通义》中特别强调：

> 至于辞章家舒其文辞，记诵家精其考核，其于史学，似乎小有所补；而循流忘源，不知大体，用功愈勤，而识解所至，亦去古愈远而愈无所当。⑤

足见得，不拘泥于华丽的辞藻以及琐碎的考据，捕捉大体所在，直奔主题要害，正是传统史家所主张的。回看上面所述的陈建作《通纪》之主旨与理念，亦确实符合上述条件。唯究竟如何识别"大体"，再加以发挥出多大程度上的经世鉴今？在这方面上，陈氏则确实较之于同代一些受到个人条件所限制的私人史家，任意借古论今，以至于颠倒黑白之情况；他的做法是谨慎的。此外，作为"志于道"的"士"这一特殊群体的一员，我们切莫忘记在动笔编纂《通纪》之前，陈建已经相继写成《学蔀通辨》以及《治安要议》。针对这三部著述，向燕南在《陈建的经世

---

① 关于"儒家的整体规划"之介绍与探讨，详见余英时《试说儒家的整体规划——刘述先先生〈回应〉读后》，载氏著《宋明理学与政治文化》，吉林出版集团有限责任公司 2008 年版，第 252—265 页；余英时《从政治生态看宋明两型理学的异同》，载氏著《中国文化史通释》，牛津大学出版社 2010 年版，第 21—42 页。

② 向燕南：《从"主于道"到"主于事"：晚明经世史学的实学取向及局限》，载氏著《从历史到史学》，北京师范大学出版社 2010 年版，第 113—114 页。

③ 迄今写作较为全面的有关"经世思想"的研究述评，详见解扬《近三十年来有关中国近世"经世思想"研究述评》，《新史学》2008 年第 4 期，第 121—151 页。

④ 参见"中央研究院"近代史研究所编《近世中国经世思想研讨会论文集》，"中央研究院"近代史研究所，1984 年版。此论文集共收录明末清初至 19 世纪末两百多年经世思想变迁的论文 28 篇。

⑤ （清）章学诚著，叶瑛校注：《文史通义校注》卷五《申郑》上册，第 463 页。

史学思想》一文中将陈氏的三部著作同时纳入一个"经世"的框架中讨论的独到之处，在于提醒读者从传统观念向来认定的"古来世运至明晦、人才之盛衰，其表在政，其里在学"①之角度，去理解陈建最早高举亟须解决"学术之患莫大于蔀障"而最先编纂《学蔀》的目的，乃为替接下来的实学主张提供一个学术基调。这个看法是不错的，可单独明白这一点，我们还是无法弄清楚在"究心学术正邪之分"的《学蔀》及讨论"国家因革治乱"的《治安》写毕以后，何以作者还要编撰多一部"为当世借前箸筹之"的《通纪》。如果说前者已是一部理论基础，《治安》则是直指朝政、社会弊端与解决之策的专论的话，那《通纪》究竟还可以扮演怎样的第三类角色？我们在《通纪》凡例未找到这样一段有趣的对话：

> 或曰："李焘《长编》尝上之朝矣，子盍并步其武耶？"曰："仕止殊也。焘之上之朝也，以当仕也。愚家食久矣，身既隐矣，焉用文之？且年垂耳顺，衰病之余，首丘寔寔，尚奚以为！尚奚以为！"聊记其语，以谂观者。②

这段看似回应旁人的对话，实为陈建一生的写照：无心在仕途上有更高的攀登，亦不为升迁而著述。既如此，陈建大概也清楚长期处于江湖之远且不在政治权力中枢的自己，确实很难如司马光、李焘（1115—1184）那样使作品上达天听、供皇帝"时赐省览"，并且实际参与相关的改变国朝命运的决策。但欲使"无道"变"有道"的忧国忧民之心致使即便在野的陈氏始终在孜孜寻求一条"行道"的新路线。最终，他便将阅读对象锁定在"当今士子"，可结果拜晚明鼎盛的出版印刷业所赐，却形成"自陈氏《通纪》流传宇内，人各操觚，遂成一时风气"的巨大反响；对开启民间百姓对当代史的认识产生不可忽视的启蒙作用③之际；更为巩固本身完整的"经世思想"添加了舆论的基础。有必要说明的是，由最初编纂时锁定的对象到最终掀起的舆论热潮，《通纪》刊行后所引发的巨大社会效果固然并非作者开始时主观所能预测及掌控的，但就随其后如雨后春笋般诞生的各类增补、删节、接续、批点、仿造之有关国朝历史的私人史籍来看，它确实已成功地刺激时人将古与今、历史与现实的关系认识推进到另一个更高的史学思想层次。

---

① （清）张之洞：《劝学篇·序》，广西师范大学出版社 2008 年版，第 2 页。
② （明）陈建著，钱茂伟点校：《皇明通纪·凡例》，上册，第 23—24 页。
③ 瞿林东其实很早就注意到明代史学通俗化之特色，但在其当时的论述中并没将当代史纳入讨论范围内。详参瞿氏《明代史学特点二题》，载氏著《中国史学散论》，湖南教育出版社 1992 年版，第 253—258 页。

五 结语

明乎以上的分析后，我们可以初步理解为何过去在讨论陈建经世史学思想的"致用"层面时，学者不仅需要将《治安》和《通纪》合而观之，而且还得留意三部著作的诞生次序。再回头审视后世对其"文理疏浅"的批评，则会蓦地意识到正是《通纪》中这些"浅显"且生动、具体、情节性强、可读性高的叙事文字无形中为它日后开一代之风气构成有利的传播条件。反观，在陈建之前的一些由学品皆为一时之选的上层士大夫所作的史著，却因为其内容与史论较之《通纪》"深晦"，致使它们在当时社会上的影响力反而比陈著逊色很多。后人即使不赞同陈建的观点和书写方式，但是客观上还是必须承认《通纪》在间接"觉民行道"层面上的贡献。如果以刘知幾从史学批评的角度归纳出的史学功用的三个层次观之，陈建的史论虽未及"彰善贬恶，不避强御"的境界，但也还算发挥"编次勒成，郁为不朽""高才博学，名重一时"的对后世及当时社会之影响。身处明中叶已开始出现"士必通达国体而后可与成事功"[1] 意识的大环境中的陈建还具备"古不可泥，今不可徇"的警惕，在论述史事的同时却反对盲目崇古，强调史学研究必须立足于现实；指出本朝问题之所在，但并不主张照搬照抄式的复古。早在编纂《通纪》之前，作者其实已作一部针对当时严峻的局势提出"通变救弊"方案的《治安要议》；而在《通纪》中多处提及当世的具体解决之道时，也都会出现不忘提醒读者需结合与《治安》内容的按语。最后尚可补充的是，当我们更深层地了解《通纪》具有的普及作用与效果后，或许日后在讨论"经世史学撰述"时，能够在过往较为关注的"经世文编""记载帝王言行政令类""为应对所司衙属事务、总结职能运行利弊所编的各类专门志书"[2] 以外，对现有的经世史书类型进行重新的思考与厘分。

（作者单位：香港理工大学中国文化学系）

---

[1] （明）何良俊：《四友斋丛说·（朱大韶）初刻本序》，中华书局 2007 年版，第 7 页。

[2] 向燕南：《从"主于道"到"主于事"：晚明经世史学的实学取向及局限》，第 118—122 页；Wolfgang Franke, "W. Franke's Introduction to the 1968 Edition", in *Annotated Sources of Ming History: Including Southern Ming and Works on Neighbouring Lands 1368—1661*, revised and enlarged by Liew – Herres Foon Ming, Kuala Lumpur: University of Malaya Press, 2011, pp. 54—55.

明儒夏良胜的致君尝试

——以《中庸衍义》为中心

孙天觉

　　嘉靖十四年（1535），明儒夏良胜（1480—1536）在辽东戍所完成了《中庸衍义》一书的编撰。四库馆臣称是书系夏氏回应嘉靖朝时事、劝谏世宗的作品。[①] 有研究表明，《中庸衍义》乃丘濬（1421—1495）经世名著《大学衍义补》的反应性著作。夏氏虽自称其书系仿南宋真德秀（1178—1235）《大学衍义》而作，但该书体例更接近《大学衍义补》。[②] 中晚明士人多有通过发挥《大学》阐述学术及政治理念者。[③] 在此背景下，夏氏何以选择发挥"言性之书"《中庸》以回应具体时事、中晚明士人如何利用《中庸》阐发己见，皆为值得探讨的问题。通过研究《中庸衍义》，学界不但可加深对明代"《中庸》学"的了解，亦可丰富对明中叶经世思潮及士人致君实践的认识。

一　夏良胜与明世宗的关系

　　夏良胜，字于中，江西南城人，正德三年（1508）进士。正德中，历任刑部主事、吏部考功司主事。正德十四年，因参与"谏南游"触怒武宗而受杖、除名归乡，与舒芬（1487—1531）、万潮（1488—1543）、陈九川（1494—1562）并称

---

　　① 四库馆臣称，是书乃夏氏"为世宗时事而发，务抒献纳之忱"。参见纪昀《四库全书总目提要》卷九三，中华书局 1965 年版，793 页。

　　② Hung-lam Chu. "Chiu Chün's Ta-hsüeh yen-i pu and Its Influence in the Sixteen and Seventeen Centuries", *Ming Studies* 22（1986），pp. 1—32. 又见朱鸿林《丘濬〈大学衍义补〉及其在十六十七世纪的影响》，载氏著《中国近世儒学实质的思辨与习学》，北京大学出版社 2005 年版，第 173 页。

　　③ 刘勇：《中晚明时期的讲学宗旨、〈大学〉文本与理学学说建构》，载"中央研究院"《历史语言研究所集刊》第 80 本第 3 分，2009 年 9 月，第 403—450 页。

"江西四谏",并于武宗崩后起复。嘉靖三年,夏氏因在"大礼议"事件中与世宗意见相左被贬。七年,黜为民。八年,因仇家讦告被逮。十年,谪戍辽东三万卫。十五年,卒于宁远。①

正德十六年四月,明世宗登基。当月,世宗下诏召还一批正德年间被迫害的官员,夏良胜即在其列。据夏氏之友欧阳铎(1481—1544)回忆,起复后的夏氏颇受吏部尚书乔宇(1457—1524)赏识。嘉靖三年,在乔宇奏请下,夏良胜升任文选司郎中。② 同年,夏氏即卷入了"大礼议"的争论中。

嘉靖二、三年间,"大礼议"逐步激化。嘉靖二年十一月,张璁(1475—1539)、桂萼(?—1531)自南京上《正大礼疏》,力劝世宗尊生父兴献帝为"皇考",为之立庙大内。嘉靖三年正月,世宗览奏后令文武群臣详议大礼。③ 世宗此举令群臣颇为不满。当年正月至三月间,两京官员数百人先后上疏,激烈反对张、桂的提议。④ 其中,礼部尚书汪俊等于二月戊申上疏,极辨张、桂提议之非,并称包括乔宇、夏良胜等吏部官员在内的"八十余疏,二百五十余人皆如臣等议"。世宗见群臣之论不合己意,遂降旨:"亟召桂萼、席书、张璁、霍韬于南京。"⑤ 三月,汪俊愤而辞官,世宗以特旨令席书(1461—1527)代之。⑥ 作为议礼新贵的反对者,乔宇于四月戊戌上疏世宗,称"请收回成命,令俊与书各守职如故……止召萼、璁"⑦。吏部官员的不合作态度很快就遭到世宗的反击。嘉靖三年七月,百官跪哭并遭集体廷杖的"左顺门事件"发生。乔宇、夏良胜虽未参与"左顺门事件",但仍遭湖广佥事陈洸(1478—1534)弹劾:

> 尚书乔宇、郎中夏良胜用舍任意,挤排豪杰,今缺则专于己,外补则推于人。科道于桂、阎闳、史道、曹嘉素称刚直,或升外任,或摈远方。陛下取用席书等,交章拥沮,以为不由吏部会推,专擅可见。乞削去宇、良胜官职,召

---

① (明)夏良胜的仕宦经历,见雷礼《国朝列卿记》卷一三六,收入《续修四库全书》,上海古籍出版社1982年版,史部,第524册,133页上。

② (明)欧阳铎:《太常寺少卿夏公良胜墓志铭》,载焦竑《国朝献征录》,收入《续修四库全书》,第529册,影印上海图书馆藏明万历四十四年徐象橒曼山馆刻本,796页上。

③ 《明世宗实录》卷三五,嘉靖三年正月丙戌,台北"中研院"史语所校勘本,第884—885页。

④ 嘉靖正月至三月间群臣反对张璁、桂萼提议的详情,参见胡吉勋《"大礼议"与明廷人事变局》,社会科学文献出版社2007年版,第72—73页。

⑤ 《明世宗实录》卷三六,嘉靖三年二月戊申,第900—902页。

⑥ 《明世宗实录》卷三七,嘉靖三年三月癸未,第928页。

⑦ 《明世宗实录》卷三八,嘉靖三年四月戊戌,第950页。

还桂等，以作敢言之气。①

嘉靖三年五月，陈洸因曾在家乡潮阳操行不谨被乔宇、夏良胜外调，七、八月间乃有上疏攻击二人之举。世宗随即借为陈洸翻案清洗吏部。② 七月己巳，乔宇引疾致仕。③ 数日后，夏良胜遭到处分：

> 丙子，升吏部文选司郎中夏良胜为南京太常寺少卿。良胜谢恩失仪，为纠仪御史所劾。诏夺俸两月。④

进一步的打击接踵而至。八月初一日，世宗将夏良胜贬为湖广茶陵知州。⑤ 嘉靖四年三月，夏氏抵达茶陵。在担任知州的三年中，夏氏"俸薪悉入公帑"，⑥ 积极处理地方政务，曾上《民情疏》详论茶陵地方征收赋税时之弊政，并主修州志，积累了一定的实政经验。⑦ 在茶陵期间，夏氏曾作有"愿言江湖忧，谁作长安怨"之诗句，表达自己留心地方政务、无意于庙堂斗争的态度。⑧ 然而，朝廷政局的变化依然波及了他。嘉靖七年六月，为"大礼议"定论的《明伦大典》告成。同月，世宗下《初定大礼行罚敕》，夏良胜榜上有名。敕书中，世宗称夏良胜"恃铨选之权，胁持庶官，望遂邪志"，令将之发回原籍为民，表达了对夏氏的厌恶。⑨

嘉靖八年，夏良胜遭受了更严厉的打击。在吏部任职时，夏氏曾将"议礼及执奏传奉尚书、学士诸疏"辑成《铨司存稿》一书并嘱人刊刻。罢官回乡后，夏氏竟因此稿遭人告讦，并被世宗下诏逮入狱中拷掠。⑩ 直到嘉靖十年八月，夏良胜方结

① 《明世宗实录》卷四二，嘉靖三年八月癸巳，第1087—1088页。
② 关于陈洸案之原委，参见胡吉勋《"大礼议"与明廷人事变局》，第215—222页。对嘉靖初年世宗借翻案清洗官员行为的研究，可参阅姚胜《明代"大礼议"与"封疆之狱"关系初探》，硕士学位论文，中央民族大学，2003年。
③ 《明世宗实录》卷四一，嘉靖三年七月己巳，第1038—1039页。
④ 《明世宗实录》卷四一，嘉靖三年七月丙子，第1041页。
⑤ 《明世宗实录》卷四二，嘉靖三年八月癸巳，第1088页。
⑥ （明）欧阳铎：《太常寺少卿夏公良胜墓志铭》，第796页上。
⑦ （明）夏良胜所编《茶陵州志》，收入《天一阁藏明代方志选刊续编》，上海书店，第63册。《民情疏》见福昌修，谭仲麟纂（同治）《茶陵州志》，收入《中国地方志丛书·湖南府县志辑》第18册，第253页下—第256页上。
⑧ （清）甘庆增纂：（嘉庆）《茶陵州志》卷二〇，收入《爱如生数据库·中国方志库》，第3页。
⑨ 明世宗：《初定大礼行罚敕》（嘉靖七年六月初三日），《皇明诏令》卷二一，收入《四库存目丛书》，齐鲁书社1994年版，史部，第58册，第415页上。
⑩ 《明世宗实录》卷一二九，嘉靖十年八月戊戌，第3069—3070页。

案出狱,"谪戍辽东三万卫"①。在嘉靖十五年逝世前,夏氏一直居住于辽东,《中庸衍义》就是他在逝世前一年结撰的。夏氏曾自述编撰该书的过程:

> 蒙诏逮治,系狱凡三年。自计一旦奄忽,竟斋于志。省愆余息,缪有绎思,则拥被默稿,片纸蝇书,纳败絮中。既而有死语,毁之。今幸生戍辽海,而随行无车,边士家亦罕得贷本。赖二三友朋腹笥维富,时就咨质,辑旧思闻,漫次成录,曰《中庸衍义》……以畎亩余忠、兵戎偶暇、犬马一得之愚附录,谨藏敝箧,尚望圣恩终贷,解禁生还,将昧死以献焉。②

由是观之,夏氏虽在狱中即有撰《中庸衍义》的构想,并曾动手写作。但该书的撰写,是他在辽东期间进行的。综上所述,夏良胜一生屡遭政治迫害,尤以嘉靖年间为惨。嘉靖三年至十五年间,他先遭贬黜,复入狱三年,最后流放辽东、死于戍所。世宗对夏良胜颇为厌恶,夏良胜则在"大礼议"事件中与世宗意见不合。可以说,《中庸衍义》是夏良胜希望向与其关系恶劣的世宗"昧死以献"的作品。夏氏虽屡遭世宗迫害,但仍未放弃与世宗沟通的念头。

二 《中庸衍义》的版本流传、篇目结构与编纂体例

《中庸衍义》的明代版本,笔者仅见藏于日本尊经阁文库的万历间刻本。③ 万历四十三年(1615),吴道南(1547—1620)在为该刻本所作序中称:

> 书成于嘉靖乙未(1535),距今八十年所矣。厥孙大学生廷选以序来属余……先生以文章首乡闱,以节义谏南巡、诤大礼,以道德衍《中庸》、诏天下万世。傥及游圣人之门,获与思曾优游洙泗,何减入室升堂诸贤也。独惜夫生当圣世,徒著书边亭以殁,不能不兴嗟于贤人之道数。④

观此,则《中庸衍义》似在成书后八十年方由夏良胜之孙组织刊刻。终嘉靖一

---

① (明)欧阳铎:《太常寺少卿夏公良胜墓志铭》,第796页上。

② (明)夏良胜:《中庸衍义原序》,《中庸衍义》,收入《影印文渊阁四库全书》,台北商务印书馆1986年版,史部,第715册,第282下—第283页上。

③ 见"日本所藏中文古籍数据库",http://kanji.zinbun.kyoto-u.ac.jp/kanseki(2015/5/4)。

④ (明)吴道南:《中庸衍义序》,《吴文恪公文集》卷一四,收入《四库禁毁书丛刊》,北京出版社1997年版,集部,第31册,影印明崇祯间吴之京刻本,第515页。

朝，夏良胜未获平反。直至隆庆三年（1569）六月，穆宗方下诏追赠夏良胜太常寺卿。① 夏良胜久久未获平反，或可部分解释《中庸衍义》刻本的问世之迟。从明代刻本的稀少来看，该书在明代似流传不广。

《中庸衍义》的清代版本较多，笔者目前了解到的有五种：（1）雍正五年北京刻本（藏于山东大学图书馆）。（2）乾隆间翰林院抄本（藏于西安文管会）。（3）乾隆间四库本。（4）道光三十年夏良胜十一世孙夏云骧刻本（藏于国家图书馆）。（5）同治十年曾国藩刻本（藏于国家图书馆）。②《中庸衍义》亦曾引起清德宗注意。光绪十二年、十六年两次殿试中，德宗皆令贡士撮述《中庸衍义》要旨，并曾称赞该书"颇采丘濬之说，纲领条目，粲然具备。其于当时世局，多所匡益"③。乾隆间《四库全书》对《中庸衍义》的著录，晚清夏氏子孙及地方大员对该书的刊刻及德宗对该书的注意，当使该书在清代的流传广度较明代为高。

据朱鸿林先生研究，《大学衍义》《大学衍义补》《圣学格物通》等帝学用书体例相近，皆为"征引经训，参证史事，旁采先儒之论……而各以己意发明之"。《中庸衍义》之体例与这些书籍相似，编例类似《大学衍义》《大学衍义补》的"三叠式单位述论"和"重叠式单位述论"，书中各单位为"由从某一经史子集部书中所引原文（正条）——由先儒或史臣对于正条所载文字的注疏（次条）——以'臣良胜曰'或'臣按'开头的作者个人发挥（按语）"，或"正条—次条""正条—按语"的结构，亦有部分单位仅有正条。其中，"正条—次条"或仅有正条的单位结构是《大学衍义》《大学衍义补》所无的。采此类结构的单位中，正条多为明代帝王言论。④ 以下列表反映该书篇目结构、各条分布情况：

① 《明穆宗实录》卷三三，隆庆三年六月己丑，台北"中研院"史语所1965年校勘本，第863页。

② 第一种见"高校古文献资源库读者检索系统"，http：//rbsc. calis. edu. cn：8086/aopac/jsp/in-dexXyjg. jsp（2015/5/4）。后四种《中国古籍总目》著录，见《中国古籍总目》编纂委员会编《中国古籍总目·子部1》，中华书局2010年版，第109页。

③ 参见《清德宗实录》卷二二七，光绪十二年四月甲申，《清实录》第55册，中华书局1987年影印本，第62页下；《清德宗实录》卷二八四，光绪十六年四月丙辰，《清实录》第55册，第787页上。清德宗之称赞乃光绪十六年四月丙辰事。

④ 关于此类帝学用书之体裁、编例、内容，书中"三叠式单位述论""重叠式单位述论"的情形，参见朱鸿林《明儒湛若水帝学用书〈圣学格物通〉的政治背景与内容特色》，载"中央研究院"《历史语言研究所集刊》，第62本第3分，1993年，第495—530页。

表1 《中庸衍义》的篇目、条目结构

子 目	细目	卷数	正条	次条	按语	各子目结构（正：次：按）
天命之性之义	正性之原	卷一	14	15	11	18：19：14
	论性之弊		4	4	3	
率性之道之义	传道之统	卷二	15	13	10	83：66：50
	体道之要		17	13	10	
	衍道之实		10	8	7	
	明道之功		14	12	10	
	害道之防		17	8	7	
	杂道之辨		10	12	6	
修道之教之义	立教之本	卷三	13	12	7	92：54：41
	敷教之则		21	9	13	
	垂教之典		23	24	8	
	章教之风		16	3	8	
	尊教之制		14	1	4	
	异教之流		5	5	1	
致中和之义	中和之极	卷四	15	14	7	73：42：30
	协和之征		18	0	3	
	修和之诚		23	10	13	
	戾和之咎		17	18	7	

子　目	细目	卷数	正条	次条	按语	各子目结构 （正∶次∶按）
达道之义	君臣之常	卷五	32	28	18	279∶194∶118
	君臣之变		22	28	1	
	君臣之戒		21	13	3	
	父子之常	卷六	44	17	27	
	父子之变		20	17	10	
	父子之戒		9	6	6	
	夫妇之法	卷七	53	27	15	
	夫妇之戒		9	5	1	
	兄弟之法	卷八	16	13	7	
	兄弟之戒		8	7	4	
	朋友之法		34	25	22	
	朋友之戒		11	8	4	
达德之义	临知之法	卷九	13	8	8	71∶46∶42
	任知之戒		2	1	2	
	施仁之法		31	18	15	
	贼仁之法		3	2	1	
	昭勇之法		18	15	16	
	矜勇之戒		4	2	2	
九经之义	修身	卷一〇	26	16	14	224∶99∶149
	尊贤		28	13	16	
	亲亲		18	6	12	
	敬大人	卷一一	22	14	14	
	体群臣		17	5	14	
	子庶民		27	10	38	
	来百工	卷一二	25	8	16	
	柔远人		37	17	14	
	怀诸侯		24	13	·11	

子　目	细目	卷数	正条	次条	按语	各子目结构 （正：次：按）
诚明之义	治己之诚	卷一三	13	7	9	54：26：29
	应物之诚		16	7	3	
	自知之明		10	5	7	
	知人之明		15	7	10	
三重之义	因革之礼	卷一四	12	2	3	213：65：101
	郊祀之礼		13	2	4	
	宗庙之礼		15	5	6	
	朝廷之礼		19	7	9	
	正乐之礼		8	3	3	
	命官之制	卷一五	18	6	8	
	审刑之制		17	4	6	
	田赋之制		20	8	12	
	兵戎之制		30	9	9	
	崇勋之制		14	5	8	
	经济之文	卷一六	26	11	20	
	词翰之文		21	3	13	
平天下之义	创业之治	卷一七	15	11	9	61：28：42
	守成之治		10	7	4	
	中兴之治		8	4	4	
	经常之治		28	6	25	

由上表可得出以下观察：

（一）《中庸衍义》由十个子目六十五个细目组成，正条、次条、按语条数之比为1168：642：618，编例以"重叠式单位论述"为主。①

（二）该书卷一至四中讨论的"天命之性""率性之道""修道之教""致中和"，对应《中庸》第一章：

① 《大学衍义》正条、次条、按语之比为776：94：601，编例以"重叠式单位论述"为主。《大学衍义补》相应比例为3947：2581：2862，编例以"三叠式单位论述"为主。出处同注26。

天命之谓性，率性之谓道，修道之谓教……喜怒哀乐之未发谓之中，发而皆中节谓之和。中也者，天下之大本也。和也者，天下之达道也。致中和，天地位焉，万物育焉。①

卷五至卷八讨论的"达道"及卷九中讨论的"达德"，《中庸》第二十章有论述：

天下之达道五，所以行之者三。曰：君臣也、父子也、夫妇也、昆弟也、朋友之交也。五者，天下之达道也。知、仁、勇三者，天下之达德也。所以行之者，一也。②

卷一〇至卷一二讨论的"九经"，《中庸》第二十章有论述：

凡为天下国家有九经，曰修身也、尊贤也、亲亲也、敬大臣也、体群臣也、子庶民也、来百工也、柔远人也、怀诸侯也……凡为天下国家有九经，所以行之者一也。③

卷一三讨论的"诚明"，对应《中庸》第二十一章：

自诚明谓之性，自明诚谓之教。诚则明矣，明则诚矣。④

卷一四至卷一六对应的"三重"，《中庸》第二十九章有论述：

王天下有三重焉，其寡过矣乎。⑤

此句朱注为"吕氏曰：'三重，谓议礼、制度、考文。'"⑥

卷一七子目中的"平天下"，《中庸》第三十三章有论述：

---

① （宋）朱熹：《四书章句集注》，中华书局 1983 年版，第 17—18 页。
② 同上书，第 29 页。
③ 同上书，第 30—31 页。
④ 同上书，第 32 页。
⑤ 同上书，第 37 页。
⑥ 同上。

《诗》曰:"不显惟德,百辟其刑之。"是故君子笃恭而天下平。①

可见,《中庸衍义》自《中庸》的纲领谈起,次论与人伦有关的"五达道"及与修身有关的"三达德",次论"天下国家"的"九经",次论关乎"圣人之德"与"贤人之学"的"诚明",次论"王天下"者的"三重",末论"平天下"。从这一结构上看,《中庸衍义》有选择性地发挥了《中庸》中的一部分概念,其中既有与"体"有关的内容(如"达道""达德""九经""诚明"),又有与"用"有关的内容(如"三重")。可见,该书内容是体用兼备的。

(三)"达道之义"(含四卷十二细目)、"九经之义"(含三卷九细目)、"三重之义"(含三卷十二细目)三个论述人伦、国家政务的子目篇幅远大于其余子目。可知较"内圣"之学而言,与"外王"之学有关的实务更受《中庸衍义》关注。

三 《中庸衍义》的编纂特点与目的

通观全书,《中庸衍义》的内容有如下特色。

(一)此书正条及次条所引文献类别不同。构成 1168 条正条的文献中,有三种占最大篇幅:(1)儒学经传及《五经正义》《四书大全》《五经大全》《性理大全》等官方认定的经文注疏与理学著作(计 454 条,占正条数之 38.9%)。(2)《史记》《汉书》《后汉书》《南史》《北史》《旧唐书》《新唐书》《新五代史》《宋史》《辽史》《金史》《元史》《资治通鉴》等正史著作(410 条,占正条数之 35.1%)。(3)包括《皇明祖训》《大诰》在内的记载明太祖、明成祖言行的文献(194 条,占正条数之 16.6%)。② 可见,正条内容主要是由夏氏抄录正统经文注疏、正史及明代二祖言行构成的。其余内容则多由历代官员、儒者言论组成。此外,卷二"害道之防"子目下有一正条抄录自葛玄《道德经序》。

(二)642 条次条由历代儒者言论构成,计 92 家。其中以两宋儒者言论为最多,计 48 家 583 条。其中,被引用言论超过十条者有九家(合计 425 条)。以下列表反映此九家被引用的情况:

---

① (宋)朱熹:《四书章句集注》,第 40 页。
② 正条中的太祖、成祖言行多未标明史料来源,然基本可在《明太祖实录》及《明太宗实录》中找到对应材料。

表 2　　　　《中庸衍义》次条引用宋儒言论（超过 10 条以上者）情况

朱熹	158 条	胡安国	41 条	范祖禹	16 条
蔡沈	81 条	真德秀	31 条	司马光	11 条
程颐	51 条	陈澔	26 条	吕祖谦	10 条

而受心学学者重视的程颢、陆九渊的言论则分别只有 4 条和 1 条。明代儒者的言论仅有 5 家 21 条，包括丘濬 12 条、赵㧑 5 条、彭韶 2 条、刘基 1 条、方孝孺 1 条。此外，正条中的宋儒言论有：周敦颐 5 条、程颢 5 条、程颐 4 条、朱熹 2 条、张载 1 条、邵雍 1 条、欧阳修 1 条、范祖禹 1 条、黄庭坚 1 条、宋咸 1 条；正条中的明儒言论有刘基 1 条、丘濬 1 条。由夏良胜对儒者言论的取舍，可见其本人的学术取向：夏氏并未在《中庸衍义》中展示正德、嘉靖间兴起的心学，他最推崇的为朱熹、程颐、真德秀等朱子学学者。此外，对《大学衍义》《大学衍义补》两书不甚重视的蔡沈、陈澔、胡安国等有传经、注经之功的宋儒，夏氏亦颇重视。[①] 蔡沈《书集传》、陈澔《礼记集说》及胡安国《春秋传》皆被收入《五经大全》中。结合夏氏在正条中大量摘抄《四书大全》《五经大全》《性理大全》等官修著作的内容来看，夏氏在《中庸衍义》一书中所表现出的思想倾向是与明初以来官方认定的朱子学相契合的。

在《中庸衍义》序中，夏良胜如是阐述自己编纂该书的目的：

> 人君而比类属思，覆视于册，有相发焉，必曰："古之圣贤则然，吾弗慕圣贤而何学焉？"必曰："吾之祖宗则然，吾弗率祖宗而何学焉？"如是而有弗即于道、弗底于治、弗尊于孔氏者，未之有也。故臣不揣荒陋，僭有是编。纲目虽具，义例罔修。摭经摘史，列专注论断，而折衷以圣祖文皇之懿训。盖窃比于德秀之书，而附益以大防之义也。伏愧病与老乘，惧弗终业，搜剔挂漏，莫副初心。[②]

由此可见，《中庸衍义》一书的预定读者为"人君"。在此书中，夏氏以明初官

---

① 关于《大学衍义》《大学衍义补》对宋儒言论的征引情况，参见 Hung‐lam Chu，"Chiu Chün and Ta‐hsüeh Yen‐yi Pu：Statecraft Thought in Fifteen Century China"，Ph. D. dissertation（Princeton，N. J.：Princeton University，1984），pp. 420–427。

② （明）夏良胜：《中庸衍义原序》，《中庸衍义》，第 283 页上—第 283 页下。

·158·

方认定的朱子学为根据，规劝世宗效法圣贤、祖宗，欲使世宗体用兼修，达到"即于道""底于治""尊于孔氏"的境界，从而令夏氏达到致君的目的。从全书结构看，夏氏对世宗的规劝是有针对性的。例如，在"达道之义"子目中，讨论君臣、父子的卷五、卷六篇幅最大。此种情况当与"大礼议"事件导致的君臣关系恶化、皇室内部不合有关。在"父子之变"子目中，夏氏对北宋"濮议"多有讨论。按语中，夏氏如是评价"濮议"：

> 仁宗四十四年已有三王短世，后宫且就馆宫中复养二子。而廷臣建请，如不待晷漏，皆视天下为公器，不必私于子也。或者谓英宗赞成多出曹后，以其姊女配，意示亲恩。其后仁宗丧制未终而"濮议"起，事多违忤，迁孤女子于别宫。后泣告宰相曰："为无夫妇人作主，则畴昔预图，其效安在？"①

联系到明世宗在嘉靖三年"左顺门事件"中对群臣的残酷处置，似可知夏氏称请宋仁宗建储之人为"视天下为公器"者的用意。北宋"濮议"中，仁宗之曹后不满于英宗追尊生父为皇考，但无法改变英宗的意志。夏氏在此处论及曹后在英宗朝的处境，似有映射世宗薄待孝宗之张后的意味。②

又如在"三重之义"子目中，夏氏用了多达五个细目的篇幅讨论礼制问题。世宗登基后对明代祭祀、庙制、冠服皆进行了较大的改革。③ 夏氏虽未直接提及世宗的改制，但在行文中一再规劝世宗遵从太祖制定的礼制。嘉靖九年，世宗令改天地合祀为天地分祀。对于这一点，夏氏在正条中抄录了丘濬论述洪武时确立天地合祀的言论后，写有如下按语：

> 臣良胜曰：濬之言，盖有以博求古今之要典。圣祖之制，盖所以斟酌万世所常行者也。④

此处，夏氏称太祖制定的礼制为"斟酌万世所常行者"，对于世宗改制的不满溢于言表。由此可见，夏氏编纂《中庸衍义》的目的乃以明初官方意识形态及祖宗

---

① （明）夏良胜：《中庸衍义》卷六，第451页下。
② 嘉靖十二年（1533），世宗下令逮捕张太后之弟张延龄、张鹤龄，定延龄为死罪，命鹤龄带俸闲住。张太后苦苦求情亦不起作用。参见卜键《明世宗传》，人民出版社2012年版，第322页。关于世宗对外戚的抑制，参见［日］佐藤文俊《明代王府的研究》，东京研文出版1999年版。
③ 关于世宗改制的情形，参见赵克生《明朝嘉靖时期国家祭礼改制》，社会科学文献出版社2006年版。
④ （明）夏良胜：《中庸衍义》卷一四，第682页上。

之制规劝世宗效法圣贤、祖宗，而不应苛待议礼诸臣、张太后及擅改祖制。清德宗称《中庸衍义》一书"于当时时局，多所匡益"，当即指此。

在"害道之防""杂道之辨""异教之流"子目中，夏氏则在正条中大量抄录历代君主与神仙方术、释老二教相关的言行，并在相应的次条中援引先儒攻击"异教"的言论。例如，在援引《汉书·武帝纪》中关于武帝罢神仙方术的记载后，夏氏引用真德秀之言：

> 神仙之说自战国始。燕齐之君尝求之不验矣，而秦始皇复求之。秦皇求之不验矣，而汉孝武复求之。以孝武之高明英爽，而长生不死之欲一动于中，遂为方士所愚，犹玩婴儿于股掌之上，岂不异哉！然迷而能复，犹贤于秦皇之终不悟云。①

登基不久，世宗即对神仙方术产生兴趣。嘉靖三年，世宗召龙虎山上清宫道人邵元节（1459—1539）入京，命其专掌祀祷。② 五年二月，"以邵元节为真人，赐银印"③。自七年起，各地连献祥瑞。④ 至十二年正月，河南巡抚吴山（？—1577）献白鹿，群臣上表贺，"自是，诸瑞异表贺以为常"⑤。在此情形下，夏氏于嘉靖十四年结撰的书中引真德秀此语，显然希望世宗迷途知返，勿被道士玩弄于股掌之上。如前所述，"害道之防"子目中有一正条系夏氏抄录葛玄（164—244）《道德经序》而成。该正条下之次条中，夏氏援引司马迁（前145—前90）的言论表明儒者与黄老之学势不两立的态度：

> 世之学老子者则黜儒学，儒学亦黜老子。道不同，不相为谋。⑥

同一子目内，夏氏更在正条中引明太祖命宋濂讲论黄老之事：

> 圣祖御西庑，大臣皆坐侍，指《大学衍义》中言司马迁论黄老事，令宋濂

① （明）夏良胜：《中庸衍义》卷二，第313页下。真德秀原文见氏著《大学衍义》卷一三，文渊阁《四库全书》，子部，第704册，第624页。

② 卜键：《明世宗传》，第174页。

③ 《明世宗实录》卷六一，嘉靖五年二月甲寅，第1427页。

④ 卜键：《明世宗传》，第176页。

⑤ 夏燮：《明通鉴》卷五六，《续修四库全书》，史部，第365册，第577页下。

⑥ （明）夏良胜：《中庸衍义》卷二，第311页下。司马迁原文中"黜"作"绌"，见氏著《史记》，中华书局1974年版，第2143页。

讲析，俾在坐者听之。濂既如诏设言曰："汉武嗜神仙之术，好四夷之功。民力既竭，重刑罚以震服之。臣以为人主能以义理养性，则邪说不能侵。兴学校以教民，则祸乱无从而作矣。"①

此段文字后有夏氏按语：

> 臣良胜曰：异端之说易于惑人，而最深者莫若老子。盖以仁义为说，以道德为名，而一以简便从事，夫谁不惑……［太祖］令宋濂讲析以谕大臣，盖不欲独善一身，而欲兼善于众也。濂又能仰承德意，推及以辟神仙、申韩之术，有是君则有是臣矣。

夏氏引用太祖君臣辟黄老之言论后，直接称惑人最深的异端学说"莫若老子"。其依托祖宗言行阐发自身观点的劝谏方式，在此显露无遗。嘉靖初年，大狱叠兴。七年三月，试御史周相因疏谏世宗勿令百官贺祥瑞，竟被逮入狱。② 世宗沉湎"异教"、残忍暴戾的举动，当是夏氏在攻击黄老的同时赞美宋濂抨击申韩的原因。四库馆臣称《中庸衍义》"于崇神仙、好符瑞、改祖制、抑善类数端尤究极流弊，惓惓言之"③，可谓准确。

四　结论

朱熹曾指出，《中庸》"说得高"，要靠"思量义理"方可理解，不如《大学》切实。④ 在明前期"此亦一述朱，彼亦一述朱"的氛围下，儒者多从官方认定的朱子学的角度对《中庸》的义理进行论述。⑤从 15 世纪中期起，明帝国在思想层面趋于多元化：朱子学定于一尊的局面被打破，心学和经世思潮渐渐壮大，明儒对《中庸》的研究亦开始脱离朱子学樊篱。⑥ 王守仁（1472—1529）在作于正德十三年

---

① 此段及下段引文，见夏良胜《中庸衍义》卷二，第 312 页上。
② 《明世宗实录》卷八六，嘉靖七年三月甲申，第 1947 页。
③ 纪昀：《四库全书总目提要》卷九三，第 793 页。
④ 黎靖德编：《朱子语类》卷一四，中华书局 1986 年版，第 249 页。
⑤ 马越：《明代后期〈中庸〉学研究》，硕士学位论文，聊城大学，2014 年，第 11 页。
⑥ 关于 15 世纪经世思潮的兴起，参见 Hung－lam Chu，"Intellectual Trends in the Fifteenth Century"，*Ming Studies* 27（1989），pp. 1－33。

（1518）的《修道说》中指出，"《中庸》为诚之者而作，修道之事也"①。湛若水（1466—1560）在其刊于同年的《中庸测》中则分《中庸》为"一干而四支"，以首章为"一干"，将《中庸》中的其余概念分为与"一干"相发明的"四支"②。此后，廖纪（1455—1532）在刊刻于嘉靖六年的《中庸管窥》中"不用朱子章句"，分《中庸》为二十五段，以己意解经。③ 此外，亦有管志道（1536—1608）等受释道影响的学者试图以释道之言解说《中庸》。④ 可见，自明中期起，《大学》《中庸》皆成为儒者据之以阐发自身学说的经书。恪守朱子学樊篱的夏良胜将《中庸》从"言性之书"衍义为"言政之书"，应与此种倾向及经世思潮的兴起皆有关系。⑤ 夏氏在《中庸衍义》自序中称：

> 臣闻：言帝王之学者，必本于道。言帝王之道者，必达于治，然一以孔氏为宗。孔氏，道之大成也……［朱子］自谓平生心力，尽在二书（按：即《大学》《中庸》），而孔曾之道益明矣。⑥

此段文字中，夏氏将《中庸》与《大学》一同视为帝王之学的根底。这应能解释夏氏何以选取《中庸》中与帝王"内圣外王"乃至"平天下"相关的概念展开论述。

史料中未见夏氏进呈《中庸衍义》及世宗回应该书的记载。即使世宗曾接触过

---

① （明）王守仁撰，吴光、钱明、董平、姚延福编校：《王阳明全集》（上）卷七，上海古籍出版社2011年版，第295页。此后，阳明后学王畿发挥阳明之"修道说"，撰写了《中庸首章解义》。参见（日）山下龙二《大学·中庸》，东京株式会社集英社1974年版，第197页。

② 湛若水：《中庸测序》，《湛甘泉先生文集》卷一七，《四库存目丛书》，集部，第56册，第690下—第691页上。

③ 廖纪在此书中有推崇程颢、邵雍，排斥朱熹的倾向。参见喻剑庚《〈大学管窥〉、〈中庸管窥〉考述》，载《南昌大学学报》（人文社会科学版）2000年第7期，第72—75页。

④ 如四库馆臣曾评价姚应仁撰《大学中庸读》系"阳儒而阴释"。参见纪昀《四库全书总目提要》卷三七，中华书局1965年版，第312页。关于管志道等学者以释道之言解说《中庸》的情形，参见马越《明代后期〈中庸〉学研究》，硕士论文，聊城大学，2014年，第16页。

⑤ 清人汪廷儒如是评价《中庸衍义》"盖本真西山先生《大学衍义》之旨……言性之书，实言政之书。"见汪廷儒《中庸衍义序》，《中庸衍义》，北京图书馆藏道光三十年刻本，第2页。

⑥ （明）夏良胜：《中庸衍义原序》，《中庸衍义》，第283页下。

该书，书中表达的对世宗崇道、改制、暴戾的批评亦应不会为世宗所喜。① 直至晚清，该书才受到皇帝、官员、士人的重视。嘉靖一朝，因君权对士人的压制，模仿《大学衍义》和《大学衍义补》编撰帝学用书的学者已不易取得真德秀、丘濬的致君成就。② 尽管如此，仍有受到真德秀、丘濬影响的学者编纂两书的反应性著作，试图以此"得君行道"。余英时曾指出，因明代君主多对士人采取敌视态度，明儒已无法继承宋儒"得君行道"的志向。正德、嘉靖年间，随着阳明学的兴起，有济世之志的儒者放弃了"得君行道"的"上行路线"，转而采取"觉民行道"的"下行路线"③。此种宏观论述不易兼顾经世之学的丰富内涵。夏良胜的例子表明，在嘉靖朝的政治高压下，仍有未受阳明学影响的学者试图通过编撰帝学用书的方式致君于圣贤。此种致君尝试虽难以对皇帝和朝局产生影响，但有可能引起后世的重视。

明中后期以《中庸》讲求经世者不止夏良胜一人。万历三年（1575），张居正（1525—1582）完成了供神宗学习的《中庸集注阐微直解》的编纂，此书中表达的节财用、重法令、选贤能等主张后来在张氏主持的改革中得到推行。④ 可见，《中庸》与《大学》皆受到了明代经世儒者、官员的关注。《中庸衍义》的出现不仅与《大学衍义》《大学衍义补》的影响有关，亦当与明中后期经世儒者、官员对《中庸》的注意有关。

（作者单位：中山大学历史学系）

---

① 自嘉靖十年起，世宗的兴趣即已从儒学转向道教。在《中庸衍义》成书的嘉靖十四年（1535），世宗已基本对经筵失去兴趣，只在是年三月举行了一次经筵。次年三月，世宗进行了嘉靖朝的最后一次经筵。此种情形下，世宗当是不会对《中庸衍义》有太强兴趣的。关于世宗转向道教的情形，参见王熹《明世宗与道教浅论》，载《故宫学刊》，2011年，第44—76页。关于嘉靖朝的经筵举行情况，参见 Hung‑lam Chu，"The Jiajing Emperor's Interaction with His Lectures"，Chapter in David Robinson, ed., *Culture, Courtiers, and Competition: The Ming Court* (1368—1644). Cambridge, Mass: Harvard University Asia Center, 2008. pp. 186–230。又见朱鸿林《嘉靖皇帝与其讲官之间的互动》，载氏著《致君与化俗：明代经筵乡约研究文选》，香港三联书店2014年版，第5—68页。

② 嘉靖朝编撰经世著作并向世宗进呈者除夏良胜外，尚有湛若水。嘉靖七年（1529），湛若水将其模仿《大学衍义补》之体例编纂的《圣学格物通》一书向世宗进呈，未获世宗重视。参见朱鸿林《明儒湛若水帝学用书〈圣学格物通〉的政治背景与内容特色》，第495—530页。

③ 余英时：《现代儒学的回顾与展望——从明清思想基调的转换看儒学的现代发展》，《现代儒学的回顾与展望》，生活·读书·新知三联书店2004年版，第170页。

④ 马越：《明代后期〈中庸〉学研究》，第18—21页。

明儒耿定向鄂东讲学发覆

李　明

　　明代的讲学活动是明代学术发展史上的重要历史现象。近年来，关于明代讲学与书院讲会的研究日益引起了国内外学者的广泛关注，并形成了以书院史、学术思想史、社会史、政治史为重心的几个研究范式。[①] 学界已有的研究，多侧重于历史上讲学风气炽盛的明代江右、徽州、江浙等地区，而对于与上述地区毗邻的鄂东地区[②]涉及较少。明代是湖北历史上文化鼎盛的第三个高峰，[③] 而鄂东历来被认为是湖北人文渊薮。明中后期，以耿定向为中心的学者，通过讲学的方式，促进了鄂东学术圈的形成，使鄂东地区成为明清学术格局中重要的一部分。本文力图将这位思想家放在区域学术发展的视阈之中，钩沉其讲学鄂东的史实，[④] 分析学术与社会间的互动与调适。

　　耿定向（1524—1596），黄安（今湖北红安）人，字在伦，号天台，又号楚侗。

---

　　① 邓洪波：《明代书院讲会研究的历史与现状》，《中国文化研究》2009 年春之卷。

　　② 鄂东主要是指湖北东部地区，以黄州府为主体，领一州八县；黄冈县、黄安县、黄陂县、麻城县、蕲水县、罗田县，蕲州（明太祖九年由府降为州，蕲黄合一，州治蕲春县，领二县，即广济县与黄梅县）。见潘新藻《湖北省建制沿革》第十五编"明布政司"，湖北人民出版社 1987 年版，第 771 页；中国历史地图集编辑组编辑，《中国历史地图集》第七册"元明时期"，中华地图学社 1974 年版，第 80—81 页。

　　③《湖北通志》卷一二三《人物志序》："论湖北之人才，春秋楚为首，三国时次之，明又次之。"转引自罗福惠《湖北近三百年学术文化》，武汉出版社 1994 年版，第 3 页。

　　④ 吴震较早整理阳明心学与讲学活动资料时，已注意到耿定向的讲学活动。参见吴震《明代知识界讲学活动系年：1522—1602》，学林出版社 2003 年版。邓志峰在《王学与晚明的师道复兴运动》（社会科学文献出版社 2004 年版）一书，陈时龙在《明代中晚期讲学运动（1522—1626）》（复旦大学出版社 2005 年版）一书第四章《反思：耿定向及其门人的讲学活动》及《耿定向思想研究》（中国社会科学院历史研究所明史研究室编，《明史研究论丛》第七辑，紫禁城出版社 2007 年版）一文中对耿定向的讲学及思想特色作出讨论。赖玉芹在《试评耿定向的讲学活动》（载冯天瑜主编，《人文论丛》2008 年卷，中国社会科学出版社 2009 年版）一文对耿定向在京师、南畿和家乡黄州的讲学活动加以梳理，并进一步对耿定向的讲学内容、讲学形式及讲学影响作出评析，亦可见赖玉芹《耿定向讲学的影响》，《光明日报》2009 年 5 月 26 日。

明嘉靖三十五年（1556）进士，初授行人，继而任御史。耿定向在京于嘉靖三十七年（1558）与罗近溪、胡直、邹善等相交结识①。嘉靖四十一年（1562），耿定向调任南京，督理学政，设崇正书院，"生平爱惜人才，奖拔善类"②，在南京与王龙溪、罗近溪等人相与讲学，并于书院中延纳了一批弟子，其中即包括了后来成为一时名流的大学者焦竑（字弱侯，号澹园，又号漪园，万历十七年状元）、管东溟（名志道，字登之，万历五年进士）等人。隆庆初年，耿定向擢大理右寺丞，后因讥讽擅权的高拱，在隆庆四年（1570）被贬为广西南宁府横州判官。高拱被罢官后，耿定向迁浙江衢州府推官，③ 万历年间历任工部屯田司主事、右副都御史、巡抚福建等职，官至"户部总督仓场尚书"。乞休致仕之后，耿定向"讲学天台山，尝谓学以悟入，以修证，阅七年"，④ 卒后赠太子少保，谥恭简。

一　耿定向鄂东讲学史实钩沉

耿定向出身寒微，苦读入仕，居官任上热心倡导讲学，宦迹所至，即是讲学声达之地。万历初年，讲学受到当朝弹压，时任巡抚福建的耿定向在友人移书"相勉慎勿讲学，盖惧时忌"之时，他仍坚持"学不可已"，认为仕宦中也不可不讲学，"一息无此一息不能生活，一方无此一方不能生活，一世无此一世不能生活"⑤。他阐发宗旨，讲论学问，讲学的热忱超越了个人的利害得失。

在鄂东地区，讲学常常以书院为依托展开，耿氏也成为地方书院讲会中最活跃的主讲人。"书院为人文会聚之薮，阖邑生童皆得以就学焉，非广置斋舍则不能容，非多备田租则不能给，非纯儒宿学则不能为之师。安邑（指黄安县）素多文人，以理学名者相继迭起，在深岩邃谷中，皆必有讲学处"⑥。在黄安五云山之巅有天窝书

---

① （明）耿定向：《观生纪》，《耿天台先生全书》卷八，武昌正信印务馆，1925 年，第 9 页。胡直，字正甫，号庐山，江西泰和人，嘉靖三十五年进士，始从欧阳德问学，后拜罗洪先为师，得王守仁之传；邹善，字继甫，号颖泉，江西安福人，邹守益第三子，是耿定向的会试同年。

② （明）焦竑：《献征录》卷二九《户部尚书谥恭简耿定向传》，上海书店出版社 1987 年版，第 1233 页。

③ （明）焦竑：《焦氏澹园集》卷三三《资德大夫正治上卿总督仓场户部尚书赠太子少保谥恭简天台耿先生行状》，《续修四库全书》第 1364 册，上海古籍出版社 2002 年版，第 404 页。

④ 光绪《黄州府志》卷一九《人物志·儒林》，《中国地方志集成·湖北府县志辑》第 14 册，江苏古籍出版社 2001 年版，第 663 页。

⑤ （明）耿定向：《耿天台先生文集》卷四《书牍·与吴伯恒》，《四库全书存目丛书》，集部，第 131 册，齐鲁书社 1997 年版，第 147—148 页。

⑥ 光绪《黄安县志》卷三《学校志·书院》，《中国地方志集成·湖北府县志辑》第 19 册，第 100 页。

院，耿定向、耿定理兄弟讲学于此。当时"海内宗工"盱眙罗汝芳、泰和胡直、安福邹善皆到此地，"而一时朝夕相从讲习不倦者，则彭公东菱台、焦公弱侯竑、黄公守拙彦士、耿公子健定力、吴公敬莪国宁、卢公心斋廷簏、周公柳塘思九、卢公钦父尧臣、耿公季通应衡"①。

在耿定向乡居的时间中，用力最多的还是主讲于黄安天台书院，"讲明理学，一时从游者，有若临桂令焦伯贤，端江宁广文华贞、季明经、殷德夫、李瀚峰、王以道、詹孟仁、杨道南孝〔希〕淳、潘朝言，左春坊殿撰焦漪园竑，金宪管登之志道，少司寇吴伯恒自新，侍讲邹汝光德溥、杭州太守方思善扬、丁惟寅，新野令李士龙，登进士李维明、王德孺、李湜之，学录陈桂林应芳，学士殿撰沈君典懋学，户部司务黄守拙奇士，尚宝乡潘去华士藻，及公弟八先生仲台、少司马叔台，凡二十五子"②，从游者众，讲学之声远播四方。

耿定向的讲学不仅仅局限于自己的家乡黄安，在黄安周围县邑的书院中，耿定向也是讲学的热忱推动者与主盟者，故而耿讲学的影响突破了狭隘的地域局限，在整个鄂东地区获得了广泛的声誉，乃至在全国都产生了一定的影响。曾在万历年间任内阁首辅的王锡爵讲道："隆（庆）、万（历）间讲席之盛，莫如麻城天台耿公"，"窃惟四十年来，为耿氏之学者盈天下，表彰羽翼则有中丞太史辈"，"谓黄之人有质雅而好修者，不问知其为耿公子弟与弟子也"③。耿定向讲学的影响，由此可略窥一斑。黄冈县新洲的问津书院，"讲学自宋龙麟洲先生始，有明一代，耿、王、吴、郭、彭、萧诸公主持坛坫二百年，师友渊源，风动海内，一时钟鼓弦歌之盛，几与鹿洞、鹅湖、首善相颉颃。南昌朱以功曰：'澹祠问津，彼此相望，大张正学，俾江楚俨然邹鲁。'"④ 书院在耿定向的倡议下扩建，由其弟子萧继忠主持完成，"逮明隆万间，诸大儒辈出，始重修院宇，以倡明绝学，其前后主讲，本邑者则有郭庆、吴良吉、张泽、周启孙、方一盛、孙大壮、官应震、曾日省、樊玉衡、樊玉衢、秦继宗、周之训、何闳中、陈余达、王陛、王台、萧继忠、王家钦、王家録、程士登、李楷、赵世贞、孙应鸿、王施大、冯云路、熊兆姜、熊兆周、杨际之、王

---

① 光绪《黄安县志》卷一《地理志·古迹》，第 52 页。
② 光绪《黄安县志》卷八《人物志·儒林》，第 221—222 页。
③ （明）王锡爵：《大司徒恭简公传》，载《光绪黄安县志》卷九《艺文志》，第 595 页。《明史·地理志》中黄州府黄安县条目下："嘉靖四十二年以麻城县之姜家畈置，析黄冈、黄陂二县地益之。"（《明史》第 4 册，中华书局 1987 年版，第 1075 页）黄安县原属麻城，故王锡爵称"麻城天台耿公"。
④ （清）王会釐续修：《问津书院志》卷四《讲学·源流》，载赵所生、薛正兴主编《中国历代书院志》，江苏教育出版社 1995 年版，第 724 页。

师鲁等，安邑则有耿定向、耿定理、耿定力，麻邑则有彭好古、彭遵古、王成位、田生金、刘承烈、谢天春，陂邑则有黄云阖、黄彦士、黄奇士，名宦则有太守王世德、祝万龄，司里许士奇、冈令涂宗濬、林有鸣，济令胡克俭，麻丞蔡毅中、赵侪鹤，四方会讲则有金陵之焦竑、衡山之甯咸，耒阳之曾凤仪，零陵之唐虞，江夏之游士任、魏廷谟，汉川之张绪，商城之盛朝衮、洪唯一，彭泽之曹钦程，其移书讲论者又有吉水之邹元标、罗大纮，三原之冯从吾，无锡之高攀龙，南昌之朱试以及一时从游之士，云集景附，项背相望者数十年，书院讲学，至此号为极盛"[1]。这其中多乡贤俊逸，也有的是宦游为官于此，共同构成了讲学浓郁的气氛。

耿定向九疏告归，致仕乡里，乡居七年，学术主张愈益纯熟，这也成为他在讲学上左右逢源之时，在垂暮之际，耿定向心中惦记的仍是讲学。"先生疾剧，日眠汤药不能去，自后气息奄奄，犹整衣冠，危坐中寝，与门下士论学如平时，顷之如假寐者而逝。"[2] 耿讲学之勤由此可见。耿定向一生栖栖遑遑，勤于讲学，乐于讲学，奔走于书院与讲会，弥留之际，讲论不辍。

二　讲学鄂东的学人群体

活跃于鄂东的讲学者不止是耿定向一个人，而是一个以耿定向为代表的人数众多的学人群体。他们在交游往来中相与切劘，构成了讲学的声势，扩大了讲学的规模，扩大了讲学的影响。在这个由讲学所构成的学术和人际网络中，耿定向无疑是一个重要的"节点"。他以官员兼学者身份与声望，在地方凝聚了一大批学人，同时以其讲学的学术热情，吸引了一批志同道合者游学于此，使得鄂东俨然成为一方新的文化据点。在这个学人群体中，除了当地等待出仕的普通读书人外，其中亦不乏乡彦硕儒，甚至还有相与从游的进士级知识精英。

（一）耿氏兄弟

耿定向的二弟耿定理（1534—1584）字子庸，号楚倥，人称八先生，崇好佛老，隐居乡僻，一生未事举业，与兄长定向在学问上相互切磋。耿定向之学的形成，受到耿定理的启发颇多。耿定理与邓豁渠、何心隐、李贽交谊笃厚，罗近溪赞其曰：

---

① 《问津书院志》卷四《讲学·源流》，第724—725页。
② （明）焦竑：《资德大夫正治上卿总督仓场户部尚书赠太子少保谥恭简天台耿先生行状》，见《焦氏澹园集》卷三三，第406页。

"儒者之高蹈，圣世之逸民，理学宗工，其八先生乎?"① 于其治学为人多有表彰。在黄安的钓台书屋，耿定理讲学于此，"四方之士多归之，罗念庵、陆五台、何心隐、吕四峰、李卓吾诸前辈与先生游寓于此"②。

三弟耿定力，字子健，隆庆辛未（1571）进士，历任工部主事、成都知府、按察司副使、右金都御史、兵部侍郎，死后赠尚书。耿定向督学南畿时，"定力以诸生从，师事史桂芳，友杨希淳、焦竑、吴自新，皆以学问相砥砺……所学以求仁为宗，以与人为善为用，真修实诣，超然自得"③。未出仕时，耿定向与兄弟在学问上相互切磋，在乡参与讲学；出仕后宦游在外，广交结纳，问学修业，讲学热忱不减。耿氏家族子弟多人仕宦显要，享誉乡里，他们以学术人格相感召，以对讲学的积极参与和主持坛砧的形式，吸引了一大批临近四邑的生员学子执贽往师，问学取道，是故讲习之音，声达四方。

（二）问学弟子

在耿定向所在的黄安，临近县邑从游讲学者，不可胜数。黄陂的黄奇士（字守拙，一字武滨）"学于耿恭简先生，专求性命之理"④；王一凯（字君华，号岐石）"游于耿恭简之门，讲学二十年"⑤；韩鸣谦（字进之）"从耿恭简先生讲学，一时诸名家推公执牛耳焉"⑥；麻城的周思久（字柳塘）"与耿定向以理学相切劘"⑦；谢天春（字梦膏）"从周思久游，受业于耿定向之门"⑧；刘承烈（字拙斋）"闻耿定向讲学，执贽往师焉"；黄梅县的瞿九思（字睿夫）"从同郡耿定向游学"⑨。诸如此类记载，在地方史志材料中数见不鲜。受到耿定向讲学濡染的问学弟子，复而倡道一方，相与鼓动，许多在日后也成为地方讲学的主干，即以掌问津坛砧者论，即有耿定向的弟子如萧继忠、刘承烈、谢天春、黄奇士、周之训等。问学群体的出现，使得耿在地方讲学的声誉及威望不断提高，耿的讲学也带动了整个鄂东的学术氛围。

另外，讲学的时代风气及鄂东浓郁的学术氛围，也使得许多后学本着对学术的

① 光绪《黄安县志》卷八《人物志·儒林》，第222页。
② 光绪《黄安县志》卷一《地理志·古迹》，第53页。
③ 光绪《黄州府志》（一）卷一九《人物志·儒林》，第663页。
④ 同治《黄陂县志》卷八《人物志·乡贤》，《中国地方志集成·湖北府县志辑》第8册，第212页。
⑤ 同治《黄陂县志》卷八《人物志·仕迹》，第217页。
⑥ 同治《黄陂县志》卷八《儒林》，第248页。
⑦ 张仲炘等纂：《湖北通志》卷一五一《人物志二九·文学传》，湖北省长公署1921年，第35页。
⑧ 民国《麻城县志前编》卷九《耆旧·文学》，《中国地方志集成·湖北府县志辑》第20册，第202页。
⑨ 光绪《黄州府志》卷一九《人物志·儒林》，第663、665页。

热情走出鄂东，投拜知名学者门下，问学取道，论学精进。耿天台弟子麻城人萧继忠"游燕都，历金陵，抵江右，出邹南皋、高景逸、冯少墟诸大儒之门，与焦弱侯、罗匡湖为友，主盟首善、白鹿讲院"。黄冈人吴良吉"笃信好古，慕阳明先生名，鬻产得五金，同郭一坡往学逾年，归益自刻励"。黄冈人王陞，字于勋，号晋吾，万历己卯举人，"少宗伯杨復为理学名宗，以事至，陞委贽从之，学益进"①。王陞"学宗湛若水，随处必求天理为安"。郭庆，字善甫，一字一坡，正德丁卯举人，"质直力学，是王守仁倡道东南，庆徒步往从之，三年始归，充然有得也"。蕲水县蔡月泾，字沙江，"正德丙子举于乡，尝担囊受业王守仁，入南雍，与湛若水游，终身不仕"。麻城毛凤起，字瑞东，"从王守仁讲学"。黄梅瞿九思，字睿夫，"十岁从父晟宦吉安，事罗洪先（字达夫，号念庵，石莲居士，嘉靖八年进士）"②。黄陂陈铭，号公警，"弃举子业，入江右从王龙溪、罗石莲游，阐致知格物之旨"。黄陂詹馭，字三畏，"从学罗念庵先生"。黄陂王德良，字应运，"学以近近溪罗公"③。鄂东学人走出乡梓，问学从游于当时阳明学者中的诸翘楚，充实学养，同时这种跨区域的学术交流推动了学术的传播，扩大了学术的地域影响。

（三）游方学人

鄂东浓郁的讲学氛围也吸引了当时全国有名的学人来到鄂东访师问友，探究学问。隆庆六年（1572）与耿定理兄弟相识于南京的李贽（1527—1602），认定耿定理为其"胜我之友"，在万历二年（1574）千里迢迢由南京而至黄安，找定理求道问学；万历五年（1577），李贽升为云南姚安知府，"道经团风，遂舍舟登岸，直抵黄安见楚倥，并睹天台，便有弃官留住之意"④，在定理的劝导下，李贽留下女儿和女婿庄纯甫于黄安，携妻赴任姚安，约定三年任满后归来相聚。三年后，李贽果然来居耿家"天窝"，与耿氏兄弟及黄安等地的朋友谈学论道，与麻城周柳塘（名思久，字子征，嘉靖癸丑进士）、周思敬（字子礼，号友山）兄弟交好。后耿定理死，李贽与耿定向多有龃龉，移居麻城龙湖，而麻城"梅克生、周柳塘、邱长孺、周友山、僧无念、道一皆与之游"⑤。李贽周围有这样一批论学之友，日与切磋学问。李

---

① 《问津书院志》卷五《先正·讲学列传》，第 744、740、743 页。
② 光绪《黄州府志》卷一九《人物志·儒林》。
③ 同治《黄陂县志》卷九《儒林》，第 247、248 页。
④ （明）李贽：《焚书》卷四《耿楚倥先生传》，中华书局 1975 年版，第 142 页。
⑤ 民国《麻城县志前编》卷一〇《耆旧·流寓》，第 242 页。

贽在鄂东讲学、著述，声名鹊起。万历十七年（1589），黄梅汪可受（字以虚，号静峰，万历八年进士）曾"与公安袁家兄弟尝问道于卓吾老子"①。万历二十一年（1593），袁宏道兄弟三人造访麻城李贽。李贽与三袁尤其是袁中郎（宏道）心契一时；万历二十二年（1594）安徽新安汪本钶（字鼎甫）"始见师于龙湖"②，从学李贽，此后追随直至李贽逝世；黄冈袁中夫伴读问学于李贽之侧。李贽在鄂东浓郁讲学氛围的浸润下，成就了自己的学问，同时在鄂东留下了自己的影响。

另一位王学干将何心隐（1517—1579），字柱乾，号夫山，也在鄂东留下了讲会论道的足迹。嘉靖三十九年（1560），何心隐随友程学颜抵北京，认识了程学颜的同年耿定向。何因献计而触怒严嵩，流转避祸四方，嘉靖四十四年（1565）时任南京督学耿定向将其送到湖北孝昌程学博（字二蒲）处住了一年多；隆庆六年（1572），"是岁秋，梁子汝元来，居之天窝"③，在耿家几乎住了一年，"在楚黄，则创有求仁会馆"④；万历元年至四年（1573—1576）间，"心隐方在孝感，聚徒讲学"⑤，孝昌毗邻黄陂，在黄安东侧，地理上的临近使得两地讲学之风，桴鼓相应。嘉靖四十三年（1564）九月，邓豁渠（名鹤，号太湖，又号豁渠，四川内江人）赴黄安拜访耿定理，寄食耿家半年余。此外，上文中已经述及，罗洪先、江西丰城李见罗、焦竑等人在黄陂都有讲学的行踪，而罗汝芳、胡直、邹善在黄安数从过化。

耿定向对讲学的参与和倡导，予士林以示范，他以自己的学术感召聚集了一大批问道从游者，主持并推动了地方讲会，形成了鄂东浓郁的讲学之风，吸引了当时众多有名学者来到鄂东宣讲论道，在学术的播迁与互动中，呈现出明代中后期鄂东思想学术的活跃图景。从地方志史料中，我们可以看到地方讲学的主讲者或参与者，在黄安县，讲学者主要有耿定向、耿定理、耿定力、吴心学、卢尧臣；在麻城县，讲学者主要有周柳塘、毛凤韶、毛凤起、彭好古、彭遵古、王成位、田生金、刘承烈、谢天春；在黄陂县，讲学者主要有方一凤、黄守拙、黄云阖、黄彦士、王一凯、韩鸣谦、陈铭、詹驭、王德良，方湛一、任润、李起龙；在黄冈县，讲学者主要有郭庆、吴良吉、张泽、周启孙、方一盛、孙大壮、官应震、曾日省、樊玉衡、樊玉

①（明）汪可受：《卓吾老子墓碑》，见《畿辅通志》卷一六六《古迹十三，陵墓二》，商务印书馆1934年版，第6201页。

②（明）汪本钶：《卓吾先师告文》，厦门大学历史系编：《李贽研究参考资料》第一辑，福建人民出版社1975年版，第58页。

③（明）耿定向：《耿天台先生全书》卷八《观生纪》，第16页。

④（明）邹元标：《梁夫山传》，收入容肇祖整理，《何心隐集》，中华书局1981年版，第121页。

⑤（清）黄宗羲：《明儒学案》卷三二《泰州学案一》，中华书局1985年版，第705页。

衢、秦继宗、周之训、何闶中、陈余达、王陞、王台、萧继忠、王家钦、王家录、程士登、李楷、赵世贞、孙应鸿、王施大、冯云路、熊兆姜、熊兆周、杨际之、王师鲁;在广济县,讲学者有瞿九思、吴自守;在蕲州,讲学者有顾问、顾阙;蕲水有蔡月泾。另外,外地来鄂东讲学的学者有吉水罗念庵,盱江罗汝芳,晋江李贽,永丰何心隐,南京焦竑,安福邹善、邹德溥,泰和胡直,吉水邹元标,丰城李材,内江邓豁渠,安福刘元卿,太仓管东溟,婺源潘士藻。

三 耿定向讲学鄂东的历史影响

耿定向在鄂东讲学所产生的影响是多方面的,由学术义理的辨析到形成自己的学术主张,进而发展为独树一帜的学术派别而在明代的心学体系中占有一席之地;讲学突破乡梓的狭隘地域范围而在整个鄂东地区获得广泛的风行。在学术与民间的互动中,民众接受儒学熏染的同时,参与到讲学场所——书院的建设,而书院又与一地的文教风尚紧密结合在一起,相互影响。故讲学绝不只是讲学家个人的学术行为,它所带来的影响既深且远。

(一) 形成学派,引导学术进步

耿定向的讲学聚集了一个问学的群体,培养了一大批弟子。"天台先生崛起楚之黄安,推明孔颜周陆之学,与乡人肄习之,从游者屡恒满户外,已宦辙所至,又自其乡,达诸四方。今去之数十年,而其教如存,先生所风动抑已远矣。"[1] 耿氏讲学,门徒弟子遍诸四方,而弟子中取得成就者亦多,"自吾师天台先生倡道东南,海内士云附景从,其最知名者,有芜阴之王德孺,芝城之祝无功,与新安之二潘"[2]。又如万历二十九年(1601)进士,官至礼部右侍郎,死后赠礼部尚书的蔡弘甫,隆庆五年(1571)进士、南京兵部主事管志道,著名学者、万历十七年(1589)状元、被誉为"钜儒宿学,北面人宗"[3] 的焦竑也曾拜耿氏为师。焦竑后来回忆说:"吾辈至今稍知方向者,皆吾师之功也。"[4] 容肇祖在《焦竑年谱》中记述嘉靖四十一年(1562)焦竑23岁就学耿定向之事,认为:"这是他的学问初有悟入的一年,

---

① (明) 焦竑:《焦氏澹园续集》卷四《天台先生书院记》,《续修四库全书》第1364册,第592页。
② (明) 焦竑:《焦氏澹园集》卷三〇《奉直大夫协正庶尹尚宝司少卿雪松潘君墓志铭》,第352页。
③ (明) 徐光启:《尊师澹园先生续集序》,载《焦氏澹园集》卷首序,第532页。
④ (明) 焦竑:《焦氏澹园集》卷四七《崇正堂问答》,第500页。

他是很得力于耿定向的。"① 师生的辉映使得楚地形成了颇有势力和影响的理学一派，柳诒徵说："楚学之盛，惟耿天台一派，自泰州流入。"② 贾丰臻在《中国理学史》中亦持此论。③ 耿氏兄弟通过讲学及门徒的授受将自己的学术影响扩大而成为理学的一个派别，其中讲学作为学术发展的一种形式，不可小觑。

耿定向在地方的讲学以及与鄂东士人的交游论道，展现了明代中后期学术思想演变发展的一脉线索。明代鄂东本不是阳明学的中心地带，但是在学术的中心与边缘地域，由于这样一大批学人活跃的讲学运动，他们跨县、府、省到其他地方交流学习心得，使得阳明学深入发展，广泛传播，成为学术发展的一种形式。在讲学讨论中，学人覃思精研，学理越辩越明，故黄宗羲在《明儒学案》中说："尝谓有明文章事功，皆不及前代，独于理学，前代之所不及也，牛毛茧丝，无不辨晰，真能发先儒之所未发。程、朱之辟释氏，其说虽繁，总是只在迹上；其弥近理而乱真者，终是指他不出。明儒于毫厘之际，使无遁影。"④ 师生之间以及学友之间对学术义理的精研探求与相互辩诘启发，思辨愈趋精微，从而造就了明代儒学精细化的特点。同时，在这个过程中，不同的思维趋向也造就了学术的革故鼎新。时人沈德符（1578—1642）说："姚江身后，其高足王龙溪辈，传罗近溪、李见罗，是为江西一派。传唐一庵、许敬庵，是为浙江一派。最后杨复所自粤东起，则又用陈白沙绪余，而演罗近溪一脉，与敬庵同为南京卿贰，分曹讲学，各立门户，以致并入弹章。而楚中耿天台叔台伯仲，又以别派行南中。"⑤ 学术派别的形成反映的正是学术在流变中新的义理特色的彰显，在这个过程中持论者的坚持与阐发构建，以及临近学人的认同与阐扬，尤为关键。阳明学名儒硕彦在鄂东的参访暂住，论学群体的切磋琢磨，讲学的鼓动激荡，阳明学在鄂东衍为天台一派，体现了鄂东学术生态的活泼与生气。

（二）扩展讲学，带动书院建设

在耿定向书院讲学的同时或前后，鄂东各地区的讲学呈现出星火燎原之势。明正德间郡司马毛应时在罗田县建老塔书院，"邑进士王先生于此讲学"。瞿九思先后讲学于白鹿洞书院、濂溪书院、岳麓书院、石鼓书院等，从学者颇众，万历三十七

---

① 容肇祖编撰：《焦竑年谱》，收入四川大学古籍整理研究所编《儒藏·史部·儒林年谱》第23册，据《燕京学报》第23期重排，四川大学出版社2007年版，第7页。
② 柳诒徵：《中国文化史》，中国社会科学出版社2008年版，第737页。
③ 贾丰臻：《中国理学史》第四节"王子门人"，上海书店出版社1984年版，第231页。
④ （清）黄宗羲：《明儒学案发凡》，见《明儒学案》，第17页。
⑤ （清）沈德符：《万历野获编》卷二七《释道·紫柏评晦庵》，中华书局1959年版，第690页。

年（1609）召为翰林院待诏，辞不赴任，则讲学广济县江汉书院，① "当时自部院大僚及州县吏求书恐不获，士大夫过境以不得见为耻"②；黄陂王一凯 "与黄邓诸先生讲学甘露，至耄不辍"，方湛一 "讲学于木兰之白云洞"，任润 "其未仕时，主讲望鲁书院"，李起龙 "与邑名士萧之声、梅天基、徐景中讲学甘露"，姚锭 "屡科不售，日与韩坦宇、甯菊台诸君讲学不辍"，侯信卿 "年七十余，从邑中邓、黄诸先生讲学，栖迟二程祠，丕问寒暑，从游者甚众"③。方一凤，字瑞甫，一字丹山，"世居黄陂之道明山……唐宪得、罗文恭皆聊舟过访，然文恭独心契凤，匾其室曰：览德凤，乃受学文恭。……凤乃建水洲别馆，集四方同志，张甑山、刘鲁桥、周柳塘、熊道南诸公商订切劘。尝与耿叔台、吴少虞鼓枻金陵，晤徐鲁源、李士龙、杨道南、李继明、焦弱侯究极知行合一、万物皆备之旨。又因天台抚闽，取道豫章，访李见罗、蔡见麓、罗近溪，共质所学"④。方一凤在广泛的交游以及论学讲道中，也俨然成为地方宿儒，于万历间崇祀。实陂邑文风之昌，士林讲学功莫大焉。

在黄安，吴心学 "访学求友足迹几遍天下，收遗书数百卷，以归讲会，益力教人以下学上达为宗，晚订一集名《洞龙集》，居山中凡二十年"⑤，讲学洞龙书院；卢尧臣（字赞勋，号钦文，万历庚戌进士）讲学子綦别业，"相与从游者，光禄吴公季舒，士伸孝廉刘公永济之祯，进士吴公西溇之珍"⑥，而黄安耿氏三兄弟对讲学的热忱自不待言，耿定向讲学黄安石林樵洞，"秦仪凤及其侣十七人从耿定向讲学于此，十七人者，仪凤与耿定士、刘廷谏、王国佐、秦思君、耿定晓、吴原学、张四维、秦德修、胡楚材、刘鑰、秦思通、赵任、耿定章、耿定吉、耿汝霖、熊钜也"⑦；在广济县，邑人吴自守讲学泉湖吴易菴讲堂；在黄冈县，邑绅王陞讲学正宗会馆。除了在书院，在当地的先师庙，"邑儒郭庆、吴良吉与黄安耿定向、定力复讲学于此，至万历时，萧继忠、王陞始纠合同志，移建今处颜今台，一时生徒称盛"⑧。而黄冈问津书院讲学之盛，前已述及；在麻城，毛凤起（字瑞东）在道峰

---

① 《湖广通志》卷二二《学校》，文渊阁《四库全书》第531册，台北商务印书馆1986年版，第729页。

② （清）章学诚：《湖北通志检存稿》卷二《瞿九思郝敬传》，郭康松点校，湖北教育出版社2002年版，第82页。

③ 同治《黄陂县志》卷八、卷九《人物志》。

④ （清）周恒祺等纂修：《黄陂县志》，出版信息不详，第157页。

⑤ 光绪《黄安县志》卷八《人物志·儒林》，第221页。

⑥ 光绪《黄安县志》卷一《地理志·古迹》，第52页。

⑦ 光绪《黄州府志》卷三《地理志·古迹》，第137页。

⑧ 光绪《黄州府志》卷九《学校志·书院》，第335页。

书院"以居就教者甚众"①，周柳塘"建辅仁书院，时会讲焉"②。

在蕲州，顾问（字子承，嘉靖戊戌进士）、顾阙（字子良，嘉靖庚戌进士）二兄弟，更是一方讲学的主力，两人俱在仕途得意之时，频频上书乞告归隐，于庐山建崇正书院，诚请各方名士，举办各种讲学会。顾问"与罗洪先倡明理学，海内比之伊川程氏。暮年复聚讲，赋诗自道所见，隐居钻姆潭"。顾阙"同兄问数往来庐山白鹿洞，与余姚王畿、钱德洪，南昌李材，吉安罗洪先，盱眙〔江〕罗汝芳，琼山海瑞，安福邹德溥，丹阳姜宝，黄安耿定向、定力讲学砥行，千里往还，脱粟野蔬，或旬月留"③。"同乡好友李时珍虽然没有直接到书院讲学，但经常有函件往来，与书院相互唱和，关系甚为密切"④。顾问在父母相继病故后，结庐墓侧服丧达十余年之久，期间常与弟顾阙讲学阳明书院。在上疏告隐后，"归则讲学养道，于时若念庵、荆川、刚峰、甘泉、见罗、近溪，东郊二耿诸先生以及本州李濒湖先后竿牍相应，晤言相证，针芥所投，会心政远"。顾问与罗洪先交情笃厚，罗赞顾曰："子承真圣人之徒也！"耿定向也和顾问唱和颇多，他认为："岂惟忠信，可行蛮貊，论行谊，鬼神无疑矣！"⑤ 在鄂东以不同学人为中心的多个讲学据点，互通声气，交相辉映，共同汇聚，使得鄂东士林风动。

书院是讲学依托的场所之一，书院的建立、修复与拓展需要地方力量的支持，需要有学田学产的供给，而书院所在地民众的捐钱、捐田，体现的正是对讲学的支持和参与。"讲学的风气以及制度化当然要归功于书院……学术的发达往往和思想家荟萃的场所有千丝万缕的关系，从这个角度言之，书院是宋明以降儒学发达的制度上的保姆。"⑥ 书院的兴建改扩因而也是反映该地区讲学规模及民众参与讲学的一个侧面表现。在黄冈县，隆庆初知府孙光祖重建王公书院（一名正宗会馆）；在蕲水县，万历知县孙继善建孙公书院，万历知县宋文昌建宋公书院，万历知县王廷建云路书院；在麻城，嘉靖间知县陈子文建道峰书院，嘉靖间邑绅周柳塘建辅仁书院；在罗田县，"邑人为明知县白乃忠建"白公书院；在蕲州，明正德间陈大中建凤麓

---

① 民国《麻城县志前编》卷九《耆旧·问学》，第201页。

② 光绪《黄州府志》（一）卷一九《人物志·儒林》，第662页。

③ （清）章学诚：《湖北通志检存稿》卷二《三耿二顾张旭传》，第96—98页。

④ 罗逸群、舒怀主编：《修身求淡泊，著述破藩篱——明清蕲春顾氏世家》《中国文化世家·荆楚卷》，湖北教育出版社2003年版，第244页。

⑤ 光绪《蕲州志》卷二五《艺文志·传·二顾先生传》，《中国地方志集成·湖北府县志辑》第23册，第513页。

⑥ 李弘祺：《中国书院学规·序》，邓洪波编著：《中国书院学规》，湖南大学出版社2000年版。

书院，嘉靖间冯天驭建阳明书院；在广济县，万历巡按御史史学迁为瞿九思建江汉书院；在黄梅县，嘉靖三十四年（1555）张九一建调梅书院。① 当然，如果武断地认为书院的修复新建全是为讲学服务，这不尽符合历史实情。但是，从嘉靖经隆庆到万历，正是讲学隆盛的时代，鄂东书院的修建也达到了顶峰，② 其中不可忽视讲学对于场地需求而形成的促动因素。耿定向在黄安有天窝书院、天台书院、钓台书屋等多处讲学之所，同时直接推动了新洲问津书院的改建，他在朝廷禁毁书院之际，仍致书湖广地方大员，明确表示希望对那些由士绅和民间开办、"未常费有司一金，役有司一夫"③ 的书院能够予以保全。尽管明代对于书院的弹压也正出现于嘉靖与万历朝，但是查禁的范围和力度有限。④ 鄂东书院的勃兴反映了讲学的盛况，同时也推动了讲学的开展，为学术文化的原创和传衍提供了物质的平台。

（三）训民化俗，推动地方文教

民众对书院讲学的参与，不只是体现在书院的建设中，普通民众也热心旁听讲会，直接参与讲学。黄陂是北宋理学大师程颢、程颐兄弟悬弧地，在鲁台山下建有二程祠。二程书院即在二程祠内，"祠自诸先达发轫其中，学者云集，而罗文恭、李见罗、耿恭简诸先生低回过化，讲学之风，日新月盛，迨今黄抑美侍御、守拙孝廉，以二三同志毅然持牛耳之盟，四方之士往往担簦负笈，而邑中与会者，衿绅童冠而外，无类不至，无不环桥悚听而易虑焉"⑤。二程书院讲学之日，吸引四方学人负笈而至，而本地民众更是不分身份、职业、年龄，皆往听会，听道聆教。

地方会讲毕竟与地方教育紧密联系在一起。在讲学运动中，书院建设以及名师聚集，使得地方的生员及读书人有了更多的活动场所和问学解惑的机会，亲睹名师讲学风采而奋然向学之心愈益坚定，这对于学业及进阶均大有裨益。鄂东在明代为

---

① 光绪《黄州府志》卷九《学校志·书院》。

② 蔡志荣：《书院与地方社会：以明清湖北书院为中心考察》（中国社会科学出版社 2014 年版）书内"明代湖北书院分朝统计表"显示，嘉靖朝兴建书院数量为历朝顶点，共计 26 所，万历朝其次，计 21 所（第 27 页）；"明代湖北书院分府分布一览"表格统计湖北新建和修复的书院，该表显示黄州府为湖北地区诸府之冠，计有 37 所，远远超过了居于第二位、数量为 25 所的湖北首府武昌府（第 33—35 页）。

③ （明）耿定向：《耿天台先生全书》卷四《与直指议堕书院》，第 25—26 页。

④ 明代对书院的三次禁毁（天启年间魏忠贤的禁毁排除外）分别出现在嘉靖八年（1529）、嘉靖十七年（1538）和万历七年（1579），但下层社会舆论都倾向于保护书院。随着张居正在万历十年（1582）的去世，政治环境在被压抑十年之后变得相对宽松，给书院的兴复创造了有利条件。参见朱汉民、邓洪波、高峰煜《长江流域的书院》，湖北教育出版社 2004 年版，第 143 页；吴宣德《中国教育制度通史》第四卷《明代》，山东教育出版社 1999 年版，第 352 页。

⑤ 同治《黄陂县志》卷七《重修两程祠堂碑原记》，第 183 页。

"全楚文峰""惟楚有才，黄郡实当其半"，明代黄州人才济济，登科人数众多，"有明一代，湖北各府州县科举进士总计达 1119 人。全省 8 个府中，以黄州府中进士人数最多，达 321 人；其次为武昌府，为 232 人。分州县统计，则以麻城县为最多，达 100 人；其次为黄冈县 87 人……就湖北全省而言，明后期中进士的人数远远超过明前期。弘治至崇祯的 160 年间所中进士人数几乎占了明代进士总人数的 80%，而明前期的 120 年间的进士人数仅占进士总人数的 20%"①。明代鄂东人物阜盛，据《湖北历史人物辞典》所载明代人物，黄州府约占 30%。② 明代鄂东黄州府取得功名者较其他地方为多，其中讲学所发挥的潜移默化的作用不可忽视。

讲学不只是讲心学，治生、为政、举业都是在讲学中被论及的主题，书院中展开的这些研讨与阐发，对于生员在精神气象、治学胸襟、应考能力等方面均会产生不可忽视的砥砺作用，地方学风借此革故鼎新。鄂东崇文重教的风尚，士林讲学导夫先路。在文风浓郁、文教昌盛的鄂东，孕育并产生了一大批优秀的历史人物。乾隆四十三年进士（1778）楚北大儒蕲春陈诗所著《湖北通志·人物志序》中云："吾闻光、黄之间多异人，出则鸾翔，处则豹隐。夫皆孕灵光岳，文行表表，绝尘而驰，殆指不胜层云，高贸流商所至，仰始九鼎。"③ 明中后期鄂东出现的一批有影响的人物中，如李时珍、梅之焕、梅国桢、周柳塘、瞿九思、顾问、顾阙、毛凤韶、汪可受等，他们或是精研学理的淳儒，或学者而兼政府大员，或是潜心实学技艺的巨匠等，他们共同缔造了鄂东文化的声望与品位。

鄂东讲学兴盛，学人交游广泛，在讲学的活跃氛围中推进了学术的进步与影响力的扩大，同时，讲学在鄂东对于民智的开导、民风的移易也发挥了一定的作用。在鄂东地方会讲中，儒学不只是少数知识精英手上把玩的对象，讲学家承担起了将儒学向社会大众开放、向大众传播的责任，地方书院会讲也成为儒学"普世化"和"社会化"的学术运动。唐代变文的说唱将佛教的故事和义理以通俗的语言晓之大众，达到了传播佛教的目的。明代讲学中以大众为对象的会讲，同样也是用浅显易懂的语言，将儒学中的道德精义、人伦秩序、修养功夫传授给大众，以道德说教濡染百姓，导其向善，移风易俗，教化百姓，醇化民风。这正是儒家修齐治平理想在

---

① 张建民：《湖北通史·明清卷》，华中师范大学出版社 1999 年版，第 613 页。

② 皮明庥、何浩等编：《湖北历史人物辞典》，湖北人民出版社 1984 年版。辞典中收录明代人物 172 人，其中鄂东籍者 50 人。

③《湖北通志·人物志序》，转引自余彦文编撰《鄂东著作人物荟萃》，湖北科学技术出版社 1990 年版，"后记"，第 606 页。

地方的践行，也是儒家经世思想的一贯体现。

　　明代讲学的崛兴不仅是学术内在理路发展的要求，同时也有着深刻的时代文化背景。鄂东因其"吴头楚尾"独特的文化地理条件①而得讲学风气之先。讲学之风在耿定向等人的倡导与推动下发展兴盛。耿定向热忱推动地方讲学，带动并影响了鄂东地区的讲学发展。他讲学的平民个性，对"庸德庸行"主张的躬行践履②，形成了耿定向在王学流派中的地位，推动了学术进步，同时由于民众对于讲学的参与，讲学对地方文教产生积极影响。耿定向讲学鄂东，予民众以儒学的浸染，移易民风，开启民智，其所推动的书院建设，培养学人，泽被一方，荫庇后世，影响深远。耿定向及其地方讲学是明代讲学的时代洪流在地方曲折展开的一个生动案例，也是明代鄂东文化史上浓墨重彩的重要篇章。

（作者单位：中国人民大学历史学院）

---

① 王玉德：《试论鄂东文化层》，《鄂州大学学报》2008 年第 6 期。
② ［日］冈田武彦著：《王阳明与明末儒学》，吴光等译，上海古籍出版社 2000 年版，第 196 页。

初探黄宗羲对"递相出入"于湛、王二家之弟子的处理

黄　涛

前　言

王阳明（1472—1529）、湛若水（1466—1560）是明代中叶出现的两位思想大家。二人虽都属于心学一脉，但在立说宗旨上，一主"致良知"、一倡"随处体认天理"，故而于学术上多有往复论辩①。下逮晚明，湛若水之再传弟子唐伯元（1540—1597）主张"扬陈（献章）抑王（阳明）"，引起一些王门后学的不满②，可见两个学派的争辩在创始人的身后仍然有所延续。然而，两派除却相互质疑问难之一面外，尚有交流融合之一面。故而黄宗羲（1610—1695）称："王、湛两家，各立宗旨，湛氏门人，虽不及王氏之盛，然当时学于湛者，或卒业于王，学于王者，或卒业于湛，亦犹朱、陆之门下，递相出入也。"③ 除此之外，亦有不少弟子虽未由湛入王或由王入湛，但在思想上力主对其调停疏通，从广义上讲，亦属于"出入"于二家。这些儒者，到底应该收入《明儒学案》的《王门学案》还是《甘泉学案》？本文试图探讨的是：黄宗羲依据怎样的标准来处理这个问题。彭国翔《周海门的学派归属与〈明儒学案〉相关问题之检讨》，与本文所要研究的内容属于同一

---

① 有关这一问题，可参看夏长朴《变与不变——王阳明与湛若水的交往与论学》，见中国社会科学院历史研究所国际阳明研究中心、余姚市人民政府国际阳明学研究中心主办《国际阳明学研究》第三卷，上海古籍出版社 2013 年版，第 1—34 页。

② 参阅朱鸿林《晚明思想史上的唐伯元》，见田浩编《文化与历史的追索：余英时教授八秩寿庆论文集》，台北联经出版事业有限公司 2009 年版，第 163—183 页。

③（清）黄宗羲：《明儒学案》，中华书局 2008 年版，第 875 页。

性质。该文指出,黄宗羲针对当时指责阳明学"杂禅"的声音,故意将思想近于禅学的周汝登(1547—1629)列入容纳王学异端的《泰州学案》中,而不是他本应当属于的"浙中王门",这样就淡化了"浙中王学的禅学色调",从而减弱了阳明学在清初所受的攻击①。黄宗羲将某些学者放入"王门"或湛若水门下,是否与其特定的学术立场有关,亦是本文拟关注的问题。

一

首先我们来看《甘泉学案》的情况,根据《明儒学案》的记载,大量的湛门弟子是主张调停湛、王二家之学的,如吕怀(1492—1573)即主张"天理良知本同宗旨"②,何迁(1501—1574)亦"疏通阳明之学"③,唐枢(1497—1574)"于甘泉之随处体认天理,阳明之致良知,两存而精究之"④,许孚远(1535—1604)"信良知,而恶夫援良知以入佛者"⑤。

然而,上述诸人,虽然在思想上认同王学,但没有受业于阳明,算不上其及门弟子,甚至连见面以及书信往来也没有。在这种情况下,黄宗羲则根据师承关系,即他们均受业于湛若水或其弟子这一事实,将他们划入《甘泉学案》。如吕怀与何迁均"受学于甘泉"⑥;蔡汝楠(1514—1565)八岁即"侍父听讲于甘泉座下",他担任江西参政后,"亲证之"于阳明弟子邹守益(1491—1562)、罗洪先(1504—1564),令平生所得于甘泉者"始有着落"。尽管他"友则皆阳明之门下也",但因为蔡汝楠自幼即听讲于甘泉座下,湛若水可算其师,所以蔡氏被列入《甘泉学案》中⑦。唐枢起先"师事甘泉",其后则"慕阳明之学而不及见也"⑧,同阳明并没有实际的往来,故而被归入《甘泉学案》。许孚远则"学于唐一庵之门"⑨,唐一庵即唐枢,故许孚远属于湛氏之第二代弟子。

---

① 参阅彭国翔《周海门的学派归属与〈明儒学案〉相关问题之检讨》,《近世儒学史的辨正与钩沉》,台北允晨文化实业股份有限公司 2013 年版,第 251—302 页。

② 同上书,第 911 页。

③ 同上书,第 921 页。

④ 同上书,第 948 页。

⑤ 同上书,第 973 页。

⑥ 同上书,第 911、921 页。

⑦ 同上书,第 967 页。

⑧ 同上书,第 948 页。

⑨ 同上书,第 973 页。

验之上述诸人之文集或其他传记，我们可以发现黄宗羲所言均可在这些资料中得到印证。如何迁与湛若水，王世贞（1526—1590）在为何氏所撰的神道碑中称："湛文庄公初以制举义知公，而公进其业，遂真为弟子。"① 又如蔡汝楠，据其行状记载："甫八龄，随父夷轩公游南雍，时甘泉先生进诸生，讲白沙之学。公以儿年随父入帷中，从旁窃听之，辄点头，一座大惊。"② 蔡氏本人对湛若水亦以师相称③。他在江西参政任上则"辄过邹东廓祭酒，罗念庵司谏，时时相与论学，以究性命之。"④ 可见黄宗羲称蔡氏"师则甘泉，而友则皆阳明之门下也"是确实有依据的。而《明儒学案》的唐枢传，则本之于许孚远所撰《唐一庵先生祠堂记》。两文字句稍有异同，黄宗羲摒弃了许氏"祠堂记"中的一些虚美之词，如对唐枢"讨真心"之学的评价，许孚远称其"可与湛、王二先生鼎立为儒宗者矣"⑤，而黄宗羲则称"苟明得真心在我，不二不杂，王、湛两家之学，俱无弊矣"⑥。除此之外，《学案》多直接据用《唐一庵先生祠堂记》中的文字，如"两存而精究之"等语。至于许孚远本人，他与唐枢的师生关系亦可在众多传记中得到印证。比如其神道碑即称他"少负不群志，中乡举，即从归安唐一庵先生讲圣贤之学"⑦。

综上所述，对于那些在思想上疏通湛、王二家之学，而仅仅与湛若水本人或其弟子存在师承关系的学者，黄宗羲则将其置之于《甘泉学案》。王道（1490—1550）是一个例外，下文将会对此有所讨论。

二

对于那些由王入湛或由湛入王的学者，黄宗羲的处理原则是什么呢？彭国翔在分析《明儒学案》的蒋信（1483—1559）传时指出："只有蒋信在师事甘泉之前和

① （明）王世贞：《通议大夫南京刑部右侍郎何公神道碑》，《弇州山人续稿碑传》卷一二九，《明代传记丛刊》第 154 册，台北明文书局 1991 年版，第 35 页。
② （明）茅坤：《通议大夫南京右侍郎白石蔡公汝楠行状》，载焦竑编《国朝献征录》卷五三，《明代传记丛刊》第 111 册，第 577 页。
③ （明）蔡汝楠：《自知堂集》卷一八《书简·奉尊师甘泉湛先生二首》，见《四库全书存目丛书》，集部，第 97 册，台南庄严文化事业有限公司 1997 年版，第 659—660 页。
④ （明）茅坤：《通议大夫南京右侍郎白石蔡公汝楠行状》，第 578 页上。
⑤ （明）许孚远：《唐一庵先生祠堂记》，《敬和堂集》，《四库全书存目丛书》集部，第 136 册，台南庄严文化事业有限公司 1997 年版，第 528 页。
⑥ （清）黄宗羲：《明儒学案》，第 948 页。
⑦ （明）孙矿：《兵部左侍郎赠南京工部尚书许公孚远神道碑》，载焦竑编《国朝献征录》卷四一，见《明代传记丛刊》第 111 册，第 18 页。

阳明已经有了明确的师生关系,把蒋信划入阳明而非甘泉门下,才有其合法性。"①据此则黄宗羲是依据师承的先后来划分学派归属,即面对湛、王二门弟子"递相出入"的情况,若某人先和阳明有了师生关系,就将其划入"王门学案"。比如周冲,黄宗羲即是如此处理,《南中王门学案一》称:

> 阳明讲道于虔,先生往受业。继又从于甘泉。谓"湛师之体认天理,即王师之致良知也"……当时王、湛二家门人弟子,未免互相短长,先生独疏通其旨。②

周冲虽有从游甘泉的经历,并以师视之,集其说为《新泉问辨录》,但因为受业于阳明在先,故而被归入"王门学案"之中。

然而,另外一种情况同蒋、周恰恰相反,即某人先入甘泉之门,而后从阳明游,比如杨骥,《粤闽王门学案》序中称他"初从甘泉游,卒业于阳明"③。但他仍然被黄宗羲列入"王门学案"之中。作为《粤闽王门学案》史源的《皇明书》卷四一三《心学述》则称杨氏从湛若水学只是"有立",而后则"笃信"阳明之说④,由此可见他最终接受的是后者的学说。黄宗羲在杨骥传中一方面引用阳明与杨氏的书信,突出阳明对其肯定。按梨州所引阳明原信为:

> 某向在横水,尝寄书仕德云:"破山中贼易,破心中贼难。"区区剪除鼠窃,何足为异?若诸贤扫荡心腹之寇,以收廓清平定之功,此诚大丈夫不世之伟绩。⑤

《明儒学案》则作:

> 阳明方征横水,谓之曰:"破山中贼易,破心中贼难。"⑥

① 彭国翔:《黄宗羲佚著〈理学录〉考论》,《近世儒学史的辨正与钩沉》,台北允晨文化实业股份有限公司 2013 年版,第 483 页。

② (清)黄宗羲:《明儒学案》,第 583 页。

③ 同上书,第 654 页。

④ 邓元锡:《皇明书·心学述》,《续修四库全书》史部,第 316 册,上海古籍出版社 1995 年版,第 442 页。

⑤ (明)王守仁:《与杨仕德薛尚谦》,载吴光等编校《王阳明全集》卷四,上海古籍出版社 2011 年版,第 188 页。

⑥ (清)黄宗羲:《明儒学案》,第 654 页。

另一方面又强调湛若水批评其学"是内非外，失本体之自然"①，可见杨氏之学与甘泉不尽相合。如此，将其放入"王门学案"中，便具备了合理性。

学术趋向是黄宗羲在判定某一儒者该入"王门学案"还是《甘泉学案》的重要标准。王道初从阳明问学，后又从学于甘泉，黄宗羲将其置于《甘泉学案》之末，他解释其原因道：

> 北方之为王氏学者独少，穆玄庵既无问答，而王道字纯甫者，受业阳明之门，阳明言其"自以为是，无求益之心"，其后趋向果异，不可列之王门。②

所谓"趋向果异"是指王纯甫后来对阳明之学"疑而不信"③。王阳明《与王纯甫》二批评王道之提问"辞则谦下，而语意之间，实自以为是矣。夫既自以为是，则非求益之心矣"，并称"纯甫之心，殆亦疑我之或堕于空虚也，故假是说以发我之弊"④。王道本人亦对阳明之说多有批评，如称"心即理"之说"专存乎心……恐失之弊"⑤。他还认为"良知止是情之动，未动前头尚属疑"，指出阳明以其为"圣人之本体"是"落第二义矣"⑥。可见王道确如黄宗羲所说"其后趋向果异"。正是由于他后来对王学持否定态度，故而被黄宗羲划出王门之外。

顾应祥（1483—1565）亦曾师承湛、王二人，其行状即称："公少尝从阳明、增城二先生游。"⑦ 顾氏八十二岁所作之《惜阴录》，《四库提要》称："前数卷《论理》《论学》诸篇，皆主良知之说。"⑧ 则其晚年仍倾向于阳明学，故而被黄宗羲列入《浙中王门学案》中。

上述诸人，虽先后师从湛、王二人，然而晚年对阳明之说，或笃信，或反对。然而，还有一部分儒者，虽"递相出入"于湛、王二家，但主张对两人之学疏通调和，黄省曾（1490—1540）即是一例。据其《临终自传》称："新建伯阳明王公在越……山人以有姑氏戴夫人嫁在绍兴，馆于其家，执贽道席……后值甘泉湛公振铎

① （清）黄宗羲：《明儒学案》，第 654 页。

② 同上书，第 635 页。

③ 同上书，第 1036 页。

④ （明）王守仁：《与王纯甫二》，载吴光等编校《王阳明全集》卷四，第 174—175 页。

⑤ 王道：《顺渠先生文录》卷六，（东京）育德财团，1932 年，第 32 页。

⑥ 王道：《顺渠先生文录》卷六，第 45 页。

⑦ （明）徐中行：《资善大夫南京刑部尚书赠太子少保箬溪顾公应祥行状》，载焦竑编《国朝献征录》卷四八，《明代传记丛刊》第 111 册，第 362 页。

⑧ （清）永镕等：《四库全书总目》，中华书局 1965 年版，第 1069 页。

成均，桃李响应，声咳之下，恍增颖智。"[①] 据王、湛二人之年谱，王阳明在越为正德十六年（1521）至嘉靖六年（1527），湛若水任南京国子祭酒为嘉靖三年（1524）至七年（1528）[②]，则黄省曾问学于阳明或当略早。

黄省曾主调和湛、王之学，他指出"二公谈道，本为大同"，王阳明所主张的"勿忘勿助"与湛若水所主张的"必有事焉"为"一体浑同，安得离判"[③]。但细读《临终自传》文本，可见黄省曾受阳明影响更深：其一，从王、湛二人对黄省曾的态度来看，黄氏在阳明门下"每晨班坐，次第请疑，公问至即答，无不圆中"，使得黄省曾"一日彻领，汗洽重襟"；而湛若水对其则是"不轻许目，久乃雅知山人"[④]，见黄氏"不试、养母"，即劝告他说："此事吾亦尝为之，但出处不由人也。恐子母耄，何不策廑南宫，以毕此事。"[⑤]

经由对比可知，阳明对黄省曾多有学术上之指教，但湛若水仅仅是劝他参加进士考试。其二，黄省曾称自己在阳明门下"宝获王氏之玄珠"，并感叹同门仅将其"目为文人"，不知他在理学上"有此饱得"，而在湛若水门下仅仅是"恍增颖智"[⑥]，其获益之深浅不同，由此可见一斑。

程文德（1497—1559）的情况亦与黄省曾类似。他称自己"蚤受王子之教，幸及湛翁之门"[⑦]，按湛若水《明故亚中大夫四川按察司副使致仕十峰程公墓志铭》云：程文德一日"造甘泉子而告曰：'不肖孤也，游先生之门十七年矣。今不幸父有大故，敢丐先生之铭以归显诸墓，惟先生悯焉！'"[⑧]。据程氏之年谱，其父卒在嘉靖十六年（1537），则程文德从甘泉问学当在嘉靖元年（1522）；而他在嘉靖三年（1524）又"造阳明先生之门受学焉……相与讲明致良知之说，逾数月而后归"[⑨]。虽然程文德认为"致良知"与"随处体认天理"没有差异，所谓"良知即天理也，

---

① （明）黄省曾：《五岳山人集》卷三八，《四库全书存目丛书》集部，第94册，台南庄严文化事业有限公司1997年版，第850页。

② 吴光等编校：《王阳明全集》卷三四，第1415—1439页。黎业明：《湛若水年谱》，上海古籍出版社2009年版，第112—137页。

③ （明）黄省曾：《五岳山人集》卷三八，《四库全书存目丛书》集部，第94册，第850页下、第851页上。

④ 同上。

⑤ 同上书，第851页上。

⑥ 同上书，第850页下。

⑦ （明）程文德：《祭白沙先生文》，《程文德集》卷一六，上海古籍出版社2012年版，第235页。

⑧ （明）湛若水：《泉翁大全集》，见《"中央研究院"汉籍电子文献》，1999年7月12日，http：//han-ji. sinica. edu. tw/，2014年12月6日。

⑨ （明）姜宝：《松溪程先生年谱》，《程文德集》附录二，第588页。

致之体之，其功一也"①，但实际上他在湛若水门下时"未有得"②，故而被黄宗羲归入《浙中王门学案》中。

三

上文指出黄宗羲是根据传主的学术倾向或趋向来判定学派归属的。然而蒋信则是一个例外，因为就连黄宗羲自己也承认蒋氏之学"得于甘泉者为多也"③。彭国翔根据新发现的黄宗羲佚著《理学录》，指出在这部早先写成的著作中，黄宗羲将蒋信放入《甘泉学派》中，而《明儒学案》则将他作为王阳明的门下，归入《楚中王门学案》④。对比两书文本可知，相较《理学录》，《明儒学案》在指出蒋信拜见阳明这一事实之后，增入了"先生遂与闇斋（指冀元亨——引者注）师事焉"一语，借此强调蒋信与阳明之间的"师承关系"，为将其划入王门提供了依据⑤。

然而，蒋信本人虽承认自己曾经服膺阳明之学，但最终还是认为湛若水之学略胜一筹。他在《林南记》一文中假借其门生周世亨之口叙述自己的为学经历道：

> 先生之乡传阳明子之说，而以告者多矣，先生置而求诸心，静居道林者，几十年其一旦而悟也……自兹又数年，走京师，谒甘泉子焉。乃知兹秘也，甘泉子已先得之。夫尝因是而求先生之有得乎此也。盖在乎颐疴道林之日，虽先尝一拜阳明子，而阳明子实未之及焉。⑥

且在文章或书信中，蒋信对湛若水往往尊称为"师"，而王阳明则仅仅称为"阳明子"。例如，"此编盖吾师甘泉先生退休之后，所以示训子孙，而仁其家者。"⑦"辰阳高子，旧学于云盘子，云盘子尝讲正学于阳明子之门。"⑧

蒋信的后辈人物亦将他作为湛若水的弟子看待，诸如唐伯元《答郭梦菊大参》：

① （明）程文德：《岭表书院志后序》，《程文德集》卷六，第73页。
② 罗洪先：《吏部左侍郎兼翰林学士掌詹事府事松溪程君文德墓志铭》，载焦竑编《国朝献征录》卷一八，《明代传记丛刊》第109册，第744页。
③ （清）黄宗羲：《明儒学案》，第626页。
④ 参阅彭国翔《黄宗羲佚著〈理学录〉考论》，《近世儒学史的辨正与钩沉》，第481页。
⑤ 彭国翔：《黄宗羲佚著〈理学录〉考论》，《近世儒学史的辨正与钩沉》，第482—483页。
⑥ （明）蒋信：《林南记》，《蒋道林文粹》卷四，载《李道纯集·蒋道林文粹》，岳麓书社2010年版，第150页。
⑦ （明）蒋信：《甘泉先生家训序》，《李道纯集·蒋道林文粹》，第114页。
⑧ （明）蒋信：《子渐说》，《李道纯集·蒋道林文粹》，第117页。

先是拜《湖北名贤传》之赐时，知门下独契蒋先生道林也。蒋先生与先师吕巾石先生，并为湛门高弟；又曾于《罗文恭集》中，得见所解格物说而喜之。及读门下所为传，又其行谊纯明如此，则蒋先生在楚中学者，当为国朝一人；又以见湛门诸君子，虽其风动不及姚江，而笃行过之，是亦可以观二先生。①

这封书信亦见于《明儒学案》唐伯元传后黄宗羲所选录之唐氏"论学书"，再联系《理学录》将蒋信列入《甘泉学派》，可见黄宗羲清楚作为湛氏门生的蒋信，应当被列入《甘泉学案》。

从史源角度来考察，《明儒学案》蒋信传应当是据用柳东伯为其所写的行状，该文云：

（正德）五年庚午（1510 年），阳明先生赴谪龙场，寓郡西潮音阁。有医杜仁夫者，携其伤春诗卷，以谒先生……阳明先生一见，惊以为奇。遂因杜氏，偕闇斋见之。阳明先生后语冀曰："如卿实，便可作颜子矣。"②

其中并无师事阳明之记录。而孙应鳌所撰的《正学先生道林蒋公墓志铭》则云：

已乃阳明王先生自龙昌谪归，先生见焉。阳明谓冀公曰："作颜子者，卿实也。"③

这篇见于黄宗羲所编之《明文海》中的文字，亦未提及蒋信与阳明之间有师承关系。

综上所述，可知黄宗羲在《明儒学案》中刻意强化蒋信与阳明的师生关系，并有意将其放入《楚中王门学案》中。其中的道理可能是这样的，一人不能成"门"，楚中人物可记者仅有蒋信与冀元亨二人，冀元亨文集黄宗羲无法见到，不知其学术

① （明）唐伯元：《醉经楼集》，中华书局 2014 年版，第 125 页。
② 柳东伯：《贵州等处提刑按察司副使蒋公信行状》，载焦竑《国朝献征录》卷一〇三，《明代传记丛刊》，第 114 册，第 367 页。
③ 孙应鳌：《正学先生道林蒋公墓志铭》，载黄宗羲编《明文海》卷四四二，中华书局 1987 年版，第 4692 页。

的详细情形，故而需要将与冀氏一同拜见过王阳明的蒋信放入其中，以说明王学在楚中这一地区的影响力。更何况，蒋信思想尽管受湛若水影响较多，但并未反对阳明。《明儒学案》的蒋信传即称他在贵州提学副使任上对龙场的阳明祠"置祭田以永其香火"①。蒋信还在书信中称赞阳明所作的《亲民堂记》"最得孔门之旨"②，认为其中的"大人者，知天地万物一体，夫然后能以天地万物为一体"一语"真泄破天机矣"③。可见二人思想仍有一定的契合之处，如此则黄宗羲将蒋信划入"王门学案"之中，亦不为无据。

结　论

概而言之，黄宗羲在划分"递相出入"于湛、王二家弟子的学派归属时，会遵循以下几项标准。其一，师承关系。若仅仅在思想上主张调和湛、王二家，但只是受业于甘泉，则被置于《甘泉学案》。若先后师承湛、王，有时受业于阳明在先，则被置于"王门学案"，如周冲。其二，学术倾向或趋向。在先后受业于湛、王的情况下，若后来质疑阳明而不信从其说，则被划入《甘泉学案》，如王道；若后来笃信阳明之说或实际受阳明影响更深，则被划入"王门学案"，如杨骥、黄省曾等。其三，在考虑学术倾向，即不反对阳明的前提下，黄宗羲亦会顾及地域因素，如将蒋信作为"南中王门"的代表。他专门设立《南中王门学案》以容纳蒋信，起到了为王学壮大声势的作用，可以从一个侧面反映出其"绌朱尊王"的学术立场④。

（作者单位：香港理工大学中国文化学系）

---

① （清）黄宗羲：《明儒学案》，第626页。
② （明）蒋信：《复谢高泉宪长》，《李道纯集·蒋道林文粹》，第220页。
③ （明）蒋信：《简徐东溪大参》，《李道纯集·蒋道林文粹》，第230页。有关蒋信与阳明、甘泉的关系，可参看柴锐《〈明儒学案·楚中王门学案〉中蒋信（1483—1559）的学派归属研究》，中山大学历史系硕士学位论文，2012年。
④ 古清美：《从明儒学案谈黄宗羲思想上的几个问题》，《明代理学论文集》，台北大安出版社1990年版，第375页。

王船山《和梅花百咏诗》与文人气节

刘永霞

王夫之，字而农，号姜斋，湖南衡阳人。他是明末清初的著名思想家、经学家、史学家、文学家。由于其晚年隐居在衡阳石船山，因而被尊称为"船山先生"。他生于明万历四十七年（1619），卒于清康熙三十一年（1692），享年七十四岁。王夫之的一生可谓是命运多舛，自明亡后，就在颠沛流离中惨淡度日。他还组织过义军抗清，失败后就亡命天涯。为逃避清军追杀，他还穿上瑶族服装，扮作瑶人，东躲西藏，朝不保夕。

但王夫之的生存是有"气节"的，第一是民族气节。不与满清妥协，表明了他的汉人民族气节。对"气节"，不应做某种狭隘性的理解。"气节"是对本民族文化、制度等的认同感、自豪感，是一个民族的文化之"根"。第二是忠贞气节。船山忠于明王朝，但他是忠于明王朝的制度、秩序与公正，当明末的腐败已经烂到根部时，他则痛彻心扉、疾恶如仇。他在十几岁时就热衷于参加社团组织而褒贬时政。"贞"在《易经》里的解释就是"正"，六十四卦之首"乾卦"的卦辞为"元亨利贞"，"贞"即"正"，具有正义、正确等含义。所以当吴三桂叛乱并请他出山时，他最终选择了拒绝与逃亡。而对于明亡后在南方一隅所建立的南明政权，他不仅倾力扶危，而且还担任了南明行人司的行人。"正义"感是"气节"的灵魂。吴三桂的事迹众所周知，他的出尔反尔与多次叛主，其根本原因就在"徇私"二字上。第三是学者气节。王船山在穷困潦倒的生活境况中，毅然坚持著述，著有《周易内传》《周易外传》《尚书引义》《诗广传》《礼记章句》《春秋家说》《世论》《续左氏传博议》《读四书大全说》《宋论》《永历实录》《楚辞》《姜斋诗文集》等涉及经、史、文、哲等诸多领域的大作。他是一代大儒，对传承中国传统文化的四书五经都有精深的研究与独具匠心的体悟。他又是文学家、诗人，其诗文表达了他对思想、生活等的灵性感悟。这几个方面的"气节"都可称为"文人气节"。

王船山曾写过《和梅花百咏诗》，以梅花立品、明志。"梅花"历来都是文人吟诵、赞美的花中君子，而船山所作的一百首梅花诗，可谓是颂梅的集大成者，如他的"红梅"所写：

> 对色疑非香不非，
> 迎喧莫问素心违。
> 光风灼灼传新喜，
> 残雪全消散落晖。①

看到红梅在严冬白雪中怒放，的确让人精神振奋、耳目一新。不仅如此，船山还直接定义"梅花"为花品第一，如"评梅"一诗中就有"双标第一花卿品"的句子。花如人，人如花，人有人品，花有花品，梅则是一品花。古代文人墨客的颂梅诗很多，那么，王船山为什么要写《和梅花百咏诗》呢？他的梅花诗的独特风韵又是什么呢？

一　《和梅花百咏诗》的写作由来

据《王船山先生年谱》②所载，船山在四十七岁时，完成了《和梅花百咏诗》。他在《和梅花百咏诗》之前写有类似于"自序"的说明。这一百首梅花诗并不仅仅是他对大自然诗情画意的审美感悟，其中还牵涉船山自身无比心酸、万分惊险的前尘往事。

王船山的同乡冯子振，在元朝时就写过《和梅花百咏诗》，"上湘冯子振，自号海粟，当蒙古时……倾危之士也。然颇以文字自缘饰，抑或与释中峰相往还，曾和其梅花百咏"③。湘人冯子振，曾和僧人释中峰互相唱和，写有《和梅花百咏诗》，并流传于湘中。之后，在南明隆武丙戌年，船山的三个朋友，也是湘中的诗人，仿效冯作而各自写了一百首梅花诗，有一个为了炫耀他的才华，还写了二百首，"隆武丙戌，湘诗人洪业嘉伯修、龙孔蒸季霞、欧阳淑予私和冯作各百首，欧阳炫其英

---

① （清）王夫之：《船山全书》第十五册，岳麓书社 2011 年版，第 621 页。
② （清）王夫之：《船山全书》第十六册，第 621 页。
③ 同上书，第 609 页。

多，倍之。余薄游上湘，三子脱稿，一即相示，并邀余共缀其词。……戏作桃花绝句数十首抵之，以示郑重。未几，三子相继陨折"。南明唐王隆武二年为丙戌年，其时船山二十八岁，据《王船山先生年谱》载："（船山）游湘乡，登浮湘亭，与洪业嘉、龙孔蒸、欧阳淑唱和，有桃花绝句数十首，今逸。"① 这年是清顺治三年，其时清军大举南下，南明政权岌岌可危。明亡后，王船山一直对南明王朝抱有希望，并对其尽心报效、竭力扶持。等他到了湘阴后，就上书兵部侍郎章旷，指出应及时调和南明内部将帅，即湖南的何腾蛟与湖北的堵允锡之间的纷争与矛盾，以防军队溃变。但章旷对其上书置之不理，之后，南明军队继续内讧，在次年很快就丢了湘阴。船山忧愤不已，痛责了南明军队的纪律松弛与沉重赋税。之后就有了他与朋友同游湘乡的唱和之事。这次游历，他所作为"桃花诗"，并不是"梅花诗"。桃花艳丽，当春乃发，千娇百媚，因而，很适合抒发他当年的意气风发之情。冬日梅花耐寒、厚重，当他的人生有更多沉淀时，便促成了百首"梅花诗"的诞生。

王船山的这三位朋友都是湘中的著名诗人，又都死于兵乱，因此当他完成《和梅花百咏诗》时，便伤感不已，他说："庚寅夏，昔同游者江陵李之芳广生，相见于苍梧，与洒山阳之涕。李侯见谓：君不忘浮湘亭上，盍寻百梅之约，为延陵剑耶？余感其言，将次成之。"② 庚寅年，即王船山三十二岁时，与友人李之芳在广西苍梧共同缅怀了逝去的三位湘乡朋友，继而想起了百梅之约而痛哭流涕，因而决定写作百梅诗。这一年，南明王朝的桂王由广东肇庆迁到广西梧州，船山其时正在南明任行人司行人之职。但这年对他来说也是大灾之年，他差点被奸人王化澄害死。而这件事的起因竟与梅花诗有关，船山说："会攸县一狂人，亦作百梅恶诗一帙，冒余名为序。金谷执为端，将构大狱，挤余于死。"③ 王化澄为什么要害船山呢？起因是船山力挺忠臣严起恒，并曾三次上书弹劾王化澄奸党误国，因而被王化澄记恨。这时恰巧有人冒名船山写了梅花序，此事被王化澄逮了正着，便抓住不放，意欲借题发挥而置船山于死地。值此危亡之际，郧国公高必正出手相救，王船山才免于死难而以罢官收局。经历此事让他恍如隔世，因此感慨地说："不期暗香疏影中，作此恶梦，因复败人吟兴，抵今又十五年矣。"④

王船山写作和完成《和梅花百咏诗》，前前后后总共经历了十五年。在他迁到

---

① （清）王夫之：《船山全书》第十六册，第167页。

② 同上书，第609页。

③ 同上。

④ 同上。

衡阳金兰乡高节里的茱萸塘后，才在乙巳年为梅花诗做了题记。因而，在某种意义上，可以说，这一百首梅花诗也是他前半生感悟人生、经历苦难的明证。

二　独抱冰心邀瑞叶——咏梅明志

王船山的《和梅花百咏诗》，可以说是写尽了梅花的各种情态与风姿，单就梅花的开放形态，有"未开梅""乍开梅""半开梅""全开梅"等，怒放之梅与含苞之梅各领风骚，如"未开梅"一诗所写：

> 万顷春膏凝玉酥，
> 晓霜残月足踟蹰。
> 鬖鬖叶叶无中有，
> 一幅先天五老图。①

月夜大雪中的梅花花苞，给人以似有似无、仙气缥缈的静谧感觉。梅花还可以地域分，如"西湖梅""东阁梅""清江梅""孤山梅""罗浮梅""汉宫梅""庙舍梅""书窗梅""琴屋梅""棋墅梅""钓湾梅""樵径梅""僧舍梅""道院梅""柳营梅""蔬圃梅""茅舍梅""药畦梅""前村梅""焰水梅""山中梅""城头梅"等，其中"孤山梅"一诗的内容还与北宋隐逸诗人林逋有关，其文为：

> 放鹤亭空客已仙，
> 裙腰褪粉断桥边。
> 广陵新送青娥怨，
> 苦判余芳作杜鹃。②

"孤山"指杭州西湖畔的"孤山"。北宋诗人林逋在四十多岁时隐居西湖，结庐于孤山。林逋经常驾着小舟游览西湖边上的寺庙，并与高僧互赠诗文交往。他终身不仕，是个隐居者。他嘱咐过童子，当他在外游玩而有客来时，就即刻放飞仙鹤。当他看见鹤飞起来便立即回家。因而，西湖边上的"放鹤亭"，是为纪念林逋而建

---

① （清）王夫之：《船山全书》第十五册，第629页。
② 同上书，第623页。

的西湖胜景之一。王船山很喜欢林逋为人与诗词，林逋曾写过咏梅的千古绝唱《山园小梅》：

> 众芳摇落独喧妍，
>
> 占尽风情向小园。
>
> 疏影横斜水清浅，
>
> 暗香浮动月黄昏。
>
> 霜禽欲下先偷眼，
>
> 粉蝶如知合断魂。
>
> 幸有微吟可相狎，
>
> 不须檀板共金樽。①

其中的"疏影横斜水清浅，暗香浮动月黄昏"更是脍炙人口。林逋精通经史，孤高自好，喜欢植梅养鹤，自谓"以梅为妻，以鹤为子"，是宋仁宗时期的隐逸诗人。如果说林逋的梅花诗写出了梅花的幽雅与娴静，那船山的梅花诗则颂扬了梅花的坚贞与气节。如船山最具代表性的《友梅》诗，其文为：

> 大夫已见受秦封，
>
> 君子还惊化鹤容。
>
> 独抱冰心邀瑞叶，
>
> 溪头三笑一相逢。②

船山以梅为友，"独抱冰心邀瑞叶"一句则直接表明心志，他决意顶着严寒，守护自己清澈透亮的一颗"冰心"。明亡后，船山一直坚持抗清。对于苟延残喘的南明王朝，他也一直抱有希望，就是生不佳时，天命不佑，任凭他再怎么刚健有为，也无力扭转乾坤。但船山以圣学为本、气节为根，虽然举步维艰，但他从未放弃。他恪守忠孝之道，曾经为了救父亲而自残肢体；他为学孜孜不倦，在短暂的一生撰述了浩如烟海的著作；他的浩然正气让无数的后世士人、学子倾倒。宋儒之后，他的确是继承张载"为天地立心，为生民立命，为往圣继绝学，为万世开太平"重负

---

① （宋）林逋：《林和靖先生诗集》，《四部丛刊初编》本，民国八年涵芬楼影印。
② （清）王夫之：《船山全书》第十五册，第623页。

的一代大儒。王船山怀有正邪不两立的气节，如他在《周易内传》注释"随卦"六二爻所写："六二，系小子，失丈夫。《象》曰：'系小子'，弗兼与也。"（二以柔顺中正，本无决于弃阳从阴之志，而既系于三，则不得复与初相倡和。人之立己处人，两端而已矣。一入于邪，则虽有善而必累于恶。损益之友，势无两交；忠佞之党，道不并立也）① 意即六二爻如果选择依附于六三阴爻的话，就会失去初九这一阳爻，顾此则失彼，事无两全。他所说的善恶不两立、忠佞不两立都是正邪不两立的体现。为人处世，必有选择，"非正即邪"就是船山的生活理念。想他冒死弹劾南明奸人王化澄的举动，也是这股正气使然。他之所以写了百首梅花诗，就是他认为梅花是最具有浩然正气的花中君子。怀有冰心、笑对人生是船山对生命坚定、洒脱的选择。

王船山的许多梅花诗都有率真见性的风格，如《评梅》所写：

> 绝色平分雪几曾，
> 清香不怕月难胜。
> 双标第一花卿品，
> 莫遣姚黄妒汝能。②

他在此诗直接标明梅花为"第一花品"，这种直白的风格完全符合他率真的心性。他用雪和月来映衬梅花的"绝色"与"清香"，雪是冬季的纯洁外表，月是夜晚的宁静心灵，雪、月之风姿都胜不了梅花的"色""香"，那第一花品，舍梅其谁呢？

王船山的很多梅花诗都有意气风发的情感张扬，极少有哀思郁闷的伤情流露，有些诗还充满了浓浓的生活情趣，如《簪梅》所写：

> 宜春燕子缕金花，
> 抛掷偏拈紫玉芽。
> 风味爱他林下好，
> 妆成掬雪试烹茶。③

---

① （清）王夫之：《船山全书》第一册，第184页。
② （清）王夫之：《船山全书》第十五册，第613页。
③ 同上书，第615页。

这首诗描绘出了一幅早春梅开的生动景象：顽皮的燕子叼着黄梅、美丽的少妇
掬着白雪去煮茶……这是船山最具浓厚生活气息的梅花诗。这首诗非常耐人寻味，
比如，诗中的色彩搭配，很让人惊叹。黄紫补色搭配的金花与紫玉芽，表达了生活
的丰富多彩。而白绿配合的雪与茶，则烘托出了梅花冰清玉洁的高贵品质。用梅花
上的雪水煮茶不仅可使茶水拥有梅香，而且还可以调和茶叶的寒性，在岁寒时节饮
用最宜于脾胃健康。梅花的果实，即梅子，还具有止咳生津等药效，这可能也是文
人墨客们以及众多之人喜爱梅花的原因之一吧。王船山这样强烈的审美感知，都来
源于他对天理和人事的透彻体悟。苏轼也写过富有生活情趣的梅花诗，如"梅花开
尽白花开，过尽行人君不来。不趁青梅尝煮酒，要看细雨熟黄梅"。两诗相比之下，
苏轼的诗则显得平易、亲和些，而船山的"簪梅"诗则更具风姿飒爽的灵动韵味。
当然，苏轼是大文学家、诗人，平生写了很多流传千古的著名诗词，这里只是就有
同样题材的梅花诗相论而已。

王船山梅花诗的风格也不尽相同，也有表达萧疏意境的梅花诗，比如"蜡梅"
所写：

> 弱粉难支雪色侵，
>
> 檀痕相倚赖知音。
>
> 连床各梦还同调，
>
> 冻蝶迷香记深浅。①

当大雪连天时，清瘦的梅花很难抵挡重重雪片的侵袭。这说明个人很难改变外
界的大环境，如果这个时候有个知音，可与之在艰难困苦中携手共进，当然是幸事
一桩。但人与人的根基不同、心性不同，对正道的感悟也不同，就如同冻蝶对梅香
有深浅不同的记忆一样。船山此诗描写的是梅枝被大雪压迫的一种萧冷意境，但字
里行间仍然透露出一颗不屈之心的火热跳动。还有，如《老梅》一诗的两句："天
涯迟暮岁寒心，浅着铅华还罩阴。"这简直就是对他的隐居生活的真实写照，这两
句表面看似有感慨年岁已老的消沉，但实质表达的是历经沧桑之后的成熟与厚重，
让人感觉到寒冬中一阳即将来复的生命希望。纵览这些梅花诗，再联系船山一生的
命运沉浮，可以说，他的生命中没有"消沉""黯淡"等诸如此类的词汇。虽然生

---

① （清）王夫之：《船山全书》第十五册，第 616 页。

活在生灵涂炭、朝不保夕的乱世，但他从未放弃对生命的热爱，从未忘记一个儒者
"弘道"的重负，可能这首"落梅"能够表明他的中年心境：

> 乍暖初催朵朵齐，
> 蛟冰风卷画楼西。
> 琉璃国土堪埋玉，
> 不遣余香上燕泥。①

（作者单位：中国社会科学院历史研究所）

---

① （清）王夫之：《船山全书》第十五册，第616页。

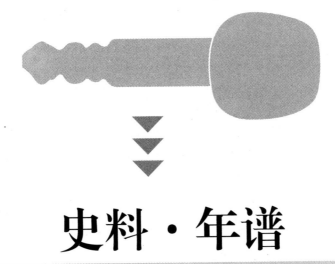

史料·年谱

《明儒学案·崇仁学案》校读①

朱鸿林

　　《明儒学案》卷一至卷四为《崇仁学案》，载录吴与弼、胡居仁、娄谅、谢复、郑伉、胡九韶、魏校、余佑、夏尚朴、潘润十人的传记以及吴与弼、胡居仁、魏校、夏尚朴四人的日记或论学文字。这些文字由黄宗羲从各人的文集中选取，但其中不少是节录，也有的经过剪裁、节录和衔接、润色而成篇幅。《明儒学案》这样的编纂结果，有时影响了我们对文字原作者原意的理解。本文以《崇仁学案》四卷所载文字为例，列举因文字改动及删节而引起歧义之处，加以说明，借以校正对相关文本的确实认识。

　　《崇仁学案》四卷一共抄录了文字 314 条（段）【卷一至卷四各自抄录的条（段）数是 106、91、64、53】，文本比对显示，在《崇仁学案》上出现文句剪裁以及文字、词语改动的有 61 条（段），其中一些单条之内改动的种类和次数还不止一次。初步点数发现，这 61 条（段）之中，增加单字的有 3 条 3 次；省去单字的有 16 条 18 次，省去词语的有 10 条 12 次，更改单字的有 36 条 41 次；中间省去长短不一的文句的有 12 条 19 次；开头文句被删的有 15 条 15 次，结尾文句被删的有 24 条 24 次；增加词语以总结之前文字的有 3 条 3 次；改写原文的有 2 条 2 次。此外，还有数处错误连接不同片段之处。

　　以下分类将《崇仁学案》四卷中所载文字与其所据原文出现异同而对原意有影响者，逐条抄录，并以按语加以说明。抄录的文字，凡在方括号【】之内的，都是

　　① 本文为香港特别行政区研究资助局优配研究金 PolyU 5421/10H "Rebuilding the Textual Basis for Research on Confucianism in Ming China – An Investigation Beginning from the Source Book MINGRU XUEAN" 研究项目的部分成果。本文原稿曾在 2013 年 12 月 14—15 日香港理工大学中国文化学系召开 "第四届中国古文献与传统文化国际研讨会" 上发表。

见于《明儒学案》所据原书而为《明儒学案》所删的；凡在圆括号（）之内的，都是《明儒学案》独有而其所据原书所无的。为了醒目起见，《明儒学案》所增加或更改的文字，都加上色底；被其删节而关系所在的原文，则加底线识别（不加色底或底线的，表示该处的变动可以接受，不必解释）。

一 删省原文单字

1.【卷二】气之发用处即是神。陈公甫说"无动非神"，他只窥测至此，不识里面本体，故认【气】为理。

按，此条主词为"气"字，要旨在说陈献章认气为理之误；末句"气"字被删，于文义亦无损害，但因位置距主词过远，有过费读者思量而或致误解之虞。

2.【卷二】程子曰："事有善恶，皆天理也。天理中物，须有美恶，盖物之不齐，物之情也。"愚谓阴阳动静之理，交感错综而万殊出焉，此则理之自然，物之不能违者，故云。然在人而言，则善者是天理，恶者是气禀物欲，岂可不自省察，与气禀【中】恶物同乎！

按，如原文之论，恶者固是气禀物欲，而气禀则未必皆恶，但去"中"字，则是气禀皆恶，不符原意。

3.【卷四】吾儒曰唤醒，释氏亦曰唤醒，但吾儒唤醒此心，要照管许多道理，释氏则【空】唤醒在。

按，此处分辨儒者与释氏对于"唤醒"后果的不同理解，大意谓儒者之唤醒为干实事，释氏之唤醒则为徒然，"空"字不见，末句此意莫名，殆属抄漏而校对者不觉所致。

二 删省原文词语

1.【卷四】心要有所用。日用间都安在义理上，即是心存。岂俟终日【瞑目】趺坐，漠然无所用心，然后为存耶？

按，"终日趺坐"未足见其为"漠然无所用心"，唯有"瞑目"而趺坐，庶几可以表面见为如此。

2.【卷四】花者华也，气之精华也。天地之气，日循根干而升，到枝头去不得了，气之精华，遂结为蓓蕾，久则包畜不住，忽然迸开，光明灿烂如此。人能涵泳义理，浇灌此心，优游厌饫而有得焉，则其发之言论，措之行事，自有不容己者，所谓"和顺积中，英华发外"是也。《中庸》云："诚则形，形则著，著则明。"又云："故至诚无息。不息则久，久则征"【云云】。"如此者，不见而章，不动而变，无为而成。"观此尤信。程子云："物我一理，才明彼，即晓此，此合内外之道也。"或谓一草一木不必穷究，【殆】恐未之深思耳。【补：《观花有感》】①

按，"云云"之前引文为《中庸》文句，足意之句文为"故至诚无息。不息则久，久则征，征则悠远，悠远则博厚，博厚则高明"。此处因未全抄，故曰"云云"，意在提醒注意原文，故不当删，删之则不足以证下文。

三　更改原文单字

1.【卷一】枕上熟思，出处进退，惟学圣贤为无弊，若夫穷通得丧，付之天命可也。然此心必半毫无愧，自处必尽其分，方可归之于天。欲大书"何者（谓）【为】圣贤？何者（谓）【为】小人？"以自警。

按，"为"是实在意，"谓"是可称意，二字意思之虚实轻重自不相同。自吴康斋躬行务实之学观之，作"谓"不符原意。

2.【卷一】读罢，思债负难还，生理塞涩，未免起计较之心。徐觉计较之心起，则为学之志不能专一矣。平生经营，今日不过如此，况血气日衰一日，若再苟且因循，则学何（由）【可】向上？此生将何（以）堪？于是大书"随分读书"于壁以自警。穷通得丧、②（死生）【生死】忧乐一听于天，此心须澹然，一毫无动于中，可也。

按，"何由"指路径言，犹言"何从"，"何可"指机会言、能否言。详后句，作"由"不符原意。

3.【卷一】遇逆境暴怒，再三以理遣。盖平日自己无德，难于专一责人，况化人亦当以渐，又一时（偶）【过】差，人所不免。呜呼！难矣哉，中庸之道也。

按，"一时"与"偶"意思重复，而"过差"成词，故不当改。

4.【卷一】昨晚以贫病交攻，不得专一于书，未免心中不宁。熟思③之，须于

---

① 此条原本未见题目，从《夏东岩先生诗集》卷五所载增补。按，此条文字实为是诗之书后语，原诗四句二十八字未被抄录，其文如下：千葩万卉竞芳菲，岂是东君着意为。欲向枝头问消息，不知含蓄几多时。

② "丧"，《康斋先生文集》卷一一日录作"衰"，盖属刻误。

③ "思"，《康斋先生文集》卷一一《日录》作"患"，盖属刻误。

此处做工夫，教心中泰然，一味随分进学方是；不然，则有打不过处矣。君子无入而不自得，（煞）【然】是难事，于此可以见圣愚之分，可不勉哉！凡怨天尤人，皆是此关不透耳。

按，"煞""然"二字形似，"煞"字意重，用此字，几于言君子实不能"无入而不自得"，则非原意所寓，故似"煞"字为刻误。

5.【卷一】夜卧阁（中），思朱子云"闲散不是真乐"，因悟程子云"人于天地间，并无窒碍处，大小（咸）【大】快活，乃真乐也"。勉旃，勉旃！

按，"咸"与"大"意思自别，《近思录》第十三卷《异端》引程子言，正作"大"字；"咸"字盖因前有"大小"二字而误改。

6.【卷一】年老厌烦，非理也。朱子云："一日（不）【未】死，一日要是当。"

按，《朱子语类》卷六〇原文云："若一日未死，一日要是当；百年未死，百年要是当。这便是立命、夭寿不二……""不死"，盖以意改而不符原意。

7.【卷二】"正其（义）【谊】不谋其利，明其道不计其功"，学者以此立心，便广大高明，充之则是纯儒，推而行之，即纯王之政。

按，此引董仲舒语，"谊"是原字，改作"义"字，殆以"义利"对言，但非引文所应。

8.【卷二】人以朱子《调息箴》为可以存心，此特调气耳。只恭敬安详便是存心法，岂（暇）【假】调息以存心？以此存心，害道甚矣！

按，"岂暇"是可用而不用之意，"岂假"是不必采用之意。详后句，更"岂暇"失却作者以《调息箴》为无用之本意。

9.【卷二】学一差，便入异教，其误认圣贤之意者甚多。此言无为，是无私意造作，彼遂以为真虚（净）【静】无为矣。此言心虚者，是心有主而外邪不入，故无昏塞，彼遂以为真空无物矣。此言无思，是寂然不动之中，万理咸备，彼遂以为真无思矣。此言无适而非道，是道理无处无之，所当操存省察，不可造次颠沛之离，彼遂以为凡其所适，无非是道，故（任）【恁】其猖狂自恣而不顾也。

按，"净"关涉者为形态，"静"关涉者为声音，"虚"关涉者为形态，原文"虚静"形声兼顾，改作"虚净"，意义重复而弱；且道家固以"虚静"为重要主张。"任"为任从之意，"恁"为如此之意，循文征义，两皆可解，而改"恁"为"任"，与原意自别。

10.【卷二】释氏（是）【自】认精魂为性，专一守此，以此为超脱轮回……

按，"是"是我以彼为是，"自"是彼自以为是，原文意义较强。

11.【卷三】冬气闭藏，极于严密，故春生温厚之气，充郁熏蒸，阴崖寒谷亦透。学而弗主静，何以（成）【养】吾仁。

按，"成"是已经得了，"养"是在成之中；主静不等于是仁，而正是长养仁之方法，可见"成"字于原意未谛。

12.【卷三】浑厚则开文明，浇薄则开巧（伪）【慧】，学须涵养本原。

按，"文明"为自然弘大之象，"巧伪"指人为、不自然之作为，"巧慧"是禅宗语，原有大智之胜义在，与此处之意义有别。此处意指无本原之乖巧小慧，与"文明"对举以示分别，改为"巧伪"，意思又别。

13.【卷三】夫理冲漠无朕，无者不可分裂，所以一也。浑沦惟一，一者不可二杂，所以纯也。气有形（不）【故】可分，愈分则愈杂，美恶分，若有万不齐矣。

按，此处改字所生错误甚大。原文之意实谓理气有绝然之异：理无形，故不可分；气有形，故可分，因可分，故愈分愈杂，以至万有不齐。

14.【卷三】天子当常以上帝之心为心，兴一善念，上帝用休而庆祥集焉；兴一恶念，上帝震怒而灾沴生焉，感应昭昭也。昔人谓人君至尊，故称天以畏之，却（是）【似】举一大者来吓人君，盖未迪知帝命也。

按，"是"是决然肯定，"似"只是或然，称天以畏君，其效果实不能必，故只能言"似"。

15.【卷三】……曩尝妄谓尊兄论性虽非，其论理气却是。近（始）【思】觉得尊兄论性之误，正坐理气处见犹未真耳……

按，"近思觉得"是二事，虽亦一时同现，而有先后之别；"近始觉得"只是一事，或且可以顿悟得之，不及原字之圆括。

16.【卷三】……自尧、舜以来，都不曾说别个道理，先说个中，所谓中，只是一个恰好也。在这事上，必须如此，才得恰好，在那事上，（必）【又】须如彼，才得恰好，许多恰好处，都只在是心上一个恰好底理做出来，故中有不偏不倚、无过不及之名。所（论）【谓】"恰好"，即"该得如此"之异名，岂可认此理为（虚）空【虚】一物也……

按，此处改"谓"为"论"，疑是刻误，盖其前已言"所谓"，再言之，所以平行解说，重申其意而已。

17.【卷三】【可琛至，得元诚书，未论言语何如，只温醇气象自蔼然溢于言外。病我叙文自信太过，无虚心屈己之意；又】（陈元诚）疑吾近日学问，见得佛、老与圣人同，大为（吾）【我】惧。①【说到此，可谓苦心矣！深感深感！校且老，丧子丧孙，罹此大难而志不少衰，惟恐惧修省，此无他，欲自致于圣贤也。古无自足之圣贤，校今去圣贤甚远，何敢自足邪？佛、老之学，自少年见得与圣贤别，今更见得同，则是中道而叛圣人也，老子又不可与佛并言。乃若是处，虽出于佛亦不可弃，但恐实陷溺而不自觉，如此则全赖元诚救正也。书尾静修之言，引而不发。昔闻】元诚论静云："一念不生，既不执持，又不（蒙）【茫】昧，三件犯著一件，便不是。"②【今人多赖动为静，此正是元诚心学渊微处，故能发胸中所蕴。然此是就已静上说，不知未到此地位如何用功才得到此？既到此地位，还有功夫用否？千万极言，毋吝指教。疑义录具别纸，愿一一订其是非。】【补：《答陈元诚》】

按，"蒙"是幼小无知之象，"茫"是持续不明之象，既然"一念不生"，自无"蒙昧"之理，可见改字不谛于原意。

18.【卷三】【一冬天气晴和，途中想安好？令嗣念家，寝食能如故否？此宜徐察而宽譬之。静中精进功夫，想更深密不识，可推余绪以告故人否？校惟】道体浩浩无穷，吾辈既为气质拘住，若欲止据己见持守，固亦自好，终恐规模窄狭，枯燥孤单，岂能展拓得去？古人所以亲师取友、汲汲于讲学者，非故泛滥于外也，（止）【正】欲广求天下义理，而反之于身，合天下之长，以为一己之长，集天下之善，以为一己之善，庶几规模阔大，气质不得而限之……③

按，"正"是多种可能中真正之选择，"止"是别无选择之限制。此字前后文皆在言讲学之真正用处，可见改"正"为"止"，殆因刻误。

19.【卷四】象山之学，以收敛精神为主，曰"精神一霍便散了"。【门人】杨慈湖论学，只是"心之精神（谓）【为】之性"一句，【更无他说】此其所以近禅。朱子云："收敛得精神在此，方看得道理尽。看道理不尽，只是不专一。"如此说方无病。

按，"为"字无改作"谓"之必要；此处作者夏尚朴所引慈湖杨简之言，亦是出于记诵。杨简引者为《孔丛子》（《记问》第五）之言，其原文为"心之精神是谓圣"，为孔子答子思之问之语。杨简《慈湖遗书》卷一《诗解序》《慈湖诗传》《杨氏易传》《先圣大训》等书所引，皆是直引《孔丛子》原文。

---

① 此书《庄渠先生遗书》卷四原文凡305字，《学案》殆以意思转变之故，分为两条截取。此条属前条，前删41字，代以"陈元诚"三字起句。取18字，再删141字，意思乃换，入"元诚论静"以下。
② 此书《庄渠先生遗书》卷四原文凡305字，《学案》殆以意思转变之故，分为两条截取。此条属后条，其后删79字。按，此条乃陈元诚之见，魏校之见见于被删文字之中。
③ 此书《庄渠先生遗书》卷一一原文凡266字，截取中间靠前111字，其前删52字，其后删103字。

20.【卷四】……世人只知有利，语及仁义，必将讥笑，以为迂阔。殊不知利中（即）【只】有害，惟仁义则不求利，自无不利。譬之甜的物事，吃过则酸，苦的物事，吃过方甜。如人家长尚利，惹得一家莫不尚利，由是父子兄弟交相攘夺，相剺相刃，必至倾覆而后已。若家长尚义，惹得一家莫不尚义，由是父慈其子，子孝其父，兄友其弟，弟恭其兄，莫说到门祚如何，只据眼前家庭之间，已自有一段春和景象，何利如之？……

按，"只"有排除义在，无他可能；"即"有彼此义在，有此便有彼。此处意思说"利"绝不可言，排除其他可能，作"即"则失原来意涵。

21.【卷四】好问好察而必用其中，诵诗读书而必论其世，则合天下古今之聪明以为聪明，其知大矣。近时诸公论学，乃欲取足吾心之良知，而议程、朱格物博文之论为支离，（谓可）【其何】以开（发）【圣】人之知见，扩吾心良知良能之本然。此乃入门歇，于此既差，是犹欲其入而闭之门也。【不得不为诸生言之，岂好辩哉？】

按，此处一句之中，兼改单字与词语，循至是颠倒原文意义。原文意谓如"近时诸公论学"之情形，如何能"开发圣人之知见"等以惠学者，意谓其不能也。改文后之意变为论学诸公自以其所言可以"开发人之知见"云云。按诸公或有此意，然作者所表者则非此意。

22.【卷四】（陈白沙与张东白论学诗中诗句）渺哉一勺水，积累成大川。亦有非积累，源泉自涓涓。（作者夏尚朴之疏语）天下之事，未有不由积累而成者。孔子志学以至从心，孟子善信以至圣神。朱子曰："予学（盖）【实】由铢累寸积得之。"又云："予六十一岁方理会得，若去年死，也枉了。"今谓不由积累而成，得非释氏所谓"一超直入如来地"耶？

按，"盖"是或然，"实"是必然，意思相去甚远。《朱子语类》卷一四〇言："某不敢自昧，实以铢累寸积而得之"；此处改字，错误颠覆朱子之意（又，接下"予六十一岁方理会得，若去年死，也枉了"句，亦是出于记诵，但未伤及原意。《朱子语类》卷一四〇言："只今六十一岁，方理会得恁地，若或去年死，也则枉了。"）。

四 更改原文词语

1.【卷四】精一执中，就事上说。寻常遇事有（两歧）【难处】处，群疑并兴，既欲如此，又欲如彼。当是时也，尽把私意阁（著了）【起，竟】不知那个是人心，那个是道心，故必精以察之，使二者界限分明。又须一以守之，使不为私欲所夺，如此便是"允执厥中"。盖过与不及，皆是人心，惟道心方是中。

按，此处改"难处"为"两歧"，未符原意；下文既言"群疑并兴"，可见事情不止"两歧"。

2.【卷四】予昔有志于学，而不知操心之要，未免过于把捉，常觉有一物梗在胸（中）【臆】，虽欲忘之而不可得。在南监时，一日过东华门墙下，有卖古书者，【摊在地上】予偶检得《四家语》【看】，内有黄蘗【禅师】对裴休云："当下即是，动念则非。"伫立之顷，遂觉胸中如有石头磕然而下，无复累坠，乃知禅学诚有动人处。于后看（程子）【程朱】书，说得下手十分明白痛快，但在人能领略耳。故曰："吾道自足，何事旁求。"

按，改"程朱"为"程子"，所属不同，恐是刻误。

五　删省原文中间句子

1.【卷三】理在天地间，本非别有一物，只就气中该得如此便是理。人物之性，又从何来？即天地所赋之理，亦非别有一物，各就他分上合当恁地便是。试于日用间常自体验，合当恁地便是【性，不当恁地便是】气禀汩他、物欲污他，自然看得洁洁净净，不费说辞矣。

按，此句删节原文"性，不当恁地便是"七字，以"不当"者当"合当"者，原来意思为之颠倒。不知何故至此？

2.【卷三】……【思抑转致尊教意，恳然可掬，不惟苦口，亦苦心矣。不肖安敢不自力以终贻故人羞耶？闻诸立卿云，吾兄少衰矣。其然乎？其未然乎？兄松柏之质，受气厚完而犹若是，矧蒲柳之质耶？】岁莫一友过我，见（某）【校】凝尘满室，泊然处之，叹曰："【学以神明厥德，】吾所居必洒扫涓洁，虚室以居，尘器不杂，则与乾坤清气相通。斋前杂树花木，时观万物生意。深夜独坐，或启扉以漏月光，至昧爽【时】，恒觉天地万物清气自远而届，此心与相流通，更无窒碍。今室中芜秽不治，弗以累心，贤于玩物远矣，但恐于神爽未必有助也。"①

按，此条主旨是言"学以神明厥德"之学，被删之句实与结尾之句呼应。整条

---

① 此句之后，原本自为一条，《庄渠先生遗书》卷三原文与下文同属一书；原本殆以语意改变而分作两条。

所言，固可见其"于神爽未必有助"，但未见其为"学"也。

3.【卷三】【古人明我明德于天下者，自国始，国自家始，家自我身始，要修我身，又自正心始。盖天下国家之本在心，而】心乃我身主宰，（从天下至）此已是【说到】尽头处，【乃学之统宗会元也。下面三转甚紧，正是提掇个起头处教人，先儒不免说得散了。如何是"欲正其心者先诚其意"？盖万事都归于一心，】而心却发出两路，善恶歧焉，诚意是管归一路也。【如何是"欲诚其意者先致其知"？盖】善恶各有来路，善是从心体明处发来，恶便是从暗处发来【吾若觉得是恶又是明处，但通体暗只有这些子明，须著开大，】致知是要推明破暗【开而大之】也。【如何又说"致知在格物"？盖心体本明，暗处是有物蔽我良知也，故】心与物交，若心做得主，以我度物，则暗者可通；若舍己逐物，物反做主，明者可塞。故功夫起头，只在"先立乎其大者"①。

按，此条截取效果令文字简洁，意思紧凑，唯删节"心乃我身主宰"之前文字，而用"从天下起"代之，未免突兀，且不能明见此条所论乃就《大学》八条目而言之处。

4.【卷四】《朱子语类》解"敦厚以崇礼"云："人有敦厚而不崇礼者，亦有礼文周密而不敦厚者，故敦厚又要崇礼。"此解胜《集注》。由是推之，此一节，当一句自为一义，【重在几个而字上】不必分属存心、致知。盖有尊德性而不道问学者，亦有道问学而不尊德性者，故尊德性又要道问学。如柳下惠可谓致广大矣，而精微或未尽【故致广大又要尽精微；如】伯夷可谓极高明矣，稽之中庸或未合，【故极高明又要道中庸】。又，《集注》以尊德性为存心，以极道体之大；道问学②为致知，以极道体之细，恐亦未然。窃谓二者皆有大小，如涵养本原是大，谨于一言一行处是小；穷究道理（大本大原）【大原大本】处是大，一草一木亦必穷究是小。尝以此质之魏子才，子才以为然。【姑存之以备参考】

按，此处作者之见，是谓《中庸》"尊德性而道问学"等句之原意，是"而"应作"又要"解；"致广大而尽精微""极高明而道中庸"二句被删后，此意便不明显。

---

① 此书《庄渠先生遗书》卷三原文凡343字，原本其前删41字，其后删75字，中间隔句各删若干字，共截取107字。删节后文字简洁，但语脉及说理之故亦欠清晰。
② "问学"，原本误作"学问"，从《夏东岩先生文集》卷一《语录》改正。

六　删节原文代以新词

1.【卷三】【<u>可琛至，得元诚书，未论言语何如，只温醇气象自蔼然溢于言外。病我叙文自信太过，无虚心屈己之意；又</u>】（陈元诚）疑吾近日学问，见得佛、老与圣人同，大为（吾）【我】惧。①【<u>说到此，可谓苦心矣！深感深感！校且老，丧子丧孙，罹此大难而志不少衰，惟恐惧修省，此无他，欲自致于圣贤也。古无自足之圣贤，校今去圣贤甚远，何敢自足邪？佛、老之学，自少年见得与圣贤别，今更见得同，则是中道而叛圣人也，老子又不可与佛并言。乃若是处，虽出于佛亦不可弃，但恐实陷溺而不自觉，如此则全赖元诚救正也。书尾静修之言，引而不发。昔闻</u>】元诚论静云："一念不生，既不执持，又不（蒙）【茫】昧，三件犯著一件，便不是。"②【<u>今人多赖动为静，此正是元诚心学渊微处，故能发胸中所蕴。然此是就已静上说，不知未到此地位如何用功才得到此？既到此地位，还有功夫用否？千万极言，毋吝指教。疑义录具别纸，愿一一订其是非。</u>】【补：《答陈元诚》】

按，此条删节原文（有底线者）甚多，又取代缘起之名词（陈元诚）不善，产生双重误会。（一）此段出于作者（魏校）之《答陈元诚》书，改文又以"陈元诚"开头，易生此书是作者与他人论及"陈元诚"之作。（二）此处节录者只是陈元诚对作者学问之质疑，以及陈元诚（而非作者）论静之言。整段看，似代表作者同意陈元诚所言，但从被删去之后段看，则作者对于陈元诚所言，尚在质疑之中。可见此处截取之文实失作者之意。

2.【卷四】【<u>遗书云："仁者浑然与物同体，义、礼、智、信，皆仁也。识得此理，以诚敬存之而已。"又云："学者识得仁体实有诸已，只要义理栽培。如求经义，皆栽培之意。以诚敬存之，复涵泳经义，以栽培浇灌之。庶几，生意条达，自有不容已者。"然必</u>】（学者须）先识此理。譬之五谷，不知其种，得不误认稊稗为五谷耶？虽极力培壅，止成稊稗耳。近世儒者有用尽平生之力，卒流入异学而不自知者，正坐未识其理耳。

按，此处因原文删节过度以至意义不明。开头以"学者须"综撮"先识此理"

---

① 此书《庄渠先生遗书》卷四原文凡305字，《学案》殆以意思较变之故，分为两条截取。此条属前条，前删41字，代以"陈元诚"三字起句。取18字，再删14字，意思不换，入"元诚论静"以下。

② 此书《庄渠先生遗书》卷四原文凡305字，《学案》殆以意思转变之故，分为两条截取。此条属后条，其后删79字。按此条乃陈元诚之见，魏校之见见于被删文字之中。

之前86字，结尾句又言"正坐未识其理耳"，但读者实未知作者所言之"此理""其理"原为"仁者浑然与物同体，义、礼、智、信，皆仁也"之理。

3.【卷四】【……朱子云："颜子之乐平淡，曾点之乐劳攘。"是知曾点之乐异颜子之乐，而吾人之乐又岂若欧公之能乐其乐耶! 旧尝游大学，得逮事】章枫山【先生。先生一日】谓予（曰）【云】："【陈】白沙应聘来京师，予在大理，往候而问学焉。白沙云：'我无以教人，但令学者看"与点"一章。'予云：'以此教人，善矣。但朱子谓专理会"与点"意思，恐入于禅。'白沙云：'彼一时也，此一时也。朱子时，人多流于异学，故以此救之；今人溺于利禄之学深矣，必知此意，然后有进步处耳。'"予闻其言，恍若有悟。① 【信以洒落为尧、舜气象。后读二典、三谟，乃知兢兢业业方是尧、舜气象，孔、颜之乐端不外于此矣。故周子有"礼先乐后"之训，而程子亦云"敬则自然和乐"。和乐只是心中无事，是皆吾心之固有，非有待于外求者，必从事于敬，庶可知其意味之真耳。岂必放浪形骸之外，留连山水之间，然后为乐其乐耶? 因以告夫同游二三君子，且著诸篇以自警焉。】《浴沂亭记》

按，此条删节原文后段，遂使作者（夏尚朴）原意尽失。照此处所节录之文，是作者因章枫山（章懋）所述陈白沙之言而"恍若有悟"，盖若同意白沙之所言。但详被删节之后文，作者其实不以白沙所言为然。

如上36条所见，《崇仁学案》一如其他各案，其所抄录之文字与其所据原本之文字颇多异同，主要情形是原文被删节和被更改。这些改动和删节，有时效果良好，有助纠正原书的刻误和校对不慎，使文字不失其正义、片段之意思趋于完整，如以下附录三处增字之例便是。但因删改而导致的歧义，更多的是失却作者原意；即使意义两可的，也多得不偿失。本文所举例子，主要属于单字及词语被更改而导致不符原意的，以及文中句子被删而导致意义不足或不明显的、原文头尾均被删节而所剩文字之宗旨误属的。其他因此而失却立言背景及语境的，与思想史本身直接有关，尚可另外讨论。

附录：增加单字于原文

《崇仁学案》四卷各条增加单字的，只有如下的三处：

---

① 此条前删"章枫山"之前《夏东岩先生文集》卷三原文350字，遂不能见夏尚朴与章懋之关系，以及此篇之论点所在。末句"恍若有悟"之后删节133字，夏氏之原意竟为之曲转。

1.【卷一】三纲五常，天下元气，（一）家亦然，一身亦然。

2.【卷一】读罢，思债负难还，生理蹇涩，未免起计较之心。徐觉计较之心起，则为学之志不能专一矣。平生经营，今日不过如此，况血气日衰一日，若再苟且因循，则学何（由）【可】向上？此生将何（以）堪？于是大书"随分读书"于壁以自警。穷通得丧、①（死生）【生死】忧乐一听于天，此心须澹然，一毫无动于中，可也。

3.【卷一】夜卧阁（中），思朱子云"闲散不是真乐"，因悟程子云"人于天地间，并无窒碍处，大小（咸）【大】快活，乃真乐也"。勉旃，勉旃！

（作者单位：香港理工大学中国文化学系）

---

① "丧"，《康斋先生文集》卷一一《日录》作"衰"，盖属刻误。

《明史·食货志》荒政志文考述

张兆裕

　　《明史·食货志》是研究明代经济的基本史料，其以四万多字的篇幅，系统、扼要地概括了明代经济及相关政策的发展变化，为历来治明代经济者所重视。也正因此，关于《明史·食货志》的研究成果为数不少，其中仅全志的校注即有数种①。这些成果对利用该志进行明代经济史的研究作用显著，但由于该志过于简明且涉及明代经济的诸多方面，故使既有成果或有未尽之意。本文以《明史·食货志》中与荒政有关的志文为研究对象，考察其内容的正误，文本的形成以及与王鸿绪《明史稿》、万斯同《明史》、王原《食货志》的关系，以期为认识《明史·食货志》提供些补充意见，并对研究明代荒政有所帮助。

一　《明史》荒政志文概述

　　《明史·食货志》共六卷，其中关于荒政的内容，主要集中在《食货二·赋役》和《食货三·漕运、仓库》两卷内，列在张廷玉《明史》（以下称"定本"）的卷七八和卷七九②。《食货二》内所记为荒政的各项政策措施的演变情况，包括蠲免、

---

　　① 包括：日本和田清《〈明史·食货志〉译注》，东洋文库1957年版；李洵《〈明史·食货志〉校注》，中华书局1982年版；王雷鸣《历代食货志注释》（第四册），中国农业出版社1991年版；韩国朴元熇等《〈明史·食货志〉校注》，天津古籍出版社2014年版。此外，黄云眉《明史考证》亦有关于《食货志》全志的考证，中华书局1980年版，第二册，第596—680页，1984年版，第三册，第681—761页。又，1975年版中华书局点校本《明史》中关于《食货志》的校注，亦是对《食货志》的系统整理。其他关于《明史·食货志》的研究论文，兹不备述，下文如有涉及，再予另举。
　　② 张廷玉等编纂《明史》最早版本是乾隆武英殿本，本文写作时使用的是1975年中华书局点校本，荒政志文分别在第七册第1908—1909页和第1925—1926页。

赈济、捐纳、赈米赈粥，以及报灾、勘灾等方面内容。《食货三》所记则主要是备荒仓储，包括预备仓、社仓等的设立与管理等情况。

张廷玉等最后修纂的《明史·食货志》，其荒政志文较突出的特点：一是叙述简洁，全部文字只有一千三百余字，这也是王鸿绪《明史稿·食货志》的特点；二是内容较全面，明代荒政所包括的主要方面，志文中均有涉及，这是万斯同《明史·食货志》所不如之处。三是定本志在修纂时纠正了稿志的一些错误。因此，定本志这两部分志文，对了解明代荒政的基本情形是不能忽视的。

但由于定本志叙述过于简洁，也使很多史料被放弃，使其内容的丰富性降低了，欲借此做更深入的了解则有一定的困难。比如关于赈粥之法，仅用"自世宗始"四字表述。问题还不止于此，志文中的一些叙述，与史实还存在不合的情况，下面对这些情况分别胪列，以免沿袭致误。

1. 前贤已指出者

由于《明史·食货志》一直受到关注，故荒政志文的一些疏误，在以往学者整理《食货志》时已经被指出，其中包括：

（1）报灾的时限问题

志文言："报灾之法，洪武时不拘时限。弘治中，始限夏灾不得过五月终，秋灾不得过九月终。万历时，又分近地五月、七月，边地七月、九月。"

李洵先生在《〈明史·食货志〉校注》中据万历《会典》指出所记时间有误，改作："弘治中，始限夏灾不得过六月终，秋灾不得过十月终。万历时，又分近地五月、七月，边地七月、十月。"对于志文的这个错误，中华书局点校本《明史》卷七八校勘记亦有指正，但对其中弘治时"秋灾不得过九月终"，未言《会典》有别样的说法。① 要说明的是，志文报灾时限的错误，自王原《食货志》起就一直存在，万斯同、王鸿绪、定本志等在采用时也未作考订。

（2）生员纳米入国子监读书的开始时间问题

志文言："捐纳事例，自宪宗始。"

对此，李洵先生指出："捐纳实始自景泰年间，输纳粮草，可得冠带，或世袭武职。景泰四年（1453），始令生员纳粟为国子生。"以《实录》证之，李先生所言

---

① 李洵：《〈明史·食货志〉校注》，第102页；《明史》卷七八《食货二》校勘记〔二一〕，中华书局点校本，第1913页。另，（韩）朴元熇等《〈明史·食货志〉校注》亦有校勘，见第73页。

准确，是则志文误记①。要指出的是，纳米入监的问题，王原志的表述为"宪宗令生员纳米入国子监"②，定本志则沿袭王鸿绪《明史稿》之所改，作"捐纳事例，自宪宗始"，显然王原志并未明确开始时间是在成化，王鸿绪《明史稿》和定本志则以为王原志所举事例即为开始时间而给出了断语，遂成此误。

（3）成化时捐纳数额问题

志文言："生员纳米百石以上入国子监，军民纳二百五十石为正九品散官，加五十石增二级，至正七品止。"③

对此，中华书局点校本《明史》卷七八校勘记据嵇璜《续文献通考》言："宪宗成化六年诏：'纳米二百石，授正九品散官；二百五十石，正八品；三百石，正七品。'纳米石数和得官品级，与此稍异。"④李洵先生则据《明会要·选举》认为，志文所记是成化二年的捐纳数额："此指成化二年（1466）的规定：以当时镇压荆襄流民起义，军费缺绌，令生员纳米百石以上入国子监，军民纳二百五十石为正九品散官，加五十石，增二级，至正七品止。"同时，李先生亦引用《续文献通考》成化六年诏书所列数字以存疑。⑤因此，志文所记难作确论。

按，成化时期多次在不同地区开纳，而数额不同。如志文所言"生员纳米百石以上入国子监"，是成化二年周瑄建议的南直隶等处开纳的数字，"江西、浙江并南直隶儒学，廪膳生能备米一百石，增广一百五十石，运赴缺粮处上纳者，许充南京国子监生。民人纳米一百石者，于本处司府州县充吏，三考赴京就与冠带"⑥。而成化二十年（1484）陕西等地开纳的数字则为八十和一百石："各处儒学廪增生员，有愿输粟于陕西缺粮所在上纳：廪膳八十石，增广一百石，许送国子监读书。大率以一千名为额，明年三月终期尽。"⑦再如军民授散官者，成化二年在湖广开纳的事例为："军民舍余人等愿受散官者，二百石，正九品；二百二十石，正八品；二百五十石，正七品。一百石以上者，请敕旌异；一百石以下者，立石；五十石以下

① 李洵：《〈明史·食货志〉校注》，第 101 页。[韩] 朴元熇等《〈明史·食货志〉校注》对此亦有校勘，见第 72 页。

② （清）王原：《明食货志》，《古今图书集成·食货典》卷九四《荒政部总论》八，第 684 册，第 18 页。

③ （清）张廷玉等：《明史》卷七八《食货二》，第 1909 页。

④ 《明史》卷七八《食货二》校勘记〔二○〕，中华书局 1975 年版，第 1912 页。

⑤ 李洵：《〈明史·食货志〉校注》，第 101 页。

⑥ 《明宪宗实录》卷二八，成化二年闰三月癸酉。

⑦ 《明宪宗实录》卷二五六，成化二十年九月戊子。按，王原《食货志》言成化时捐纳数额即引用成化二十年的数字。

者，有司例以羊酒犒劳。"① 则此例亦与志文不同。因此，成化时期实际纳米数额是有时间和地点的不同的，志文所言一则有误，再则未作区分概而言之，易给人以误导。

2. 志文的其他疏失

志文存在的问题，除已被指出者外，还表现在下面几处。

（1）关于预备仓的早期情况

志文言："天下州县多所储蓄，后渐废弛。于谦抚河南、山西，修其政；周忱抚南畿，别立济农仓，他人不能也。正统时，重侵盗之罪，至籍妻充军。"②

按，于谦与周忱虽同时为巡抚，但周忱设立济农仓是在宣德七年（1432）③，而于谦整理河南、陕西预备仓则是在正统五年（1440）以后。该年因大学士杨士奇、杨溥等的建议，敕天下修举预备之政，山西、河南由于谦办理，"比年官不得人，隳废成法，间遇饥荒，民无仰给。今特分命尔等往修预备之政"④。于谦修举预备仓获得成效是在次年。因此，志文将于谦的行动置于周忱之前，则不为妥当。这种情况发生在王鸿绪《明史稿·食货志》修改时，王原《食货志》与万斯同《明史·食货志》的表述均为周忱立济农仓在前。

（2）关于正德时期预备仓的仓官

志文言："初，预备仓皆设仓官，至是革，令州县官及管粮仓官领其事。"⑤

按，这条志文，王鸿绪《明史稿·食货志》的表述是"初各直省预备仓皆设仓官，正德间革，令州县正官及管粮官领其事"⑥，显然，定本志承袭了王鸿绪《明史稿》，这个表述给人的印象是所革除的预备仓官是在正德前设置的，但这不准确。预备仓在明初由耆民管理，其后基本由官府直接管理，但未见有仓官的设置。正德时期革除的仓官，应该与刘瑾改制有关，《实录》言："革除天下各预备仓新设土仓官，以州县正官或管粮官领之。"⑦《明会典》言："五年奏准：司府州县卫所预备仓分添设土仓官，尽行革退，照旧令州县正官或管粮佐贰官收放。"⑧ 据此，志文所

---

① 《明宪宗实录》卷二七，成化二年三月戊申。

② （清）张廷玉等：《明史》卷七九《食货三》，第 1925 页。

③ 《明宣宗实录》卷九四，宣德七年八月辛亥。

④ 《明英宗实录》卷六九，正统五年七月辛丑。

⑤ （清）张廷玉等：《明史》卷七九《食货三》，第 1925 页。

⑥ （清）王鸿绪：《明史稿·食货三》，第 274 页下。

⑦ 《明武宗实录》卷六九，正德五年十一月辛未。

⑧ 万历《大明会典》卷二二《预备仓》，第 407 页。

言仓官当时称作"土仓官",是独立于官府之外的预备仓管理者,其设置的时间距被革除并不很久。因此,定本志的表述不够准确。王原《食货志》的记载则与《实录》相同:"革除预备仓各新设土仓官,以州县正官若管粮官领之。"① 故志文的问题出在王鸿绪《明史稿》②,但其是否另有依据尚不得而知。

虽然张廷玉等所修《明史·食货志》中的荒政志文有上述问题,对于准确了解明代荒政有一定影响,但总体上不失为对明代荒政的全面和清晰的总结,故其价值应予以充分肯定。尤其是与其前的几种《食货志》的荒政志文比较,其特点就更为突出。

二 《明史》与《明史稿》荒政志文的比较

按照学界对《明史·食货志》的认识,该志是在王鸿绪《明史稿·食货志》基础上编纂而成,王鸿绪《明史稿·食货志》又是对四百十六卷本、题为万斯同著的《明史·食货志》进行修改形成的,万斯同《明史·食货志》的源头则是王原的《明食货志》,王原《明食货志》的基础是潘耒的资料长编。亦即其源流为:潘耒长编→王原《明食货志》→万斯同《明史·食货志》→王鸿绪《明史·食货志》→张廷玉《明史·食货志》。③ 因此,考察《明史·食货志》荒政志文与其前各志的关系,可以深化我们的认识。

1. 荒政志文的位置与各本《食货志》卷目变化

王原《明食货志》(下称"王原志")共分十二卷,包括农桑、户口、田制(附屯田)、赋役(附荒政)、漕运(附海运)、仓库(附马房、仓场)、盐法、钱

---

① (清)王原:《明食货志》,《古今图书集成·食货典》卷二五二《国用部总论》三,第696册,第16页。

② (清)万斯同:《明史》卷一〇〇《食货六》阙载正德年间革除土仓官的记载。

③ 见何珍如《〈明史·食货志〉的源流》,《中国历史文物》1982年第1期;陈博翼《明史食货志考源》,《北京大学研究生学志》2009年第2期,第60页。又,李洵先生在《〈明史·食货志〉的编纂学——〈明史·食货志校注〉前言》中说:"史志之初稿,实袭自刻本稿志,而刻本稿志又袭自钞本稿志,钞本稿志则采自王原志,故其编纂因袭之迹甚明。"(《〈明史·食货志〉校注》前言第10页,又见《下学集》,中国社会科学出版社1995年版,第478页)李先生所说的"史志",指张廷玉《明史》,"刻本稿志"指王鸿绪《明史稿》。而"钞本稿志",李先生认为亦是王鸿绪所作,但从先生文中的描述看,该本应即为今题作万斯同的《明史》。

钞、茶矾、课税、上供采造、会计（附俸饷）①。"荒政"在其中的《赋役》之后，是作为附录出现的，备荒仓储则是在《仓库》内，属于正文。② 王原志的这种处理方式，被万斯同《明史·食货志》（下称"万志"）承袭。万志作十一卷（万斯同《明史》的卷九五至卷一〇五），即将王原志的卷一〇《课税》与卷一一《上供采造》合为一卷，其他各卷未有调整。而荒政仍入《赋役》，备荒仓储仍入《仓库》，但《赋役》下不再标写"附荒政"，相关内容仍排在全篇的最后。③

王鸿绪《明史稿·食货志》（下称"稿志"）在内容安排上，与王原志和万志有较大不同，全志作六卷，分别为：《食货一》户口、田制，《食货二》赋役，《食货三》漕运、仓库，《食货四》盐法、钱钞，《食货五》茶法、税课、市舶、马市，《食货六》上供采造、采造、采木、坑冶、铁冶、铜场、珠池、织造、烧造、会计（附俸饷）、国家经费。稿志将王原志与万志的卷次进行了合并，同时取消了王原志和万志的"农桑"，将万志归入"课税"的"上供采造"一卷内容，重新分配。另外新增"国家经费"，但考察其内容实际就是"俸饷"的内容，故"会计"下既附"俸饷"，又单列"国家经费"一目，没有必要，应为不慎所致。在稿志中，荒政志文仍在《赋役》内和《仓库》内④。

定本《食货志》卷数完全是承袭了稿志，但细目有调整。将稿志《食货四》的"钱钞"与《食货五》的"茶法"互易，又将稿志《食货六》之"坑冶"等内容移到《食货五》，在《食货六》增加"柴碳"一目，将稿志附于"会计"的"俸饷"单列一目，并取消"国家经费"。可见，定本志的调整，主要集中在后面两卷。

---

① 朱希祖：《跋王原明食货志》，见《朱希祖文集·明季史料题跋》，中华书局 2012 年版，第 62—63 页。李洵《〈明史·食货志〉的编纂学》亦列有王原志目录，见《〈明史·食货志〉校注》前言第 8 页。关于王原志的目次，亦可参阅段润秀的《官修〈明史〉的幕后功臣》第十章《康熙朝其他纂修人员与〈明史〉纂修》，人民出版社 2011 年版，第 178—180 页。

② （清）王原《明食货志》成书后，曾刻入《学庵类稿》。相关情况可参见朱希祖的跋文，以及何珍如、段润秀的研究。王原志目前尚未见到完整版本，《古今图书集成》之《经济汇编·食货典》内收有除《盐法》《课税》外的其他各篇，题作《学庵类稿·明食货志》。其中，荒政志文分别在《食货典》卷九四《荒政部总论》八、卷二五二《国用部总论》三，中华书局、巴蜀社 1986 年联合影印本，第 684 册第 18 页，第 696 册第 17 页。

③ （清）万斯同：《明史》卷九八《赋役》附《荒政》，卷一〇〇《仓库》，《续修四库全书》，第 325 册，第 619—621 页，第 635 页。

④ （清）王鸿绪：《明史稿·志》六〇《食货》二《赋役》、六一《食货》三《漕运、仓库》，台北文海出版社影印敬慎堂刻《横云山人集·史稿》第 2 册，第 268—269、274、276 页。

附　表

王原《食货志》		万斯同《明史》		王鸿绪《明史稿》		张廷玉《明史》	
卷一	农桑	卷九五	农桑	食货一	户口、田制	食货一	户口、田制
卷二	户口	卷九六	户口	食货二	赋役	食货二	赋役
卷三	田制（附屯田）	卷九七	田制（附屯田）	食货三	漕运、仓库	食货三	漕运、仓库
卷四	赋役（附荒政）	卷九八	赋役（附荒政）	食货四	盐法、钱钞	食货四	盐法、茶法
卷五	漕运（附海运）	卷九九	漕运（附海运）	食货五	茶法、税课、市舶、马市	食货五	钱钞、税课、市舶、马市、坑冶
卷六	仓库（附马房、仓场）	卷一百	仓库（附马房、仓场）	食货六	上供采造、采造、采木、坑冶、铁冶、铜场、珠池、织造、烧造、会计（附俸饷）、国家经费	食货六	上供采造、采造、采木、柴碳、铁冶、铜场、珠池、织造、烧造、会计、俸饷
卷七	盐法	卷一〇一	盐法				
卷八	钱钞	卷一〇二	钱钞				
卷九	茶矾	卷一〇三	茶矾				
卷一〇	课税	卷一〇四	课税、上供采造				
卷一一	上供采造	卷一〇五	会计（附俸饷）				
卷一二	会计（附俸饷）						

虽然上述各本《食货志》的目次屡经变化，但荒政文字的位置，则自王原志起就没有改变，一直在《赋役》和《仓库》内。这一方面说明万志等志作者对这样的安排的认可，另外也说明王原志的这一处理是合理的。

2. 定本志与稿志荒政志文的关系

定本《食货志》荒政志文，与王鸿绪《明史稿·食货志》的相关内容关系最密切，也可以说是直接承袭。但这承袭不是一字不易，而是有所调整。如，稿志言：

> 仁宗监国时，有以发赈请者，遣人驰谕之，言：军民困乏，待哺嗷嗷，尚从容启请待报，汲黯何如人也？宣宗时，户部请核饥民数，帝曰："民饥无食，济之当如拯溺救焚，何待勘乎？"①

文中"汲黯何如人也"和"何待勘乎"，定本改作"不能效汉汲黯耶""奚待勘"②。这种文字、措辞上的改动并不少，其中备荒仓储的志文文字变化尤多，兹不一一赘举。除此外，内容上也有一些调整，具体有如下数端。

（1）删文

定本志对稿志的删减很少，单纯的删减只有两处，均在叙述洪武荒政的志文内。

稿志："太祖之训，凡天下承平，四方水旱，辄优免税粮，丰岁无灾伤，亦择地瘠民贫者优免之。"③ 定本志："太祖之训，凡四方水旱，辄免税，丰岁无灾伤，亦择地瘠民贫者优免之。"④ 定本删"天下承平"等字。

稿志："孝感饥，其令请以预备仓赈贷，帝可之，且谕户部曰：朕捐帑，耆民储粟，正欲备荒歉、济饥民也。自今天下有司岁饥，先发然后以闻。"⑤ 定本志："孝感饥，其令请以预备仓振贷，帝命行人驰驿往，且谕户部：自今凡岁饥，先发仓庾以贷，然后闻，著为令。"⑥ 定本志删"曰：朕捐帑，耆民储粟，正欲备荒歉、济饥民也"，"天下有司"等语，这是定本志删文最多的一处。从以上两处看，定本所删均非史实类内容，还是属于文字性调整。

---

① （清）王鸿绪：《明史稿·食货二》，第 268 页下。
② （清）张廷玉等：《明史》卷七八《食货二》，第 1908 页。
③ （清）王鸿绪：《明史稿·食货二》，第 268 页上。
④ （清）张廷玉等：《明史》卷七八《食货二》，第 1908 页。
⑤ （清）王鸿绪：《明史稿·食货二》，第 268 页下。
⑥ （清）张廷玉等：《明史》卷七八《食货二》，第 1908 页。

（2）补文

定本志对稿志的增补也不多，兹举如下。

定本志："荆蕲水灾，命户部主事赵乾往赈，迁延半载，怒而诛之。"① 其"户部主事"为新补，此官职王原志、万志、稿志均未书。

前举"孝感饥"一条，定本志言："孝感饥，其令请以预备仓赈贷，帝命行人驰驿往，且谕户部：自今凡岁饥，先发仓庾以贷，然后闻，著为令。"文中"命行人驰驿往"、发"仓庾以贷""著为令"等，为定本所补。其中"著为令"强调了太祖之谕的法律意义，其根据是《明太祖实录》②，王原志、万志均无该内容。

定本志在叙述宪宗时捐纳事例言："生员纳米百石以上入国子监，军民纳二百五十石为正九品散官，加五十石增二级，至正七品止。"③ 文内"百石以上"四字稿志缺，是定本志新补。其下文"军民纳二百五十石"云云，稿志原作"军士纳百户、千户、指挥"④，定本志删之，改补如前文。定本志所补志文，王原志亦未载，万志则缺捐纳志文，因此是定本新增内容。但据上文考证，这些内容存在一些问题。

（3）其他

定本志对稿志的调整，还有两种情形，一是对稿志错误进行订正，一是将稿志志文位置进行移动。二者在定本志中各见一例。

稿志在叙述弘治时预备仓积谷时说："十八年，定赎罪赃罚等皆折银籴谷入仓。"⑤ 定本志改作："十八年，令赎罪赃罚等皆籴谷入仓。"⑥ 删去了"折银"二字。这一删减，涉及一项史实。《大明会典》言：弘治"十八年议准，在外司府州县问刑，应该赎罪等项赃罚等物，尽行折纳、籴买稻谷上仓以备赈济。并不许折收银两，及指称别项花销。"⑦ 明代法律中规定的用以赎罪的有米、钱、钞、纸张、柴碳等，没有银，明中期以后白银流行，复有在米钱钞基础上的折银，⑧《会典》此处明言赎罪赃罚不可折收银两，只能直接以原物折成或籴买稻谷（米与稻谷的比值不同）。故稿志的表述不准确，定本删去"折银"字样，更符合《会典》所记。

---

① （清）张廷玉等：《明史》卷七八《食货二》，第 1908 页。

② 《明太祖实录》卷二二七，洪武二十六年四月乙亥。

③ （清）张廷玉等：《明史》卷七八《食货二》，第 1909 页。

④ （清）王鸿绪：《明史稿·食货二》，第 269 页上。

⑤ （清）王鸿绪：《明史稿·食货三》，第 276 页上。

⑥ （清）张廷玉等：《明史》卷七九《食货三》，第 1925 页。

⑦ 万历《大明会典》卷二二《仓庾》二《预备仓》，江苏广陵古籍刻印社 1989 年版，第 1 册，第 407 页。

⑧ 相关情况可参见（明）雷梦麟：《读律琐言》附录《原行赎罪则例》，怀效锋、李俊点校本，法律出版社 2000 年版，第 513—526 页。

在定本志预备仓志文中，有一条关于正德时预备仓仓官的文字："初预备仓皆设仓官，至是革，令州县官及管粮仓官领其事。"① 这条史料在稿志中，不在集中叙述预备仓的志文内，而系于缕述各朝仓库管理的正德时期②。定本志将其移至叙述预备仓的志文内，使相关史料更为集中。

就以上所举，可知定本志对王鸿绪《明史稿》的调整改动并不多，言其承袭稿志是没有疑问的。不仅如此，稿志中所记嘉靖时顾鼎臣的建言、预备仓积谷额数，以及嘉靖八年社仓建立情况，均是王原志和万志所缺，为稿志新补，这些内容也被定本志全部承袭，为定本志与稿志的密切关联提供了直接证据。

三 《明史稿》荒政志文与其前二志的关系

王鸿绪《明史稿》对定本志荒政志文的形成作用很关键，但稿志之前还有王原《食货志》、万斯同《明史·食货志》，梳理稿志与它们的关联，可知定本志之前荒政志文的源流细节，亦可明确稿志的贡献，并进一步理解定本志文。

1.《明史稿》对万斯同《明史》的继承

稿志与万志的关系，人们虽认为稿志承袭万志，但多语焉不详，研究者更多的注意力集中在稿志与王原志之间的关系上。实际上，稿志首先采用的是万志，然后才依据王原志进行补充。比如稿志：

> 荆蕲水灾，命赵乾往赈，迁延半载，怒而诛之。青州旱蝗，有司不以闻，逮治其官吏。旱伤州县，有司不奏，许耆民申诉，处以极刑。孝感饥，其令请以预备仓赈贷，帝可之，且谕户部曰：朕捐帑，耆民储粟，正欲备荒歉，济饥民也。自今天下有司岁饥，先发然后以闻。③

这段表述中，"怒而诛之"之"诛"，王原志作"斩"，万志改为"诛"④。"青

① （清）张廷玉等：《明史》卷七九《食货三》，第 1925 页。
② （清）王鸿绪：《明史稿·食货三》，第 274 页下。
③ （清）王鸿绪：《明史稿·食货二》，第 268 页下。
④ （清）王原：《明食货志》，《古今图书集成·食货典》卷九四《荒政部总论》八，第 684 册，第 18 页；（清）万斯同：《明史》卷九八《食货四》，第 619 页。

州旱蝗"，王原志作"青州旱蝗民饥"，万志删"民饥"①。"旱伤州县"之"旱"，王原志作"灾"②，这些，均是万志改动并被稿志沿用的。此外，王原志称皇帝为"上"，万志改为"帝"，这亦为稿志沿用。

除沿用修改后的文字外，稿志也承袭了万志修改王原志的一些思路。如王原志在叙述嘉靖及万历时的荒政时说：

> 当是时，湖广巡按张禄绘《饥民图》，陕西金事齐之鸾进民食蓬子、绵刺二种，君臣切究救荒之策。于是世宗梦黄衣数人辞上南行，势甚速。次日语阁臣，杨一清对曰：黄者，蝗也，南方其有蝗乎？是秋果大至，随为风雨所摧。世宗名为不惜民力，其勤于恤灾猷如此。神宗命被灾民有田者免其税粮，无田者免丁口盐钞。上览给事中杨东明《饥民图》，发银米赈河南山东诸处。上倦于听政，惟灾荒疏奏，必赐蠲赈。③

万志改作："当是时，湖广巡按张禄绘《饥民图》，陕西金事齐之鸾进民食蓬子、绵刺二种，君臣切究救荒之政。如黄衣人入梦而阁臣计及秋蝗，神宗览科臣乱民图，遂蠲赈河南山东诸处，盖诚重之也。"④万志对王原志的具体事例加以概括，但强调了世宗和神宗以荒政为重的情况。这段删改，稿志又改作："世宗、神宗于民事略矣，而灾荒疏至，必赐蠲赈，不敢违祖制也。"⑤稿志没有恢复万志所删，而是进一步加以概括，内容更为简略，但仍保存了万志所强调的内容。因此，对王原志这一段文字的处理，稿志和万志的思路是一致的。

万志大部承袭王原志，没有增加新的史料，在个别文字表述的更改之外，最突出的改动是删减志文。这些删减的志文，有的稿志没有加以恢复，表示出稿志对此的认同。如王原志在《赋役》所附荒政最后有一段议论：

> 成化时被灾田粮改折者，石止征二钱五分，弘治亦增为兑运七钱，改兑六钱。孝宗有贤主名，而实之不存，祖宗之德意微矣。然赖太祖立法之善，十六

① （清）王原：《明食货志》，《古今图书集成·食货典》卷九四《荒政部总论》八，第684册，第18页；（清）万斯同：《明史》卷九八《食货四》，第619—620页。
② （清）王原：《明食货志》，《古今图书集成·食货典》卷九四《荒政部总论》八，第684册，第18页。
③ （清）王原：《明食货志》，《古今图书集成·食货典》卷二五二《国用部总论》三，第696册，第17页。
④ （清）万斯同：《明史》卷九八《食货四》，第620—621页。
⑤ （清）王鸿绪：《明史稿·食货二》，第268页下。

朝二百七十七年之中，水旱灾沴无在不闻，蠲赈免折无岁不有。虽至末造，兵革扰攘，不废斯征，所以厚敛而民力犹可支，重役而民心犹未去，延祚永世，盖有由然矣。①

这段话主要是批评孝宗和肯定太祖荒政立法的合理，万志没有保留该议论，稿志也没有恢复。以上这些情况说明，稿志与万志的关系是密切的，至少，稿志在修纂时参考了万志。

2. 《明史稿》与王原志的异同

王鸿绪《明史稿》荒政志文虽然承袭了万志对王原志的一些修改，但也体现了许多与万志的不同，一是恢复万志删减的王原志的内容，二是修改、精练、完善王原志的志文。

（1）恢复王原志

万志对王原志的删减很多，除前面提到的外，王原志综述明初荒政措施的一段文字也有很多删减。王原志：

> 自二祖仁宣，笃念民困，仁政亟行，预备仓之外，截起运，赐内帑；其荒处无储粟者，发旁郡；有蝗蝻，必遣人捕瘗；鬻子女者，官为赎之。并令富人蠲佃户租，大户闭籴，令贷粟贫民，免其杂役为息，年丰偿之。弛皇庄湖泊厉禁，听民采取。给口粮，送饥民还籍。平粜京通仓米，预放俸粮，以杀米直。又建府以处流民，给官粮以收弃婴，养济院穷民各注籍，其无籍者，收养蜡烛、旛竿二寺。②

其中，万志删除了"并令富人蠲佃户租，大户闭籴，令贷粟贫民，免其杂役为息，年丰偿之"和"又建府以处流民，给官粮以收弃婴，养济院穷民各注籍，其无籍者，收养蜡烛、旛竿二寺"。万志所删，《明史稿》全部予以恢复，只是文字做了修改，也就是说，稿志这段志文直接承袭了王原志。修改后的稿志：

> 盖二祖仁宣时，仁政亟行，预备仓之外，又时时截起运，赐内帑，荒处无储粟者，发旁郡之米赈之。蝗蝻始生，必遣人捕瘗，鬻子女者，官为收赎。且

---

① （清）王原：《明食货志》，《古今图书集成·食货典》卷九四《荒政部总论》八，第684册，第18页。
② 同上。

令富人蠲佃户租，大户贷粟贫民，免其杂役为息，丰年偿之。皇庄湖泊皆弛禁，听民采取，饥民还籍，给以口粮。京通仓米，平价出粜，兼预放俸粮，以杀米直，建府以处流民，给官粮以收弃婴。养济院穷民，各注于籍，无籍者收养蜡烛旛竿二寺。其恤民如此。①

稿志的这段文字也全部为定本志所承袭，仅个别文字有改动。

在万志中，对王原志删除最多的是关于赈米、赈粥、纳赎、捐纳四项规章的志文②，万志如此大段删除志文，可能是考虑到这部分志文虽为荒政的组成部分，却与《食货志》本卷的"赋役"主题不合，不然就很难理解这样的做法。对于万志的做法，稿志没有沿袭，而是根据王原志对这部分内容进行提炼，收入荒政志文中：

> 赈米之法，明初大口六斗，小口三斗，五岁以下不与。永乐以后杀之。
>
> 纳米赈济赎罪者，景帝时，杂犯死罪六十石，流徒减三之一，余递减有差。
>
> 捐纳事例，自宪宗始。生员纳米入国子监，军士纳百户千户指挥。武宗时，富民纳粟振济千石以上者，表其门，九百至二三百者，授散官，得至从六品。世宗令义民赈谷二十石者，给冠带，多者授官正七品，至五百石者，有司为立坊。
>
> 赈粥之法，自世宗始。③

稿志精简后的内容，定本志也全部继承下来，只是稍加修改，如稿志之"永乐以后杀之"，易生岐解，定本志改作"永乐以后减其数"。

---

① （清）王鸿绪：《明史稿·食货二》，第 268 页下。

② （清）王原志其文为："国初赈米，大口六斗，小口三斗，五岁以下不与。永乐时，大口一斗，十四岁至六岁口六升，户有大口十口以上者，止与一石。其非全灾，贷米一口一斗，二口至五口二斗，六口至八口三斗，九口至十口以上四斗，秋成抵斗还官。水灾淹死人口者，家二石，漂流房屋畜产者半之。冬月年七十以上者给布一匹。　纳米赈济赎罪者。景帝时，令杂犯死罪纳六十石，三流若徒三年减三之一，徒五等又以五石递减，杖每一十一石，笞半之。　宪宗令生员纳米入国子监，廪膳生八十石，增广生一百石。纳军职百户者二百石，副千户正千户指挥，各以五十石递加。武宗时，富民纳粟赈济，至千石以上者，表其门，九百至二三百者授散官，自从六品至从九品，凡四等，刻石旌名。世宗令义民出赈谷二十石银二十两者给与冠带，各以十递加授正九品正八品正七品，至五百石两者，有司为之立坊。又令富民出所积粟麦与民，石减一钱至五百石以上，给冠带，千石以上表为义门。收养孩至二十口，给冠带。　赈粥之法。世宗初，席书请行之，令大县设粥十二所，中减三之一，小减十之五。诸所设粥处，约日并举，无分本境邻社皆赈。后令州县各于养济院支预备仓粮设粥厂，日二次。"见《古今图书集成·食货典》卷九四《荒政部总论》八，第 684 册，第 18 页。

③ （清）王鸿绪：《明史稿·食货二》，第 268 页下—第 269 页上。

（2）《明史稿》对王原志的修改

稿志在恢复万志所删志文的同时，也对万志未删的王原志进行了较大幅度的修改，一是继续精简，二是改写完善。

王原志和万志均收有太祖和成祖的言论，特别是成祖有大段言论，稿志均予删除。其所删王原志太祖、成祖言论分别为：

> （太祖）朕尝捐帑，耆民籴粟以储之，正欲备荒歉、济饥民也，若岁荒民饥，必候奏请，道途往返，动经岁月，民饥死者多矣。自今令天下有司，岁饥，先发然后奏闻。
>
> （成祖）国之本在民，民无食，是伤其本。朕每岁春初及农隙之时，敕郡县浚河渠，修筑圩岸陂池，捕蝗蝝，遇有饥荒即加赈济。比者河南郡县济雁早涝，有司匿不以闻，又有言雨旸时若、禾稼茂实者，及遣人视之，民所收十不及四五，有十不及一者，有摄草实为实者，闻之恻然，亟赈之，已有死者矣。此亦朕任用匪人之过也，已悉置于法。其榜谕天下，有司自今民间水旱灾伤不以闻者，必罪不宥。①

此外，王原志和万志还录有林希元的《荒政丛言》和魏元吉的《救荒四策》的要点，稿志也都删而未收（删文均较长，兹不录）。

稿志对王原志和万志的修改完善，集中体现在关于备荒仓储的志文内。

万志的备荒仓储志文完全承袭王原志，仅最后一句稍加改变（王原志作"其他率以虚数欺罔，空厂仅存，日就倾颓矣"，万志作"其他率以具文欺罔云"②）。二志的备荒仓储志文很不集中，有附于《赋役》内的，有散见于《仓库》内的，而最大的问题是叙述缺乏条理，前后错出，且多有重复。如关于洪武时预备仓，在《仓库》内先后出现三次：

> "于州县设预备仓，东西南北四所，各就村聚建设，遣耆民运钞贸米实之，以备凶荒"，"〔太祖时〕是时益令天下郡县多设仓储"，"盖自太祖令耆民赍钞籴米储预备四仓，天下州县靡不储蓄充裕，逮后渐以废弛"。③

---

① （清）《古今图书集成·食货典》卷九四《荒政部总论》八，第684册，第18页

② （清）王原：《明食货志》，《古今图书集成·食货典》卷二五二《国用部总论》三，696册，第17页；（清）万斯同：《明史》卷一〇〇《食货六》，第635页。

③ （清）王原：《明食货志》，《古今图书集成·食货典》卷二五二《国用部总论》三，696册，第16—17页；（清）万斯同：《明史》卷一〇〇《食货六》，第631、635页。

其他表述凌乱处如：

> 预备仓积粮，弘治三年，限州县十里以上积一万五千石，二十里积二万石，考满日稽其多寡以为殿最。盖自太祖令耆民赍钞籴米储预备四仓，天下州县靡不储蓄充裕，逮后渐以废弛。周忱抚南畿，立济农仓；于谦抚河南山西，修预备之政，储积有方，给散有序，民甚赖之。
>
> 是时杨一清请遣官督有司出库银平籴贮备，上乃诏能出粟佐官者，授以散官，旌其门。后许入赎囚米于仓，未有定数也。
>
> 成化后始有里积三百石五百石之令，不及数者犹未有罚例也。至是乃定不及三分若五分者，夺俸，过半者降用之例。又立四门社仓，歉散丰敛如洪武制。江西巡抚林俊奏立常平仓，秋籴春粜，常除什一以备耗数，更劝社民立义仓。嘉靖二十四年给事中胡叔廉奏减其半，四十三年以直隶巡按宋纁言又减半。①

"是时，杨一清"云云，事在弘治，此直接系于周臣、于谦之后，显然不妥。林俊建言设常平和义仓，下文又接胡叔廉等"奏减其半"，所指则是预备仓粮，林俊一条则不应置于此处。

稿志应该是有鉴于此，对备荒仓储志文进行了改写，将备荒仓储的内容集中在一起，并增加了新的史料。首先按时间顺序叙述预备仓的设立、管理和积谷数额的变化，在叙述嘉靖时期情况时，放弃了原来关于胡叔廉、宋纁的资料，而改用顾鼎臣建言的资料②。其次，将常平仓、义仓的内容另做一节，避免了原来与预备仓混

---

① （清）王原：《明食货志》，《古今图书集成·食货典》卷二五二《国用部总论》三，第696册，第17页；（清）万斯同：《明史》卷一〇〇《食货六》，第635页。

② 稿志其文为："预备仓之设也，太祖选耆民运钞籴米，以备振济，即令掌之。天下州县多所储蓄，后渐废弛。于谦抚河南、山西，修其政。周忱抚南畿，别立济农仓，他人不能然也。正统时重侵盗之罪，至籍妻充军。且定纳谷千五百石者，敕奖为义民，免本户杂役。凡振饥米一石，俟有年折纳谷稻二石五斗还官。弘治三年，限州县十里以下积万五千石，二十里积二万石，卫千户所万五千石，百户所三百石。考满之日，稽其多寡以为殿最，不及三五分者，夺俸，六分以上者，降调。十八年，定赎罪赃罚等皆折银籴谷入仓。正德中，令囚纳纸者，以其八折米入仓，军官有犯者，纳谷，免其立功。嘉靖初，谕德顾鼎臣言：成弘之时，每年以存留余米入预备仓，缓急有备，今秋粮仅足兑运，预备仓颗粒无存，一遇灾伤，辄奏留他粮，及劝富民捐赈以应故事，乞急查复预备仓粮。帝乃令有司设法多积米谷，仍仿古人平籴常平之法，春振贫民，秋成还官，不取其息。府积万石，州四五千石，县二三千石为率。既又定十里以下万五千石，累而上之，八百里以下至十九万石，积久之粟尽平籴以济贫穷，其后积谷数渐减。隆庆时，剧郡无过六千石，小邑止千石，久之数益减，科罚亦益轻。万历中，上州郡至三千石止，而小邑或仅百石矣。有司沿为具文，屡下诏申饬，率以虚数欺罔而已。"见王鸿绪《明史稿·食货三》，第276页上下。

杂的情况，同时增加了嘉靖八年令各地设立义仓的内容①，其内容是王原志和万志都没有的。稿志的修改，使志文的相关内容首尾完整，文字流畅，顺序清晰，而所增加的嘉靖义仓的内容，则是明后期整顿备荒仓储的代表性事件。

　　总之，王鸿绪《明史稿》在承袭王原志和万志的基础上，其修改以删繁就简为特点，力求内容完整，表述简洁清晰，实现了对此前两种志文的超越，也为张廷玉《明史·食货志》荒政志文的修纂奠定了坚实的基础。

（作者单位：中国社会科学院历史研究所）

---

　　① 稿志其文为："弘治中，江西巡抚林俊常请立常平仓及劝社民立义仓。嘉靖八年，乃令各抚按设立义仓，令土人二三十家为一会，家道殷实素有德行一人为社首，处事公平一人为社正，能书算一人为社副。每朔望一会，分别等第，上中下出米四斗二斗一斗有差，斗加耗五合，上等之家主之。荒年上户不足者，量贷，岁熟还仓。中下户酌量振给，不还仓。有司造册送抚按，岁一察核，仓虚罚社首出一年之米。其制颇善，然其后无力行者。"见王鸿绪《明史稿·食货三》，第 276 页下。

黄景昉年谱简编

朱曦林

　　黄景昉，字可远，① 又字太穉，号东崖，② 福建晋江人，是"崇祯五十相"中少数能"克保令名者"③，且宦绩贯穿于启、祯两朝，自编修以至台辅，几与崇祯一朝相终始。南明隆武时期，唐王以其"敏慎弘亮，才堪救时"④，力为起复，后因与郑芝龙不合，⑤ 且见局势已无可挽回，遂于隆武二年（1646）八月再次致仕。迄今为止，学界对黄景昉的研究尚显不足，仅限于对其生平的简单介绍，⑥ 并且多只据《明史》本传，故而其生平仍然模糊不清。黄景昉从政生涯大部分在崇祯一朝，长期任职于翰林院、詹事府，而崇祯一朝无实录，史事记载多有缺漏、未详、舛误之处，因此，通过对黄景昉生平的考证，既可还原其生平，也能借此将之与其相关的崇祯朝史事补正。故本文拟以《矍谷黄氏族谱》为主线，辅以《国史唯疑》《宦梦录》及《屏居十二课》等黄氏著作，参酌《国榷》《明史》《崇祯实录》《崇祯长

---

　　① 黄景昉字可远的记载仅见《矍谷黄氏族谱·景昉公传》。《矍谷黄氏族谱》，以下简称《族谱》。

　　② 黄景昉自记有明一代同号东崖者共六人："本朝李状元旻、许襄毅进、翁襄敏万达、王参议激、虞督府以及王心斋之子璧，皆号东崖，与余同。附记于此。"（明）黄景昉著，陈士楷、熊德基点校：《国史唯疑》卷一二《补遗》，上海古籍出版社2002年版，第374页。

　　③ 张廷玉等：《明史》卷二五一《赞》，中华书局1974年版，第6506页。（明）黄景昉曾感概道："屈指十七年间，辅臣缢死者二人：韩城、宜兴；遣戍者三人：长山、华亭、兴化。余为民闲住尤多。他若逆案中追逆徒、赎诸人尚未概论，盘水氂缨，莫有峻于此时。"黄景昉：《宦梦录》卷二，载王荣国、王清原编：《罗氏雪堂藏书遗珍》第9册，中华全国图书馆文献缩微复制中心2001年版，第173页。

　　④ （明）陈燕翼：《思文大纪》卷三，《台湾文献丛刊》，第111种，台北大通书局1987年版，第45页。

　　⑤ 曹溶：《崇祯五十宰相》（初稿），周骏富辑：《明代传记丛刊》第42册，台北明文书局1991年版，第882页。

　　⑥ 迄今为止，对黄景昉生平的介绍，以熊德基先生的《国史唯疑》序为最详，而熊先生所依据的史料即是此本《矍谷黄氏族谱》。黄一农先生在考证《铎书》阙名序文时，也简单地考证了黄景昉在天启、崇祯间的仕宦经历，并谈及他和韩霖的关系及其对天主教的态度，参见氏著《明末韩霖〈铎书〉阙名前序小考——兼论历史考据与人际网络》，《文化杂志》（澳门）2000年第40—41期，第115—126页。

篇》等史书，以年谱简编的形式补正黄景昉生平。管见所及，未能周备，疏漏舛误之处，祈请方家教正。

万历二十四年丙申（1596），一岁

十一月初六日卯时，黄景昉出生。

按：景昉生卒年月及时辰，史传、方志记载未详，惟《檗谷黄氏族谱·景昉公传》详记其生卒年月及时辰。①

祖父黄国彦，字士美，号观石，素有才学，举隆庆丁卯乡试第七名，授新宁县令，历官泗州知州，改全州通判，终崇府左长史。为新宁县令时，豁田赋，均徭役。为泗州知州时，由于该州刑法严于他州，"悉轻弛之"；该州"岁苦涝"，则"预为修赈"。黄国彦卒于万历三十七年（1609）七月二十七日，崇祀广州府名宦祠，后追赠资政大夫、太子少保、户部尚书兼文渊阁大学士。②

父黄宗彝，字秉甫，号屺湘，为黄国彦次子，卒于崇祯四年辛未四月癸酉，③追赠资政大夫、太子少保、户部尚书兼文渊阁大学士。

母谢氏，为万历庚辰进士谢吉卿之女。谢氏课督诸儿，纵令力学，每出就试有司，为浃旬不寐，试场屋，为浃月不寐。对诸儿为政亦有期许。长子景明为长乐县令，戒其勿烦刑。景昉经筵召对，面救郑三俊，崇祯皇帝不纳，切责三俊欺罔。闻信，合家皆惊，谢氏则笑曰："为讲臣不当如是耶？"谢氏卒于顺治十二年（1655）乙未八月十二日。④

按：景昉自述曰："余外祖海盐令谢公吉卿举万历庚辰进士第五人。"⑤

---

① 《族谱》不分卷《景昉公传》。

② 《族谱》不分卷《大彦公传》；（清）周学曾等纂修，（道光）《晋江县志》卷四三《人物志·宦绩之四》，福建地方志编纂委员会主编：《福建地方丛刊》，福建人民出版社1990年版，第1185—1186页。

③ 《族谱》记卒于崇祯辛未年二月十二日吉时，卒年日期或有误，《宦梦录》卷二记其卒于崇祯四年五月朔日的前一天。（第127—128页）

④ 《族谱》不分卷《宗彝公、谢太夫人传》

⑤ 《宦梦录》卷一，第68页。引文所说："万历庚辰进士第五人"非该榜第五名，查《明清进士题名碑录索引》可知吉卿为三甲第一百零八名，实为该年晋江籍进士的第五人，排在其前面的是温显、黄克缵、洪有复、陈绍功。（参见朱保炯、谢沛霖编《明清进士题名碑录索引》，上海古籍出版社1998年版，第2562—2563页）

景昉昆季共五人，长兄景明，字可文，号澹叟，生于万历十八年。崇祯甲戌联第进士，授长乐令，擢礼部仪制司郎，督学广西，迁浙江金衢兵巡道、布政使司右参议，崇祯十七年辞官。是年七岁。①

次兄景晔，字可发，号余庵，生于万历十九年。善文辞，后以鸿名硕学被授以温州别驾。是年六岁。②

四弟景昭，字可冲，号晋叔，万历三十四年丙午（1606）八月三十日辰时生，后为县学生，隆武时荐授海阳县令，之官三月即以世事日非辞官，康熙元年六月十八日卯时卒，年五十七岁。③

季弟景曦，字可亭，号航厓，万历三十九年辛亥（1611）八月初八日卯时生，天启六年受知于葛寅亮，补弟子员，崇祯十四年特拔为廪膳生员。顺治年间连开科举，"不复问浮名"，归隐于家。其妻子陈孺人为进士刑部尚书陈道基孙女。④

万历二十七年己亥（1599），四岁

二月二十八日戌时，景昉妻赖夫人出生。赖氏卒于康熙三年甲辰十一月十五日卯时，享年六十六岁。⑤

万历三十年壬寅（1602），七岁

景昉自幼好古能文，幼为文，祖父黄国彦每奇之。⑥

　　按：《族谱》于此处记载无确切年代，故系于此。

七岁，作顾鸿雁麋鹿，时艺即"博赡陆离"⑦。

---

① 《族谱》不分卷《景明公传》；道光《晋江县志》卷四四《人物志·宦绩之五》，第 1207 页。
② 《族谱》不分卷《景晔公传》。
③ 《族谱》不分卷《景昭公传》。
④ 《族谱》不分卷《景曦公传》。
⑤ 《族谱》不分卷《景昉公传》。
⑥ 同上。
⑦ 道光《晋江县志》卷五六《人物志·文苑之二》，第 1350 页。

万历三十七年己酉（1609），十四岁

七月，祖父黄国彦卒，享年六十九岁。①

万历四十二年甲寅（1614），十九岁

景昉入泮，黄瑞台为其业师。②

万历四十三年乙卯（1615），二十岁

景昉应乡试，中式第十六名。③ 郑三俊为其督学师，来宗道、姜性为乡试座师，徐观复则是其乡试房师。

> 按：《宦梦录》云："太宰郑公三俊为余督学师""尝谒座师萧山来公宗道""太仆姜公性，余副座师""礼部徐公观复，余乡试房师也"④。

《国史唯疑》亦云："余乡试房师徐观复礼部语余：'前令仙游，以事与督学郑公三俊左，卒为所赏。'"⑤

景昉所作乡举试文为刑部尚书苏茂相所称赞。

> 按：《宦梦录》云："司寇苏公茂相初得余乡举牍，颇见奇，手柬奖藉，特治具欸余。"⑥

万历四十四年丙辰（1616），二十一岁

景昉会试落第。

---

① 《族谱》不分卷《大彦公传》。
② 《族谱》不分卷《景昉公传》；道光《晋江县志》卷三一《选举志·贡生》，第860页。
③ 《族谱》不分卷《景昉公传》。
④ 《宦梦录》卷一，第74—75页。
⑤ 《国史唯疑》卷一二《补遗》，第367页。
⑥ 《宦梦录》卷一，第69页。

按:《屏居十二课》自述:"余少为家贫所累,公车十载,备历苦景。"①由此可见黄景昉不止一次参加过会试。对万历四十四年会试,《国史唯疑》记云:"沈同和榜出,余计偕时所亲见,都下闲然。"②

万历四十七年己未 (1619),二十四岁

景昉会试再次落第。

按:《国史唯疑》记道:"戊午四月,京师自宣武门至正阳门外三里许,河水尽赤如溃血。其月建酋首犯抚顺。逾年,己未二月午后,风雨骤作,黄尘赤雾四塞,天色晦墨如深夜。余时以计偕寓邸中,业上灯矣,徐乃渐明。未几,而四路溃师报至,正其日也。"③

天启五年乙丑 (1625),三十岁

二月,景昉会试中式第九十三名,④ 与余煌、刘垂宝同出罗尚忠之门。

按:景昉记云:"都谏罗公尚忠,贵池人。余乙丑春遇之少司农郑公三俊邸中,以郑为同里姻,逊余揖。郑目余,笑谓罗曰:'此闽中名士,公且入闱,得此公焉,足矣。'比榜放,果出师门。师最精鉴识,所得士为一时冠,鼎元余公煌、庶吉士刘公垂宝本《春秋》房孔公贞运落卷,师为搜出之,二公终身执门人礼惟谨。"⑤

廷试二甲第十八名。⑥

---

① (明) 黄景昉《屏居十二课》,王荣国、王清原编:《罗氏雪堂藏书遗珍》第9册,中华全国图书馆文献缩微复制中心2001年版,第344页。
② 《国史唯疑》卷一一,第324页。
③ 同上书,第325—326页。
④ 《族谱》不分卷《景昉公传》。
⑤ 《宦梦录》卷一,第78页。
⑥ 《族谱》不分卷《景昉公传》。

按：《宦梦录》记载乙丑科廷试情形云："乙丑廷试，初拟翁公鸿业第一，以其卷有'崩析'二字，不便进读，已之。"①

六月，考选庶吉士，黄景昉名列第三。② 其诗文为馆师丘士毅、李康先所器赏。③

按：景昉选为庶吉士虽为崔景荣所首识，实定自薛三省，"太宰崔公景荣，余观政恒肃揖堂前，属试庶吉士，公分阅闽卷，首拔余。时少宗伯薛公三省与联坐，公以阅卷事委之，实定自薛公手"④。大学士魏广微对其亦颇有赏识之意："南乐魏师广微在阁，殊不满舆论，其人实清肃，班役辈无敢横索一钱者。颇留意人材，临庶常试，举省直知名士密先疏记，试日，躬出巡行，遇余及同乡黄公文焕，几前各住视少顷，会日暮，师以腹痛出。"⑤

改选庶吉士谢恩礼，景昉由于到场稍迟而待罪，为熹宗所宥免。"庶常初谢恩，余与同年丘公瑜、李公觉斯、张公维机到稍迟，合疏待罪。得旨，念系新进书生，宥之。余《纪误》诗有云：'因思适馆初，获事熹皇帝。同舍三四郎，大昕仍摇曳。'盖追咏是也。"⑥

八月壬午，诏毁天下书院。

是月，熊廷弼弃市，传首九边。

十二月，景昉割俸金赙吴裕中。初，御史吴裕中劾丁绍轼，阉党借魏忠贤之力，矫旨廷杖吴裕中于阙下。裕中卒，因畏惧阉党，无人敢临其丧，唯景昉割俸金赙之。

按：景昉自记云："御史吴公裕中于余非素交，偶同乡大理王公命璿有母丧，会之丧。次时，吴有疏攻丁公绍轼，余询及之，吴意甚和，答云：'疏仅据实，有欲授余事款者，不应。同台中尚以乏风力见诮耳！'谈正洽，忽外哗

---

① 《宦梦录》卷一，第 76 页。

② 《族谱》不分卷《景昉公传》。《熹宗实录》卷六〇，天启五年六月庚子。计尧俞，原为"□□俞"，据朱保炯、谢沛霖编《明清进士题名碑录索引》历科进士题名录之天启五年乙丑科补，第 2603 页。

③ 《宦梦录》卷一，第 80 页。《熹宗实录》卷六〇载"天启五年六月甲辰，以礼部右侍郎丘士毅、李康先教习庶吉士。"可为证。（第 2858 页）

④ 《宦梦录》卷一，第 79 页。

⑤ 同上书，第 80 页。

⑥ 同上。

动，有数旗尉直入觅吴，附耳语，趣诣朝房候旨，甚急。吴尽委衣冠王公所，易服出，余送之门曰：'公好自爱!'吴回顾曰：'小疏不审奉旨云何，即有不测，莫非圣恩也。'仓卒不乱，余大以是服之。良久，闻杖一百，革职为民，即以其夕驱出城。次日，余趋视之城外，卧簧上，伤重语自如，但虑惊家中老母为词。越数日，卒。楚人无敢临其丧者，余割俸金数镮赙之。既抵里，其子附书来谢余。"①

天启六年丙寅（1626），三十一岁

二月，以苏杭织造太监李实奏，逮周起元、周顺昌、高攀龙、缪昌期、黄尊素等。

五月，黄景昉请假归，为该批庶吉士之首。事因兹时珰焰方炽，景昉忧愤，无仕宦之意。

> 按：黄景昉虽呼魏广微为"魏师"、丁绍轼为"阁师"②，但景昉不党于魏忠贤，对阉党中人亦有意远之，而对奉承魏阉者，景昉更是嗤之以鼻，以下二则无详细月份，故系于此："太常霍维华为时要人，忽介其门客同邑徐君芬来属某寿序，勉诺之。逾月再至，余柬徐云：'令师雅意，偶一为之可耳。若频频属草，则近于奉常门馆之役矣，某亦不敢任也。'霍逆案中人，余故欲以是远之，遂绝。"③"乙丑馆课……内一题为《古今名宰辅评见》，某文作胪列颇详，末独推韩魏公琦，却去一'韩'字，云'惟魏公卓然为不可及'。馆师字字加圈，批曰：'归结专重，魏公尤为卓识。'时章疏称'厂臣'、称'魏公'遍天下，不知此作者、批者有意乎？无意乎？不欲言其名，闻堪哕呕。"④

六月，《三朝要典》成，刊布中外。是书始修于本年正月。

---

① 《宦梦录》卷一，第81—82页。
② "魏师"和"阁师"的称呼见《宦梦录》卷一，第79、82页、《国史唯疑》卷一一，第338页。
③ 《宦梦录》卷一，第81页。
④ 《宦梦录》卷一，第84—85页。

天启七年丁卯（1627），三十二岁

里居。

七月，庶吉士散馆，景昉同年杨汝成、闪仲俨、马之骥、刘垂宝俱以门户削籍为民。

> 按：景昉对此甚为不满，并记道："得散馆报，同年削籍四人，或以梓里，或以师门，内亦有不可知者。庶吉士原以书生作养，未隶品官，何职可削？亦苛绳及之。朝议清极，业预知其不久矣。"①

八月乙卯，熹宗崩，年二十三。遗诏以皇弟信王由检嗣皇帝位。

十一月甲子，安置魏忠贤于凤阳。已巳，魏忠贤宿阜城尤氏旅舍，其党密报上旨，忠贤知必不免，自经死。

崇祯元年戊辰（1628），三十三岁

还朝。

> 按：景昉还朝未有确切月份，故系于此。其自述云："逆阉诛，海宇欢声雷动，余尚未萌出山意。会戊辰元旦具章服拜庆，觉家严色微不怿，缘登极恩诏诸同年多荣，所生庶常未授职，二尊人尚仍初服，所邑邑者此耳。久之，询知王公建极、李公建泰各赴京题授有成命，余始黾勉为趣装计。"②

六月，授翰林院编修。

> 按：《崇祯长编》载："授庶吉士黄景昉为编修。"③

七月，管理诰敕，充经筵展书官。④

---

① 同上书，第89页。
② 同上。
③《崇祯长编》卷一〇，崇祯元年六月戊戌，第556页。
④《族谱》不分卷《景昉公传》。

按：此记载不见于史传、方志，惟见《族谱》。《宦梦录》中，景昉亦有自述云："经筵展书，例惟一展一收。是日，倪公元璐讲章长御座，披不尽，既半讲，东面内官屡点头招余，仍膝行前，上微声曰：'再展过。'凡再展一收，为从来未有之事。讲章旧长十二幅，准御座为限云。"①

是月，袁崇焕召对平台，景昉亲见其人。②

按：景昉于《宦梦录》中记："督师袁崇焕召至，自诩五年灭寇，举朝耸动。尝于会极门宣赐蟒衣玉带等物，袁固辞云：'自来督臣只为贪却蟒玉误事，倘此行稍效尺寸，受未迟。'坚伏地不起。旁内珰譬晓之，即辞宜具疏，无面却理，始罢。余时偕李公建泰为捧敕官，见其人，面如黄叶，昂首结喉，瞻视速，疑非成功相，私忧之，不两年旋验。"③

十二月，同纂修《熹庙实录》。

崇祯二年己巳（1629），三十四岁

四月，为记注官。④

按：充任召对记注官的情形，景昉自记道："记注携楮墨袖中，袍服为湿，犹古人荷囊簪笔遗意。立或文华殿御座旁，或平台槛外。余供事四次，同顾公锡畴、方公逢年、张公四知等，辞繁声急，呼吸倏过，仅草录一二字，出共忆所闻，补就之。值己巳有警，所记尤多，五官并用，莫有盛于此时。"

又记道："协理李公罢，闵公梦得继之，受事日，上谕令：'用心料理，不可推诿。'对：'不敢。'上曰：'偏见也使不得。'对：'不敢。'遂出。余辈记注仅记两不敢而已。"⑤

---

① 《宦梦录》卷一，第 97 页。
② 《崇祯长编》卷一一，崇祯元年七月癸酉，第 623 页。
③ 《宦梦录》卷一，第 92—93 页。
④ 《崇祯长编》卷二〇 "崇祯二年四月丁未"（第 1243 页）记载与《族谱》不同，《族谱》记二月为召对记注官，在月份上稍有差异，故两者皆存。
⑤ 《宦梦录》卷一，第 97—98、102 页。

六月，在起居馆编纂六曹章奏。①

　　按：张岱《石匮书后集》载："（黄景昉）历官中书，知起居注、编纂诰敕，诸所撰诰勒尤为时所传诵。"②

十二月，召袁崇焕于平台，下锦衣卫狱。
是年，景昉亲访申甫，知其师出必败。

　　按：景昉于此自记道："庶吉士金声、刘之伦请对荐，申甫才任将即召见，拜副总兵，擢刘兵部侍郎、金改御史监其军。申甫本游僧，好大言，余偕李公建泰、闪公仲俨夜访之，西字脸，举止猥陋，动称犁庭扫穴，业知必败。比师出，流丐、戏子皆从，未至卢沟桥战溃死；刘趋援遵化，至百草顶，矢贯脑死；金谢病归。闻二公素师事吾闽人柯仲炯，柯旧从董公应举屯田，一妄男子耳。"③

崇祯三年庚午（1630），三十五岁

五月，景昉与吏科给事中钟炌主考湖广乡试，因《试录》砭切时政，致大学士温体仁、兵部尚书梁廷栋憾甚。

　　按：《族谱》本传云："五月差典湖广乡试，念词林无言责，寄熟观时事，愤慨填膺，抒发之二三场论策中。《录》出，举朝悚叹，时贵不悦，政府乌程温公，大司马鄢陵梁公憾甚。"④

　　景昉对其主考湖广乡试及《试录》之事亦有自述："总宪钟公炌，以给谏偕余典楚试，周慎详稳。睹余《试录》中多鲠切语，屡相婉讽。余媿谢其意，究亦不能从也。……司马梁公廷栋自边道拔任中枢，方以逐寇自功，睹余《试录》有'逆寇遁北，为上威灵变化，诸臣无能发二策'等语，怒甚。温公体仁

---

① 《族谱》不分卷《景昉公传》，《族谱》于此用"再"字，当是景昉此时兼任此职。
② （明）张岱：《石匮书后集》卷一三《黄景昉传》，中华书局1959年版，第99页。
③ 《宦梦录》卷一，第98—99页。
④ 《族谱》不分卷《景昉公传》。

亦衔鳞刺，必欲处余。宗伯李公腾芳为楚人，都谏钟公炌为同事，持不可。钟为余言，一日谒见，温声色俱厉云：'部科不肯任怨，该参的不参。'时盛传温欲处南直、湖广试官，指余及姜公曰广言也。竟不行。余益知行止有命。"①

乡试放榜次日，与钟炌、黄宗昌拜谒楚王。

　　按：景昉认为此楚王即为楚恭王之子，非假，并对万历年间所争的"楚宗案"持否定态度："放榜次日谒楚王……即三十年前所喧争假王也。余以汝阳眉宇验之，殊非假，不审诸公昔何缘作许葛藤。"并亲访吴裕中家"庚午，与楚试，过其家，萧然立壁耳。屡属余志其墓，未果"。②

乡试后返程，景昉沿途观览各处名胜。
入朝后，景昉为姚希孟所称赞，并以意气相期。

　　按：景昉自记云："詹事姚公希孟，高持清议，岳岳少许可，于余初亦淡然耳。自楚归，遂承奖饰，深以意气相期。"③

八月，杀袁崇焕。

崇祯四年辛未（1631），三十六岁

三月，廷试，充掌卷官。

　　按：景昉因充任廷试掌卷官，以是能亲见该科状元陈于泰、榜眼吴伟业及复社领袖张溥廷试，并自记云："以余所见辛未状元陈于泰卷内重写二字，榜眼吴伟业卷内'圹骑'，'圹'字误填'马'旁，俱御笔为涂改。以后进呈卷经改换尤多，不复尽由阁拟矣。……庶常张公溥，初廷试有巍峨望。余时掌试卷，或为言卷送宗伯徐公光启所，从之。适卷有茶湿痕，透累页，叹科名之有定分如此，仅擢首三甲。"④

---

① 《宦梦录》卷一，第105—106、114—115页。
② 同上书，第109—110、82页。
③ 同上书，第115页。
④ 《宦梦录》卷一，第91、118页。

五月朔，因久旱，崇祯皇帝躬出南郊祈雨，景昉为导驾官。是月，景昉父宗彝卒，闻讣奔归。

　　按：景昉自记云："辛未春久旱，五月朔，上躬出南郊步祷。史馆充导驾官，余与焉。先一夕宿右掖门外候黎明，驾出，忽遍体狂热，神惊肉战，终夜不成寐，晨逐队踉跄，几仆，不揣何故？是夕为先严大故之期。"①

八月，刑科给事中吴执御疏劾周延儒，并及延儒欲以楚《录》事斥逐黄景昉。景昉辨斥逐之事，实为温体仁，非周延儒。

　　按：《明儒学案》记此事云："塘报、奏章，一字涉盗贼，一字涉边防，辄借军机，密封下部，明畏廷臣摘其短长，他日败可以捷闻，功可以罪按也。词臣黄道周，清严不阿，欲借试录处之，未遂其私，则迁怒仪部黄景昉楚《录》，簏砭异同，必欲斥之。"②

景昉自述则辨道："周公延儒在阁日，雅以文事知余，躬求余诰命。余闻讣归，特赐吊。归后阅给谏吴公执御疏云：'以楚《录》砭切异同，欲逐词臣黄某。'周辨揭云：'词臣何仇而至欲逐之。'余愕然，当时下石余属乌程，非属宜兴。虽然感给谏意，而亦以其言为失实也。"③

自是年始，景昉家居二载，不复问人事。

崇祯五年壬申（1632），三十七岁

里居。

崇祯六年癸酉（1633），三十八岁

长兄景明，应癸酉科乡试，中试第十名。

---

① 《宦梦录》卷二，第128页。
② （清）黄宗羲著，沈芝盈点校：《明儒学案》（修订本）卷五五《谏议吴郎公先生执御》，中华书局2008年版，第1328页。
③ 《宦梦录》卷一，第117页。

按：景昉记云："余以辛未夏奔父讣归，家居二载，不复问人世事。值癸酉秋，伯兄可文举于乡，姑出与应酬。"①

林胤昌讲"旦气之学"于"在兹堂"，景昉为其堂题联"泉山群拱紫襟江，带海斯文重遇在"。

按：景昉自记有云："选部林公胤昌开讲社笋江坛侧，孝秀多从者，余为题堂联云：'泉山群拱紫襟江，带海斯文重遇在'。兹时闽学首尊朱穷理致知，吾党更观未发处。稽闽学始杨龟山，以静观喜怒哀乐未发气象为宗，至紫阳微属转解，今人率遵朱遗杨，有沿流忘源之弊，故联语及之。"又云："兵宪曾公樱尝于讲社极言：'士大夫宜安贫。'余曰：'以愚所见，只安富足矣。'曾骇问何故？余曰：'公试观海内仕绅，那个是真贫的。自通籍后，谁无数亩之田，数椽之屋，但肯安心于此，勿复生事旁求，即以称贤士大夫可也。'坐颇称善，谓余言深中世情。"②

崇祯七年甲戌（1634），三十九岁

抵京，复除原职。

按：景昉记甲戌科会试、殿试甚详，当在甲戌科会试前即已抵京，"甲戌春暮，忽报李公焌廷试鼎元，满城讙动。竖旗日，有司俱造宅拜，余以居迩趋陪贺，客喧嗔，既二十日后，方知其误。先是，李试卷拟第一，临期上，忽易刘理顺，而以李首二甲，卷经御墨。……礼部颜公茂犹，乡试以《五经》得隽，至甲戌会试复然。榜出，初弗录，特疏请。奉旨，准名列会元前，真异数也。自颜首开此格，嗣后揭重熙、谭贞良辈继之，彬彬多宏博之士"③。

① 《宦梦录》卷二，第128页。

② 据《宦梦录》卷二（第128—129页）和乾隆《泉州府志》整理，参见郭庚武、黄任、怀荫布纂修，（乾隆）《泉州府志》卷四四《明列传·林孕昌传》，上海书店出版社2000年版，中册，第466—467页。据此，则《国榷》卷九二"崇祯六年二月丁卯"所记"王锡衮、黄景昉、李建泰、刘若宰管理文官诰敕"有误。（第5603页）依景昉自述，崇祯六年仍为丁忧之期，不可能履任。

③ 《宦梦录》卷二，第129—131页。

十二月，蒋德璟因涉崇祯六年南直隶乡试"郑雅孙等七卷策论多用禅语"事①，景昉求解于钱士升。

> 按：景昉记此事云："同邑蒋公德璟以癸酉南闱事回奏，时主考丁进业革职，势垂剧。余诣钱公壬升邸，力言之。既得旨，钱贻余札云：'令亲事已奉处分，及于宽政皆圣恩也。先此奉慰。'蒋得降级照旧，实钱公偕何公吾骀力。时温公体仁病，王公应熊被纠，同不入直，不然事正难测耳。"②

是年，长兄景明会试联捷，中五十一名进士。③

崇祯八年乙亥（1635），四十岁

三月，转詹事府左春坊左中允兼翰林院编修。

> 按：《国榷》卷九四"思宗崇祯八年正月庚申"记："进姜逢元太子少保礼部尚书，李建泰、黄景昉、张维机、丘瑜为左右谕德。"有误。《族谱》记"四十岁，三月，转左春坊中允兼翰林院编修"更为准确。据《明史·职官志二》载"按詹事府多由他官兼掌。天顺以前，或尚书、侍郎、都御史，成化以后，率以礼部尚书、侍郎由翰林出身者兼掌之。……嗣是，出阁讲读，每点别员，本府坊局仅为翰林官迁转之阶。"④ 可知詹事府坊局"仅为翰林官迁转之阶"。又张岱《石匮书后集》卷一三《黄景昉传》记景昉曾"升左中允"，故景昉先升左春坊左中允兼翰林院编修，而后再升任左谕德。

八月，补日讲官暨经筵讲官。

> 按：对充当日讲官，景昉自记其窘迫状："初余题日讲官，窘甚，念平日

---

① 谈迁著，张宗祥点校：《国榷》卷九三，崇祯七年十二月戊戌，中华书局2005年版，第5682页。此事缘起详见《国榷》卷九三，崇祯七年正月辛卯、丁巳，十二月丁亥，第5624、5627、5681页，因此事与景昉关系不大，故在此不赘述。

② 《宦梦录》卷二，第131—132页。

③ 《族谱》不分卷《景明公传》《景昉公传》。

④ 《明史》卷七三《职官志二》，第1785页。

捧敕御前，手犹微战，兹保无陨越羞。既未由辞免，只得黾勉供事。盘辟前，牙签在手，直信口讲去，毫无惧意，缘事急并竟，惧亦所不遑，始知苏子占所云：'乐事可慕，苦事可畏，此未至时耳。及苦乐既至，以身履之，求畏慕，初不可得。'数语妙甚，明乎畏慕之犹属第二念也。"①

十一月，文震孟、何吾驺因忤首辅温体仁而去职②，景昉为其送行。

按：景昉记文震孟、何吾驺去职缘由："吴门文公震孟在讲筵专讲《春秋》，上每倾听，亦以其神采英毅异恒人，故入阁。甫逾月，会太宰谢公陛疏攻许都谏誉卿，阁拟重遣，公力救不能得，微愠，云：'谏官获革职为民是极荣事。'温公体仁怒，遽以上闻，谓股肱心膂之臣，作此违礼蔑法之语。得旨，闲住去。……香山何公吾驺亦坐吴门累，罢归。"并记文震孟去职时的落魄状："余辈送之郊，雪中乘骡舆行，为阁臣去国未有故事。"而何吾驺临行则称景昉必将大用："行夕（何吾驺）称余在筵风度有异，将来当大用，祝余自爱。时甫供事旬月，局蹐甚，不审公何自见赏，恒媿谢其意。"③景昉的自述与《族谱》所载最终得以入阁的缘由相近："讲官因在讲筵，每值直讲数时事，深得圣眷，后来纶扉之简实基于是。"

崇祯九年丙子（1636），四十一岁

正月，升左春坊左谕德兼翰林院侍读。

按：《族谱》未记详细月份，仅记"旋升左春坊左谕德兼翰林院侍读"，《国榷》《崇祯实录》及《明史》等书未见记载，惟张岱的《石匮书后集》记"丙子九年，转左谕德"，而据前文分析，可推测《国榷》卷九四"崇祯八年正月庚申，进姜逢元太子少保礼部尚书，李建泰、黄景昉、张维机、丘瑜为左右谕德"中，黄景昉的升任当在九年正月，而非在八年正月。又，景昉在崇祯九年为周如砥《道德经集义》所作的传后，署"左春坊左谕德兼翰林院侍讲晋江

①《宦梦录》卷二，第139页。
② 此事详见《国榷》卷九四，崇祯八年十月癸巳、崇祯八年十一月庚戌、癸丑，第5716、5718页。
③《宦梦录》卷二，第132、134页。

黄景昉撰"，亦证崇祯九年景昉任此职。①

四月，大学士钱士升乞休，景昉为其送行。

按：温体仁忌惮钱士升，故阴谋以吴鲲化讦奏其弟钱士晋之事逐之。同时，钱士升因所上"四箴"及拟重处武生李琏事而积忤于崇祯皇帝，故而力请乞求。景昉为其送行，钱氏则以"世道人心为嘱"，景昉记此事曰："嘉善钱公士升，初登庸，众疑出乡衮乌程援引，实不然。尝谋为《四箴》以献，多规切语，失上意，旋复有所陈奏，上手报云：'偏欲沽名，前《四箴》已足致之，无劳汲汲。'钱皇恐，得致仕去。余趋别及门，垂登车矣。无他语，特以世道人心为嘱，意惓惓可念。"②

九月，黄景昉与闵仲俨主考顺天乡试，其所选策仍剀直如楚《录》，加峻焉。

按：旧例，黄景昉应主考应天乡试，由于湖广乡试《试录》得罪首辅温体仁，故特改其主考顺天乡试，因"辇下习烦嚣，口语嘈嘈，风波易起"。杨士聪《玉堂荟记》亦云："自庚午姚现闻希孟以中武生被处，北闱遂为畏途。盖辇毂之下，议论易生、风波易起也。"③

又按：此次顺天乡试，本因清军入寇而议改期，后侦得清军已出关，而改在九月二十九日，《国榷》记云："己巳，顺天始乡试，主考□□黄景昉□□闵仲俨。十月榜出，百二十四人，例百五十五人，时真定、保定、永平之士被警不至。"④ 对于乡试的考试、阅卷情形，景昉亦记道："北闱考试官出东长安门，乘舆诣顺天府宴，宴罢入闱。比撤棘，仍骑马归。次日，宴，往返亦如之。闱中略仿会试体，用中书官写白纸题卷入大竹筒，加小铜锁，外黄绢装裹，具香案拜，府丞鼓乐接出进呈，始阖闱试。填榜夕，先画格填号，呼'草榜'，余记事诗'乌丝画榜驰为帖，黄袱装题锁入筒'指是。……闱中例，房考呈卷，

---

① 丁丙：《善本书室藏书志》卷二二《道德经集义》，《续修四库全书》，史部，第927册，第424页。
② 《宦梦录》卷二，第131页。
③ （清）杨士聪：《玉堂荟记》卷上，《丛书集成新编》第88册，台北新文丰出版公司1985年版，第704页。
④ 《国榷》卷九五，崇祯九年九月己巳，第5759页。

主考阅定去取，落卷从无经目者，意省烦，亦避形迹。余不可，悉取《易》《书》二房皿字号落卷审阅，《易》拔张罗俊、王龙贲，《书》拔叶永华。……其不能遍及他经者，职也；即二经落卷，仅能阅皿字号而不能遇及于贝字号者，势也。仅此三生已费余多方曲折矣。王为同郡人，亦无疑者，大都心事皦然。"①

是年，景昉因乡试解元卷"文体荒谬"降二级。事缘乡试榜出，景昉以马之骅为解元，下第者吹索字句，大学士温体仁令陈启新以"文体荒谬"疏劾黄景昉，以致景昉与闪仲俨同降二级，马之骅停四科会试。

　　按：陈启新弹劾景昉事，《崇祯实录》记在崇祯十年十二月戊辰、《国榷》记在崇祯十年十二月戊午，皆误。依黄景昉的自述及《明史》所言，则此事必定在温体仁当政之时，而体仁在十年六月已致仕，十一年七月卒，则可证此事必定不在十年十二月，笔者推断当在顺天乡试之后，丁丑科会试之前。

景昉于陈启新之弹劾，虽疏辨道："吏科无衡文之权，启新非知文之士，擅肆讥评，殊属厚颜"，但崇祯皇帝以"御笔涂吏科句"，最终，马之骅停四科会试，黄景昉降级。②

对于陈启新的弹劾，景昉解释云："陈启新疏摘北闱元卷，自有公论，事缘大理少卿史𡐝为北畿要人，其姻亲靡入彀者，憾甚。陈即史武举门生。史与政府厚，部科煓煓百计求悦其意。闻上于宫中悬金募发科场弊，厂卫大无所得，仅以一胡维孚应命，复于余无涉，会史忽丁艰去，风波始息。"③

崇祯十年丁丑（1637），四十二岁

三月，充廷试弥封官。

① 《宦梦录》卷二，第142—143、153页。
② 《崇祯实录》卷一〇，崇祯十年十二月戊辰，第315页。据《宦梦录》卷二记："宫谕闪公仲俨初偕余典畿试，同降二级"（第183页），可知此次被弹劾降二级，诸书未见载，故补之。《国榷》卷九六，崇祯十年十二月戊午，"副考□□阎仲俨"误，应为"闪仲俨"；"主考□□黄起有奏辨"亦误，实为"黄景昉"，特改之。（第5795页）
③ 《宦梦录》卷二，第145页。

六月，大学士温体仁引疾免。

崇祯十一年戊寅（1638），四十三岁

正月，升詹事府右春坊右庶子兼翰林院侍读。

按：《国榷》记云："张四知为礼部左侍郎协理詹事府，王铎为詹事，余煌、华琪芳、黄景昉为左右庶子。"① 《族谱》则记："升右春坊右庶子兼翰林院侍读。"其中，景昉兼任"翰林院侍读"的记载，仅见于《族谱》。

二月，崇祯皇帝御经筵，问用人之道，黄景昉因面奏言郑三俊"四朝元老，至清无俦，不当久系狱"，并言成勇、朱天麟"廉能素著"，不得获考选，为考选不公。三俊旋获释，成勇、朱天麟俱改官。②

景昉自述其与成勇"仅一识面"、与朱天麟则"并面未识"："御史成公勇先被推为南铨部，改南台，在事数月，弊绝风清，南中颂，先后仅见。以救黄公道周疏，逮系累年，困中节愈历，真铁汉也。余于公同年，仅一识面耳。若朱公天麟并面未识。时因余奏得自部属改馆员，斜道者十数人，上亦自是罢馆员议。"③

四月，遣景昉册封江西淮府，册封礼毕即行，尽却淮府馈赠。

按：景昉自记云："淮藩册封礼竣，讌殿上，具太牢用乐，馒头大如车轮，王坐立南向，揖必三。越日，为曲宴，宣劝甚勤，始终不出一语，疑藏拙。然谁故贫藩宴，辨自所封郡王手。余趣辞去，仅留二日，领瓷器数种而已。"④ 《石匮书后集》则云此次册封"省贫藩无算"。

又按：景昉遣册封江西淮府，实源于首辅张至发"嫉忌"。景昉疏奏成勇、朱天麟考选不公后，张岱在《石匮书后集》中写道："首揆益加嫉忌，景昉即以封差行。"此时首辅为张至发，旧党于温体仁，而张与田维嘉有师生关系，

① 《国榷》卷九六，崇祯十一年正月戊寅，第5797页。
② 《明史》卷二五一《黄景昉传》，第6503页。
③ 《宦梦录》卷二，第158页。
④ 《石匮书后集》卷一三《黄景昉传》，第99页；《宦梦录》卷二，第166—167页。

史与田维嘉亦有关系，景昉顺天乡试已得罪史，而疏奏考选，则既为吏部尚书田惟嘉所恨，亦为首辅张至发所"嫉忌"。从《国榷》的记载即可看出张、田、史三者关系："检讨杨士聪论陆自岳、沈迅、张若麟钻营，命核三人治状。于是，吏部尚书田惟嘉奏辨，项煜又论之。士聪劾惟嘉讳三人之罪，开复考满裁俸日月，欺蒙有据，及前太仆寺少卿史通关布置。命若麟及史各回奏。唯嘉于张至发为师生，史特虎而鸷，父丧家居，颐指诸大吏为威福，人莫敢言。"①

而黄景昉之所以未被吏部尚书田惟嘉弹劾，则是由于内阁误传为杨廷麟所奏，杨氏因此遭田惟嘉诬陷，景昉自记此事甚详，云："余既以经筵面对成公勇、朱公天麟不宜先转部曹，上着阁臣传吏部察奏。时阁传偶误，以余奏为编修杨公廷麟奏。冢宰田公惟嘉恨杨甚，遂摘江右考选某事诬杨，经杨疏辨明，田始知误，不便再改口攻余。"②

六月，经万年县，景昉得知杨嗣昌、程国祥、蔡国用、范复粹入阁，因此数人非辅弼之才，为怅惘累日。

按：景昉记云："经万年县，得杨公嗣昌、程公国祥、蔡公国用、范公复粹入阁报，为怅惘累日。数公实非辅弼器，蔡、范在台班平平，免例转为幸，程耄、杨憨。缘上疑深，决意简六曹参大政，为厌薄词林之举，仅礼部方公逢年在列，不久闲住去。杨持蒙眷，卒用加派练饷乱天下。"③

秋，抵家省母。因"匿名帖"所累，景昉深受其谤。

按：景昉自述此事云："戊寅考选，同乡有用匿名帖夜投省台门祈阴中诸同事者，迹绝丑。己卯枚卜，复踵行之，余身受其谤。所投帖后为余收得焚之，谤沮不行，害人者竟亦何益？"④

---

① 《国榷》卷九六，崇祯十一年二月丁末，第5801页。
② 《宦梦录》卷二，第157页。
③ 同上书，第167页。
④ 《宦梦录》卷二，第158页。

崇祯十二年己卯（1639），四十四岁

是年，景昉筑其父屺湘公坟，工竣还朝，逼腊入都。①

崇祯十三年庚辰（1640），四十五岁

三月，充廷试受卷官。

按：景昉记庚辰科廷试情形云："庚辰廷试，上就中选四十人入对，自鼎甲外，优补科、道、吏、兵部属。有进士某，试牍偶忘提头，旋追改，涂注满纸，亦与选中，得御史。时方急材，不复以区区帖括为意矣。同邑蔡公胠明，胪传首二甲，应授礼曹，竟从新例改兵曹，亦称异事。"景昉对"庚辰特用"的情形亦有记载，足资参考，"会试后，举人乞恩就教，忽有旨，概授部属、推、知，其廷试贡士亦选百余人，一体擢用。阁臣陈公演揭请，上手报数百言，有'赞襄在卿，威福惟辟'之语。诸人辄自称'庚辰特用'，请释褐、竖碑，穷乡俚传，或呼御进士，至有给假家居公用进士冠服者，尤可怪也。"②

是年三月，崇祯皇帝下诏撤各镇监视中官，高起潜亦在其中，但其拥重兵关外不愿撤回，大臣虑有变，而无敢言者，景昉召对力言此事。

按：《石匮书后集》记云："庚辰（十三年），差竣报命，转少詹事，同詹翰官入对。时太监高起潜拥重兵关外，骤撤回，未至。中外虑有他变，无敢言及者。……景昉面对时，即昌言御前，以'才撤回监视，而辽抚即有警报，疑此中或有隐情。'"③

《明史》本传亦云："尝召对，言：'近撤还监中官高起潜，关外辄闻警报，疑此中有隐情。臣家海滨，见沿海将吏每遇调发，即报海警，冀得复留。触类而推，

---

① 同上书，第168页。
② 《宦梦录》卷三，第193—194页。
③ 《石匮书后集》卷一三《黄景昉传》，第99页。

其情自见。'帝颔之。"①

四月，升詹事府少詹事兼翰林院侍讲学士。②

> 按：景昉以少詹事署理府事，并负责考察属员，自记云："余以少詹事署理府事，内计，詹府应考察属员，久不奉行矣。余时廉其最无行者赵某开送，部列不谨。赵某为茗溪私人，交通贵游，尝见缉于厂卫，逃归，黜之去。一臣蠹，颇亦捉兔费狮子力。"③

五月，大学士姚明恭致仕，景昉为其送行，适闻崇祯皇帝谕令五府九卿议处薛国观。

> 按：景昉于此记云："余辈方出郊送姚公明恭，行是日，适闻薛公国观有府部看议之举，偶便道过金鱼池，余句云：'沉李浮瓜看过鸟，知他秦楚几行归。'意为二公发。又余前赋《百舌鸟诗》起云：'物化悲何始，三生斳尚魂。'亦阴有所指。时政值乌程、虞山喧诟事，读鲜知者。"④

秋，再题补经筵讲官。⑤

> 按：对于讲筵情形，景昉记曰："余戊寅以封差行，所撰讲章已及《托六尺之孤》章，比还朝再补日讲，越两年仍以《弘毅》章接讲，岂两年间多从罢辍耶？旧例，或边警，或祈祷，或圣躬微不豫，讲暂停。固时事多艰，益追想初年缉熙之学。"⑥

八月，黄道周下狱，景昉趋视之，并于讲筵以"用舍喜怒之间，须再加斟酌"规劝崇祯皇帝，以救黄道周。

> 按：黄道周下狱，景昉曾趋视之，险遭不测。"故事，朝绅下诏狱，同乡、同事咸送至狱门而反。后因兹厉禁。忆庚辰八月，宫詹黄石斋公廷杖系西曹，

---

① 《明史》卷二五一《黄景昉传》，第6503页。
② 《国榷》卷九七，崇祯十三年四月辛酉，第5862页。
③ 《宦梦录》卷二，第172页。
④ 同上书，第171页。
⑤ 因其经筵时，以黄道周系狱事规劝崇祯皇帝，故其题补经筵官必在是年八月之前。
⑥ 《宦梦录》卷三，第194—195页。

余一趋视之圜中，旋为缉事者侦知，祸几不测云。"① 于经筵时，规劝崇祯皇帝。《宦梦录》记云："经筵余叨讲《尚书》'帝慎乃在位'章，末以'审几'为祝，愿上'廓大公之道，以应无穷；敛神武之威，而归不杀，及举错合万方公论云云'。时黄公道周系未释，故微及之。司寇刘公泽深出，遇余，举手曰：'知公讲苦心，言言规讽。'余亟逊谢之，空言济得甚事。"②

十二月，升詹事府詹事兼翰林院侍读学士署掌詹事府事。

按：《族谱》此处记载与他书稍异，如《明史稿》《明史》《石匮书后集》等书记在崇祯十四年，未记年月，故此处采《族谱》之说，且两说兼存。

崇祯十四年辛巳（1641），四十六岁

二月，京察，奉有"学行素优"之旨。
四月，以原官改掌翰林院印。

按：景昉初掌翰林院印，即与吏部尚书李日宣密商起复废谪诸臣。自记云："余初掌院篆，念前后辈废谪多，与太宰李公日宣密商，自罗公喻义而下得九人，各详开履历予之。"③ 景昉未言其所列为何人，故无可考，而罗喻义实未复职。李日宣奏起废诸臣则是崇祯十五年正月的事，故可推测此次景昉虽开列九人履历予李日宣，或未奏报，或于崇祯十五年正月时合奏，但从崇祯十五年正月崇祯皇帝谕令李日宣："开列自崇祯元年以来并列之"，则后者可能性更大些。

是月，召前大学士周延儒。

按：自周延儒复相，黄道周之狱始有转机。此前数次定黄道周之罪，皆"屡谳屡驳"。此时景昉偕蒋德璟、王家彦求救于大学士谢陛，谢陛叹息道：

---

① 《国史唯疑》卷八，第244页。
② 《宦梦录》卷三，第194页。
③ 《宦梦录》卷二，第182页。

"死矣。得迟秋后为幸。"黄道周同年张四知、陈演亦不肯出一语相救；钱龙锡屡贻书其门人魏炤乘，使其相救，而魏炤乘"竟视漠如，且若有深仇宿撼"，并对黄道周"下石矣"；坊间则有造蜚语者，谓"蒋抵死周旋，余抱头痛哭"，欲借此牵连蒋德璟和黄景昉。景昉对此时情景说道："势危甚，莫知所出。"①

七月，再题补日讲官。

九月，周延儒入朝，以大学士直文渊阁。

　　按：周延儒入朝，其门生、故人皆力请其解救黄道周，周延儒亦颇自任，吴牲《忆记》记道："辛巳十月，宜兴入，问予：'今最急当入告者何事？'予言：'自韩城在阁，皆严刻绳下，致主上疑猜日甚，如黄道周、解学龙诸人，逮系两年余，痛楚备尝，然果何罪哉！今内阁诸公皆言上欲杀之，愚独谓英明之主，断不肯有杀臣名。公到，上信任甚笃，宜乘间以至诚感动，佐圣主行宽大之政，此为最务矣。'宜兴曰：'俟从容图之，然刑部爰书亦宜着意。'"② 直至此时，景昉才说道："始窃窃有更生望。"③

十二月，刑部尚书刘泽深上疏为黄道周拟罪，周延儒揭救其间，崇祯皇帝遂定黄道周永戍辰州卫，解学龙、涂仲吉并戍极边，叶廷秀边远，各充军。

　　按：《国榷》载刘泽深疏奏云："道周之罪，前两疏已严矣。至此惟有死，死生之际，臣不敢不慎也。自来论死诸臣，非封疆则贪酷，未有以直言诛者。今以此加道周，道周无封疆、贪酷之失，而有直言蒙傻之名，于道周得矣。非我皇上无不覆、无不载之心也。且皇上所疑者党耳。党者见诸行事。相聚讼言，乃为植党。道周自上疏，空言无当，睿照一临，肝胆寒裂，如解学龙等始未不相与，今且短之，道周亦不较，乌有所谓党，而烦圣明之震怒，朝廷之大法耶！去年行刑时，忽传旨停免。今皇上岂有积恨于道周，万一转圜动念，而臣已论定，噬脐何及？所以当此生死之间，不敢不慎，亦惟恩咸出自皇上，仍以原拟候裁。"④

景昉在《宦梦录》中载周延儒揭救黄道周及大臣"醵金"为黄道周缴纳坐赃款之事："周公延儒再起元揆，得上意，笔舌松妙，善宛转关生，揭救甚婉。谳上，

① 《宦梦录》卷二，第178页。
② （明）吴牲：《忆记》卷三，《四库禁毁书丛刊》，史部，第71册，第713页。
③ 《宦梦录》卷二，第178页。
④ 《国榷》卷九七，崇祯十四年十二月甲子，第5911页。

黄公等得免死，各远戍，黄加永远，坐赃五百余，诸同志阴酿金输纳，不使黄知也。"①

景昉为黄道周所撰行状亦云："江抚解公升任，荐僚属疏，例下部，不足劳，万几闻有金贴其旁致上怒者，遂得扭逮之命。比入狱，廷杖拟罪，屡严驳，声息汹汹，莫必其命。余为拉同乡蒋德璟等谒谢德州请之。谢太息曰：'死矣。迟秋为幸。'闻之失色。总承韩城毒炎之后，余威尚震，武陵虽出督师，柄得遥参，宣督遂入为中枢，同憾公前疏刺骨；同年费县、井研交谊漠如；滑县且下石矣。宜兴周公新召至，众喁喁望丰采，诸名流力怂恿之，婉代开释，得免死，改戍。周公又于讲筵平章他疏，驯语及公。余与蒋公赞其说，初冀得脱戍幸矣，竟复原官，实出望表。本圣主乾断，度越百王，天下亦以是亮周公焉。"②

崇祯十五年壬午（1642），四十七岁

正月初五日至初十日，崇祯皇帝亲行祈谷礼，景昉为上香导引官。③

戊戌二十八日，吏部尚书李日宣奏起废诸臣，崇祯皇帝命"开列自崇祯元年以来并列之"。景昉遂于此时疏请恢复庶吉士考选及召还修撰刘同升、编修赵士春。

> 按：黄景昉的疏请，无确切年月，从前文推测，则应是其初掌翰林院印时，即开列予之李日宣，而直至崇祯十五年正月李日宣始上奏，而崇祯皇帝命李日宣"开列自崇祯元年以来并列之"，而后才有景昉"为项公煜、刘公同升、赵公士春疏请复官"事，故将之系于此。
>
> 其自记云："余初掌院篆，念前后辈废谪多，与太宰李公日宣密商，自罗公喻义而下得九人，各详开履历予之。先为项公煜、刘公同升、赵公士春疏请复官，仍移文催诸里居未到者，如杨公士聪、李公世奇等。"又云"余疏末附言'起居注体宜正，庶吉士官宜复'。旬月，得旨，允行，蒙御笔字字加圈。时考选，诸推、知鳞集渴望馆员，怒甚，即前自推、知改入者亦不便余言。楚廖公国遴首造余，诘何主意，且欲率同考诸公俱见过，意示要挟。余正色答之

---

① 《宦梦录》卷二，第179页。
② ［清］李逊之：《崇祯朝野纪》，《台湾文献丛刊》，第250种，台北大通书局1984年版，第142页。
③ 孙承泽著，王剑英点校：《春明梦余录》卷一四《祈谷纪》，北京古籍出版社1992年版，第204—205页。

不为动。是岁，竟罢馆员议，因有癸未庶吉士之选，此官废十二年矣，始自余复"①。

又按：据其自记，则《明史·黄景昉传》所言："时庶常停选已久，景昉具疏请复，又请召还修撰刘同升、编修赵士春，皆不报。"记载舛误之处有二：其一，从引文中"余疏末附言起居注体宜正，庶吉士官宜复"即可看出，疏请复庶吉士考选与召还刘同升、赵士春为同一奏疏，而赵士春、刘同升虽没有当即复职，但是年九月仍以原官先后复职。② 其二，黄景昉疏请恢复庶吉士考选，得崇祯皇帝御批允行，并在崇祯十五年九月下令恢复旧例，从崇祯十六癸未科新进士中考选庶吉士。③ 故《明史》言此二事"皆不报"有误。

五月，会推阁员，景昉名列其中。

按：《国榷》记云："（五月甲申）先是大学士周延儒、陈演请补阁员，下吏部。尚书李日宣谓：'故事，廷推重詹、翰、铨、宪之长附之，年来中外兼用。'命文选郎中卢化鳌会吏科都给事中章正宸、河南道御史张煊，拟八人，稍增至十三人，吏部右侍郎蒋德璟、詹事黄景昉、尚宝司卿姜曰广、礼部右侍郎王锡衮、国子监祭酒倪元璐、少詹事杨汝成、右谕德杨观光、礼部右侍郎李绍贤、刑部尚书郑三俊、吏部左侍郎刘宗周、兵部右侍郎吴甡、刑部右侍郎惠世扬、都察院左都御史王道直。"④

此次枚卜，大僚及台谏不得与会推者，造二十四气之说，谣惑中外，崇祯皇帝深信此说。

按：所谓二十四气之说，李清释云："大僚及台谏以枚卜构竞不休，其不得与会推者，遂造为二十四气之目，谣惑中外。以吴辅甡为杀气，下注'再生吴起'。……黄辅景昉为时气，下注'赛黄巢'。"⑤

---

① 《宦梦录》卷二，第182—183页。
② 《国榷》卷九八，崇祯十五年九月丙子、辛巳，第5941、5942页。
③ 《国榷》卷九八，崇祯十五年九月庚寅，第5943页；卷九九，崇祯十六年十月庚午，第5995页；崇祯十六年十一月辛亥，第6002—6003页。
④ 《国榷》卷九八，崇祯十五年五月甲申，第5927页。
⑤ （清）李清著，顾思点校：《三垣笔记》附识中《崇祯》，中华书局1982年版，第200页。

"二十四气"之说，创自何人，景昉认为"莫测所自"，但有流传出自宋之普之手："讽闲蜚语流传为山东人自相排挤致然，或疑出宋公之普手，无确据，未知信否。"① 而孙承泽记此事则认为是吏部侍郎蔡奕琛所为："吏部侍郎蔡奕琛贪狡异常，御史成勇参之，下抚按察，经年不敢问。科臣袁凯、孙承泽力纠，逮之至京，复捏二十八宿锦囊计邪说，希饰罪。刑部审明，拟奕琛戍，发遣。后复捏二十四气匿名帖，托其亲官金吾者揭之皇城内外。前此为枚卜处分六人，此番刘公、金公皆气中人，盖已深中其毒矣尔。"② 此说何以为崇祯皇帝所听闻，并深信不疑，笔者认为此事由陈演上达的可能性较大。《国榷》于此有记云："初，大学士陈演所亲廖惟一试御史，才庸甚。及考职，托左副都御史房可壮为之地，不纳，张煊又加厉焉，惟一坐调，演憾之。适上游西苑，召周延儒、陈演，延儒辞足疾，演入舟中云：'枚卜皆数人主持，故滥。'上怒甚，欲重谴之。"③

景昉因列名"二十四气"之说，而深受牵连。

　　按：景昉记此事云："方枚卜，有倡为二十四气之说，遍帖都下，凡时流稍负才名者，咸罗入其中。余偕吴公甡与焉，莫测所自。后省台屡有及之者，姜公埰至蒙重遣，余尝于御前同吴公叩头详白其故，议始息。"④ 景昉因列名于二十四气之中而受牵连，故而向崇祯皇帝"详白其故"，方平息此事。吴甡在《忆记》中记此事云："臣甡偕臣景昉复奏：'姜埰疏内小人以朋党之说壅蔽人主，乃宋臣欧阳修曾有论著言之痛切。臣等未枚卜先，即闻小人造言二十四气，两臣名亦与其中，以匿名文书不必穷诘。今埰言及此，臣等不敢隐默。二十四气，或即朋党之意，而立名新奇，易炫听闻。臣等蒙圣明简在，所司不过票拟及召对奏闻而已。拟旨皆取决圣裁，奏对皆仰承清问，未尝誉一人，毁一人，颠倒一事，上所洞鉴，朋党何为？臣等在天启朝，魏、崔欲倾陷不肯依附之人，皆诬以朋党。魏、崔诛，而上所录用者，即不依附魏、崔，魏、崔所诬为朋党之人也。今非魏、崔时，小人复造此言，臣等窃抱忧惶。'上曰：'匿名文书，朕岂不知为奸人诬造，卿等所奏，朕知道了，不必疑虑。'臣甡、臣景昉叩头退。"⑤

① 《宦梦录》卷二，第 202 页。
② 《春明梦余录》卷四八《都察院》，第 1057 页。
③ 《国榷》卷九八，崇祯十五年七月乙亥，第 5934 页。
④ 《宦梦录》卷三，第 205 页。
⑤ 《忆记》卷四，第 716 页

六月，召对中极殿，称旨，升礼部尚书兼东阁大学士。随题充实录、会典总裁官，同知经筵日讲。

> 按：对于此次枚卜，杨士聪评价云："六月之荐，从众望也"①，但从现有史料上看亦并非全无私情，如宋玫获推，即为周延儒所定，而李日宣不知；②吴甡入阁同样也是由周延儒所推举，虽然大学士陈演不同意，但周延儒以整顿京营为词荐举吴甡入阁。③

黄景昉因在会推名单中，故而亲历此次枚卜事件，自记云："召对，余幸偕蒋公德璟、吴公甡蒙点用。自词林外同列名廷推者六、七人，宋公玫、房公可壮、张公三谟，对亦辨晰，忽奉旨严驳不堪，着吏部回话，且旨即附见于余辈点用疏中，尤属异事。余再疏辞云：'第欣拔茹适当师济，同升之期堂泣向隅。'终有恩威兼用之感，盖阴指是寓。……越日，上尚青袍御中左门，皇太子、二王旁侍立，召吏部、都察院切责滥徇状。太宰李公日宣、吏都谏章公正宸、掌道御史张公煊，同前推宋公、房公、张公俱下狱，圣怒赫然。"④

> 又按：崇祯皇帝因听信蜚语，认为李日宣会推阁员"矢公、矢慎"，命下之刑部狱。《国榷》记云："明日，下日宣等六人刑部狱，夺职。"⑤黄景昉和蒋德璟为此辞礼部尚书兼东阁大学士的任命，力救日宣，上言道："臣等并在会推中，若诸臣有罪，臣等岂能安！"周延儒等交章申救，皆不许，李日宣遂下刑部狱。⑥谳上，刑部侍郎惠世扬、徐石麟拟李日宣等"贡举非其人律，拟杖"，崇祯皇帝认为二人"党比"，故意轻拟，命削惠世扬籍、徐石麟镌二级，并钦定李日宣戍重庆、章正宸戍湖广、张煊戍陕西，房可壮、宋玫、张三谟削籍。⑦定罪之时，景昉等人欲为李日宣、章正宸、张煊等祈宽，但周延儒以

---

① 《玉堂荟记》卷下，第55页。
② 《三垣笔记》附识中《崇祯》，第201—202页。
③ 《宦梦录》卷三，第205页。
④ 《宦梦录》卷三，第201—202页。此即《国榷》卷九八，崇祯十五年六月戊午，第5930—5931页。
⑤ 《国榷》卷九八，崇祯十五年六月辛酉，第5931页。
⑥ （清）夏燮撰，沈仲九标点：《明通鉴》卷八八，庄烈崇祯十五年，中华书局2009年版，第3462页。
⑦ 《明史》卷二五四《李日宣传》，第6567页；《国榷》卷九八，崇祯十五年七月庚午、乙亥、甲午，第5933、5934、5936页。

"恐伤圣度"为言，不允。最终，景昉对此次会推枚卜感慨道："自己巳枚卜喧呶后，兹再见云。"① 同时，景昉也表露出对崇祯皇帝在此次处分李日宣后，明谕"此后枚卜照旧推词林，惟吏部尚书、都察院左都御史准陪推，余概罢寝"，但"甫踰年，而所为特简者仍见告矣"的不满，所谓特简即魏藻德以礼部右侍郎入阁之事。②

此次枚卜虽屡经周折，但黄景昉与蒋德璟同日入阁，亦称"温陵盛事"。而对季夏赴任，因晦有终之意，景昉颇为担忧。

> 按：《国史唯疑》记其与蒋德璟同日入阁云："叶、李二公同登拜。李自云：'此地无纯用闽人之理，纵然一皋一夔，一孔一孟，也要一个抽身。'二公迄始终无间言，自盛德事。余之获偕同邑蒋公被命也同是。余亦先退，顾所为仰愧前修多矣。仅列御宫少亦偶似。"③

而对于季夏赴任，景昉亦记云："余辈以季夏月杪上阁任，私念昔人举大事多避晦朔，晦日月皆终，疑非吉。属首揆周公频来催，且云：'即日孟秋朔，上享太庙，阁臣无弗出陪祀理。'勉诺之，意终怦怦，后果致参差。同事中有冒重遭去者，周公亦终不免，孤虚避忌之谈，所从来远。"④

八月，黄景昉与周延儒、蒋德璟借崇祯皇帝感叹讲筵官不得其人之机，求赦免黄道周。不久，崇祯皇帝赦免黄道周，并复任少詹事。

> 按：景昉于此记云："召对，周公为张采、张溥祈宽云：'二人肯读书，博同经史，为东南士子所宗。诸言官离书生未久，夙慕其名，致随声附和，非他有所党比。'因言：'即如黄道周，亦以多读书得海内士大夫心，与张采、张溥同。'蒋公因称其博学清修状。余进曰：'道周见蒙永戍，凡永戍之苦视死刑尤甚。死刑罪止其身耳，永戍且及子孙，闽楚隔远，道周子幼家贫，流离可怜，倘可改充附近戍，微恩非浅。'周公旁扬言曰：'也不争近戍、永戍，皇上倘怜其才，倒不如索性用他。'上不答，微笑。退，随奉御批：'黄某准赦罪复职。'

---

① 《宦梦录》卷三，第202—203页。
② 同上书，第203—204页。
③ 《国史唯疑》卷一一，第317—318页。
④ 《宦梦录》卷三，第203页。

阁中惊喜相贺，朝野欢传，竞颂圣天子如天赐，有泣下者。"①

是月召对，景昉极言叶廷秀清苦力学，且思负咎图报，崇祯皇帝虽有赦免之意，因省、台荐举解学龙，使崇祯皇帝生疑，而终不果。

　　按：景昉《宦梦录》记云："黄公道周既复官少詹事，余因召对，为同年叶公廷秀极言其清苦力学且衔恩负咎图报状，上业有转圜意。会省、台连章称赞，并荐及解公学龙等，疑窦开，机会遂塞。上恩威自出，恶臣下矫之为名，诸台、省非可遍谕，往往以急性激成滞局，事非一端。"②

九月，崇祯皇帝赐游西苑，阁臣、勋臣、部臣共十三人，景昉亦与其列。③
是月，倪元璐为兵部右侍郎兼翰林院侍读学士。初，周延儒欲改内阁大学士一人为兵部侍郎兼学士，拟以景昉任之，景昉力辞。迫于众论，遂家起倪元璐。

　　按：景昉自记此事云："周公延儒每语人：'宰相不答钱谷之问，词林改计部，非是。惟兵机宜暗晓，备帷幄筹。'议改一员为少司马兼学士，初拟余，辞。再拟同里蒋公，亦辞。周公意哂，然逼于众议，乃即家起倪公元璐为之。余辈所为力辞者，固以枢贰储督抚选，封疆重寄，未易担承。时大司马陈公新甲势方横，亦不乐与共事故也。"④

戊子，诛兵部尚书陈新甲。
十月戊午，诛刘元斌、王裕民。⑤

　　按：景昉记此，以为此后周延儒被勒自尽之缘由："内珰刘元斌统禁旅剿李青山寇，颇有功。师还，或言其纵兵淫杀状，南御史王公孙蕃疏劾之，验实，上蚤朝面奖赏御史，立逮司礼太监王裕民，并元斌下诏狱。裕民久侍左右，见秉笔司礼，亲重视外廷首揆等，元斌其名下也。上以其狡饰，屡询不实对，怒甚。周公难显诤，第用'因物付物，以人治人'之说进。未几，刘、王竟死西

①《宦梦录》卷三，第211—212页。
②同上书，第212页。
③同上书，第214—215页。
④同上书，第192—193页。
⑤《国榷》卷九八，崇祯十五年十月戊午，第5945页。

市。时每召对阁臣，内珰辄屏去数丈许，语毕呼司礼监官来，始应声进，既莫测何语。至裕民事益怪恨，谓阁中阴有意杀之，将来周公祸始是。"①

壬戌，驸马都尉巩永图请上建文君庙号、谥号，景昉亦力言此事，然崇祯皇帝以此事"事体重大"，踌躇不果，最终亦未得施行。

按：景昉于此事记云："都尉巩公永固疏请复建文庙号，偶召对及之，上有难色，余进曰：'此大典礼海内属望久矣，在成祖形迹间似有所疑，若以太祖大公至正之心视之，则圣子神孙俱属一体，何疑之有？圣明在上，诚千载一时，愿以太祖之心为心，即赐举行。'同官多助余言者，上终以事体重大，踌躇不果。"②

十一月，黄景昉疏谏处白广恩之法，崇祯皇帝不听。

按：景昉《宦梦录》记此事云：蓟督赵公广抃自戍罪释用，未受事，寇已大入，率各总兵逐寇。过都门言："诸将愿一望清光，求赐对，假之颜色。"上悦，如所请召见，命光禄寺备宴，阁臣陪，具仪卫以待。逾午不至，忽疏称："总兵白广恩赴召，垂入城，有密言于马首云：'召非佳意，疑即席擒之。'广恩惧，奔还。虑他变，臣立驰诣其营，慰安之，召未能赴。"举朝愕然，不得已改谕边报急，诸将免召见，筵席牛酒等物仍赍赐。缘广恩职镇蓟门，有失信地罪，方自危愵，弁得乘机要嚇，顾所伤国体多矣。上所为深憾赵，卒置之法坐是，非外廷耳目所知。……白广恩本流寇部曲，或云即过天星，为洪公承畴招抚，携至边，家属从焉。至是，有违召罪，惧诛，拥兵自卫，驻邯郸，匝月索饷，与邯人阋，疏词悖慢，众愤。然同官蒋公德璟偕宗伯林公欲椎数誉广恩才，微护之。询故，以洪公所荐为词，余曰："当此事势即洪公不能自必，何况所荐用之人乎？"一日阁部同议御前，迟回久，余进曰："此两言决耳。在兵部宜声其罪示法，在皇上宜怜其才示恩。"上称善，究亦不能从也。③

是月，讲筵例以寒暑暂辍，是年辍讲后，崇祯皇帝仍命每日进讲。

———

① 《宦梦录》卷三，第207—208页。
② 同上书，第210—211页。
③ 《宦梦录》卷三，第229—231页。

按：景昉记云：讲筵例寒暑暂辍，是岁仲冬辍讲后，上忽精勤，每日轮讲官二员，讲《大学衍义》及《宝训》《大明律》诸书。一夕御德政殿，讲《西铭》，谕阁臣曰："宋儒程子有言：'人主一日之间亲贤士大夫之时多，亲宦官、宫妾之时少，则自然君德清明，君身强固。'语最有味，朕恒熟诵之。"于时边报纷纭，讲自若，以其余裁决机务，夜分始罢。①

闰十一月，刘宗周因疏救姜埰、熊开元而拟罪，黄景昉封还崇祯皇帝诏书，求解于首辅周延儒，最终，崇祯皇帝御批刘宗周免职，不拟罪。

按：景昉《宦梦录》记其票拟熊开元奏疏云："行人熊公开元自谏垣谪补，负才名，尝于文昭阁面对，颇称旨，因再求见。已，奏事毕，请间，上为移御内殿，屏左右，惟阁臣侍，熊请更屏阁臣，意效范雎说秦王事，首揆周公请趋出避之，不许。熊稍失措，遂面讦周公短，周亦奏辨，请罢斥。上以熊小臣犯分，且诡称密奏，非是，叱出，命补疏。越日，疏下，余为拟姑不究，内批镇抚司挈问，逼供同谋。寻同姜公埰各廷杖一百，案驳经年，朝端辗转多事自兹始。"②

景昉封还崇祯皇帝奏疏以救刘宗周之举见其自述。其述云："姜公埰、熊公开元系久，遇召对，九卿、科、道，各以恩宥请。左都御史刘公宗周请尤力，且援黄公道周为比。上曰：'黄道周系特恩，何得妄援？'刘益抗陈不少挫，云：'皇上即加臣斧钺之罪，亦不敢辞。'上怒，声色俱厉。金院金公光辰复从旁代述刘意，并叱出候旨，诸臣为引罪求宽，不允。驾暂起。良久，上亲批刘宗周革了职，刑部拟罪具奏，金光辰降三级调外，遣文书官齎示阁臣，讫即发下。余心念刘累朝老成，所争执事正，倘令身就牢狱，谓朝论何？谓主德何？亟语首揆周公，宜留批面奏。周虑文书官不肯授，难之。余躬请之文书官曰：'旨漫抄发，暂留此，少顷再召，阁中尚有所陈。'适其人年少和雅，答云：'容询敝堂翁可否？'嗣闻司礼王公意亦缓。于是上张灯再御，周公两手恭奉批，余辈同入，跪案前奏：'刘某罪自难辞，念已老，律有七十以上收赎之条，伏望圣恩免其刑部拟罪。'言再三。上徐曰：'果

① 同上书，第222页。
② 同上书，第223—224页。

已七十乎?'对:'诚然。'上略起,俯手接批,思移时,改云:'姑念辅臣申救,奏其已老,着革了职为民。'众叩头出。噫! 当日亦殊费苦心,有封还诏书遗意,谁知之者?"①

十二月,刘宗周革职为民;姜埰、熊开元廷杖后,仍下镇抚司;金光辰降三级调用。

崇祯十六年癸未（1643），四十八岁

三月,吴甡以礼部尚书东阁大学士兼兵部尚书督师平寇。

> 按:吴甡虽受命督师平寇,但迁延不出。景昉记云:"上屡目阁臣称:'昔大臣有自请视师者。'缘吴公甡自协戎擢用,有知兵名,意默有所属。吴佯不省,至是楚承天陷,上特御文华殿嘉赞吴公,属以剿寇复仇之任,无所辞。时同邑蒋公屡请行,弗许。……吴公甡既受命,议由晋入秦,偕秦督出襄邓恢楚,咸云:'西北事见有秦督在,贼方南下,不若开府金陵,沂浔阳、武昌,规复承、郧。'便因议调边镇唐通兵,议挑选京营兵三千护行,议移袁公继咸为江督,通往来路。时寇未出口,道梗,留有所待。上于唐弁、袁督议未允。……余意吴公宜速行,嫌难出口。一日,当领敕置案上,坐语自如不一视。余私语蒋公曰:'出师颁敕大事也,受命而随,吴公其终不前乎?'不幸言中。"②

是月,景昉上言闽、粤两省应同担福建水师赴登州之饷金。旨允行。初,议调福建水师三千赴登州,计需费七万金,巡抚张肯堂"虑难猝辨",景昉遂助为言。

> 按:据钱谦益《牧斋初学集》卷八七《请调用闽帅议》,落款在癸未三月朔日,故将此事系于此。③景昉记此事云:"闽水师三千赴登,计费安家行粮七万金,闽抚张公肯堂面对,虑难猝辨。余进曰:'水师惟郑芝龙颇精,郑镇漳、潮间,闽、粤共之费,宜两省分办为是。'旨允行。其后兵部议各省闻警入援,闽、粤、滇、黔稍远,许折输援兵银若干,免调发。闽应折三万五千金。余谓:

---

① 《宦梦录》卷三,第224—225页。
② 同上书,第233—234页。
③ （清）钱谦益著,钱仲联点校:《牧斋初学集》卷八七《奏疏议》,上海古籍出版社1985年版,第1833—1836页。

'闽既调水师行，即同入援，视他省之全无调发者迥殊。'票从豁免。"①

四月，大学士周延儒自请督师御胡，襄城伯李国桢请选官舍锐士从征。

按：景昉于此记云："寇北折思避久，屯驻三河、武清间，诸援兵莫敢击。周公慨具揭，身请视师。上悦，即召见，谕'本日酉时出东方吉'，褒奖良至。周公退，趣装不复过家，抵城门，夜深，已上钥矣。坐门勋臣特疏闻启钥，验出，留郊外二日，遂行。事起仓卒，暂携文渊阁印往，用为题识，阁中权用翰林院印代之，称二百年未有异事。"②

五月，景昉疏奏陕西、河南战守事。

按：痛史本《崇祯长编》在崇祯十六年十一月甲寅日收录了景昉疏奏陕西、河南战守事的奏疏，但据史传及其自述，景昉致仕在是年九月己亥日，并且得旨即归，无在朝之理。而据奏疏中"贼入潼关，不惟资彼形势，恐强兵健卒举而附之，不可伏制"一句，则可推测景昉上此疏时李自成尚未破潼关。又据《国榷》五月丙申日的记载，因巡抚河南右佥都御史秦所式上言中州大势，崇祯皇帝谕令"延绥、甘肃、宁夏各兵即遣监军速驰河南，听豫抚调发"③，而景昉奏疏中所云："惟有速饬三边总督，由兴县渡河，直趋榆林，提调甘、延、宁三抚，汲汲拊循边兵，鼓励边将，使其齐辑捍剿"及河南形势，于秦所式所言实有补充之处，似此奏疏当上于崇祯皇帝谕令之后不久，故系于五月。同时，此疏奏在称谓上称景昉为大学士，而景昉在九月已致仕，则又可推断此奏疏应是在景昉致仕前所上，并且崇祯皇帝将之留中至十一月始下，故而所记在十一月，而不是其上疏的日期。景昉存世的奏疏甚少，而《痛史本崇祯长编》所载景昉此奏疏为其少有的完整奏疏，故全录之，以见景昉对当时战守情况的清晰认识：

崇祯十六年十一月甲寅，大学士黄景昉疏奏：今天下兵将，惟陕西为能战，

①《宦梦录》卷三，第238—239页。此记载亦见全祖望撰，朱铸禹汇校集注，《鲒埼亭集内编》卷一〇《明太傅吏部尚书文渊阁大学士华亭张公神道碑铭》，《全祖望集汇校集注》，上海古籍出版社2000年版，第203页。

②《宦梦录》卷四，第251—252页。

③《国榷》卷九九，崇祯十六年五月丙申，第5973—5974页。

而陕西腹中之兵三，不当边兵之一。贼入潼关，不惟资彼形势，恐强兵健卒举而附之，不可伏制。惟有速饬三边总督，由兴县渡河，直趋榆林，提调甘、延、宁三抚，汲汲拊循边兵，鼓励边将，使其齐辑捍剿，然其事未易言也。年来各镇，京民二运，□不解给，兵之饥窘逃亡，居者已不成旅，行者未常得息，谓宜设处十余万金，先付督臣，以为招补犒赏之费。若徒手而往，必无所济。臣过陕西，惟见凤翔、西安二府，今岁稍稔。其庆、平、汉四府，荒残已为极矣，盗贼伏多，已费料理，大寇一入，各处夥盗附丽以逞，火光燎原，非只用督臣，便可了当。见在各抚才力平平，而道府各官员缺甚多，固原一道，不补官者几年矣。宜推择能干几人，与督抚协力，于现在将士之外，多方搜罗，收召豪杰，此救秦之先著也。河北三府，在承平无事时，原甚脊薄，况凋残之后，事力单虚。今上自藩王，下至抚按，大凡河南无任可履之官，皆驻扎彼所，其供亿之费，固已难矣。而调防之官兵士马，避难之绅衿军民，屯聚骚扰，何以堪之？况如昨者进剿之时，责以输运，自不得喘。百姓嗷嗷之心，不待贼至，而已思离散矣。故急宜选抚按之廉洁干济者，加意绥辑而保障之。然抚按不为河北设也，当思所以渡河而南之计矣。贼入陕西，则尚在河南者，率多伪设之官，与诡附之土寇耳。若能广布威略，鼓率义勇，佐以官之侦探精确，相机进取，可复则复，可守则守。臣请敕行该抚按，将河南道府州县大小官兵，一一核实，所驻何地？所司何事？随事课功。至于乡绅士民，宜令纠集壮丁，各建恢复故土之策，如有功效，一体叙推。臣闻汴梁新决沙河口，业已成河，归德竟在新河之东矣。则归德、汝宁二府之情形，宜责令该抚察明具奏，先行克复。不然，中原底定，何日之有？伏望皇上召在廷诸臣，问以此议，仍令条画便宜以闻。①

甲午，召大学士周延儒入朝。

丁未，黄景昉与蒋德璟、吴甡同为升为太子少保、户部尚书兼文渊阁大学士，荫子入国子监，并赐金币。

戊申，罢吴甡督师，以其遭延未行也。未几，吴甡致仕。②

按：吴甡罢后，景昉语李清言"吴公必有后祸"，后果如其言。《三垣笔记》载："吴辅甡行后，黄辅景昉语予曰：'吴公必有后祸。'予问故，景昉曰：

① 痛史本《崇祯长编》卷一，崇祯十六年十一月甲寅，第37页。
② 《崇祯实录》卷一六，崇祯十六年五月丁巳，第477页。

'每阁中见劾周疏，必云发踪由吴，恐浸入圣听，祸同连鸡耳。'其意盖指陈辅演也。演素与甡不协，故云。"①

丙午，吏部尚书郑三俊以误荐吴昌时引咎罢。

戊午，魏藻德以礼部右侍郎兼东阁大学士入阁。

　　按：关于魏藻德入阁之过程，景昉记道："通州魏公藻德，前同熊开元、吕兆龙面对，颇称旨。疏留中半载不下，忽召入文华殿独对。退诣阁，述其故，微露上意。周公尚未悟曰：'得无以钱粮兵马事相烦乎？'余曰：'非也，上或举行先朝商文毅、彭文宪故事耳。'余辈晚出阁，及金水桥得旨，魏某以礼部侍郎入阁矣。周公始服余先见。"②魏藻德超擢入阁，景昉对崇祯皇帝此举颇有看法，认为："词林旧无三载入阁者，即商、彭二公祗以本官加侍读，无骤晋卿贰例。"并以诗隐喻此事"状元超拜主恩新，可有彭商线襆尘。更越群真题蒊榜，三年前是榜中人。［释义］通州魏公藻德，庚辰状元，越癸未入阁，遂主其科会试，遡其及第之举甫三年耳。先朝商文毅、彭文宪二公登用颇速，然未有超腾至是者。殷廷之桑，一夕化而为谷，大几合抱，昔人以为不祥。若魏者，意亦先朝之祥桑与。"③

　　又按：魏藻德通籍三年即入阁，景昉认为此事与冯铨有关："涿州冯公铨为周公同籍缔姻，雅相善，屡议复冠带示酬，惮众论，未果。……即通州暴致亨融，抑或其力。察厂卫狱词，有为涿州所笑等语，后通州面对，亦直举冯某守城输饷劳为词，微指可知。"④

丁巳，以周延儒蒙蔽推诿，谕府、部、科、道等官勘议，并勒其致仕。

　　按：景昉对于周延儒推诿不答之举，解释其缘由云"余杜门候旨三日，出廷谢，始知昨晚周公奉府部看议事。询故，云：'昨朝罢召对，司马冯公元飚力言袁继咸不任江督状，上面命推换，咸举吕公大器。上顾周公问："吕大器

①《三垣笔记》卷中《崇祯》，第67页。
②《宦梦录》卷四，第261页。
③《宦梦录》卷四，第262页；黄景昉：《纷纭行释》第八首，王荣国、王清原编：《罗氏雪堂藏书遗珍》第9册，中华全国图书馆文献缩微复制中心2001年版，第315页。
④《宦梦录》卷四，第260—261页。

何如？"不答，因致怒，有玩误推诿之批。'周公所为不答者，虑吕难独任，又袁督为吴公甡力荐，吴得罪冯公，略窥测微指，因以为逢耳。要之圣怒特借端发，意别有在"①。

是月，唐通疏劾赵光抃，黄景昉票拟驳之，始失上意。

> 按：此事景昉虽未言及具体日期，但据其所述，当在周延儒督师还朝后。景昉在《宦梦录》中述云："西协总兵唐通忽疏侵蓟督赵光抃，语不伦，余拟旨下部察奏发改。奉御批：'公平出自政本，朕知识寡昧，惟辅臣是赖，镇臣非万分屈抑，安敢上疏？'仍改拟。余具揭谢，因言：'文武一体，情意固贵流通；上下相维，纪纲尤宜严肃。不便以镇将单词遽罪督臣。'并及近旨太优假镇臣状。诸同官沮余，谓：'批严切，姑引罪足矣。'余不可。上览奏不怿，意亦微悔。及周公还自军中，独召对，犹语及之。余所为失上意始是。"②

陈燕翼疏攻黄澍中州决河之事，景昉票拟其罚俸，崇祯皇帝不允，下旨并究部科掌印官，并处陈燕翼降调。景昉自愧不能留一同乡贤者。

> 按：此事据孙承泽《山书·用人听言》系于五月。③景昉于此记曰："给谏陈公燕翼疏攻黄御史澍，颇极丑诋。上怒，着议处。部未覆陈，忽题某差行，旨并究部科掌印官，陈遂降调。自愧不能留一同乡贤者。顾其时风波大作，陈原拟罚俸，不准，即吏、户科二都谏且几累及。所处光景有岌岌不可再留之势，非事外人所知。"④

六月，黄澍出任湖广巡按御史疑有排挤，景昉以《会典》"南人不差三边，北人不差两广"之制，为毛士龙说情，触怒崇祯皇帝，至是遂谋去益决。

> 按：据景昉自述，此事在陈燕翼疏劾黄澍事后，故系于此。景昉自述云："御史黄公澍之按楚也，上疑都察院故挤之，命取原主差簿进览，特召金院毛公士龙诘问：'据簿尚有杨若桥，何故用黄澍？'众未对，余不觉率尔云：'杨

①《宦梦录》卷四，第262—263页。
② 同上书，第253—254页。
③ 孙承泽辑，裴剑平校点：《山书》卷一七《用人听言》，浙江古籍出版社1989年版，第455页。
④《宦梦录》卷四，第255页。

若桥，通州人，或其才宜于北，不宜于南乎？'上怒，变色曰：'宜北不宜南出何典制？'同官蒋公对：'有之，旧制，南人不差三边，北人不差两广。'既出，自思台差与阁中无涉，且余于杨道长，非素识，何苦代对，致犯转喉触讳之讥。余先为唐通事业怀去志，至是遂谋去益决。"①

七月，景昉力争惠世扬削籍事，再忤崇祯皇帝之意。

按：议处郑三俊在是年七月，故将此事暂系于此。惠世扬削籍一事，并非如《明史》所言因惠世扬"迟久不至"，而是因崇祯皇帝"辞疏久不下"所致，景昉于此记云："总宪刘公宗周得罪去，推李公邦华代，舆论翕然属副院张公玮，卒难其继，郑公面奏起惠公世扬，惠自少司寇闲住未久，上难之，阁臣为代请，姑勉从。辞疏久不下，会郑公罢，立擢方公岳贡副院，示意吏部请别用惠。旨以郑朦荐为罪，惠革职为民，郑议处。余思惠素清鲠，起废籍蒙恩，非梦想及，朦荐罪不在惠，且原罪止闲住耳，骤革职太重。为具揭救，不允。"②实则崇祯皇帝不愿起用惠世扬，因郑三俊及阁臣力请，而"勉从"。故而郑三俊罢，则立擢方岳贡任左副都御史，并因郑三俊"朦荐"，并及惠世扬。景昉因此具揭力争，但崇祯皇帝不允。景昉也因此而再次违忤崇祯皇帝之意。

是月，李建泰任吏部左侍郎。

按：李建泰与姜日广同被推选为吏部侍郎，内阁"佳词隐右李"，且姜日广不甚得上意，故李建泰遂被点用为吏部左侍郎。景昉本欲见其面方致仕，但迫于时局，不久即致仕，而未能见到李建泰，对此景昉甚为遗憾，并记道："余初意俟李到与握手别，且以国事详托之。既自惟出处大义不便苟淹，念十数载深交从兹永隔，为泫然久之。"③

八月，景昉因力争操江与推任南京守备事，再次触忤崇祯皇帝，以致在阁日，有不啻以日为岁之感。

---

① 《宦梦录》卷四，第 256 页。
② 《宦梦录》卷三，第 236 页。
③ 《宦梦录》卷四，第 278 页。

按：景昉于此事述云："操江高公倬，甫任众坚，执宜换，启上疑。忽有旨，文操臣缺，着裁革归并，勋臣以诚意伯刘孔昭总其事。余同蒋公揭称：'官制骤易，将来统辖、呼应、联络均非便，求发部院详酌，复传诸部科执奏。'不听。上久欲重勋臣权，特南召抚宁、忻城、诚意三侯伯来。方议复漕运总兵旧制，外廷仍嘈嘈构之，致中决无从挽回。……南守备魏国病，予告，御批问勋臣谁可任此？余同蒋公回揭：'勋旧诸臣概少来往，未有确见不敢轻易推举。'旋奉批：'外廷见闻甚广，岂有勋臣才品通未一识之理，不过云此该部事，部推有一不商确辅臣者乎？未可诿不知，仍着具奏。'盖上疑已深，词厉意猜，非复如平日温蔼气象矣。余姑再同蒋公婉答。"①

又按：景昉在推任南守备事之后，即深感崇祯皇帝对其不信任，御批"非复如平日温蔼气象矣"。而景昉认为崇祯皇帝对其猜疑，是因此前起废复官疏多由其票拟，并且吏部尚书郑三俊曾为景昉所疏救，赵光抃则是其同门，而其票驳唐通揭奏赵光抃事，则更令崇祯皇帝生疑心，故而深疑景昉有党比形迹。景昉于此记云："方周公在事，遇吏部起废复官疏多委余，不知何意？如许公誉卿、蒋公允仪、张公采等，俱经余拟旨释用，上意或疑狗比。余旧救司寇郑公，郑起柄铨，余虽屡自远形迹，终在侧目中。又与赵公光抃同门，前唐通事，上默疑代赵报复。在郑公、赵公复以余不显代推挽为訾，事难自明，每有哑吃苦瓜之恨。"虽然景昉不久即致仕归，但此段时间认为是"不啻以日为岁"②。

景昉值阁，所票章奏较连日为多，崇祯皇帝欲以此令景昉"鞿掌见困"。

按：景昉自述云："蒋公遣祭国雍，余独守阁。是日疏最多，余手票六十余本，他况尝出旨者不与焉，殆百余矣。察连日先后鲜尔，岂上意欲以鞿掌见困乎？亦漏下即出，寡驳者。"③

是月，会试以太子少保户部尚书武英殿大学士陈演、少詹事兼东阁大学士魏藻德主礼闱。此次会试轮序当属蒋德璟为主考，但最终魏藻德越蒋德璟、黄景昉主会试。

---

① 《宦梦录》卷四，第283—285页。
② 同上书，第285页。
③ 《宦梦录》卷四，第283页。

按：《国榷》云："故事，内阁首次主试。时推四人，陈演、蒋德璟、黄景昉、魏藻德，上命演、藻德，皆有成心。故不数日景昉予告。"① 此事，除崇祯皇帝眷顾魏藻德外，魏藻德亦有意越次主会闱，故非藻德不谋而得，景昉对此事的记载即可为证："会闱副考序属蒋公，通州魏公得上眷，暗垂涎其侧，一夕偶云：'误蒙大用，致乡会试不得与，班役有怨色。'蒋公谩以将来事慰之，答云：'安能邑邑俟此乎？'众始疑讶。至是，果越次点魏。自来无登第三年主会闱之理，内谋昭然，并累代典章、盈廷议论通不遑顾矣。余先梦旨下，有陈、魏名，以语人，当亦前定。"② 崇祯皇帝以陈演、魏藻德主会试，实则欲以陈演、魏藻德为首、次辅，陈演既已为首辅，会闱越次用魏藻德，则意示轻蒋德璟、黄景昉。杨士聪对此也说道："宜兴既罢，兴化同时闲住，虽各有其事，而先后荐用之人，岂能复安，则两晋江及巴县之罢必也。癸未主考越两晋江而及通州，则已示其意矣。"③

会试前夕，景昉揭奏"部覆举子开复并诸陈乞疏"留中事，旨始下。

按：景昉记云："闱期伫逼，部覆举子开复并诸陈乞疏尚留中，为揭奏：'诸生三年磨厉，万里间关，岂望此数日耳。过此，虽复朝廷浩荡之恩，已非躬被。'并言：'今岁遭警，迁道改期，劳费可念状。'旨始下，距入闱仅旦夕间，中遂有衰擢高第，如庶常何公九云其人者。"④

会试放榜日，景昉上疏请辞。

按：景昉对上疏请辞经过记云："会榜放，陈、魏二公入，余勉追陪。晚出，垂登车，私语蒋公（德璟）曰：'明晨不复进是矣。'蒋犹疑谩语。余心念宋儒胡文定公有云：'出处大事宜内断于心'，如人饥饱自知，非可决之他人，亦非人所能代决。故虽蒋公称同里相知，晨夕聚首，未一轻露去意，临别始微及。即舍弟及二婿同处邸中，亦不以告，颇自谓决几之勇。"⑤ 又云："具揭称

① 《国榷》卷九九，崇祯十六年八月乙丑，第5986页。
② 《宦梦录》卷四，第282页。
③ 《玉堂荟记》卷下，第708页。
④ 《宦梦录》卷四，第286页。
⑤ 《宦梦录》卷四，第286—287页。

病，出直，奉暂假调理旨，次日即上疏，坚卧求归。越数日，得请。余先寄家中书云：'闻罢官报是好消息。家中可酌酒相贺。'余非忍赺然者，顾国家事实难措手，意向倏移，扞格恒生，徒强颜伴食何益？大臣'以道事君，不可则止'即圣门律令，亦祗得如是耳！"①

九月，黄景昉致仕。

按：对于黄景昉致仕日期，《国榷》与《明史》皆记载在九月，《宦梦录·自序》只记"癸未秋谢政归"，未有确切日期。《国榷》记在九月壬辰，《明史》则记载在己亥日，查陈垣《二十史朔闰表》崇祯十六年九月壬辰为朔日，则己亥为九月八日，相差八日。《国榷》在壬辰日所使用的词为予告，而非致仕，而《明史》在己亥日使用的则是致仕。《宦梦录》载"次日即上疏，坚卧求归。越数日，得请"。又"得旨即辞朝行，计期未十日也"。杨士聪在《玉堂荟记》中说"出闱之日，黄以一疏准辞"，实即放榜之日，景昉告病，次日上疏乞归。按此，即九月壬辰朔日上疏乞休，于己亥日得请，共计八日，正符合景昉所说"计期未十日"，故《国榷》所记壬辰日乃其称病乞休之日，《明史》所记己亥为得旨致仕之日。

景昉得旨即归，临行上疏，以"简发章奏，爱惜人才，稽古逊心，询谋舍己"为规劝。

按：景昉于此记云："以余一疏即放为非体者，释之曰：'三揖进一辞，退礼也。'往见万历中诸辅求去至百余疏，或七八十疏，称危悚苦词，蹙意穷异，一动天听不可得。余蹇劣，何敢望前辈，惟此一事差为省力耳，亦自解嘲。"景昉得旨即归："余早自束装，闻命后，疏辞银币，得旨即辞朝行，计期未十日也。仍具疏劝上：'简发章奏，爱惜人才，雄断仍本小心，询谋无妨舍己。毋以仁义不效，辄疑王道为迂阔，或狂愚可矜。尚望神威稍霁云云。'自知非入耳之谈，葵藿之忱，笋梁之谊，实亦不能已。疏竟留，踰岁始下。是日，出国门，饯送礼讫，睹水木清疎爽然，如释重负，忽追念十九载翰苑隆恩，十五

①《宦梦录》卷四，第287页。

月纶扉殊遇，自兹阙廷望断，补报无由，又不觉怆然欲涕矣。"①

景昉致仕后，奉旨驰驿行，自北京出发，经德州、临清、济宁，出黄河，抵高邮，途经维杨、徐州、扬州、苏郡、松江、杭州、衢州、常山、玉山、铅山，抵江闽分界车盘驿，过分水关，遂入闽。②

按：景昉《宦梦录》于致仕抵里之沿途经过所述甚详，然未注明确切时间，故撮要系于后，以存梗概。

过临清，却刘泽清馈赠。

临清刘总兵泽清来。周公前出视师，署刘中军。余偶询及之，刘云："周公驻通州，提督王公承恩、襄城李公国贞谒见，不迎不送，谓阁体宜尔。"二公并三军之帅，出魄其麾下，有怒色，得祸坐是，理或然乎？刘具牢饩进，却之。日暮更益之至百金。余笑，乃公岂辞少受多者？却如前。为言途槩谢赠遗，温慰之去。③

过济宁，遇待罪听勘之周延儒，景昉有永诀之感。

过济宁遂遇周公船，病未愈，挟一医一僧自随，叩余别。后状余不便深言，第云："上嫌公巧耳。"周公曰："巧之一字，我不敢辞，上如此圣明，岂一味拙直所能伏事？委曲弥缝亦将以求济也。"为留话逾久，夜禁舟人鼓角声，虑伤其意。明晨仍过别，周公业载木自随，情景凄然，知同永诀。④

过淮，晤路振飞、黄文焕。

晤淮抚路公振飞，适编修黄公文焕至，黄以清理河锤留淮逾年矣，赖旧邑子诸生递给之，所注陶诗、楚词类可观。偶询陈启新居淮状，云："不知所之。"陈初奉革职、抚按提问旨，余颇谓严，侍从官囚首公庭，非体。陈先尝劾余，顾余以情理衷之，宜尔。⑤

过无锡，遇高世泰。

无锡高学宪世泰被劾家居，自云得罪杨武陵，其试武陵诸生，题"杨朱墨翟之

---

① 《宦梦录》卷四，第288—289页。
② 杨正泰的《明代驿站考》所载的《明代驿路图》从北京至福建的路线与黄景昉的路线相同。（杨正泰：《明代驿站考》，上海古籍出版社2007年版，第112—118页）
③ 《宦梦录》卷四，第293页。
④ 同上书，第293—294页。
⑤ 《宦梦录》卷四，第295页。

言盈天下，天下之言不归杨"，致恨刺骨。语亦自粲然有致。高即忠宪公犹子。①

过凤阳，闻马士英所调黔兵抢掠事，并言及金声。

凤督马公士英调到黔兵一枝，由江右道徽州，沿途颇抢掠。驻祁门，祁氏愤甚，夜闭祠中焚之，死八百人马。公疏闻，上怒，地方官并徽绅、御史金声俱逮问。金旧庶常，以家居倡议练兵，指为罪。无何，忽蒙恩擢翰撰。徐知为总兵唐通奏荐。唐原隶刘之纶部下，雅熟金。词苑清班，乃关自边镇武夫口，可叹也。②

过扬州，遇御史杨仁愿。

御史杨公仁愿，数言事，《请禁饬厂卫疏》尤佳。得旨依允，本宜兴、江夏二公力。比余出都，事局变，所删改厂卫原勅已照旧行。阅吴昌时狱词，有"杨御史仁愿上疏后，厂中久不与事"之语，蓄憾殊深。余过扬州密语之，怵然心动。闻杨以监差出游，缇骑阴随其后，迹行事无所得始还。③

武陵遇姜曰广，景昉问及其与陈演同事南闱之事。

武陵遇姜公曰广赴南詹事任，余问曩井研陈公与公同事南闱，察陈意，微若有所不足，何也？姜公云："余初入闱即明告陈曰：'公能任，任之。不然，请悉以见委，毋使此中人讥议。'谓公以中卷欲提衡南士也。"余私叹姜公伉直，乃尔近鲜见，宜不为同事所欢。④

过杭州，景昉见该城守备空虚，心忧虑之。

澌会城殊空虚可虑，余过日，抚按暨守令俱缺，监司仅三人，半称病，吏治耗敝。……讯之宦澌者，曰："杭百万户薪米尽寄关外，虽富家不甚畜田，倘城门闭三日者，无人色矣。余杭于潜山中有小径，如独松关类，往往道他省，三衢势据上流，常山草萍驿要路，议设兵，苦无额饷。"前经杨郡亦闻。如皋、泰兴之间，水道一日夜可抵常熟，昔张士诚尝因之，凡此皆士大夫所宜急心讲求，待事急后筹及，晚矣。⑤

景昉经车盘驿，过分水关，遂入闽。

车盘驿为江闽分界，经过多留题者，碑碣墨迹满堂壁间。余归，仅借民家饭，视驿为风雨剥尽矣。此决宜修复，无论襜帷暂住，即前贤许多佳句何忍听埋没瓦砾

---

① 《宦梦录》卷四，第 296 页。
② 同上书，第 297—298 页。
③ 同上书，第 298 页。
④ 同上书，第 299—300 页。
⑤ 《宦梦录》卷四，第 301—302 页。

中。……晚过分水关，雨雪交下，草树并冻结，关门闭，鼓吹交作，守关卒尽登埠视，验实，始启行。①

至延平，会门人祁熊佳，闻王应熊骤归事，默然不喜。

延平会门人祁令熊佳，得王公应熊骤归报，众论称快，余默然不喜。王公诚忮刻，前不宜召起，即起亦可因其辞，罢之。岂有远诣都门不容一日觐阙廷理？此何异博参呼小儿，招来麾去，随手戏剧。诸公纷营目前，毫不为国体计矣。有识者或不谬余言。②

除夕前五日，抵家。

抵省，诸司多出迓，抚公即雉楼布席俟，其送也亦然。在道颇具威仪行，余林壑中人耳，岂借是夸荣父母之邦哉？用以宣播国恩，激励乡俊，示大臣出处光明之义，不可废也。③

明崇祯十七年/清顺治元年甲申（1644），四十九岁

三月壬辰，蒋德璟致仕。

丁未，崇祯皇帝自缢于万岁山，明亡。

景昉著《宦梦录》。④

按：据景昉《宦梦录》自序，故系于此。序云："余以癸未秋谢政归，逼腊抵里，越岁春，忽国变闻，意皇甚，忽忽无生。稍间，收召魂魄，因追叙余平生交游，始乙卯，讫癸未，为《宦梦录》四卷。间得自同里同朝同籍同官所见所闻，或以册封主试，旁来风谣，或于掌院署詹，详繙典故，以及讲幄之所赓飏，纶扉之所票拟，主恩国论，世态物情，备载其中，于壬癸之际尤呜咽，有余悲焉。宋欧阳永叔《归田录》似矣，要多戏谑之谈。又昔贤居大位者，类有幕客门徒为之左右追随，代述其事。余性简，坐无杂宾，即子弟辈不以自侍。记与某公同直召对，每对讫，辄修饰寄归，镂板行家传户诵矣。余家人亦以为请，答曰：'某公所对所可知可言者也。余对其所不可知不可言者也。'余意造膝之谊，昔尚秘密温树，几何人防窥测，自谓所履之地宜尔。既复思岁月如流，

① 《宦梦录》卷四，第303—304页。
② 同上书，第304—305页。
③ 同上书，第305页。
④ 参见朱曦林《黄景昉〈宦梦录〉史料价值初探》，《古代文明》2015年第3期。

时代已革，失今辍笔，后世何闻焉。噫！此《宦梦录》之所为作乎？作去今十五、六年，觉彼时投簪未几，心力方壮，每一披寻历历如睹，不然将并其人其事忘之。"①

四月，清兵破李自成于山海关。

五月，清兵入北京。福王即位于南京。

顺治二年/弘光元年/隆武元年乙酉（1645），五十岁

闰六月，唐王聿键即位于福州。是月，唐王下诏征召诸旧臣，景昉以崇祯朝旧辅亦在征召之列。

> 按：陈燕翼《思文大纪》云："孤今监国闽省，遵照祖制，举用阁部等官，虚心听纳，惟慎惟公。除不忠先帝皇上、负国害民者概不敢用外，藩院诸衙门既会议确当，即允所启，分别摄事还职。……计开：内阁（旧）何吾驺、蒋德璟、黄景昉；（新）黄道周、朱继祚、丁魁楚……"②

景昉力疏辞召。

> 按：《明季南略》云："德璟、景昉、欲楫皆力疏辞。"③

十一月二十七日，唐王遣中书舍人陈翔赴晋江以原官敦聘黄景昉入直，始赴任。

> 按：《思文大纪》载："敕吏部云：'方今中兴事重，政务繁多。惟旧辅黄景昉受简先帝，敏慎宏亮，才堪救时；旧辅高弘图直道壮节，望重具瞻。即着吏部补本起用。仍着中书舍人陈翔遵旨前去晋江，敦聘二辅臣来。'"④

加景昉少傅，晋武英殿大学士。

> 按：景昉加少傅、晋武英殿大学士之记载，仅见钱海岳先生所撰《南明

---

① 《宦梦录》序，第63—65页。
② 《思文大纪》卷一，第13页。
③ （清）计六奇撰，任道斌、魏得良点校：《明季南略》卷七《文武诸臣》，中华书局1984年版，第304页。
④ 《思文大纪》卷三，第45页。

史·黄景昉传》及《宰辅年表》，不知其所据为何，姑存之。《族谱》记："隆武时，叙捐助功，晋勋阶二级。"因未载确切日期，故系于此。①

顺治三年/隆武二年丙戌（1646），五十一岁

四月，唐王敕谕景昉曰："福京讹传惊避，溃兵窜逸；小寇乘机抄掠，兵单饷绌。根本之地，摇动如此，深为可忧。所议归并事权，以宪臣兼制二抚及兵道移驻福清等事，卿其确议力行之！"② 事因清军连陷吉安、抚州，关警频传，人心惑乱，小寇纷起，致使福京根本之地动摇。

七月，郑芝龙暗通洪承畴，尽撤关隘之兵，清军既破浙东，长驱入闽。③

按：景昉于郑芝龙通清事，有诗隐喻曰："紫薇行省额黄衔，骤出高墙国未家。五虎耽耽山外向，有人意不在中华。［释义］隆武先以他累禁高墙，后赦出，遇乱奔闽，遂建号。身命畸孤，叔侄兄弟皆如仇敌，相随惟妃曾氏一人耳，无子，虽有国而实未家，仅蹦年，国亦非其有矣。悲夫！时最握朝权，莫如元勋某，爵上公，一门骤贵，厮役军尽封流伯。然北师未至，已预遣人间道归附，阴怀外志久矣。"④

八月，黄景昉知时局不可挽回，再次致仕。

按：傅以礼《华延年室题跋》卷下《残明宰辅年表》载景昉八月走泉州。温睿临《南疆逸史》卷二十则记："隆武建号福州，德璟、景昉同起入直。明年八月，帝蒙难，德璟绝粒而卒；景昉归家，至壬寅七月卒。"⑤

又按：景昉致仕后即居泉州。《晋江县志》记载其府第之位置云："大学士

---

① 钱海岳：《南明史》卷二三《宰辅年表》，中华书局2006年版，第1361页；卷四一《黄景昉传》，第1994页。

②《思文大纪》卷五，第91页。

③ 温睿临原本，李瑶勘定：《南疆绎史》卷三《唐王》，《台湾文献丛刊》第132种，台北大通书局1987年版，第44页。亦见《明季南略》卷八《清军从容过岭》，第325—326页。

④（清）黄景昉：《三山口号释一》，王荣国、王清原编：《罗氏雪堂藏书遗珍》第9册，中华全国图书馆文献缩微复制中心2001年版，第317页。

⑤（清）温睿临：《南疆逸史》卷二〇，中华书局1959年版，第139—140页。

黄景昉宅在宽仁铺。灵慈宫沟有欧安馆。"①

九月，蒋德璟卒。
是月，唐王被擒，隆武政权亡。

> 按：景昉有诗感慨隆武政权之速亡："灵源阁毁事先知，寇到延津跸乍移。六十年来骑马去，君王犹擅玉为池。"②

顺治四年（1647），五十二岁

八月，郑成功围泉州，景昉外孙郭显谋内应，为赵国祚所侦知，而遭屠戮。景昉亦因此受牵连系狱。

> 按：同治《福建通志》记此事云："乡绅郭必昌之子显欲为成功内应，谋泄，国祚捕而戮之。显母，故明阁臣黄景昉女也。国祚并系景昉等。"③ 据此，则景昉曾因其外孙郭显内应郑成功而被牵连系狱。景昉卒于康熙元年，故其虽被系狱，但并未被处死，笔者管见所及也只记其被系狱之事，而后事何如，则仍有待考证。但从后来的记载来看，在泉州围解之后，景昉必定被放出，且以善终。而以景昉谨慎的性格，并且致仕后"决意终隐，或询朝政，弗答"的态度来看，则可推测景昉参与内应之事的可能性不大，因而能免于屠戮，但因未见有史料说明此事，故而只能推测。

顺治十一年甲午（1654），五十九岁

作书致王忠孝。

> 按：此书未署年月，据书中"自三山奉教后，世界沧桑……八载于斯"，当指隆武政权灭亡后之八年，故系于此。《王忠孝公集》云："自三山奉教后，

---

① 道光《晋江县志》卷一二《古迹志》，第278页。
② 《三山口号释二》，第318页。
③ （清）陈寿祺等撰：同治《福建通志》卷二六八《国朝外纪》，台北华文书局1968年版，第5083页。亦见邵廷采《东南纪事》（邵廷采：《东南纪事》卷一一《郑成功上》，《台湾文献丛刊》第96种，第134页）。

世界沧桑，即鳞鸿稀遇，所阔候闻问者，八载于斯。台翁翱于海外，不肖局蹐于郡中，独于心微可以相炤，而迹则负愧甚深。汉之亡也，诸葛武侯负可兴复之资，拮据全蜀；管幼安则宁以皂帽终老，盖自知其才之不如，各从所志耳。不肖家有八十余岁老母，一举足，则阖门受祸。又于当事非夙交，曩福京获觌尊侯，意尝惴惴，故未敢为蹈海之行。数载间，强出应酬，或鼓或罢，或泣或歌，时以诗酒笑骂倒行之，实非其素怀所寄，未审台翁能亮之否?"① 由此函可见景昉在清初局蹐不安的处境。王忠孝曾在郑成功围攻泉州时，举义师响应，而景昉又曾因外孙郭显事被系狱，则其致王氏信函谈及其处境之局蹐，更可见景昉致仕后绝口不言政事，实为求自保。

是年三月十三日酉时，仲兄景晔卒，享年六十四岁。

顺治十二年乙未（1655），六十岁

八月十二日亥时，母谢太夫人卒，享年八十四岁。

顺治十三年丙申（1656），六十一岁

作《屏居十二课》。

> 按：此书景昉未言其确切写作、完稿时间，但据景昉文中所言"余晨起持蔬素者，十载于兹""余年业六十余"②，林胤昌亦云"今屏居十余年，历沧桑变幻，先生自课十二"③，则是书当为景昉致仕十年后之作品。并且此书有林胤昌跋文，而据乾隆《泉州府志》记载，胤昌卒于顺治十四年，故是书必在林胤昌生前完稿，姑暂系于此。

为《族谱》作《睦宗十二志序》。

> 按：该序文文末景昉题曰："甲申后十有三年十三世孙景昉谨题"，故系于此。

---

① （清）王忠孝撰，方宝川、陈旭东点校：《王忠孝公集》卷八《相国黄景昉来书》，福建人民出版社2010年版，第211页。
② 《屏居十二课》，第333、336页。
③ 《屏居十二课跋》，第347页。

康熙元年壬寅（1662），六十七岁

七月二十二日戌时，景昉卒，享年六十七岁。

景昉生四子：知白、知雄（出继景昭）、知古、知今。

　　按：据《族谱》记载，景昉卒前咏诗二首，曰："国亡身合殉，家破弟先归。伤心陵北望，松栢不成园"。（一首）"嬉游皆假合，啼笑亦随缘。耿耿孤明处，佯狂二十年。（二首）"可见其身处易代之后，局促不安的处境，及其对胜国的感情。

　　景昉一生著述宏富，在《屏居十二课·著书》中即自述云："余先后所著书，有《湘隐堂文集》四十卷、《瓯安馆诗集》三十卷、《古史唯疑》十六卷、《国史唯疑》十二卷、《制词》十卷、《古文筹卜》四卷、《六朝诗话》二卷、《唐诗话》十卷、《宋诗话》八卷、《连蜷斋嚘言》今存二卷四卷、《古今明堂记》六卷、《奏疏》二卷、《试录》二卷、《讲章》一卷、《馆阁旧事》二卷、《经史要论》六卷、《对句》一卷、《尺牍》二卷、读《洪范》《幽月》《风月令》《易林》各一卷、《读世说新语何氏语林》二卷、《朱陆集》二卷、《杂记》一卷、杂著三考四征五怀六化七遗八针九说十志十二课十五绎之类若干卷，总数百万言，所梓行仅五六种耳。噫！后世谁知余苦心者，姑藏诸名山俟之其人已矣。"①

（作者单位：中国社会科学院研究生院历史系）

---

① 《屏居十二课》，第343—344页。据笔者考察，现存黄景昉著作有：《瓯安馆诗集》《读史唯疑》（即景昉所言《古史唯疑》）、《国史唯疑》《宦梦录》《古今明堂记》《馆阁旧事》《屏居十二课》《夜问九章》《纷纭行释》八首（附《金陵叹释》二首和《三山口号释》二首）、《刻黄太穉先生四书宜照解》《新镌三太史评选历代名文风采文集》。

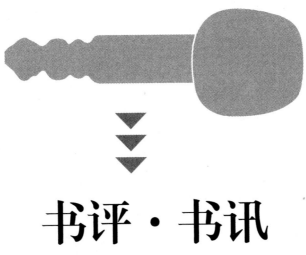

书评·书讯

《明朝后妃与政局演变》评介

何孝荣

近年来，随着明史研究的深入和宫廷影视剧的热播，明代宫廷史的研究逐渐形成热潮，产生了大批研究成果。尤其是在明代后妃研究方面，有的着眼于后妃制度，有的考述后妃生活，有的探讨后妃对明朝政治的影响。其中，探讨后妃对明朝政治影响成就最大者，当推南开大学历史学院林延清教授。从 2002 年发表《宣宗孙皇后与明朝中叶政治》算起，十余年来，林延清教授先后发表了十余篇有关明朝后妃与政局演变的论文，他指导的数位博士生、硕士生也多以之为毕业论文选题，师徒同心协力，共同打造出明朝后妃与政局演变研究的兴盛局面，学界罕有匹者。近日，林延清教授联合其诸位博士生、硕士生，又著成出版了《明朝后妃与政局演变》一书（人民出版社 2014 年版），在其已有研究成果基础上，加以进一步研究，成为一部集大成之作。

《明朝后妃与政局演变》计 30 万字，除去附录"明朝皇后传略""主要参考文献"及"后记"，全书正文由三个部分构成，包括"绪论""第一编　后妃制度""第二编　后妃与明朝政局演变"。下面介绍其内容及主要观点，并加以讨论。

"绪论"是本书的纲领，也是全书论点的总结和提炼。关于选题意义，作者指出，明朝政局演变是明史研究的一个重要方面，以往学者专注皇帝和文武官员所起的作用，而对后妃的影响则注意不够，深入探讨就更欠缺了。针对明清以来的史家称赞明朝后妃"不预一发之政""未曾预闻一政"等，作者认为，这是不符合历史实际的，明朝历史上，后妃并未置身于政治之外，而是一直在发挥作用。要厘清明代历史发展的脉络，要了解明代历史发展的全貌，就必须研究明朝后妃与政局演变的历史。接着，作者全面系统地分析了明朝后妃对政局演变的作用和影响。积极方面，包括辅佐君主，治国安邦；果断处理皇位继承危机，实现皇位平稳更迭；支持改革，挽救危亡。消极方面，作者举宣宗孙皇后、宪宗万贵妃、神宗郑贵妃等为例，说明一些后妃专制后宫、擅权乱政。作者进而总结说，在明朝政治发展过程中，后妃发挥的正面影响和积极作用，还是远远大于负面影响和作用。因此，一定意义上说，有明一代 277 年统治中，所以能保持较长时间的社会稳定和经济发展，后妃所发挥的作用和影响是十分重要、不可低估的。

"第一编　后妃制度"有后妃的选配、册封、起居及礼仪制度、禁止后妃干政的制度及影响四章，研究和揭示有关明代从太后、皇后到各种名目的妃嫔诸种制度，是后文讨论的背景和铺垫。其中，"后妃的选配"章设后妃选拔的条件、地域、对备选女子的要求、选妃程序及对社会生活的影响四节。"后妃的册封"章包括皇后册立制度、妃嫔册封制度、后妃册宝制度三节。"后妃起居及礼仪制度"章含有舆服、卤簿、膳食及居所制度、礼仪制度二节。"禁止后妃干政的制度及影响"章下设防止后妃干政的措施、君臣共同抵制后妃干政二节。对于防止后妃干政的措施，作者归纳出四个方面，即限制后妃来源和外戚参政，明确提出禁止后妃干政的诫令，制定后妃行为约束制度，以及用封建礼教对后妃的思想进行熏陶和约束。第二节，分别从历代皇帝、后妃、朝臣等不同的角度，说明他们基本都注意禁止和反对后妃干政。在此基础上，作者指出，明代后妃干政受到三方面的制约：一是惮于禁令，不敢干政；二是由于出身低微，加之对外戚参政的限制，使得外戚形不成势力，缺少干政的支持力量；三是后妃们多数人没有受过良好教育，见识和能力有限，缺少干政的自身素质。因此，在重重防范之下，终明二百多年，后妃们大多秉承祖训，没有出现其他朝代那种母妃甚至外戚把持朝政的现象，被后世史家称颂为"宫壶肃清""家法之善，超轶汉、唐"。

"第二编　后妃与明朝政局演变"共有十三章，分别是马皇后与洪武之治、仁宗张皇后与仁宣之治、宣宗孙皇后与正统天顺政局、周太后与文华门哭谏、宪宗万贵妃与成化政治、孝宗张皇后与正嘉政局、蒋太后与"大礼议"、壬寅宫变与嘉靖朝政的转变、李太后与张居正改革、"国本之争"中的李太后、郑贵妃与争国本、郑贵妃与泰昌天启政局、熹宗张皇后与启祯政局，用个案的形式，以翔实的史料，分别考察了从明初到明末各位后妃对明朝政局演变发挥的作用和影响，既是一篇篇独立的阐幽发微的专题论文，又从整体上呼应和论证了绪论部分的观点。如"马皇后与洪武之治"章，作者认为，马皇后辅助太祖，建立明朝；勇于谏净，保护贤臣；关心国事，参政议政；崇德尚俭，宫闱整肃，把马皇后对于明太祖建国到统治巩固乃至后朝的作用和影响完整地展示出来。再如，对世宗生母蒋太后，此前缺少研究，作者则通过论述蒋太后与大礼议的发生、入京礼仪之争、与张太后寿旦朝贺之争、去"本生"激起左顺门事件诸题，揭示出世宗在蒋太后的支持下，母子二人同心共志，终而战胜反对的满朝文武，取得大礼议的胜利。而大礼议事件，不仅对嘉靖政局，而且对其后明朝政局演变都有重要影响。再如"郑贵妃与泰昌天启政局"章，作者罗列出郑贵妃争皇后皇太后之位、进八美女与亲信进泻药、借"移宫"欲垂帘听政，认为其对晚明政局的不可收拾负有不可推卸的责任。

通读全书，可以发现有以下几个优点。第一，选题新颖，阐幽发微。林延清教授为已故著名史学家郑天挺先生的弟子，研究明清史近四十年，成果宏富。他在20世纪90年代，尤以研究嘉靖皇帝知名，对明朝政治史、宫廷史颇为熟谙。21世纪以来，他择取学术界研究较少的明代后妃对政局演变课题加以考察，他指导的博士生、硕士生也多追随其学术志趣和路径，从而开辟出明代后妃研究的一片新天地。本书正是他们师徒相关研究成果的结集，因此可以说选题新颖，阐幽发微。第二，结构完整，内容全面。如前所介绍，本书既有绪论作为总纲，又有第一编的考察作为背景，第二编的个案研究担当主体，前后呼应，结构完整，缺一不可。尤其是第二编的考察，从明初的太祖马皇后，到明末的熹宗张皇后，举凡对明朝政局演变发挥过作用和影响的后妃，无不纳入作者的论述范围。无论是后妃对明朝政局的积极作用和影响，还是消极作用和影响，本书无不加以揭示。第三，考察细密，富于新见。本书所论，基本上都是作者新开辟的研究领域。作者广泛搜罗史料，通过个案研究和整体考察相结合，展示出明代后妃在政局演变中发挥了十分重要、不可低估的作用和影响，纠正了传统史家关于明朝后妃"不预一发之政"、"未曾预闻一政"等误说，清晰地勾勒出明代后妃史、政治史的另一侧面。因此，本书可称得上是一部明代后妃史、政治史研究的集大成之作，是"另一半"的明代政治史。作者的考察，为我们解构明史提供了另一新的路径和钥匙。

当然，我个人感觉，本书也有一些缺点。首先，内容还有缺失。以李太后为例。据晚明四大师之一的释德清《憨山大师年谱》记载，万历九年，"皇上有旨祈皇嗣，遣官于武当，圣母遣官五台"。德清弟子释福征述疏曰："皇上遣内官于武当，阴为郑贵妃祈嗣，祈之道士也。圣母遣内官于五台，阴为王才人祈嗣，祈之和尚也"。德清因奉李太后旨意，在五台山建祈储道场。不管巧合如何，王氏果生皇长子。德清因之名声大振，也因此得罪明神宗。后德清隐居崂山，终而以违犯明朝各朝都视为虚文的私创寺院禁令被发配广东。是李太后前期已经介入国本之争，而本书中未见阐发。再如，李太后崇佛信僧，"京师内外多置梵刹，动费巨万"，神宗"亦助施无算"（《明史·孝定李太后传》），李太后又下令刻印续藏经颁赐天下，都耗费了大量内帑钱财，一定程度上造成了万历后期财政紧张，对明朝政局也有一定影响。这一点，作者也未加以考察。其次，书中的一些观点也值得商榷。如，本书在论述宣宗孙皇后与正统天顺政局时，认为孙氏在土木之变后，奉送大量金银财宝给瓦剌，以图换回被俘的明英宗，这一做法不妥，而是应该予以抵制，全力支持郕王称帝抵抗。这一论点，似乎超出时人的思想观念。再如，作者论述宪宗万贵妃与成化政治，说明万贵妃对宪宗有很大影响，进而推论说，宪宗懒于上朝，当与万贵妃有很大关系；明朝皇帝喜好玩乐、怠于政治的现象滥觞于成化朝。再如，作者论述郑贵妃与争国本，认为郑贵妃唆使神宗提出"三王并封"。这种例子，还有一些，都难有正史史料为依据。换句话说，作者靠推测，把一些皇帝的某些作为都归到其宠爱的后妃身上，借以证成后妃对政局有很大影响的结论。最后，书中的一些标点断句有误。当然，总体来说，瑕不掩瑜，这些缺失与全书的优点相比是微不足道的，不影响本书的价值。

（作者单位：南开大学历史学院）

评《明代北部海防体制研究》

吴志宏

　　明朝建国前后，倭寇大举入侵中国沿海，北起辽东、南到两广，均遭受到前所未有的海上侵扰。在这种情况下，朱元璋任用汤和等人，大力加强东南沿海海防，逐步建立起比较健全的海防体制，海防成为明朝国防的重要组成部分。靖难之役后，朱棣迁都北京，北部沿海的辽东、北直隶、山东因为负有拱卫京畿、防御来自海上威胁的重任而地位凸显，受到了明朝统治者的重视。所以，明代北部海防非常值得研究。赵树国著《明代北部海防体制研究》（山东人民出版社 2014 年版，共 72.6万字）便是一部专门研究明代北部海防体制变迁的力作。

　　通读该书后可以发现，该书有以下几个特点。

　　其一，选题新颖，意义重大。首先，该书选题新颖独到，具备较高的学术意义。以前学术界关于海防的选题，大多围绕东南沿海展开。东南沿海海防和北部沿海的环渤海地区有很大不同。前者因为海岸线较长且直接面向外洋，在历史上遭受的海上威胁较重，是海防史研究的重点。而对后者来说，自永乐迁都北京后，天津成为京师海上屏障，辽东半岛与山东半岛深入渤海之中，与海中长山、庙岛诸岛构成了拱卫京畿、防御海上威胁的天然防线，也应受到重视。因此，研究以辽东、北直隶、山东为主的北部海防，可以揭示出一种不同于东南沿海的海防新面貌。其次，该书所研究的内容还具备较高的现实价值。明清以降，中国面临的海上威胁越来越重，明清两朝为此多方部署、苦心经营，有得有失，其中的经验和教训值得认真总结。在今天，东亚又出现了复杂的形势，例如日本妄图侵占我国领土钓鱼岛，变幻莫测的朝鲜半岛形势、南海某些国家肆意扩张其海域以及美国重返亚太带来的威胁等，都对今天的中国海防提出了严峻的考验。北部沿海地区地处京畿要地，是首都北京的海上门户，海防地位至关重要。研究明代北部海防体制，可以在一定程度上为今天的海防建设提供有益的借鉴。

其二，体系完整，重点突出。该书逻辑清晰，体系完整，除去第一章介绍北部沿海地理形势及行政、军政区划和最后一章讨论明代北部海防体制的得失外，其余五章按照明代北部海防体制发展的内在规律划分为五个时间段展开论述，分别是洪武时期北部海防体制的建立，永乐至宣德时期北部海防体制建设的加强，正统至万历前期北部海防体制的完善，援朝御倭战争期间的北部海防体制，和万历末至启、祯时期北部海防体制的调整。这样便清晰地将明代北部海防体制的变迁过程展现给读者，使大家对此一目了然。同时，作者并非对各个时间段平均用力，而是清晰地把握住各个时代海防发展的重点。如洪武时期，作者着重介绍了朱元璋为加强海防做的各种努力，如设置卫所、巡检司等机构，建设墩台、水城等军事设施，积极抗击倭寇等。对于永乐至宣德时期，则抓住了"拱卫京畿"这个主题，探讨永乐、宣德二帝如何刻意加强北部海防以稳固京城防御。正统至万历初年，北部海疆比较安定，作者重点探讨的是明朝政府的相关制度建设，如在北部沿海设立的总督、巡抚、兵备道等，这些职官虽然并非专为海防而设，但是其设立在客观上却加强了海防力量。援朝御倭战争持续时间不长，但是对北部海防体制建设却意义重大，作者对此进行了全面的探讨，从战争开始前的讨论，到善后的争论，从两任援朝御倭统帅的海防战略到朝廷大员、地方州县的海防准备，细致入微地揭示了这一时期北部海防战时体制的形成过程。万历末至天启、崇祯时期，作者抓住了熊廷弼"三方布置"战略和毛文龙构建"海上长城"的设想，重点围绕着这两个问题考察了明末海防的利弊得失，认为朝政腐败是导致明末北部海防崩溃的根本原因。

其三，视野开阔，把握到位。本书以整个北部沿海为研究对象，具备了开阔的学术视野。众所周知，朱棣迁都北京后，环渤海地区的海防地位凸显，天津及山东半岛、辽东半岛以及海中的庙岛诸岛、长山列岛等构成了一条天然防线，如果能够守住这条海上防线，京畿地带就不会有海上威胁。所以，拱卫京畿是北部海防的一个重要任务。从这个意义上说，如何将山东、辽东、北直隶沿海地区的海上防御有机地结合起来，便是北部海防的一个重要任务。本书即着眼于考察此事。所以，尽管宣德以后北部海疆相对安定，海防战事较少，作者仍然进行了细致入微的考察，如通过对正统至万历中期以前北部沿海诸省直相关官制的梳理，得出了随着沿海督抚、兵备道的设立，北部海防体制最终完善的结论。又如援朝御倭战争期间，虽然战事并未波及国内，但是出于保卫京城安全的考虑，明朝政府在北部沿海进行了周密部署，建立起由朝鲜经略（后为蓟辽总督）节制北部沿海各抚、镇，抚、镇统御各省军事力量的战时海防指挥体制。万历末至天启、崇祯时期，为应对女真势力，明朝政府统筹规划北部沿海的海上力量，不管是熊廷弼"三方布置"方略，还是毛文龙构建"海上长城"的设想，都注重北部沿海各省之间的配合。所以说，自永乐以后，出于拱卫京畿的目的，北部沿海各省在海防上的关系日渐密切，逐渐成为一个统一的不可分割的整体，本书能够重点把握这个问题无疑具备了较高的学术视野。

其四，基础扎实，考证精到。本书参考、引用了大量的文献，其中既有实录、正史、政书、野史、笔记、文集以及档案和数量巨大的地方志，同时还有作者通过田野调查获得的家谱、碑文等，具备了扎实的文献基础。在此基础上，作者对一些问题进行了深入探讨、考证，比如明初北部沿海各海防卫所的设置时间，明代北部沿海一些重要海防职官的设置过程及职掌，以及一些重要的历史事件（如汤和、徐辉祖巡海是否来过山东）等进行了深入细致的探讨，得出了令人信服的结论。

当然，任何一部著作都不是十全十美的，此书亦然，书中对一些重要问题如明代北部海防体制与南方相比有什么不同，书中并未涉及。但总体而言，这部著作选题新颖，既有学术价值，也有现实意义，且体系完整、逻辑清晰，史料丰富、考证精到，是一部非常好的学术著作。

（作者单位：齐鲁工业大学）

书　讯

《明长城时代的开启——长城社会史视野下榆林长城修筑研究》

2014 年 6 月，中国社会科学院历史研究所赵现海副研究员出版了《明长城时代的开启——长城社会史视野下榆林长城修筑研究》（上、下）一书，该书获得国家出版基金资助，被纳入欧亚历史文化文库，由兰州大学出版社出版，字数是 56.5 万字。

该书对世界范围内，尤其 16 世纪以来长城形象变迁、研究脉络进行了系统梳理，指出长城形象历经变迁，在 16 世纪以后经历了从正面到负面，再到正面的历史过程。在史料利用上，该书充分使用了新发现的档案、地方志与相关史料，比如天一阁藏《余肃敏公经略公牍》、（万历）《延绥镇志》、（康熙）《延绥镇志》等，确认了成化时期余子俊修筑了榆林"大边长城""二边长城"，构成了复合式边墙体系。在研究方法上，该书提出了"长城区域社会史"研究模式，对榆林明长城辐射的河套、陕北社会，从军事、政治、经济、社会、文化等各层面，考察了明朝为何修筑榆林长城的历史问题。最后，该书从世界史的视野出发，将这一时期中国社会的历史变迁，与西欧、西亚的历史变迁相对比，认为这一时期中国文明呈现了收缩与内敛的特征，标志便是大规模修筑长城，从陆疆、海域两个层面撤退，从而与西欧"大航海时代"、西亚"伊斯兰扩张"，形成了截然不同的历史取向，可称为"明长城时代"。而榆林明长城开启了明中后期大规模修筑长城的潮流与风气，时间也大体与"大航海时代"开启同步，可视为"明长城时代"的开启事件。（齐畅）

《明代山东海防研究》

《明代山东海防研究》，中国社会科学院历史研究所张金奎著，中国社会科学出版社 2014 年 10 月出版，75.6 万字，国家社科基金后期资助项目。

明代海防史涉及政治史、军事史、外交史、科技史等诸多领域，从 20 世纪上半叶开始，就有前辈学者开始进行拓荒式研究。但在继往的研究中，存在明显的"重南轻北""重后轻前"现象。即关注东南沿海海防的成果很多，关注渤海、黄海沿岸海防的成果相对较少；在关注时段上，对嘉靖、万历年间海防研究的成果众多，对明初倭寇泛滥时期的研究相对不足。《明代山东海防研究》一书把研究着眼点放在北方的山东半岛，在研究时段上，从元末延伸到清朝中期，对山东半岛在 14—17 世纪之间的海防演变作了全景式的展示，很大程度上弥补了这一不足。

本书共分为七章，另有绪论和余论。其中绪论和前两章重点放在元末和明初洪武、建文、永乐三朝，主要包括三方面的内容：（1）外交形势变化对海防的影响；（2）海防战略在明初三朝的微妙变化；（3）山东半岛海防建设在明初的具体措置和效果。

第三章"明中叶山东海防体系的战略预备化"主要论述了从洪熙到万历初这一个半多世纪内山东海防部队在走向战略预备队过程中的各种变化及其影响。第四章"万历援朝背景下的山东海防"则首次全面分析了援朝战争的大后方——山东半岛的军事措置、尴尬的后勤补给基地角色以及战后盲目裁军的不良影响。

明清战争期间，山东半岛成为准前线。本书第五、六两章着力分析了此间山东海防官兵战略职能的多次演变，前线与后勤基地角色交错状态下"混乱"和纷争以及开挖胶莱运河和养鱼池运河等相关问题。

海防建设必然给当地社会带来巨大冲击。本书第七章和余论部分重点讨论了与海防建设有关联的移民问题及对地方经济、社会的诸多影响。（名实）

《明四夷馆鞑靼馆及〈华夷译语〉鞑靼"来文"研究》

中国社会科学院历史研究所乌云高娃撰写的《明四夷馆鞑靼馆及〈华夷译语〉鞑靼"来文"研究》一书，约 50 万字，2014 年 11 月由中国社会科学出版社正式出版。此书填补了国内外鞑靼馆及鞑靼"来文"研究方面的空白。

本书主要探讨了明四夷馆及鞑靼馆的设立、鞑靼馆的蒙古语教学、蒙古语译官在明朝与蒙古的边贸活动中所起到的作用等问题。通过搜集、整理在中国、日本、德国图书馆保存的《华夷译语》鞑靼来文，考察了《华夷译语》不同版本、不同抄本中鞑靼来文的情况、《华夷译语》鞑靼"来文"与明四夷馆的教学关系、《华夷译语》鞑靼来文翻译中存在的问题、《华夷译语》鞑靼"来文"的文书格式、洪武本《华夷译语》鞑靼来文汉字音译规律，并对洪武本、永乐本《华夷译语》进行校释，对蒙古文部分进行拉丁转写、还原为蒙古文。

《华夷译语》鞑靼来文国内外馆藏极为稀少，中外学者以往在这方面极少关注。《华夷译语》所收鞑靼"来文"是研究明代蒙古史、明蒙关系史、明代蒙古语教学史的重要史料。这些来文内容能补充明代正史记载的不足，对考察明初与蒙古关系提供蒙古文方面的新资料、新线索。（高英）

《域外长城——万历援朝抗倭义乌兵考实》

《域外长城——万历援朝抗倭义乌兵考实》，中国社会科学院历史研究所杨海英著，37 万字，上海人民出版社 2014 年 12 月出版。

本书展示的历史背景是明朝万历时代的东征抗日援朝战争。作为 16 世纪末 17 世纪初全球最为先进的军队，朝鲜君臣信任及喜爱的南兵的核心成分，东征中最具战斗力、最有影响力的"浙兵"主干——出自浙江义乌的这些南兵将士，无论在军队组织形式、战略、战术乃至武器装备方面都拥有优势，他们对于日军具有丰富的作战经验（不少人都参加过戚继光领导的东南沿海抗倭作战），具有弃武从文的经历，文化素质较高，保持良好的军纪。朝鲜相臣李好闵曾截然说："复破此贼，非得浙兵不可。"本书通过剖析义乌兵这样一个具体到个人、深入到县、乡乃至家族层面的特殊社会群体，从军事社会史的角度，探讨明朝国家与社会的互动。明朝通过东征这个延续七年之久的国家行为，不仅维护了自己在亚州朝贡体系中的中心地位，而且对塑造未来二三百年的亚洲和平局面功不可没。（海云）

附　录

《明史研究论丛》稿约

本刊由中国社会科学院历史研究所明史研究室主办，是中国大陆最早创办的明史研究学术专刊，刊登以明史为主题的研究论文、综述、评论等，每年一期，公开发行。欢迎海内外同好惠赐佳作。

一、文稿要求

1. 须为原创和首发的作品。内容不得违反国家法令法规。
2. 请严格遵守学术规范，勿侵害他人权益，勿一稿两投。
3. 篇幅：论文三万字以内，其他文章一万字以内，书讯一千字以内。
4. 格式：本刊为简体字文本，采用页下注。具体请参考本刊《文本格式》。

二、审稿与编辑

1. 本刊实行匿名审查人制度。来稿确定采用后，即通知作者。
2. 本刊享有对来稿的文字处理权。如作者不同意对来稿进行删改，请于寄稿时注明。
3. 来稿如需延期刊登，本刊即与作者协商。

三、版权及稿酬

1. 本刊文章作者享有著作权，本刊享有版权即著作财产权。出版后，除作者本人将其著作结集出版外，其他以任何方式翻印、转载等，均须事先征得本刊同意。

2. 本刊除纸本印刷外，会配合学术期刊网，将电子档上传至该网站。若作者不接受此种处理方式，请于来稿时说明，本刊予以尊重。

3. 来稿一经刊登，即奉呈作者样刊两本，并致薄酬。

四、寄稿

1. 来稿请标明作者姓名，服务单位名称，联系方式。

2. 请提供纸质档或电子档，纸质档务请同时提供电子档。

3. 电邮：mingshiluncong@ gmail. com

邮寄：北京市建国门内大街 5 号，中国社会科学院历史研究所明史研究室，邮编：100732

电话：85195830

《明史研究论丛》文本格式

为方便作者投稿，规范本刊文本格式，根据国家相关规定，并参照国内期刊的通行做法，以简洁、明确、实用为原则，拟定本格式，供处理文本时参考。

一、标题

1. 文章标题（一级）：宋体，三号字，加粗。

2. 副标题：前加破折号，楷体，四号字，居中排列。

3. 文内大标题（二级）：黑体，四号字。前空二格排列。标题如有序号，序号与题目间空一格，如："一 学术回顾"。

4. 文内小标题（三级、四级）：黑体或魏碑体，五号字。题前空二格排列，序号加圆括号（），与题目间不用标点。二级标题，上下各空一行。

5. 二级标题，用中文"一、二"标注。三级标题，可用"（一）、（二）"，四级标题为阿拉伯数字"1、2"。

二、作者

1. 标题下作者名字，用仿宋，四号字，居中排列，上下各空一行。

2. 作者的供职单位置于篇末，楷体体，五号字，加圆括号，上空一行。

3. 外籍作者，名字前标注其国籍，用方括号。如：［美］，［日］等。

三、正文

1. 简体中文，宋体，五号字。（海外中文来稿不限繁简字体，由编辑按规范处理。）

2. 标点，采用国内标准用法。

3. 正文行间距 1.0 倍。段落间不空行。

4. 文中的独立引文，用楷体，五号字。首行前空四格，其余各行前空二格。段前、段后各空一行。

5. 文中古代年号纪年后所标公元纪年，省略"年"字，如：洪武元年（1368）。

6. 引文注释的序号用①、②…，标于引文结束句的标点之后。

7. 大型表格，建议文字用宋体小五号，以节省版面。

四、注释

1. 采用页下注，每页重新编号。注释序号前空二格，字体用宋体，小五号。

2. 基本格式：作者，书名，卷数（章节），篇名，出版社名称，出版年，页码。

3. 作者名字后用冒号，书名与卷数（章节）、篇名间不加逗号，其馀各项目间加逗号。如：张廷玉：《明史》卷二〇《神宗本纪》一，中华书局 1974 年版，第一册，第 261 页。

4. 古籍：（1）作者前标注朝代，朝代加圆括号，如：（明）丘濬。（2）卷数不用阿拉伯数字，以中文数字标注。如："卷十"标作"卷一〇"，"卷一百零九"标作"卷一〇九"。（3）古代年号纪年中的"十"字，不作"一〇"。如：洪武二十年，不作"洪武二〇年"。（4）方志前的年号不加圆括号，如：正德《姑苏志》。（5）《明实录》后的卷数与日期之间，加逗号，日期不加双引号，日期后不加"条"字。如：《太祖实录》卷一〇，洪武九年三月己丑。

5. 期刊：（1）名称后加逗号，年份与期数间不加逗号。如：《文史哲》2010 年第 3 期。（2）刊物后的辑数，与刊物名称间不加逗号，辑数用中文数字标写，不加括号。如：《明史研究论丛》第十一辑，故宫出版社 2013 年。

6. 引书（引文）在大型丛书或多卷本著作内，其所在册数标注于页码之前，册数用阿拉伯数字标写。如：《四库全书存目丛书》，齐鲁书社 1995 年版，史部第 39 册，第 180 页。

7. 有多位作者的引书（引文），各作者名字间加顿号。

五、其他

1. 文前不用"内容提要"和"关键词"。

2. 文后原则上不列"参考文献"。